教育部哲学社会科学研究重大委托项目
2021年度国家出版基金资助项目
南京大学"双一流"建设卓越计划项目
"十四五"国家重点出版物出版专项规划项目

合作单位

南京大学　北京大学　南开大学　武汉大学
复旦大学　浙江大学　山东大学
台湾中国近代史学会

学术顾问

金冲及　章开沅　魏宏运　张玉法　张海鹏
姜义华　杨冬权　胡德坤　吕芳上　王建朗

总　序

张宪文　朱庆葆

日本侵华与中国抗日战争是近代中国最重大的历史事件。中国人民经过 14 年艰苦卓绝的英勇奋战，付出惨重的生命和财产的代价，终于取得伟大的胜利。

自 1945 年抗日战争结束至 2015 年，度过了漫长的 70 年。对这一影响中国和世界历史进程的重大事件，国内外历史学界已经做过大量的学术研究，出版了许多论著。2015 年 7 月 30 日，在抗日战争胜利 70 周年前夕，中共中央政治局就中国人民抗日战争的回顾和思考进行集体学习，习近平总书记发表重要讲话，指示学术界应该广为搜集整理历史资料，大力加强对抗日战争历史的研究。半个月后，中共中央宣传部迅速制定抗日战争研究的专项规划。8 月下旬，时任中共中央宣传部部长刘奇葆召开中央各有关部委、国家科研机构和部分高校代表出席的专题会议，动员全面贯彻习总书记的讲话精神，武汉大学和南京大学的代表出席该会。

在这一形势下，教育部部领导和社会科学司决定推动全国高校积极投入抗战历史研究，积极支持南京大学联合有关高校建立抗战研究协同创新中心，并于南京中央饭店召开了由数十所高校的百余位教授、学者参加的抗战历史研讨会。台湾也有吕芳上、陈立文等十多位教授出席会议,共同协商在新时代深入开展抗战历史研究的具体方案。台湾著名资深教授蒋永敬在会议上发表了热情洋溢的讲话。经过几个月的酝酿和准备,南京大学决定牵头联合我国在抗战历史研究方面有深厚学术基础的北京大学、南开大学、武汉大学、复旦大学、浙江大学、山东大学及台湾学者共同组建编纂委员会,深入开展抗日战争专题研究。中央档案馆和中国第二历史档案馆也积极支持。在南京中央饭店学术会议基础上,编纂委员会初步筛选出 130 个备选课题。

南京大学多次举行党政联席会议和校学术委员会会议,专门研究支持这一重大学术工程。学校两届领导班子均提出具体措施支持本项工作,还派出时任校党委副书记朱庆葆教授直接领导,校社科处也做了大量工作。南京大学将本项目纳入学校"双一流"建设卓越计划,并陆续提供大量经费支持。

江苏省委、省政府以及江苏省委宣传部,均曾批示支持抗战历史研究项目。国家教育部社科司将本项研究列为哲学社会科学研究重大委托项目,并要求项目完成和出版后,努力成为高等学校代表性、标志性的优秀成果。

本项目编纂委员会考察了抗战历史研究的学术史和已有的成果状况,坚持把学术创新放在第一位,坚持填补以往学术研究的空白,不做重复性、整体性的发展史研究,以此推动抗战历史研究在已有基础上不断向前发展。

本项目坚持学术创新,扩大研究方向和范围。从以往十分关注的九一八事变向前延伸至日本国内,研究日本为什么发动侵华战争,日本在早期做了哪些战争准备,其中包括思想、政治、物质、军事、人力等方面的准备。而在战争进入中国南方之后,日本开始逐步将战争引出中国国境,即引向广大亚太地区,对东南亚各国及东南亚地区的西方盟国势力发动残酷战争。研究亚太地区的抗日战争，有利于进一步揭露日本妄图占领中国、侵占亚洲、独霸世界的阴谋。

本项目以民族战争、全民抗战、敌后和正面战场相互支持相互依靠的抗战整体，来分析和认识中国抗日战争全局。课题以国共两党合作为基础，运用大量史实，明确两党在抗日战争中的地位和作用，正确认识各民族、各阶级对抗日战争的贡献。本项目内容涉及中日双方战争准备、战时军事斗争、战时政治外交、战时经济文化、战时社会变迁、中共抗战、敌后根据地建设以及日本在华统治和暴行等方面，从不同视角和不同层面，深入阐明抗日战争的曲折艰难历程，以深刻说明中国抗日战争的重大意义，进一步促进中华民族的伟大复兴。

对于学界已经研究得甚为完善的课题，本项目进一步开拓新的研究角度和深化研究内容。如对山西抗战的研究更加侧重于国共合作抗战；对武汉会战的研究将进一步厘清武汉会战前后中国政治、经济、社会的变迁及国共之间新的友好关系。抗战前期国民党军队丢失大片国土，而中国共产党在十分艰难的状况下，在敌后逐步收复失地，建立抗日根据地。本项目要求对各根据地相关研究课题，应在以往学界成果基础上，着力考察根据地在社会改造、经济、政治、人才培养等方面，如何探索和积累经验，为1949年后的新中国建设提供有益的借鉴。抗战时期文学艺术界以其特有的文化功能，在揭露日军罪行、动员广大民众投入抗战方面，发挥了重要作用。我们尝试与艺术界合作，动员南京艺术学院的教授撰写了与抗日战争相关的电影、美术、音乐等方面的著作。

本项目编纂委员会坚持鼓励各位作者努力挖掘、搜集第一手历史资料，为建立创新性的学术观点打下坚实基础。编纂委员会要求全体作者坚决贯彻严谨的治学作风,坚持严肃的学术道德,恪守学术规范,不得出现任何抄袭行为。对此,编纂委员会对全部书稿进行了两次"查重",以争取各个研究课题达到较高的学术水平,减少学术差错。同时,还聘请了数十位资深专家,对每部书稿从不同角度进行了五轮审稿。

　　本项目自2015年酝酿、启动,至2021年开始编辑出版,是一项巨大的学术工程,它是教育部重点研究基地南京大学中华民国史研究中心一直坚持的重大学术方向。百余位学者、教授,六年时间里付出了艰辛的劳动,对抗战历史研究做出了重要贡献!编纂委员会向全体作者,向教育部、江苏省委省政府以及各学术合作院校,向江苏凤凰出版传媒集团暨江苏人民出版社,向全体编辑人员,表示最崇高的敬意和诚挚的感谢!

目 录

表目录

图目录

导　论

一、课题缘起

东北地区地处边疆,是中国具有重要战略意义的要地,也是在历史上备受日、俄等外国势力蹂躏的区域之一,其在新中国成立后强有力地支援了全国的经济建设,为祖国的发展壮大作出了巨大贡献。正是这样的复杂历史,使得东北地区的发展也经历了复杂过程,即九一八事变前按照自主道路发展阶段、伪满洲国建立后日本殖民阶段、新中国成立后计划经济阶段。当今,在振兴东北老工业基地的道路上,我们必须总结中国东北地区的发展史和规律性特征,这就不能跳过日本殖民时期这一段历史,而且只有将其置于整个东北史的历史背景下来研究,得出的结论才可能是科学的,才有可能经得起推敲。

一直以来,部分日本学者认为日本对中国东北地区的"经济开发"有功,整个东北经济面貌的变化是日本之力造成的,为后来东北经济的发展奠定了基础;同时,日本统治下的伪满洲国各个领域的变化却是客观存在的,战后确实留下了一批殖民"遗产"。如何客观公正地评价它既是一个历史问题,也是一个现实问题。因此,只有全面系统地对伪满时期日本对中国东北地区的统治进行研究,才能回应并击碎日本右翼势力的谬论。

伪满洲国建立后,日本以其为工具,开始在中国东北地区的政治、军事、经济、文化等领域进行殖民统治,除满足日本国内需求外,更重要的是为其侵略战争服务。当然,这样的殖民统治给东北地区和人民带来了深重的灾难,造成了无法磨灭的伤痛记忆。那么就有几个问题必须研究清楚:日本是如何通过伪满洲国这个"独立国家",逐步地把中国东北地区的政治、军事、经济、文化纳入自己的殖民体系之中,并进一步为其侵略战争服务的;同时,面对侵略,东北民众又是如何应对的,他们的选择路径有哪些,反映出什么样的实质问题。

综上所述,必须加强伪满时期东北区域史的研究,通过梳理日本将统治政策逐步渗透到各个领域的步骤与过程,披露其对东北地区资源控制和掠夺的事实,以显示东北人民陷入沉重苦难之中的历史现实。因此,本书以"日本对中国东北的殖民统治"为课题进行深入探讨。

二、研究综述

(一)研究现状

其一,综合性研究。有关日本对我国东北地区的侵略,姜念东等编的《伪满洲国史》(吉林人民出版社 1980 年版)是国内较早以伪满洲国为研究对象的代表性著作,该书按照时间顺序从政治、军事、经济和文化等多个方面对伪满傀儡政权进行了剖析,进而从伪满洲国的视角探析近代中国落后的内外原因。20 世纪 90 年代,解学诗在该领域的研究成果开始陆续出现,其中最具代表性的是他的《伪满洲国史新编》(人民出版社 1995 年初版、2008 年修订出版、

2015 年再次修订出版)一书。该书是国内研究伪满洲国史的优秀著作,作者运用大量第一手档案资料,研究了从 1931 年九一八事变到 1945 年日本宣布投降 14 年间,日本对我国东北地区的政治、经济、文化侵略,以及东北民众所遭受的压迫、掠夺和奴役。另外,刘信君、霍燎原主编的《中国东北史》第 6 卷(吉林文史出版社 2006 年版),内容也涉及九一八事变后日本对我国东北地区的政治、经济、文化侵略。

其二,政治与军事研究。该方面的研究,有以伪满政权本身为研究对象的,如解学诗的《历史的毒瘤:伪满政权兴亡》(广西师范大学出版社 1993 年版);有阐释伪满政权的傀儡性及所谓"王道政治"的,如王希亮的《日本对中国东北的政治统治(1931—1945)》(黑龙江人民出版社 1991 年版);也有对伪满基层政权进行系统研究的,如车霁虹的《伪满基层政权研究》(黑龙江人民出版社 2000 年版),该书的一个显著特色是进行了比较研究,即对伪满基层政权与东北旧地方政权、日本的基层组织及其他殖民地政权分别进行了比较。另外,李慧娟的《从总务厅看伪满洲国的傀儡性质》(吉林大学硕士学位论文,2004 年)、车霁虹的《试论伪满政权的地方基层统治机构》[《齐齐哈尔大学学报(哲学社会科学版)》1995 年第 5 期]等也具有一定的代表性。

军事方面,具有代表性的是孙邦主编的"伪满史料丛书"中的《伪满军事》(吉林人民出版社 1993 年版)。书中包括伪满洲国军"讨伐"东北抗日义勇军、东北抗日联军的史料,伪满洲国军残酷屠杀东北人民、制造血案的史料,张鼓峰事件、诺门罕战争的史料,关东军特别大演习的史料等,展现了关东军、伪满洲国军、抗日义勇军及抗日联军的博弈状况,是研究伪满军事的重要资料汇编。季泓旭的《浅议伪满洲国的"国防力量"》(东北师范大学硕士学位论文,2015 年),是专门研究伪满洲国"国防力量"——伪满洲国军的文章,涉及日本对伪满洲国军的改造、作战能力及对象、战斗力等内容,并最后在与汪伪政权比较的基础上,对伪满的"国防体系"进行了客观评价。

其三,经济研究。关于经济的综合研究,如滕利贵的《伪满经济统治》(吉林教育出版社 1992 年版)从经济侵略政策的制定、经济侵略机构的设立、"三大计划"的实施等方面,对日本通过伪满傀儡政权对东北地区的经济掠夺进行了系统论述;再如中央档案馆等编的《东北经济掠夺》(中华书局 1991 年版)是日本对中国东北地区各种物资、矿产资源掠夺以及压榨、奴役东北民众的历史档案资料汇编,是研究日本经济掠夺的重要史料。相关的研究还有季秀石的《日本对我国东北经济侵略和掠夺政策的变迁及其实施》(《史林》1986 年第 2 期)等。

关于各经济领域的研究,工业方面具有代表性的,如孔经纬的《日俄战争至抗战胜利期间东北的工业问题》(辽宁人民出版社 1958 年版)强调伪满时期日本在中国东北地区工业的渗透与掠夺;秦爽的《伪满洲国殖民地工业体系形成研究》(辽宁大学硕士学位论文,2010 年)认为伪满殖民工业体系大致经历了三个阶段:筹划期、建设期及畸形膨胀与崩溃期,并概括了其畸形发展、对日依存性强的特点,从客观角度揭露了伪满殖民工业体系形成的后果。金融方面具有代表性的,如南立丹的《伪满时期日本对东北的金融统制》(吉林大学硕士学位论文,2008 年)、付丽颖的《太平洋战争爆发后伪满的金融统制》(《外国问题研究》2014 年第 2 期)、孙汉杰等的《伪满兴业银行与日伪对东北的资金控制》(《外国问题研究》2015 年第 2 期)、赵继敏的《论伪满洲中央银行在东北金融业统制中的作用及其恶果》(《社会科学战线》2005 年第 1 期)、关心的《日

伪经济统制与伪满洲中央银行的资金筹支》(《求索》2016 年第 11
期)等。

　　其四,教育研究。伪满洲国教育的研究,兴起于 20 世纪 80 年
代末期,90 年代逐步兴盛,21 世纪以来,相关研究成果开始大量增
加。就综合性研究而言,比较有代表性的研究成果有刘兆伟、许桂
清主编的《伪满洲国教育史》(辽宁大学出版社 2003 年版)一书。
该书从东北沦陷的历史背景入手,系统阐释了该时期伪满洲国的
初等教育、中等教育、高等教育、师范教育、职业教育、社会教育、留
学教育、民族教育等内容,同时结合爱国人士的反抗斗争,揭露日
本奴化教育的本质。另外,王野平主编的《东北沦陷十四年教育
史》(吉林教育出版社 1989 年版)也从推行奴化教育、实行"新学
制"、战时体制教育、学校教育、社会教育、其他教育等方面对东北
沦陷十四年的教育进行了探讨。

　　就奴化与殖民教育研究而言,有魏晓文等的《伪满洲国殖民教
育特点及历史反思》[《大连理工大学学报(社会科学版)》2006 年第
4 期]。就分领域教育研究而言,有齐克达等的《伪满时期哈尔滨地
区美术教育研究》(《艺术研究》2016 年第 4 期)、程志燕的《伪满洲
国的日语教育》(《外国问题研究》2014 年第 1 期)、赵晓红的《宗主
国与殖民地医学教育的连动与差异:对伪满时期医学教育的考察》
(《民国档案》2012 年第 1 期)等。就学校教育研究而言,主要有杨
家余等的《伪满学校教育制度及其实质剖视》(《教育史研究》2002
年第 2 期)、娜仁格日勒等的《伪满时期兴安南省蒙古族基础教育
探析》[《内蒙古师范大学学报(教育科学版)》2013 年第 9 期]等。
就留学教育研究而言,有孔凡岭的《伪满留日教育述论》(《抗日战
争研究》1997 年第 2 期)、汪丞的《伪满洲国留日教育活动及特点》
(《教育评论》2013 年第 4 期)、徐志民的《接受留学与日本"国

益"——近代日本的中国留学生接受政策》[《江苏师范大学学报（哲学社会科学版）》2016 年第 6 期]。就教科书研究而言，有刘学利的《伪满洲国教科书的演进阶段》（《教育评论》2016 年第 3 期）、齐红深的《伪满洲国教科书的演变》（《教育史研究》2009 年第 1期）、刘学利的《论伪满洲国教科书的殖民性特征》[《河北师范大学学报（教育科学版）》2015 年第 5 期]等。

其五，舆论与宣传研究。在新闻统治方面，有黑龙江日报社新闻志编辑室编著的《东北新闻史》（黑龙江人民出版社 2001 年版）；或把目光聚焦在伪满洲国建立前的新闻统治，如王翠荣的《伪满洲国成立前日本对东北的新闻侵略及东北新闻界的抵制》（《民国档案》2010 年第 3 期）；或从法律的视角探讨日本的新闻管控制度，如蒋蕾等的《以法律之名制造的"新闻樊篱"——对伪满新闻统制的历史考察》（《社会科学战线》2016 年第 6 期）；也有分阶段的整体论述，如何兰的《日本对伪满洲国新闻业的垄断》（《现代传播》2005 年第 3 期）、张贵的《东北沦陷 14 年日伪的新闻事业》（《新闻与传播研究》1993 年第 1 期）等。另外，齐辉的《伪满时期日本对东北的新闻监管与舆论控制——以伪满弘报处为中心讨论》（《东北亚研究》2013 年第 1 期）、曹哲的《论东北沦陷时期日伪报业统制政策及其实质》（黑龙江社会科学院硕士学位论文，2008 年）、齐晓君的《关东军报道班对伪满新闻业的操控——从报刊呈现的角度考察》（吉林大学硕士学位论文，2016 年）等也是该方面的重要研究成果。

就视听界而言，在电影方面，最具代表性的是胡昶、古泉的《"满映"——国策电影面面观》（中华书局 1990 年版），该书系统阐释了"满映"从创建到解体的历史进程，其中也论述了日本通过电影愚弄东北民众的多种活动，以揭露其文化殖民的实质。相关研究还有王艳华的《"满映"与东北沦陷时期的日本殖民电影研

究——以导演和作品为中心》（吉林大学出版社 2010 年版），该书
从导演和作品的角度探讨日本对东北民众的文化殖民。在广播方
面，主要有哈艳秋的《伪满广播性质探析》（《北京广播学院学报》
1988 年第 4 期）、《伪满十四年广播历史概述》（《新闻与传播研究》
1989 年第 3 期）。两文对伪满广播的发展状况、控制手段进行了详
细阐释，突出其殖民性以及工具性。另外，还有通过戏剧等文艺形
式研究日本殖民宣传的，如代珂的《伪满洲国的广播剧》（《外国问
题研究》2014 年第 3 期）、王琨的《殖民地台湾与伪满洲国"放送剧"
研究(1937—1945)》（《台湾研究集刊》2015 年第 2 期）等。

（二）留下的学术空间

以上研究成果对日本的殖民侵略进行了初步探索和开拓性研
究，提出了不少有价值的思想理论观点和对策建议，无论是在研究
视角还是在研究方法方面，都为之后学者在该领域的探讨提供了
先例。但目前的研究仍有不足之处：

其一，在研究对象方面，以往的研究主要集中于某一个或某几
个领域，而且个案研究较多，整体性研究不足，这无疑会造成研究
的碎片化、个案化，无法从整体上把握伪满时期日本对中国东北地
区的殖民统治；而且殖民统治是涉及政治、经济、社会、文化等多个
领域的复杂综合体，联系紧密、相互影响，处于复杂的联系之中，任
何一方面的缺失都不能完整地呈现出殖民性、侵略性。因此，必须
加强整体与个案、客观性与主观性的综合性研究，也要加强各要素
之间的关系、联系研究，以增强研究的全面性、系统性、深入性。

其二，从研究内容看，以往的研究多是按照时间顺序，阐释日
本对中国东北地区各个领域的侵略行径，客观叙述性强，但研究性
略显不足。日本对中国东北地区的殖民统治是通过制造伪满洲国
这个"独立国家"来实现的，这就增加了管控的复杂性，也决定了日

本欲真正完成殖民统治,必须把伪满洲国的政治、军事、经济、文化等多个领域纳入其殖民轨道之中。在这一过程中有日本和伪满洲国之间的冲突,也有伪满洲国和东北民众之间的矛盾,还有日本和东北民众之间的压迫与被压迫关系。因此,在研究内容方面,不能只是时间顺序下的客观叙述,必须体现各涉及领域、各涉及主体之间的矛盾冲突以及解决步骤。

三、概念界定与研究方法

（一）概念界定

本书中的“统治”主要是三层意思:一是总体的“建制”,即日本主导建立伪满洲国,并以其为工具进行殖民统治,这主要是掩盖侵略罪行;二是各子系统的“制度”和“机构”,日本通过伪满洲国制定体现其殖民意志的各领域法律、法规,并设立专门的执行机关,在“合法化”外衣下付诸实际的殖民活动,以实现在军事、政治、经济及文化等领域统治的“法制化”“专门化”;三是“统制”是实现“统治”的重要步骤,通过“统制”将各子系统完全纳入殖民侵略的轨道之中,最终完成殖民统治,它是一个由“制”到“治”的过程。

（二）研究方法

（1）理论分析与实证研究相结合。利用现代殖民理论等,审视不同时期的统治政策及其调整状况,同时考察日本、伪满洲国及东北人民的现实博弈,开展对事件、人物的实证研究,力图构成一个完整的整体,以保证研究的科学性与厚重性。

（2）整体分析与个案探究相结合。研究不同时期日本在各个领域的统治政策与实践,并把它置于整个统治布局中,分析其地位与影响,做到不同层次宏观与微观的充分结合。

（3）多学科交叉的研究方法。以马克思主义理论与方法为指导,在历史学研究方法的基础上,借鉴军事学、政治学、社会学、统计学、教育学等学科的理论与视角进行探究,做到跨学科、交叉式、多角度、深层次的综合性研究,力图在既有的研究基础上有所突破。

四、研究内容

本书运用满铁资料、日本侵华史料、报刊资料等一手史料,全面系统地阐释、分析了日本对中国东北地区政治、军事、经济、文化与社会等领域的殖民统治,具体而言:

第一章探讨日本对中国东北地区的政治统治。从政治学角度讲,政治是以国家权力为核心展开的各种社会活动和社会关系的总和,其中,"政"是政权主体,"治"是维护政权的方法和手段,"治"是围绕着"政"进行的。政治统治是一个复杂的现象和过程,包括国家统治和阶级统治两层含义。伪满洲国建立后,日本正是基于这两层含义而采取措施,把中国东北地区的政治纳入自己的殖民轨道中的。各节具体内容如下:

第一节系统阐释了日本侵略中国东北地区的主体从"四头政治"机关并驾齐驱到以关东军为绝对主导的转变过程,其中,既有日本军部与内阁的博弈,又有陆军省、外务省及拓务省间的相互攻击。"四头政治"的统一结束了日本侵略主体内博外侵的内耗局面,也奠定了一切以军事为中心的格局,是日本完成对中国东北地区政治统治的前提与基础。

第二节全面阐释了日本在"国家"统治层面把中国东北地区的政治纳入自己殖民轨道的欺世盗名之举,即对伪满洲国的掌控。具体而言,一方面利用欺瞒手段应对国联调查,并为伪满洲国成为世界范围内承认的"独立国家"而积极斡旋;另一方面利用"日满一体”"日满一德一心”等加以粉饰,顺理成章地派遣日本顾问,以控制伪满洲国的"中央"和"地方"政治机构。这样日本就在冠冕堂皇的理由下行欺世盗名之勾当,是日本完成对中国东北地区政治统治的主要手段。

第三节全面阐释了日本在阶级统治层面把中国东北地区的政治纳入自己殖民轨道的举措,即对东北民众的控制。日本扶植伪满洲国,自知侵略本质无法真正掩盖,为防范东北人民的反抗而对其进行控制,一方面实行保甲连坐制、街村制及集团部落制进行直接控制,企图杜绝东北民众的反抗行为;另一方面对东北民众进行身心摧残,以消除其反抗能力。日本的阶级统治是完成对中国东北地区政治统治的巩固手段,防范与高压是其显著特征。

第二章探讨日本对中国东北地区的军事统治。从军事学角度讲,军事是政治的延续,本章所指的军事统治主要涵盖军事制度、军事机构、军队建设、军人教育等方面内容。伪满军与关东军均是日本的重要侵略力量,由于关东军本属日本,且一直在其侵略轨道之中,而伪满军名义上为伪满洲国的"国家机器",如何对伪满军进行管控以纳入侵略轨道,是日本对中国东北地区军事统治的关键。各节具体内容如下:

第一节从政策与机构的角度探讨日本把中国东北地区的军事纳入其侵略轨道的第一步,即对伪满洲国军事机关的控制。日本一方面通过宣扬日"满"不可分、日"满"一体等思想,营造氛围表明其军事统治的"合理性";另一方面与伪满洲国签订协约,把统治伪满洲国军队"合法化",从本质上讲,"合理性"与"合法化"尝试是日本从制度层面掩盖其军事统治罪行的具体表现。同时,日本通过派遣顾问的方式实际掌控伪满洲国的各级军事机关,这是日本对中国东北地区军事统治的重要步骤,更是掌控伪满军的必要手段。

　　第二节系统阐释了日本把伪满军纳入其侵略轨道的具体步骤。以中国人为主体的伪满军构成决定了日本整肃的必要性,对伪满军进行改组则是完成控制伪满军的关键步骤,进行军事教育是补充措施,具有巩固之效。如果说掌控伪满洲国的军事机关是日本进行军事统治的重要步骤,那么直接对伪满军进行整肃和控制,是日本统治中国东北地区军事的关键,也是目的。

　　第三节系统探讨了面对日本的军事统治伪满军官兵的反抗,即哗变反正。伪满军的哗变反正经历了"高潮—低谷—高潮"的发展阶段,这是固有的爱国情怀、中方的政治引导及日本的高度压榨共同作用的结果。日本虽采取软硬兼施的手段应对,但并未真正阻止伪满军弃暗投明的步伐。伪满军的哗变反正使东北抗日民族统一战线趋于完整,也扰乱了日本在中国东北地区的统治秩序,一定程度上迟滞了其侵华进程。

　　第三章探讨日本对中国东北地区的经济统治。从经济学角度讲,军事经济是区别于民用经济的一个有机系统,是在战争条件下的一种特殊经济形式。在日本统治下,伪满时期东北地区经济即是军事经济形式,各类型经济的军事化是其具体体现。本章主要探讨日本是如何将原本沿着自主道路发展的东北经济,一步步地纳入其殖民轨道并军事化,进而为其侵略战争服务的。各节具体内容如下:

　　第一节从"制"的层面论述日本将中国东北经济军事化的理论准备。就统治机构而言,日本在伪满洲国建立后,将"满铁"一家独大的侵略机构,调整为"满铁""满业"并驾齐驱的"合法化"统治机构。"满铁"调整之前掠夺中国东北资源为日本国内经济服务,调整后则更倾向于为侵略战争提供战略物资,"满业"更是为军事侵略提供重工业物资。就统治政策而言,经历了从准战时经济体制到战时经济体制的统治政策转变,军事化特征明显。

第二节阐释日本对中国东北地区的金融统治。九一八事变前,日本在东北地区已经具有一定金融势力,这为伪满洲国建立后日本在金融领域的统治奠定了基础。事变后,日本通过打压中国金融机构、增设并扩充日本金融机关、统一货币等方式,逐步完成对伪满洲国的金融统治,建立以日本势力为中心的东北金融体系,增强了日本推行殖民化政策并为侵略战争服务的便利性。

第三节阐释日本对中国东北地区的交通统治。日本一方面通过破坏东北原有铁路网系、收买东铁哈长段、推行"二线二港主义"和"满蒙铁路中心主义"等,构建了以"满铁"为中心的铁路网;另一方面依据军事侵略需要完善东北陆、空交通,使航空与公路军事化。这样的交通统治大大增强了军事物资和军队的运输能力,为军事侵略增加了砝码。

第四节阐释日本对中国东北地区的工、农业统治。工业统治一方面促使东北旧有工业的殖民化,并逐步树立服务军事的理念,使殖民工业军事化;另一方面根据侵略战争的需要,新建军事工业。殖民化与军事化是相辅相成的,殖民化是军事化的前提,军事化为殖民化提供保障。就农业统治而言,日本依靠军事实力来夺取东北土地所有权、大量种植军需物资、实行武装移民政策等,以完成农业统治,为侵略战争提供人力和物力支持。

第四章探讨日本对中国东北地区的教育统治。从教育学角度讲,教育最本质性的理解,就是对人们思想的知识灌输和行为指导。对殖民者而言,教育是磨灭被殖民者的民族意识和国家观念的最重要手段,相较政治、军事、经济等侵略方式更具彻底性。因此日本在伪满洲国建立后,十分重视对中国东北地区的教育统治,本章即是探讨日本是如何将东北教育纳入殖民、奴化教育轨道的。

各节具体内容如下：

第一节论述日本将中国东北地区教育殖民化、奴化的制度设定。一方面以伪文教部为中心设定了从"中央"到"地方"的教育统治机构，并根据侵略形势进行适时调整，这是将东北地区教育纳入殖民化、奴化轨道的具体执行者；另一方面制定一系列教育法令、法规，使教育统治"法制化"，这既可以保证教育行政机构有法可依，也可以把日本的奴化教育"合法化"。

第二节从教师的角度阐释日本的教育统治，即培植、检定及改造为一体的教师管控体系。就教师培养而言，日本通过设立师范学校、大兴师道教育等方式，培植符合"新标准"的教师；就教师录用而言，日本制定了严格的检定标准，以验证"新"教师的身份；就教师改造而言，为彻底保证"新"教师能够按照日本旨意"传道授业"，日本采取教员讲习培训、出国深造两种行形式对"新"教师进行进一步改造。

第三节从学校及教学内容的角度阐释日本的教育统治，即学校结构与教学内容的"除旧立新"。学校是传播知识的平台，日本为使中国东北民众既接受奴化教育，又不至拥有自主思维而产生怀疑和反抗的情绪，对学校结构与类型进行了调整，即重视初等教育之学校建设、限制中等教育之学校建设、取缔旧有之高等学校。教学内容直接决定人才培养方向，日本对其重置主要有两种途径：一是排斥中国教育，设置奴化课程；二是编印"去中国化"之奴化教科书，"去中国化"是其显著特征。

第四节从教育督导和社会教育的角度探讨日本教育统治的全面化。教育督导是保证日本殖民化、奴化教育理念切实履行的重要手段，日本采取双层督导的方式对学校、教师、学生及教育内容进行监察和督促，即专门机构主导下的"正规性"督导、日籍教员的辅助性督导。社会教育是除对儿童、青年进行学校教育外,对一般成人进行的教育,这就把普通民众纳入了殖民化、奴化教育轨道,体现了日本教育统治主体的全面化。

第五章探讨日本对中国东北地区的新闻出版统治。从新闻学角度讲,新闻出版是大众传播的重要载体,具有反映和引导社会舆论的功能。对于殖民者而言,新闻出版是殖民侵略的"无上劲旅",具有"急先锋"作用。因此日本自侵略中国东北地区开始,就极其重视新闻出版业的发展,并在九一八事变前已处于主导地位。那么日本在早已主导东北新闻出版业的背景下缘何在伪满时期还要攫取统治权,又是如何攫取的? 其实质是什么? 本章试图从上述几个方面进行深入考察。各节具体内容如下:

第一节探讨主导新闻出版背景下日本攫取统治权的必要性。首先阐释伪满洲国建立前日本新闻出版主导之势的形成。日俄战争之后,日本凭借雄厚的经济和军事实力极力发展自己的新闻出版势力,并排挤、打压中国报刊业,使得日本报刊在种类、发行数量、影响力上均具有压倒性优势,而处于主导地位。其次论述日本决心攫取统治权的关键。中国新闻界团体的联合抵制是日本决心攫取统治权的重要促使因素;中国新闻出版者坚守阵地、揭露日本侵略本质,是重要刺激因素。

第二节探讨专门统治机构设定与"合法化"保障。伪满洲国建立后,日本统治中国东北地区新闻出版的机构经历了由弘法处到弘报处的流变,这种专门机构的设立一方面显示了日本对新闻出版统治的重视,另一方面也可以增加专门管理的"实效"。法令、法规的颁布是统治"法制化"的表现,这样既可以为统治权"合法化"提供保障,还能够为实施此种权力保驾护航。

第三节探讨日本对中国东北地区新闻出版业的摧残与统治。

武力查封、监视改造、强买强购等强制手段是新闻出版统治的"急先锋",弘报协会、弘报处等专门管理机构的归拢是新闻出版统治的"合法化"手段。从本质上讲,日本对中国东北新闻出版业的垄断,是利用新闻机构的舆论宣传作用,麻醉中国人民,控制他们的思想,为侵略战争服务。

第六章探讨日本对中国东北地区视听界的统治。视听事业包括电影业和电信业两大类,与新闻出版一样,是舆论宣传的重要组成部分,必然成为侵略者进行思想渗透的工具。伪满洲国建立后,日本极其重视对中国东北地区视听界的统治,那么日本是如何将电影业、电报事业、电话事业及广播事业纳入其殖民文化轨道的,这正是本章要解决的问题。各节具体内容如下:

第一节从"制"的层面论述日本对中国东北地区视听界实施统治的机构与法律依据。经营缺乏统一性是伪满洲国建立之前及其初期,中国东北地区视听界的基本状况,也是日本实施统治必须解决的问题。因此,日本一方面设置"株式会社满洲映画协会"及"满洲电信电话株式会社",进行统一管理;另一方面颁布《电影法》并签订《日满电信电话协议》等,进行制度设定。双管齐下,推动统治之实现。

第二节探讨日本对中国东北地区电影业的统治。以"满映"设立为时间节点,可分为两个阶段:一是"满映"设立前日本在中国东北电影业的"主而不导"地位,表现为在电影院数量上占有主体地位,但在所放映影片上却处于从属地位,既无法影响人的价值观念,又不能引导电影业的发展方向;二是"满映"设立后日本对中国东北电影业的"控而导之",通过增加影院数量并扩大分布范围、改变影片引进格局、"满映"自制影片等方式,实现统治。

第三节探讨日本对中国东北地区电信业的统治。就电话与电报事业,一是对中国东北地区原有各类电话、电报事业的收买和接管;二是大力发展现代化电话、电报事业,以便进一步发挥其工具性职能,为侵略战争服务。就广播事业而言,一是加大广播事业载体兴建,二是更新广播机构设备,三是加大监视和管理。

五、学术创新与学术价值

(1)厘清日本对中国东北地区的殖民路径,以揭示日本的侵略"理路"。日本首先承认伪满洲国为"独立国家",并积极唆使其他国家承认,以掩国际社会之耳目;同时,利用"日满一体""日满一德一心"等加以粉饰,借以表明日本与伪满洲国是亲密"友邦",甚至两者为一个整体,日本顾问(实为操控)伪满洲国各级各类机构是顺理成章的;通过伪满洲国制定体现日本殖民意志的各领域法律、法规等制度。这样厘清殖民路径就可以揭露日本虚伪、欺骗的侵略者嘴脸,更能揭示出日本的侵略"理路"。

(2)突出关系研究,以展现丰富而复杂的历史面相,进而归纳伪满时期东北地区发展的总脉络。以往学界大多孤立地讨论日本对中国东北地区的军事、政治、经济及文化侵略,缺乏它们之间的关系研究。事实上,在殖民统治中,各子系统间不是孤立的,而是相互影响、相互作用的关系。因此本书突出关系研究,认为军事统治是日本殖民统治的基础,为政治、经济、文化统治开辟了路径;政治统治为经济、文化统治提供了保障;经济、文化统治又对军事、政治统治有巩固作用;总之,军事是后盾,也是其他各子系统的"归宿",即军事化。这样的关系研究是尊重历史规律的,有利于归纳伪满时期东北地区发展的总脉络。

(3)强调主观目的与客观效果,以驳斥"东北开发论"的谬论。日本的殖民侵略给中国东北人民带来了深重的灾难,但一直以来部分日本学者不断抛出"东北开发论"的荒谬观点。因此本书从主观目的与客观效果的角度加以驳斥，强调日本在经济、文化等领域的活动，其主观目的带有明显的侵略性、殖民性，完全是以牺牲中国东北地区的资源与环境为代价，为日本国内发展服务、为侵略战争服务；同时，在客观效果上，日本战败后确实留下了一些侵略"遗产"，但这相较于侵略的破坏性可谓九牛一毛。这样的主观目的与客观效果的研究角度，一方面可以有力驳斥日本学者的谬论，另一方面也是尊重历史客观性的表现。

第一章 日本对中国东北地区的政治统治

从政治学角度讲,政治是以国家权力为核心展开的各种社会活动和社会关系的总和,其中,"政"是政权主体,"治"是维护政权的方法和手段,"治"是围绕着"政"进行的。政治统治是一个复杂的现象和过程,包括国家统治和阶级统治两层含义。伪满洲国建立后,日本正是基于这两层含义而采取措施,把中国东北地区的政治纳入自己的殖民轨道中以完成政治统治的。其间主要经历了以下三个步骤:首先,完成"四头政治"之统一,以缓解内部各势力间的矛盾与冲突,这是基础性手段;其次,积极斡旋于世界各国,以使伪满洲国成为世界范围内承认的"独立国家",同时以"太上皇"名义控制伪满洲国政府,并假借其手对东北地区进行治理,这是主要手段;最后,完成对东北人民的有效管控可谓巩固手段,因其作为东北治理的重要内容,涉及东北人民的反抗斗争,是影响日本政治统治是否稳固的重要因素。

第一节 由"内博外侵"到"四头政治"之统一

所谓"四头政治",是指日本在中国东北地区的四个分途侵略机关，即在旅顺的关东厅系，隶属于日本国内之内务省；在旅顺的关东军，隶属于陆军省；在大连的南满洲铁道株式会社（简称"满铁"），隶属于1929年成立的"专管满蒙进取之事务"①的拓务省；在沈阳的总领事馆，隶属于外务省。九一八事变前，四者互不统属，彼此博弈，"莫不各就其政策之所在，以实行其分头之吞噬工作"②，表现为"内博外侵"的状态。九一八事变后，为了改变日益严重的内耗局面，日本开始了"四头政治"的统一工作。"四头政治"的统一过程，从本质上讲是日本侵略中国东北地区的主体从四机关并驾齐驱到以关东军为绝对主导的转变过程。其中，既有日本军部与内阁的博弈，又有陆军省、外务省及拓务省间的相互攻击。因此关东军主导下的"四头政治"统一运动经历了复杂的过程，在相当长的一段时间里始终由于各机关的相互掣肘而难以实现。后关东军顺应日本武力外侵的总体目标，凭借强大的军事实力，于1934年完成了"四头政治"的统一，转其而成"一位一体"制。

一、日本"四头政治"的形成

日俄战争后，日本攫取沙俄独霸的旅大租界地，改称"关东州"，将日俄战时的关东总督府改为"关东都督府"，集军政、民政于一身，其职权限于"关东州"内，可视为军事之一头。1906年乘日俄战争获胜之机，日本又在沈阳小西门外设立驻奉天总领事馆，主管外交，是为外交一头。同年，满铁也宣告成立，开始经办铁路、开发煤矿、移民及发展畜牧业等经济侵略活动，是为经济一头。如此，从日俄战后的1905年直至1918年，日本侵略中国东

---

① 云青：《日寇对我东北的政治统治》，《战时政治》，1942年第3卷第10期，第1421页。
② 樊哲民：《日本侵略东北政治机构之改革》，《黑白》，1934年第2卷第5期，第53页。

北地区的军事、外交、经济机关已然形成，并逐步充实、完善，其侵略进程正式进入以关东都督府、奉天总领事馆及满铁为代表的"三头政治"时代。

随着统治的逐步稳固，日本开始在"关东州"实行军民分治。1919 年添设关东厅，作为"关东州"的民治机构；同时，将关东都督府改为关东军司令部，成为名义上和实质上的军治机构，这样两者开始在"关东州"实行两分天下的统治。因此自 1919 年开始，逐步形成了由关东厅、满铁、总领事馆及关东军司令部组成的"四头政治"共同侵略中国东北地区的局面，"举凡政治、经济、文化、社会诸般设施，均由其分别统辖"[①]。

就关东厅而言，该厅为日本在中国东北政治中的最高机关，由民政署、内务局、警务局及财政局等组成，民政署设于旅大，支署设于金州，另有所谓出张所设于普兰店、貔子窝两地。厅内长官由日本天皇亲任，且一般以文官为原则，如若陆军武官任关东长官时，必须兼任关东军司令官。关东厅长"以租借地为本位而处事"[②]，该厅的主要职权有二：一是管辖旅大租借地内之民政，所谓"除军政外，州内一切政事统归管理"[③]，且一般政务须受日本内阁总理监督，涉及外交事务则由外务大臣监督；二是管辖南满铁路沿线之警务，并监督满铁之业务。另外，对于日本驻中国东北之军队，只有请求出动而无命令之权，如若在其管辖范围内，有保持安宁秩序与保护铁路的必要时，可以请求关东军司令官出动军队，是否应允则视利益而定。可见，关东厅在"四头政治"中不是孤立的，除自身职

① 辅仁：《暴日统一东北四头政治问题》，《尚志》，1932 年第 1 卷第 22 期，第 13 页。

② 《四头政治之弊》，[日]佐藤清胜著，日本检讨会编译：《暴日侵华排外之自供录》第 1 卷，上海：中华学艺社 1932 年版，第 9 页。

③ 畅园：《四头政治统一实现后之东亚》，《民治评论》，1932 年第 1 卷第 12 期，第 198 页。

权外，又与总领事馆、满铁发生着监督与被监督的关系，还与关东军司令部保持着保护与被保护的关系。

　　就满铁而言，该社为日本在中国东北一切经济事业之中心，以路线分布"占交通经济之优势"，以事业广博"操工商经济之实权"[①]，因此日本"对于一切企业之经营、富源之开发以及铁路之投资，无不委之于满铁会社"[②]，其可谓"亡我东北之重要组织"[③]。满铁总社设于大连，支社设于东京，社内置正副总裁各一人，直辖于日本内阁。满铁总裁"以营利为本位而处事"[④]，其经营以铁路为中枢，其拥有蜿蜒数千里之铁道，大致格局为以连长线为躯干，安奉、营口二支线为其左右肢，吉长、吉敦线等为右翼，四洮、洮昂线等为左翼，加之大连、营口、安东三港的助力，在其笼罩之下，辽宁、吉林、黑龙江、蒙古四省之肥沃土地，数十万里之精华，无不成为日本经济侵略的对象；且积极开发相关附属产业，"举凡港湾、水运、矿山、制铁、电气、旅馆、农业等，无不悉心经营"，可谓"与英之东印度公司同其意义"[⑤]。另外，为发展铁道附属地之土木、教育、卫生事业，日本政府授予满铁附属地之行政权，这在一定程度上就会造成其与关东厅在管辖重叠区域的矛盾与冲突。

　　就总领事馆而言，其为日本与中国东北当局之交涉机关。领事馆设置"计总馆四、领事馆九、领事分馆九，以奉天总领事馆职务

---

① 辅仁：《暴日统一东北四头政治问题》，《尚志》，1932 年第 1 卷第 22 期，第 15 页。
② 樊哲民：《日本侵略东北政治机构之改革》，《黑白》，1934 年第 2 卷第 5 期，第 53 页。
③ 辅仁：《暴日统一东北四头政治问题》，《尚志》，1932 年第 1 卷第 22 期，第 15 页。
④《四头政治之弊》，[日] 佐滕清胜著，日本检讨会编译：《暴日侵华排外之自供录》第 1 卷，上海：中华学艺社 1932 年版，第 9 页。
⑤ 畅园：《四头政治统一实现后之东亚》，《民治评论》，1932 年第 1 卷第 12 期，第 198 页。

为最重要,所辖分馆最多"①。总领事"以支那为本位而处事"②,驻馆领事"亦为日本之外交官与行政官"③,发挥着外交与行政的双重职能。日本在东北无论发生任何外交问题,皆由领事官与东北当局进行谈判,以地方事件加以解决。同时,其行政职能的发挥主要体现在两个方面:一是领事馆驻在地之警察,由领事官管辖;二是领事馆区域内日本人所设学校及居住、卫生等事,亦由领事官兼管。这样,总领事馆由于其所拥有的行政职能,就不可避免地会与关东厅、满铁发生职权之争。

就关东军司令部而言,该部为日本在中国东北之最高军事机关,统辖其驻守该地区的一切陆军部队,计有驻箚师团独立铁道守备队、关东宪兵队等,内设参谋、副官、兵器、经理、军医、兽医及军法等七处。司令部长官"以陆军大臣或就中将中选充"④,直隶于日本天皇,军政及人事"承陆军大臣之命",作战及动员计划"承参谋总长之命",教育"承教育总监之命",以"分别处理之"⑤。其职能主要是"负'关东州'防御与南满洲铁道线保护之责",具体而言,在关东厅管辖区域内为维持安宁秩序或在南满铁道附属地内发生警务上之必要时,关东军司令"得受关东厅长官之请求出兵",但遇紧急事变,又可"不待关东长官之请求,径行便宜处置"⑥,完全"以日本

① 辅仁:《暴日统一东北四头政治问题》,《尚志》,1932年第1卷第22期,第16页。
②《四头政治之弊》,[日]佐滕清胜著,日本检讨会编译:《暴日侵华排外之自供录》第1卷,上海:中华学艺社1932年版,第9页。
③ 辅仁:《暴日统一东北四头政治问题》,《尚志》,1932年第1卷第22期,第16页。
④ 畅园:《四头政治统一实现后之东亚》,《民治评论》,1932年第1卷第12期,第198页。
⑤ 辅仁:《暴日统一东北四头政治问题》,《尚志》,1932年第1卷第22期,第16页。
⑥ 辅仁:《暴日统一东北四头政治问题》,《尚志》,1932年第1卷第22期,第16页。

为本位而处事"①。可以看出，关东军司令部由于负有保护和防御之责，而与关东厅、满铁发生着多种联系，冲突与矛盾自不可避免。

　　总之，由关东厅、满铁、总领事馆及关东军司令部组成的"四头政治"，根据侵略需要而分立设置，并本着"以支那为本位，以租借地为本位，以营利为本位，以日本为本位"②的原则各自定位，独立行使各自职权，致使对侵略政策行使上，多感缺乏统一性，所谓"各行其所欲，欲至于极不统一"③；它们之间又由于职权的重叠而发生着诸多联系，但从自身利益出发的所有活动就表现为"甲之所为者乙破之，乙所为者丙破之"，这样必然"生多数虚隙"④。从日本侵略的角度讲，为防止此种内耗的持续发生而导致"毫无建树，毫无进展……卒至困穷急迫达于极点"⑤，并调和矛盾，"四头政治"的统一就显得尤为重要，正如日本陆军中将佐滕清胜所言："我等当今后处理满蒙时，切望鉴于过去之失败，从事于巩固统一之设施，至少限度，须将政治、军事、产业、交通、外交等统一于满蒙都督之下，然后方可不再演前此之失败欤。"⑥

---

① 《四头政治之弊》，[日]佐滕清胜著，日本检讨会编译：《暴日侵华排外之自供录》第1卷，上海：中华学艺社1932年版，第9页。

② 《四头政治之弊》，[日]佐滕清胜著，日本检讨会编译：《暴日侵华排外之自供录》第1卷，上海：中华学艺社1932年版，第9页。

③ 《四头政治之弊》，[日]佐滕清胜著，日本检讨会编译：《暴日侵华排外之自供录》第1卷，上海：中华学艺社1932年版，第9页。

④ 《四头政治之弊》，[日]佐滕清胜著，日本检讨会编译：《暴日侵华排外之自供录》第1卷，上海：中华学艺社1932年版，第9页。

⑤ 《四头政治之弊》，[日]佐滕清胜著，日本检讨会编译：《暴日侵华排外之自供录》第1卷，上海：中华学艺社1932年版，第9页。

⑥ 《四头政治之弊》，[日]佐滕清胜著，日本检讨会编译：《暴日侵华排外之自供录》第1卷，上海：中华学艺社1932年版，第9页。

二、关东军主导之始：从"四头政治"到"三位一体"

关东军自成立以来一直是日本侵略中国东北地区的"先锋"，九一八事变冲破国际之疑惧阵线，其侵略势力从"关东州"、满铁及其附属地，直接扩大到了整个东北地区，加之"其继续不已之消灭义军行动"，使其"四头政治"之首地位"有渐臻巩固之余地"①。这时的关东军可谓日本在东北的"天子骄子"，气焰万丈，恃功凌人，外交、财阀"无不为之屏息"②。在这样的情况下，关东军向日本政府提出将"四头政治"统一于军权之下的要求，强调军权高于一切。不甘人下的其他"三头"自然不会同意，竞相提出"各偏重于自己机关职权之特别扩张"的统一方案，其中内涵"不但未提高军权，且抑止军权"，这与军方之统一意见大相径庭。

日本国内犬养毅内阁也不以为然，认为关东厅、满铁会社、领事馆三者之间本有其统一联络之办法，即为谋关东厅与领事馆警察行政之统一，可使领事兼任关东厅之事务官；为谋领事馆与满铁行政之统一，亦可使领事兼任满铁地方事务所长。另外，也有主张在此四机关上设一统治机关者，以"混淆视听及防遏国内不统一之暴露耳"，日本内阁遂尝试以"专管进取满蒙之事务"的拓务省代之，但在实际运行中其仍"不能达实际统一之愿望"，只不过"似一仲裁机关而已"③。上述办法并未使关东军司令官获得统辖其他三机关之权力，而遭到以军事自骄的关东军的强烈反对。

军部为达目的，开始逞志于日本国内。1932 年 5 月犬养毅首

---

① 辅仁：《暴日统一东北四头政治问题》，《尚志》，1932 年第 1 卷第 22 期，第 17 页。
② 辅仁：《暴日统一东北四头政治问题》，《尚志》，1932 年第 1 卷第 22 期，第 16 页。
③ 辅仁：《暴日统一东北四头政治问题》，《尚志》，1932 年第 1 卷第 22 期，第 17 页。

相被刺身亡即是在军部指使下少壮军人所为,该事件在当时日本国内引起强烈震动,同时也昭示了军权的极度膨胀以及政治不能领导军事之事实。在这样的情势下,日本国内逐步形成了"惟仰军阀鼻息的超然内阁",并使一切对内对外政策只能"惟军部之马首是瞻"①。乘此机会,日本军部遂于1932年5月及6月分别炮制了《对满蒙方策(第四次方案)》《满洲国指导要领(草案)》,再次向内阁提出统一"四头政治"的意见,大致内容为"设驻满全权府,以陆军大将任之,下设一政务总监,以文官任之,管理外交、关东厅及满铁附属地行政,至关东军以及在东北之日军,统归全权统制"②。迫于日本国内的实际形势,同年7月,刚刚成立的斋藤内阁即通过阁议采纳军部大部分建议,修正后予以通过,遂成《满洲四头政治统一案》,其主要内容如下:

(一)关东军、关东厅、满铁公司及领事各机关照旧存在;(二)任关东军司令官为关东厅长官、军司令官,管辖关东军、关东厅及满铁公司……任关东军司令官为临时全权特派大使;(三)特派大使之随员、首席随员以外交次长资格待之;(四)关东厅及总领事馆仍存置,故不置事务总长或政务总监,又不必分内务、外务、警务各局;(五)在满领事本归驻华公使馆管辖,今后改属特派大使;(六)满铁总裁须受特派大使指挥,满铁附属地之行政权归关东厅。③

---

① 而喻:《日本"四头政治"统一了》,《抗争·外交评论》,1932年第1卷第23期,第8页。

② 《满洲国指导要领(草案)》(1932年6月),中央档案馆、中国第二历史档案馆、吉林省社会科学院合编:《日本帝国主义侵华档案资料选编·伪满傀儡政权》,北京:中华书局1994年版,第17页。

③ 陈彬龢:《满洲伪国》,上海:生活书店1933年版,第109页。

　　根据此案,日本大将武藤信义"乃以关东军司令官一人之身兼关东厅行政长官及全权大使三位之职"①,使得"(日本)在东三省之政治、外交、产业、行政、警察等一切权柄,归日军部掌控"②,于是"四头政治"遂转变而为军部独裁的"三位一体",完成了"四头政治"统一的第一步。

　　这里需要特别说明的问题有二:一是为何委武藤信义以身兼三职之重任? 武藤信义长期于日本军队任职,是大将身份自不必说,最重要的是其为陆军省少数的俄国通,有利于应付苏俄,因为中国东北地区与苏俄毗邻,"在政治上、经济上都占相当的地位"③,日本欲在该地区站稳脚跟,必须考虑苏俄之因素。二是全权大使实质上发挥着日本侵略朝鲜时所设的朝鲜统监的职能,为何并不称统监或总督,而称为大使? 总体而言,这主要是以此来蒙蔽国际的耳目,而事实上承认伪满洲国。具体而言,伪满洲国虽在日本的积极倡导下已然建立,但国际上尚未正式承认,且日本碍于《国联盟约》及《九国公约》的约束也未敢冒天下之大不韪而公然承认。日本利用"大使"之名而行"统监"之实可达到以下效果:第一,可以向国际社会公布日本已经事实上承认伪满洲国,因为从国际法的角度讲,既有大使派遣,即表明两个真正的国家发生了正式外交关系,倒推过来,说明日本承认伪满洲国为真正的国家,以实现从事实上的承认到法律上的承认;第二,意欲掩盖日本侵略中国东北的事实,因为既为发挥外交职能的大使,本应听命于日本外务省,但事实上武藤信义作为日本现役大将,则受命于陆军省,而

---

① 樊哲民:《日本侵略东北政治机构之改革》,《黑白》,1934年第2卷第5期,第53页。

② 陈彬龢:《满洲伪国》,上海:生活书店1933年版,第109页。

③ 而喻:《日本"四头政治"统一了》,《抗争·外交评论》,1932年第1卷第23期,第9页。

且"不以外交为重",却"以行政、军事为主体"①,着实为变相的统监。

三、"四头政治"统一的完成:从"三位一体"到"二位一体"

虽然在强大的军事力量支持下,日本军部实现了"三位一体制",但是在实际的侵略活动中,军事、外交、行政权仍往往互起争议,未能收获统一侵略之实效;而且满铁作为经济侵略的代表,其监督权仍控制在拓务省手中,可以说此种"三位一体制"的实施并未真正达到军部把各种权力统一于军权之下的初衷。那么为完成"四头政治"的真正统一,必须解决如下两个问题:一是如何促使军权、外交权及行政权的进一步融合,协调侵略步调,对此,军部曾采取种种措施试图调和三者之间的复杂关系,但始终效果不大;二是如何从拓务省手中获取满铁之监督权,进而控制侵略中国东北的经济权。1933 年冬关东军特务部提出改组"满铁现地案"的请求,以获取满铁之监督权,并摧毁财阀的背后壁垒,但由于拓务省"乃为监督满铁之直接官厅",如不经其手就不能向议会提出任何满铁改组方案,因此陆军方面即使极力游说,在"拓务省之死力对抗,满铁社员之大部反对,东京舆论之不表赞同"②的情势下,也不得不放弃。

随着日本侵略进程的进一步推进,军、外、拓三省之间的对立与冲突日益严重,主要表现为"道己之长攻人之短,无不以死力坚持其自己之主张,而阻止对方计划之进展",因之而产生的负面影

① 而喻:《日本"四头政治"统一了》,《抗争·外交评论》,1932 年第 1 卷第 23 期,第 10 页。

② 樊哲民:《日本侵略东北政治机构之改革》,《黑白》,1934 年第 2 卷第 5 期,第 53 页。

响越来越突出,改革日本在中国东北的政治机关问题"呼声益炽"①。在此种状况下,冈田内阁要求陆军省、外务省及拓务省提出各自的改革方案,以彻底统一"四头政治"。

（一）陆军省、外务省及拓务省改革方案之内容

陆军省、外务省及拓务省在分别向日本内阁提出各自的改革方案同时,也展开了拉拢、对抗之博弈,拓务省"为使政治、经济脱离军部,遂与外务联合提出所谓二位二体制",外务省则"亦欲使外交、行政脱离军部而与拓务省结合",同时"又期树立外交及行政机关之正常化,又与军部联合采取二位一体制,但依然尊重其外交权而反对陆军省案"②。因此各省改革方案所坚持的根本原则,既有相同之处,又有矛盾之点。

其一,就陆军省案而言,体制方面,改全权大使、军司令官及关东厅长官"三位一体制"为全权大使、军司令官"二位一体制",事实上其企图"实欲将在满各机关合而为一",名义上的"二位一体"实则"乃系'一位一体'",其"无异于朝鲜总督之统治朝鲜耳"③;废止关东长官,新设关东州知事,管理"关东州"内行政。全权大使职权方面,统理外交、行政、经济,并监督关东州知事,大使馆内设事务总长,再分设警务部、监督部（监督满铁）、外事部（掌管外交、行政事宜）。监督方面,日本内阁总理监督全权大使,涉及外交事项则由外务大臣监督指挥。另外,订定条约,新设日"满"经济会议,由日本与伪满洲国派代表组织之,日本内阁总理负监督之责,特务部则归于该会议及伪满洲国企划局④。

---

① 樊哲民:《日本侵略东北政治机构之改革》,《黑白》,1934 年第 2 卷第 5 期,第 53 页。
② 樊哲民:《日本侵略东北政治机构之改革》,《黑白》,1934 年第 2 卷第 5 期,第 54 页。
③ 樊哲民:《日本侵略东北政治机构之改革》,《黑白》,1934 年第 2 卷第 5 期,第 58 页。
④ 樊哲民:《日本侵略东北政治机构之改革》,《黑白》,1934 年第 2 卷第 5 期,第 54 页。

其二,就外务省案而言,外务省认为日本对中国东北的根本工作"在促进或助长满洲国之独立发展",在不同时期"宜采取适当之整理办法"①。体制方面,"三位一体制"乃过渡时期之制度,可暂将全权大使及关东军司令官联合成为"二位一体制",并废除关东厅长官,置关东州知事。全权大使职权方面,为纯粹之外交官,虽有司法、行政、经济诸权,但司法、行政两权将渐次返还伪满洲国。监督方面,全权大使由外务大臣指挥监督,关东州知事之监督权属于拓务大臣。另外,新设日"满"共同经济委员会,以促日本统治经济之实现。

其三,就拓务省案而言,拓务省"在法制上虽有充分之发言权",但由于实力无法与陆军省抗衡,反而被漠视,且有被裁撤之风险,好在海外财阀及东北日侨"均能为之死力拥护也"②,因此也提出了自己的改革方案。体制方面,废止"三位一体制"而为"二位一体制",即废关东厅,置州知事,同时废驻"满"全权大使,新设驻"满"全权,使之与关东军司令官相对立,但在过渡时期,关东军司令官可兼任驻"满"全权。职权方面,驻"满"全权掌理外交、交通、通信、产业经济、教育及警察等一般行政事宜;关东军司令官执掌维持满洲治安、巩固国防等一切事宜。监督方面,驻"满"全权须受陆军大臣之监督及指导,关东州知事须受驻"满"全权(关于对"满"关系事项)与拓务大臣(关于其他事项)的监督及指导。另外,设立日"满"经济会议,并置于驻"满"全权监督之下。③

---

① 樊哲民:《日本侵略东北政治机构之改革》,《黑白》,1934 年第 2 卷第 5 期,第 55 页。
② 樊哲民:《日本侵略东北政治机构之改革》,《黑白》,1934 年第 2 卷第 5 期,第 58 页。
③ 樊哲民:《日本侵略东北政治机构之改革》,《黑白》,1934 年第 2 卷第 5 期,第 56 页。

（二）陆军省、外务省及拓务省改革意见之异同

其一，三省改革方案之一致意见。纵观陆军省、外务省及拓务省的改革方案内容可以看出，其改革意见的相同之处，除三者均赞成设立日伪经济会议，以达"使日伪经济融合成为一体"并使其成为日本"统制伪满经济的最高机关"①的目的外，最重要的是三者均建议将"三位一体制"改为"二位一体制"。从内涵看，两种体制的主要区别在于关东厅的存废问题，在"二位一体制"中，关东厅被废除，即意味着退出日本侵略中国东北的"四头政治"，这反映出在日本进一步的侵略布局中，关东厅并未占据一席之地。究其原因，日本自从沙俄手中攫取旅大租界地之后，"关东州"一直都是其图谋整个东北地区的大本营，伪满洲国的建立标志着日本已基本控制中国东北地区，更意味着"关东州"也已完成其历史使命，虽仍独立于伪满洲国而存在，但对于完成更大的侵略目标——图谋整个中国则意义不大。

同时，在此次改革中，废除关东长官，新设关东州知事，是日本加强"关东州"管理的具体体现，并希望其继续完成"守成"之使命。因为在"三位一体制"之下，关东厅长官同时也是关东军司令官及全权大使，由于其"久居长春则难于照料关东厅之职务"，往往"有治此失彼之弊"②，而在此项改革中新设州知事使得在此行政区域内已有专员负责，加之关东军司令官及全权大使的指导或监督，可除前之弊。

其二，三省改革方案之冲突与矛盾。这主要体现在两个方面：一是"二位一体制"内的监督权归何机构所有。陆军省案认为"二

---

① 云青：《日寇对我东北的政治统治》，《战时政治》，1942年第3卷第10期，第1421页。
② 樊哲民：《日本侵略东北政治机构之改革》，《黑白》，1934年第2卷第5期，第57页。

位一体制"内的监督权应该直辖于内阁总理大臣,以期"推行国策之统一与强化"①,但有关外交问题则由外务大臣监督指导;外务省案以尊重伪满洲国独立为借口,"二位一体制"内有关军事的事宜归陆军大臣指挥与监督,有关外交、司法、行政、经济等领域的事宜则都应该归外务大臣管辖;拓务省案主张"二位一体制"内有关军事的事宜归陆军大臣监督,有关外交的事宜由外务大臣监督,此外一切有关行政、经济的事宜均由拓务大臣指挥监督。

二是全权大使与关东州知事之关系,陆军省案主张关东州知事的监督权应归于全权大使,外务省案则认为关东州知事应受拓务省的监督与指导,拓务省案也认为拓务大臣应掌握关东州知事之监督权。可见,关于关东州知事的监督权问题,三省中拓务省与外务省的意见一致,以"避免刺激国际视听",并"佯言保持伪国之国家体面"②为由,共同反对陆军省的意见。而陆军省以"日满关系本属特殊,其关系异于其他任何独立国家,且'关东州'与伪满之经济关系又有不可分之势"进行反击,所谓"以驻外大使统辖关东州有谁曰不宜"③。

(三)"二位一体制"名义下的"一位一体制"确立

其一,《在满机构(二次)改革案》颁布。

上述陆军省、外务省及拓务省的政治改革方案均是站在本省利益的立场上提出的,在改革势在必行的情况下,至于采取何种改革方案,是由日本内阁决定的,因此军部为达到自身目的,必然会在控制内阁方面做出一番努力。犬养毅首相被刺身亡后,斋藤实

① 樊哲民:《日本侵略东北政治机构之改革》,《黑白》,1934年第2卷第5期,第57页。
② 樊哲民:《日本侵略东北政治机构之改革》,《黑白》,1934年第2卷第5期,第58页。
③ 樊哲民:《日本侵略东北政治机构之改革》,《黑白》,1934年第2卷第5期,第58页。

继任,军部对其十分不满意,倒阁运动一直没有停止,最终以"帝人事件"为由,逼迫斋藤内阁所有阁员辞职。考虑到政策的延续性,斋藤极力推荐隶属于军部的海相冈田启介接任首相,得到军部"谅解"。可以说,冈田启介是得到日本军人拥护才取得首相位置的,因此由其组织的新内阁在成立之初不得不迎合军部的意旨行事,从本质上来讲,冈田内阁虽代表日本政府,但只是军部的傀儡而已。同时,军部为控制拓务省,指示陆相林铣十郎假意辞职,并提出要使陆相留任,内阁必须同意冈田兼任拓相,此种伎俩实为军部控制拓务省的釜底抽薪之举。结果正如军部所愿,陆相林铣十郎留任,冈田兼任拓相,军部完成了对拓务省的实质控制。一定意义上讲,军部控制了日本冈田内阁,其改革意见也会顺理成章地次第上升为国家意志。

在军部操纵内阁的有利条件下,《内阁案》应运而生,名义上宣称其性质为根据三省提案的一种"折中案",实质上完全是陆军省案的改头换面,是彻底贯彻陆军省案的掩饰工具。该案虽遭到拓务省的强烈反对,但在陆、外两省同意并经阁议通过的情况下,冈田启介于1934年9月正式颁布《在满机构改革案》,作为改革日本在伪满洲国机构的法律文件,其改革大纲如下:

> 在内阁新设置由特别组织之"对满事务局",移转拓务省所管对满关系事项之大部,以谋对满国策之统一;对满事务局设置总裁,次长以下之职员鉴于总裁地位之重要,特注意于有权威者……驻满全权大使执行"满铁"及"满电"会社之业务监督,及关东州知事与其他之监督,并具有铁道附属地行政之权限……驻满全权大使由关东司令官兼任之;驻满全权大使因担任行政事项之掌理,故于驻满大使馆设置行政事务局(局名为"关东局");行政事务局长及附属职员之身份,属于内阁总

理大臣之系统,其所执行之事务(涉外事务除外)受内阁总理大臣之监督,于资格上受大使之指挥监督……关东厅设置关东州知事,受驻满大使之监督,法院、递信局、旅顺工科大学等亦受大使监督;行政事务局之警务部长以关东军宪兵司令官任之,监理部长以关东军交通监督部长任之。①

　　该案使原隶属于拓务省的关东厅归于消灭,同时"关东州"及附属地的行政权表面上并未由关东军直接接管,而是赋予了关东局,这在一定程度上是给原关东厅实力派留有颜面的,也使他们勉强能够接受这一事实。但该案在警察权上的规定还是触怒了这些人,即掌握"关东州"警察权的警务部长竟由关东军宪兵司令官兼任,明显带有使警察宪兵化的企图。究其原因,作为除关东军外的重要武装力量,警察分布极广,旅大租界地有之,满铁沿线及其附属地、日本领事馆驻在地亦有之,其实力"原亦未可轻视"②,军部当然希望将其归入囊中。这一警察宪兵化的规定激起了5 000余名警察官兵的武装反抗,冈田内阁见此情势,一面向关东军长官求援,一面不得不于1934年10月发表对改革案的"再确认"声明,即:

　　　　关于对满关系机关之调整……昨今阁议更对于现地之情势及其他诸般之关系,考究种种善处之方法。政府以前所决定之方针,始终一贯,毫不变更,现已急于今后必要法令之立案关系机关之统制。据此案之实施,虽有忧虑警察宪兵化之倾向,但为谋命令系统之统一,警察机关绝不使之宪兵化,此

---

① 《关于调整对满有关机关之件》(1934年9月14日),中央档案馆、中国第二历史档案馆、吉林省社会科学院合编:《日本帝国主义侵华档案资料选编·伪满傀儡政权》,北京:中华书局1994年版,第42—43页。

② 宗孟:《日本改革在东北侵略机关之因果》,《黑白》,1935年第3卷第1期,第9页。

点若有误解或不安时,则殊无所用……①

可见,这一声明中既有对关东军的坚决支持,又有对关东厅的安慰。武装反抗之警察也自知无法与关东军抗衡,得到此种安慰也实属不易,于是纷纷退场,武装反抗运动以未取得实际效果而落幕。

其二,权力大调整,"一位一体制"形成。

在排除阻力之后,1934 年 10 月 22 日,由日本天皇亲自参加的枢密院会议通过了《在满机构改革案》,并于 10 月 26 日正式公布官制,并任命相关的主要角色。日本军部可谓得偿所愿,上至对满事务局总裁、全权大使,下至关东局之监理部长、警务部长,皆由日本军部的重要分子兼任。具体而言,对满事务局总裁由陆相林铣十郎兼任,意味着这一日本对中国东北发号施令的机关"已无形中变成陆军省的附属机关"②;军部之中心人物南次郎任关东军司令官兼全权大使,表明"向之隶属于拓务省的关东州职权、隶属于外务省的领事职权,皆可变为在关东军一个系统之下来管理"③,成为日本统治中国东北的"太上皇";另外,关东军宪兵司令官兼任关东局警务部长,使得警察宪兵化;关东军交通监督长兼任关东局监理部长,则"'满铁'亦受关东军的监督了"④。如此种种,日本"四头政治"并驾齐驱的时代彻底结束,代替它的是由南次郎一人兼任全权大使与关东军司令官两职的"二位一体制"。

从本质上讲,日本官方所宣称的"二位一体制"只是名义上的,

① 宗孟:《日本改革在东北侵略机关之因果》,《黑白》,1935 年第 3 卷第 1 期,第 10 页。
② 宗孟:《日本改革在东北侵略机关之因果》,《黑白》,1935 年第 3 卷第 1 期,第 12 页。
③ 宗孟:《日本改革在东北侵略机关之因果》,《黑白》,1935 年第 3 卷第 1 期,第 12 页。
④ 宗孟:《日本改革在东北侵略机关之因果》,《黑白》,1935 年第 3 卷第 1 期,第 12 页。

事实上是军权一系的"一位一体制"。这从人员任命上即可看出，隶属于军部的林铣十郎任对满事务局总裁，即说明日本对中国东北所有侵略机关的发号施令者是军部；同样隶属于军部的南次郎任全权大使与关东军司令官，也说明真正侵略中国东北地区的实践者亦是军部。但为何不直接谓之"一位一体"，而保留全权大使宣称"二位一体"呢？这不过是顾全伪满洲国"独立国家"形象以掩国际社会之耳目罢了。正如日本绝密文件《帝国在满洲国政务机关的调整问题》所言："目前，实质上，日本把满洲国的铁路、经济、政治、军事和其他一切方面当作高于保护国地位的性质加以处理，作为满洲国的独立形态而唯一保留下来的，只是在满洲国和日本之间交换外交官而已。如果把这块唯一的独立国的招牌取了下来，那么，就无法承认我国的国策是把满洲国当作独立国家而建立起来的。"①日本在其中所玩弄之伎俩显而易见。这样，日本统治中国东北地区的策划指导机构已然统一，必然进一步加重该地区人民的灾难。

第二节　欺世盗名：日本对伪满洲国的"国家"统治

国家统治是政治统治的核心和基础，日本对伪满洲国的掌控即是就这一统治层面而言的。具体说来，日本积极活动以使伪满洲国成为世界范围内承认的"独立国家"，同时在直隶于日本政府的诸如全权大使等政治机构的指导下，通过控制伪满洲国政权来掌控东北人民。日本把伪满洲国各级机构掌握在自己手中，变其

---

① 《帝国在满洲国政务机关的调整问题》(1934 年)，复旦大学历史系日本史组编译：《日本帝国主义对外侵略史料选编(1931—1945)》，上海：上海人民出版社 1975 年版，第 84—85 页。

为统治中国东北3 000万人民的帮凶机构,并制定相关统治政策,从本质上讲是为了把傀儡政权和东北人民纳入其殖民政治统治的轨道之中,进而"欺世盗名掩盖日寇之丑恶行为以及协助日寇实施血腥的暴力统治"①。

一、利用欺瞒手段应对国联调查团以掩盖伪满洲国真相

1931年日本发动九一八事变后,国民政府代表施肇基向国联行政院请求"立即采取办法,使危害国际和平之局势不致扩大",之后国联于同年9月30日及10月24日先后形成日内瓦决议案,称"尊重我国东省之主权及土地与行政之完整"②。日本虽表面应允尽快撤退其军队至铁道附属地,但实际却变本加厉,欲成立伪满洲国,作为侵略中国并征服世界的基地。12月10日的巴黎决议案决定派遣五人调查团赴中国和日本进行实地调查,日本则利用欺瞒手段应对,以掩盖伪满洲国真相。

（一）欺瞒国联调查团在日本的调查

1932年1月14日,经国联行政院遴选,并经中日当事国同意,国联调查团由英、法、美、德、意五国各派代表一人组成,分别为李顿(Lytton)爵士、克劳德(Claudel)上将、麦考益(McCoy)少将、马柯迪(Marescotti)伯爵、希尼(Schnee)博士,其中以英国代表李顿为委员长,其他人任委员,其使命为"行政院鉴于此案(即东省事件)之特殊情形,欲促成两国对于其所争问题作最后与根本之解决,而无碍于上述计划之实行,乃决定指派五人委员团,就地考察一切能危及国际关系,破坏中日和平,或一切影响中日两国友谊之

---

① 云青:《日寇对我东北的政治统治》,《战时政治》,1942年第3卷第10期,第1421页。
② 景贤:《陪同国联调查团考察日记》,《大陆杂志》,1933年第1卷第7期,第1页。

事件"①。1932 年 2 月 29 日，国联调查团抵达日本，日本政府"招待甚殷"，将预先印制好的关于东三省及上海事件之文件分送调查团，而且各位官员在接受调查时，纷纷以各种理由狡辩，"希图掩盖其暴行"②。

其一，日本外长芳泽谦吉发表为暴行辩护的演讲。1932 年 3 月 2 日，日本外长芳泽谦吉招待国联调查团各委员，并在席上做了为日本暴行辩护的演讲。首先，表明日本是爱好和平的国家，所谓"帝国以确保东洋和平为其根本意义"，而且"在国联各次会议中所抱和平精神，亦殊不让于他国"③。其次，认为中国是威胁远东和平的始作俑者，自革命兴起以来"内乱不绝，而予远东和平以威胁，各党派则依自方之利害，利用外交问题，收揽人心，实行革命外交"，并进一步强调此种所谓"过激的直接手段"既"自难予中国以福利"，又"足使列强大感不安也"④。

再次，歪曲日本发动九一八事变的原因及性质，谬言由于中日两国的邻邦关系，中国革命对日本颇有影响，日本"迭促注意"，但中国"仍充耳无闻"，且排外空气在中国东北地区日甚，以致"不幸事件相继而生"，使"日本官民感情大受刺激"，于是发动九一八事变，并定性其为迫不得已的自卫行为，所谓"自卫措置，以保护国民，拥护权益之手段"⑤。最后，认为中日关系的改善完全取决于中

① 《国联本日举行末次会，宣读有关日本出兵中国之决议案六款》(1931 年 12 月 10 日)，陈志奇辑编：《中华民国外交史料汇编》第 6 册，台北：渤海堂文化事业有限公司 1996 年版，第 2790 页。
② 丁薇茵：《国联调查团与中日》，《新亚细亚》，1932 年第 4 卷第 2 期，第 77 页。
③ 丁薇茵：《国联调查团与中日》，《新亚细亚》，1932 年第 4 卷第 2 期，第 78 页。
④ 丁薇茵：《国联调查团与中日》，《新亚细亚》，1932 年第 4 卷第 2 期，第 78 页。
⑤ 丁薇茵：《国联调查团与中日》，《新亚细亚》，1932 年第 4 卷第 2 期，第 78 页。

国的态度,即"要之刻下中日两国关系,颇为复杂,今后华方若能舍弃排斥态度,则两国关系之恢复,自非难事也"①。

显然,芳泽谦吉的演讲是极其荒谬的,中国革命纯属中国内政,反而被日本诬以危害远东和平,并成为侵略中国的借口。同时,颠倒黑白,把九一八事变的责任完全推给中国,明明是侵略,却美其名曰"自卫"。名义上表明要改善中日关系,前提是中国放弃民族主义,明知不可能实现,却如此要求,就是要为日本继续侵略中国找寻"合理"的理由。

其二,日本陆相荒木贞夫接受国联调查团调查。日本陆相荒木贞夫在被国联调查团调查之前,就曾警告国联与苏俄勿干涉东三省之事,并声称"日本决力拒以《九国公约》适用于东三省之谋",而且把北满的威胁归结为"苏俄在边界厚集兵力及增加远东军队所致"②,以为被调查时诡辩造势。

1932 年 3 月 5 日,国联调查团访问日本陆相时,询问了两个问题:一是关于九一八事变之感想,二是日本是否承认伪满洲国。针对第一个问题,荒木陆相答称所谓"满洲事变"不仅是军事事件,还关系东洋和平,因为中国东北地区"乃系日本国家存亡之生命线"③,而且只有日本,并发动"满洲事变"才能保护东洋和平,所谓"满洲治安若扰乱,则东洋和平不能确保,总而言之,若想确保东洋和平,舍日本外则不成"④。

针对第二个问题,荒木陆相首先警告"无论国联或苏俄或他国有何举动,决不能使日本改变其途径",并强调日本之使命"在

---

① 丁薇茵:《国联调查团与中日》,《新亚细亚》,1932 年第 4 卷第 2 期,第 78 页。

②《荒木谬妄演词》,《兴华》,1932 年第 24 期,第 20 页。

③ 丁薇茵:《国联调查团与中日》,《新亚细亚》,1932 年第 4 卷第 2 期,第 78 页。

④ 丁薇茵:《国联调查团与中日》,《新亚细亚》,1932 年第 4 卷第 2 期,第 79 页。

使东三省为'地球上之乐园'，为人人安全之所"①。因此他认为
"若以余个人之意见则新国家之成立颇好"②，必然会承认伪满洲
国，而且"日人决心与东三省新政府一致合作，以成立远东之大文
化"③。可见，日本陆相利用软硬兼施的话语表明了其对伪满洲
国的态度，并把"建设"东三省上升到日本使命的高度，以欺瞒国
联调查团。

（二）中日两国有关中国代表能否随团东来的博弈

1932 年 3 月 11 日，国联调查团结束日本调查，于 14 日抵达
上海，后又赴北京、武汉等地展开实地调查，在准备出关到焦点地
区——中国东北之前，日本出于掩盖侵略罪行考虑，授意伪满洲
国阻止以顾维钧为首的中国代表团随国联调查团进入东北。对
此国民政府当然反对，于是与日本、伪满洲国就此问题展开了
博弈。

1932 年 4 月，伪满洲国所谓外长谢介石致电国民政府外交部，
明确表示拒绝顾维钧等中国代表"入境"，其电云：

> 中华民国外交部罗文干先生阁下台鉴，近据报告，贵国将
> 派顾维钧氏偕同随员，随国际联盟调查委员会来满等情。查
> 我满洲国系依三千万民众之公意，驱除军阀，建立崇高理想之
> 新邦，对贵国极欲互修和好，如有代表或当道要人远来，自当
> 以礼欢迎。迩来贵国任意宣传，斥我为伪国家，诬我当局诸人
> 为叛徒，以致我国民众对贵国感情异常刺激。倘顾氏一行入
> 境，难保无有不逞之徒，以种种机会为将来双方亲善之阻碍。

---

① 《荒木谬妄演词》，《兴华》，1932 年第 24 期，第 20 页。
② 丁薇茵：《国联调查团与中日》，《新亚细亚》，1932 年第 4 卷第 2 期，第 79 页。
③ 《荒木谬妄演词》，《兴华》，1932 年第 24 期，第 20 页。

应请贵部长妥为设法，勿使顾氏一行东来，免滋意外，特此辞谢。①

此电报阐释了伪满洲国拒顾氏"入境"的原因，即国民政府不承认伪满洲国，刺激了伪满洲国的"国民"，若顾氏东来，恐有意外，为了两"国"修好之长远计，国民政府代表最好不要随国联调查团前来。这样的理由显然是极其荒谬的，竟称伪满洲国是"依三千万民众之公意"而建立的，掩盖了日本一手操办的事实；明明是日本害怕伪满洲国真相暴露，却称"国民"民情愤怒，为顾维钧安全考虑，才阻止其进入东北。

国民政府外交部自然拒绝收受该电，理由是"东三省乃我国领土，今暂为日人侵占，一切可与日方交涉，与伪组织无关"②。对于伪满洲国拒绝顾氏一行人等进入东北，外交部也给出了声明，即中国代表之出关"系根据国联议决案，势在必行，不能因任何恫吓而中止"，这是对伪满洲国及日本的有力回应；至于中国代表的安全问题，外交部也给出了解决方案，即"为国联调查团充分履行义务起见，如有关系方面不能担保其安全，则东省为中国之领土，中政府愿负派卫队保护之责"③。

面对国民政府外交部的坚决态度，1932 年 4 月 17 日，伪满洲国政府外长谢介石又向日本外长芳泽谦吉提出照会，其内容为：

关于国联调查团员入满事，敝国政府虽无异议，但对于顾维钧之入境则无论其由何方面前来，均难予以承认。盖顾于

---

① 《伪满洲国致外部电原文 引起国联各界恶劣印象》，《申报》，1932 年 4 月 12 日，第 5 版。

② 景贤：《陪同国联调查团考察日记》，《大陆杂志》，1933 年第 1 卷第 7 期，第 7 页。

③ 景贤：《陪同国联调查团考察日记》，《大陆杂志》，1933 年第 1 卷第 7 期，第 7 页。

入归政府实力下满铁附属地时，苟不出于足影响国内治安之言动，则满洲政府固可诸不问，然刻下送接华方已派遣足索乱满洲治安、威胁调查团员的安全之多数便衣队之警讯情势下，真容如顾氏等类人物逗留于附属地内，显将予国内治安维持上以重大之恶影响。故此际不得不望贵国政府就阻止顾氏入附属地内事，加以相当考虑。至敝国政府则已决意于顾氏不顾上述情形，道经附属地入满时，即立用实力阻止，并望贵国政府谅察此情，而于彼时不对敝国政府之行动加以掣肘，为幸！按贵国军队之所以驻屯于敝国境内，而亦为敝国所极希望者，系由于腹地治安尚未恢复耳。兹若援助带有扰乱敝国使命之军阀爪牙之顾氏入我腹地，则殊与贵国军队驻屯我境内之主旨相反。故敝国政府深信贵国政府与舍采此种态度而不疑也。①

显然，这是伪满洲国与日本唱的"双簧"，之所以称之为"双簧"，是因为之前伪满洲国外交部致电国民政府外交部是受日本指使，本次照会则体现了伪满洲国与日本的"心照不宣"，事实上都是蛊惑国联调查团的重要手段，目的是让其赞同中国代表不得进入东北。1932年4月12日下午，调查团各委与中方代表顾维钧、日方代表吉田开会时，问及顾维钧出关问题，吉田称"在可能范围内，允予保护"，这显然是推脱之词，中国代表在东北地区仍有安全隐患，因此时人评述"措辞冠冕，而居心狠毒"②。

那么日本为何要拒绝顾维钧随调查团进入东北？原因主要有

① 陈觉：《九一八后国难痛史资料》第4卷，《民国丛书》第5编第71册，上海：上海书店出版社1996年版，第237页。
② 景贤：《陪同国联调查团考察日记》，《大陆杂志》，1933年第1卷第7期，第7页。

三：一是国联议决中日双方可各派陪审员一名，随同国联调查团前往东省调查，事实上是把中国和日本在东北问题上放在同等地位，这是与日本以东北主人翁自居的一贯形象相违背的。二是国联调查团各委员虽为世界知名之士，但毕竟"与东三省素形隔阂"而对其了解甚少，因此若调查时中国代表不在，则"一切均为日人左右，自易使调查团就范"，而且可以向世人宣称"中国自知理曲，故无派代表前往必要"，又可"委其责任于伪组织，事后凡可有所借口"①，这正是日本所希望的；若有中国代表同往，则"一切可以事实证明日人阴谋，有全盘托出之虞，于日方实大不利"②，日本当然不愿意看到如此情形。三是国联不承认伪满洲国，且"亦与日方及伪组织以难堪"，日本通过伪满洲国之手拒绝顾氏一行人等东来，既可以"表示其态度"，又可以"增长其声价"③。

　　虽然日本打着拒顾的如意算盘，但是1932年4月19日国联调查团离开北京出关奔赴东北时，中国代表团仍一同前往，分别为代表顾维钧，随员刘崇俊、杨景斌等21人，还有差役7人④；加之调查团5委员及随员等10余人，日本方面10人，共计50余人⑤。

　　（三）日本应对国联调查团于中国东北地区的调查

　　其一，张学良、马占山对国联调查团的控诉。自国联调查团抵沪开始，中国各地民众因"愤日人之横暴，痛东省之沦亡"而"函电

---

① 景贤：《陪同国联调查团考察日记》，《大陆杂志》，1933年第1卷第7期，第7页。

② 景贤：《陪同国联调查团考察日记》，《大陆杂志》，1933年第1卷第7期，第7页。

③ 景贤：《陪同国联调查团考察日记》，《大陆杂志》，1933年第1卷第7期，第7页。

④ 丁薇茵：《国联调查团与中日（续上期）》，《新亚细亚》，1932年第4卷第3期，第101页。

⑤ 丁薇茵：《国联调查团与中日（续上期）》，《新亚细亚》，1932年第4卷第3期，第102页。

纷驰,吁请调查团主持公道",尤其是到达北京后,由中国代表处转呈调查团的控诉信"有如山积"①。其中,有关东北问题以张学良、马占山的控诉最具代表性。

1932 年 4 月 11 日,张学良设宴招待国联调查团各委员,并向其控诉日本罪行,即"日本历来思将东三省攫为己有,而其主要政策为铁路政策,东北人民知欲保全领土,非特发达铁道不为功,故自行筑路,中国愈修筑,日本愈嫉视……中日纠纷之真正原因,由于日本嫉视中国社会经济之进步,与政治渐趋统一……"②。如果说张学良的控诉能够在一定程度上反映出日本的罪行,那么马占山于 1932 年 4 月 12 日在黑河的通电则直陈东北真相,节录通电的内容即可见一斑,如下:

> 本庄繁实以统监自居,其所为共存共荣者,完全欺骗之伎俩也……3 月 16 日,本庄繁来齐齐哈尔,并视察大兴地方,于途次谈话云:"日本全国已具决心,宁拼任何牺牲,绝不放弃东三省;无论何人,有反对新政府者,当由日本军队负完全扫灭责任;如有任何第三国,出而干涉,已下与之宣战最后之决心;关于一切政令,自可按步进行,惟须经过驻在地之日本军部及特务机关许可,方能执行"……又驻哈特务机关长土原肥及铃木旅团长曾声称:"日本既得东三省,一俟军费充足,即将凭之以为作战之策源地,始能北侵苏俄,东抗美国"……现辽吉二省各县均派有日人两名,办理特务事宜,凡事不经其许可者,不能执行。所有东三省各报馆、电报、电话均由日人背后主

① 景贤:《陪同国联调查团考察日记》,《大陆杂志》,1933 年第 1 卷第 7 期,第 8 页。
② 景贤:《陪同国联调查团考察日记》,《大陆杂志》,1933 年第 1 卷第 7 期,第 6 页。

持,而报纸除顺从日本意旨外,实无真正之舆论。①

马占山通过亲身经历直陈日本的侵略野心,一是绝不放弃东三省,二是日本对东北地区的严格控制,不仅各地所有事务都由日本人做主,就连各舆论机关也都不得不按照日本人的意旨行事。这样的控诉对揭露日本罪行及国联调查团了解东北真相,更具说服力,意义重大。

其二,日本于国联调查团抵达中国东北前之准备。早在国联调查团到达中国东北之前,日本就开始准备行欺骗之手段,日军司令本庄繁"摒除一切事务,专事欺骗调查团之措置"②:一是将伪满洲国成立的经过"强作民意,伪造文书",并秘密交给伪满当局,以"资届时面递调查团,蒙蔽真相"③,同时日本军部也制定了民族自决书,要求国联调查团及世界各国承认伪满洲国;二是连日对伪满洲国各级官员进行考试,内容为他们对调查团所抱意见,防止日本阴谋被揭穿;三是日本军部对受其"恩惠"十年以上之奸民进行积极训练,以充伪民众代表,并邀请溥仪秘密奔赴沈阳;四是承本庄繁之命,伪满洲国各县及各蒙旗慎重选择代表,限三日内到沈阳集合,"听候调查团抵沈时举行大会,作民族自决之示威运动"④。

同时,日本为防止中国东北知识分子在国联调查团于东北调查期间暴露真相,提前对他们予以警告,凡有不利于日本之言论者

---

① 景贤:《陪同国联调查团考察日记》,《大陆杂志》,1933 年第 1 卷第 7 期,第7—8 页。

② 丁薇茵:《国联调查团与中日(续上期)》,《新亚细亚》,1932 年第 4 卷第 3 期,第 102 页。

③ 丁薇茵:《国联调查团与中日(续上期)》,《新亚细亚》,1932 年第 4 卷第 3 期,第 102 页。

④ 丁薇茵:《国联调查团与中日(续上期)》,《新亚细亚》,1932 年第 4 卷第 3 期,第 102 页。

"即予以断然之处置"①；凡反对日本者，一经发现，日本相关机构即会派宪兵于夜间闯入其家中，进行逮捕杀戮，并警告其家属，不可泄露此消息，否则同样对待。诸多置身东北的爱国知识分子，如阎廷瑞、张金恩等，虽处于此种恐怖状态下，但仍不惧威胁，大胆反抗日本，最后"悉遭杀戮"②。另外，日本特调于芷山及其部属到沈阳，用意有二：一是增强防务，以防止国联调查团抵达后，义勇军及民众有积极举动；二是代替日军，以表示"沈垣仍在中国军队支配下之意"③。总之，日本如此重视并积极准备，无非是想向国联调查团证明伪满洲国作为一个"独立国家"是民族自决的结果。

其三，严密监视中国代表及国联调查团。1932 年 4 月 21 晚国联调查团抵达沈阳时，伪满洲国政府即命伪奉天省政府通告调查团，顾维钧"若坚欲与李顿爵士共其行动"④，则必须加以阻止，可见日本想通过伪满洲国之手给国联调查团以下马威。面对这样的情况，国联调查团则以"对伪国一切招待一律拒绝，且绝对不接见与伪国有关系之人物"⑤的正式声明回击。其结果，日本未能阻止顾维钧与国联调查团的共同行动，却阻断了溥仪原定谒见调查团之路。

日本既无法拒顾维钧一行人等与国联调查团共赴东北，其又开始着手监视中国代表团，以达干扰调查的目的。首先，限制参与

---

① 景贤：《陪同国联调查团考察日记》，《大陆杂志》，1933 年第 1 卷第 7 期，第 8 页。

② 景贤：《陪同国联调查团考察日记》，《大陆杂志》，1933 年第 1 卷第 7 期，第 8 页。

③ 饶庸君：《国联调查团之工作》，《时事月报》，1932 年第 7 卷第 2 期，第 69 页。

④ 丁薇茵：《国联调查团与中日（续上期）》，《新亚细亚》，1932 年第 4 卷第 3 期，第 103 页。

⑤ 丁薇茵：《国联调查团与中日（续上期）》，《新亚细亚》，1932 年第 4 卷第 3 期，第 103 页。

实际调查的人数,中国代表团共有 21 人随国联调查团抵达东北,但在日本减少人员的强烈要求下,最终将随同赴各地调查之人数减为 6 人①。其次,严密监视参与调查团之中国代表的行动,可谓"百计阻挠,使之不得自由"②,中国代表一到东北,即"被组织严密之日本侦探包围",顾维钧左右"有日探八九名之多,跬步不离,任何人往访均被拒绝",其余随员"至少亦有二三日探常川追随"③,如专门委员之上海新闻记者顾执中谈同行诸人抵达大连时,即受日人之严重监视;随员戈公振在沈阳城内调查各方面情势时,即"被伪政府军警包围,横遭拘捕,旋即释放"④;代表团所在驻地也是侦探密布,当他们不在室内时,侦探"即入室翻箱倒箧,片纸只字均被窃窥抄去"⑤。另外,即使是国联调查团各委员"行动亦极不自由",本庄繁派密探 30 名"暗中加以监视"⑥。

　　因此,顾维钧向国民政府外务部于 1932 年 4 月 30 日及 5 月 1 日连续两天发电报汇报上述状况,即中国代表抵达东北后"行动极不自由",日本"干涉伴随国联调查团华员",并"故意与华员为难,阻止华员补助该团",国联调查团"亦不免被暗中监视"而"感调查困难,不易入手"⑦。5 月 3 日,外务部随即转呈驻国联中国代表颜

---

① 丁薇茵:《国联调查团与中日(续上期)》,《新亚细亚》,1932 年第 4 卷第 3 期,第 103 页。

② 饶庸君:《国联调查团之工作》,《时事月报》,1932 年第 7 卷第 2 期,第 68 页。

③ 丁薇茵:《国联调查团与中日(续上期)》,《新亚细亚》,1932 年第 4 卷第 3 期,第 103 页。

④ 饶庸君:《国联调查团之工作》,《时事月报》,1932 年第 7 卷第 2 期,第 68 页。

⑤ 丁薇茵:《国联调查团与中日(续上期)》,《新亚细亚》,1932 年第 4 卷第 3 期,第 103 页。

⑥ 饶庸君:《国联调查团之工作》,《时事月报》,1932 年第 7 卷第 2 期,第 68 页。

⑦ 丁薇茵:《国联调查团与中日(续上期)》,《新亚细亚》,1932 年第 4 卷第 3 期,第 103 页。

惠庆，要求其送达国联秘书厅。即便如此，日本仍肆无忌惮地行监视团员、阻挠调查之事，这就很大程度上增加了调查的难度，削弱了调查的效果。

其四，采取种种措施阻止中国东北民众与国联调查团接触。国联调查团抵达沈阳后，日本在沈阳市马路湾以北至老道口，凡是铁路用地"均设有军警宪兵，对于往来行人严加审查"，并由日本宪兵改着华装，对大和旅馆及东方饭店"实行包围，大加监视"①。学生同样受到此种待遇，据顾维钧回忆："某日我在公园闲步，同时游园的学生很多，他们徘徊了许久，要和我说话，想把哈埠附近情况告诉我，这时候我后面已有三个人跟着，学生说了几句，后面三个人脸色很不好看，当时我就阻止这几位学生不要再继续说下去，并且要他们写成书面的东西寄来，他们看机会很难得，或者是不明了我的意思，觉得很难过。"②可以看出，日本"唯恐国人能与调查团接触得以报告真相"③。

同时，对各国侨民及其领馆也采取类似措施，如国联调查团抵沈之次日，即1932年4月22日，担任奉天邮务管理局长的意大利人巴立地设宴招待，席间其畅谈九一八事变的真相，以及之后日本的种种横暴与外侨所受的压迫等情形。日本闻得此消息，极为不满，遂派日宪兵秘密监视巴立地公馆，阻止其与华人接近，且为防

---

① 《东北真正民意对国联调查团之表白》，《九一八周报》，1932年第1卷第10期，第147页。

② 丁薇茵：《国联调查团与中日（续上期）》，《新亚细亚》，1932年第4卷第3期，第110页。

③ 《东北真正民意对国联调查团之表白》，《九一八周报》，1932年第1卷第10期，第147页。

止此类事件再次发生,"对于各领馆亦然"①。

　　日本的严控措施直接造成了社会的恐怖,包括学生在内的诸多社会民众敢怒不敢言,这一点顾维钧深有体会,1932年6月6日其在北京与新闻记者谈话时讲道:"东北三省人民的痛苦,绝非关内人民意想得到。此种痛苦完全在压迫之下……从哈尔滨回沈以后,有一天大和旅馆前,开全满学生运动会,持日本和满洲'国旗',游行学生有数千人,日本学生占一大部分,其余是中国学生。行授旗礼时,唱满洲'国歌',并高呼万岁,可是唱歌的完全是日本学生,他们欢声震天,中国学生全是垂头丧气,此种状况代表团感觉非常痛心。"②

　　(三)《国联调查团报告书》对伪满洲国真相的揭露

　　国联调查团自正式成立到踏足东京、上海、南京、芜湖、九江、汉口、重庆、宜昌、济南、天津及东北多地,再到《国联调查团报告书》在东京、南京和日内瓦同时发表,历经近9个月的时间,调查团各委员不可谓不辛苦,调查不可谓不深入、具体。最后的调查成果——《国联调查团报告书》共分十章,虽其中诸多内容存在瑕疵,甚至有自相矛盾之处,但总体而言"颇能自圆其说"③,特别是第六章对伪满洲国真相的揭露,得到社会各界的一致赞许。

　　其一,揭露日本所谓"民族自决"之实质。日本一直宣称伪满

---

①《东北真正民意对国联调查团之表白》,《九一八周报》,1932年第1卷第10期,第147页。

② 丁薇茵:《国联调查团与中日(续上期)》,《新亚细亚》,1932年第4卷第3期,第109—110页。

③ 雷震:《国联调查团报告书驳议(一)》,《时代公论(南京)》,1932年第31期,第6页。

洲国的建立完全是"民族自决"的结果,但经国联调查团调查,实际上并非如此,在《国联调查团报告书》有这样的阐释:

> 一群日本文武官吏现任职与退职者均有,图谋组织并实施此项运动,以为解决九月十八日以后满洲局面之办法……以此为目的,该员等利用某某华人之名义及行动,又利用不满以前政府之少数居民……由此亦可知日本参谋部最初或不久已知可以利用此项独立运动,因此该部对于独立运动之组织者予以援助及指挥。①

国联调查团认为所谓的"民族自决"完全是日本政府利用日本人及少数中国人一手推动的,并不能代表全体东北民众的真实意愿。同时强调推动伪满洲国建立的最有力因素"厥为日本军队之在场及日本文武官吏之活动"②,因此判断若无此二者,则伪满洲国不可能成立。

其二,明确伪满洲国与张作霖时代东三省自治完全不同性质。日本援引张作霖时代东三省自治来说明东北民众早有独立之心,国联调查团在日本"因防范实在或想象的危险而加诸调查团之特殊保护"③之下,经过与各官长公开谈话以及与商人、银行家、教员、医师、警察、职工等秘密约会,终于彻底了解清楚伪满洲国的本质,即:

> 张作霖屡次对于北京政府宣告独立,但此种宣告并不表示张氏或满洲人民愿与中国分离,其军队之入关不能与外兵侵略相比拟……在一切战争及独立时期中,满洲仍属中国领

---

① 承武:《读国联调查团报告书》,《外交月报》,1932年第1卷第4期,第70页。
② 承武:《读国联调查团报告书》,《外交月报》,1932年第1卷第4期,第70页。
③《国联调查团报告书》,《救国通讯》,1932年第27/28期,第469页。

土,张作霖虽不赞成国民党主义,但深盼中国之归于统一……由此可知在 1931 年 9 月以前,满洲毫未闻有独立运动,其所以有此独立运动者,乃日本军队在场之所致也。①

显然,国联调查团认为中国东北地区或有少数团体拥护伪满洲国,但一般华人"均异其趣",与张作霖时代东三省自治完全不同,其"在当地华人心目中只是日人之工具而已",因此"不能认为由真正及自然之独立运动所产生"②。

另外,本章还对伪满洲国的工具性现状进行了揭露,所谓"该政府名誉上之领袖,虽系住居满洲之中国人,但其重要之政治行政权,则仍操诸日本官吏及日本顾问之手。该政府之政治的及行政的组织不仅予此项官吏及顾问以贡献技术上意见之权,抑且予以实行管理及指挥行政机会……以故无论遇何事机,彼日本当局者均有运用其绝大力量之方法。"③

虽然日本"先威我民众以兵力,使不敢言其实况;饰市面以太平,使不得见其真相",并"施行种种诈言伪词,文饰其非",但是通过国联调查团的调查,国际社会已基本认清日本此种"形同鬼蜮,心实奸险"④的嘴脸。于是在 1933 年 2 月 24 日,国联大会以 42∶1 的高票通过接受《国联调查团报告书》的决议,且 19 国委员会一致同意不承认伪满洲国。日本对此极为不满,为保持并进一步扩大侵略权益,随即宣布退出国联,并在国际社会积极游说,企图让更多国家承认伪满洲国。

---

① 承武:《读国联调查团报告书》,《外交月报》,1932 年第 1 卷第 4 期,第 70 页。
② 承武:《读国联调查团报告书》,《外交月报》,1932 年第 1 卷第 4 期,第 70 页。
③ 承武:《读国联调查团报告书》,《外交月报》,1932 年第 1 卷第 4 期,第 70 页。
④《东北民众请愿团送达调查团之东北民众请愿书》,《九一八周报》,1932 年第 1 卷第 10 期,第 149 页。

据《满洲建国十年史》统计，共有 23 个国家或（伪）政权承认过伪满洲国，除汪伪政府、伪蒙疆联合自治政府外，还有日本、西班牙、苏联、意大利、芬兰、蒙古、纳粹德国、丹麦、梵蒂冈、罗马尼亚、泰国、波兰、保加利亚、萨尔瓦多共和国、匈牙利、斯洛伐克、缅甸、克罗地亚独立国、自由印度临时政府、维希法国、菲律宾第二共和国。[①] 可见，虽日本积极游说，但承认伪满洲国的"主角"基本上都是与日本侵略关系密切的国家或伪政权，它们或是第二次世界大战时期的轴心国及其扶植的傀儡政权与占领国，或是除轴心国以外的《反共产国际条约》成员国。当然也有同盟国成员国，如苏联，其是为了避免东西两线作战，而与日本签署《苏日中立条约》，其中一个重要内容就是承认伪满洲国。随着第二次世界大战进入白热化状态，只剩下日本、萨尔瓦多共和国、梵蒂冈等少数几个承认伪满洲国了。

二、控制伪满洲国的"中央"和"地方"政治机构

控制国家机器是国家统治中最主要的和最根本的手段，只要控制了各级政治机构，也就意味着国家统治的实现。九一八事变后，日本积极图谋东北各地方脱离与国民政府的关系，并筹备制造伪满洲国。最终于 1932 年 2 月 25 日召集所谓"最高行政委员会"，"开建国会议"，决议成立伪满洲国，年号为"大同"，"国体"为"民本政治"，"元首"称号为"执政"，任期八年，"国旗"为"红蓝白黑满地黄"，伪都为长春。同年 3 月 1 日举行所谓建国典礼，3 月 9 日先后公布各级政治机构之组织。为实现对中国东北地区的政治统治，日本必须首先完成所谓国家统治，即控制伪满洲国的"中央"和"地方"政

① 伪满洲国政府编：《满洲建国十年史》，东京：原书房 1969 年版。

治机构。

（一）日本对伪满洲国"中央"政治机构的控制

伪满洲国为日本一手包办而成，因此其政治机构的基础"完全是建立在敌寇的需要上"①。同时，日本为蒙蔽国际视听，也会按照所谓正常"国家"的标准来设置政治组织，并制定相应的"国家"政策，但在机构的实际运行中又会安排日本人进行操作与控制，制度规定与实际运行始终是不统一的。

其一，对"国家"元首的控制。伪满洲国建立后，无论是在溥仪为执政时期，还是帝制的皇帝时期，日本始终注重对"国家"元首的控制。名义上规定"国家"元首具有至高无上的权力，如伪满《组织法》中规定："（1）皇帝以元首资格居国家的最高位；（2）皇帝为国家最高统治权的源泉；（3）皇帝总揽国家保有的统治权；（4）皇帝的尊严不可侵犯。"②但事实上溥仪的一举一动都在日本的监控之下。就机构而言，关东军司令部内的"第四课"就负有监视溥仪的责任。同时，关东军常驻代表被安插在溥仪身边，是监视的具体执行者，有多种名义，如"执政府掌礼处翻译官""执政府侍从武官""帝室御用挂"等。1934 年吉冈安直任"帝室御用挂"，溥仪曾回忆与他的关系，所谓：

> 吉冈一贯地执行着日本关东军司令官的命令，管理我的内外一切公、私事务，干涉我的一言一动，禁止我的自由发言。无论是在他们规定的宴会上，还是他们规定的临时与伪总理、

---

① 云青：《日寇对我东北的政治统治》，《战时政治》，1942 年第 3 卷第 10 期，第1422 页。
② 《组织法》（1934 年 3 月 1 日），中央档案馆、中国第二历史档案馆、吉林省社会科学院合编：《日本帝国主义侵华档案资料选编·伪满傀儡政权》，北京：中华书局 1994 年版，第 227 页。

伪总务长官的谈话,或是他们规定的伪省长、伪军管区司令官的所谓"上奏"以及其他类似场合,都由吉冈预先写出纸单,以限制谈话的范围,丝毫不许变更。他的种种威胁压制是写不胜写,他骄傲自大,目空一切,猜疑之心尤大,布置由关东军推荐到官内的日系官吏和日本宪兵层层监视。每天无论有事无事必到伪官,真是风雨无阻,一天无数次地见我。吉冈是日本关东军参谋兼关东军司令部附,照日军的用语,他尚兼伪官的"帝室御用挂",自称我的"准家属",包揽一切,隔绝了我对外的一切联络,不许伪官吏和我自由见面。凡人民给我的来信,也一律由受他指挥的伪官内府日系总务处长小厚二三夫等扣下,不给我看。日本宪兵则驻扎在伪官之内监视一切。①

从上述回忆可以看出,作为伪满洲国名义上的最高统治者,溥仪在政治上根本没有任何自由,一切必须按照日本关东军的旨意行事。同时,关东军司令官也自命对溥仪有管教之责,所谓"关东军司令官作为天皇的代理人必须是皇帝的师傅和监护人","要确保军司令官对皇帝的师傅的地位"②。因此关东军司令官制定了每月三次的"例行会见"制度,定时对溥仪进行教导,据统计,1932 年11 月至 1938 年 4 月,此种"例行会见"共进行了 165 次③。

其二,对"中央"各级政治机构的控制。《满洲国指导方针要纲》规定:"对于满洲国的指导,在现行体制下,在关东军司令官兼

① 《溥仪笔供》(1951 年 10 月 3 日),中央档案馆、中国第二历史档案馆、吉林省社会科学院合编:《日本帝国主义侵华档案资料选编·伪满傀儡政权》,北京:中华书局 1994 年版,第 173—174 页。

② 解学诗:《伪满洲国史新编》,北京:人民出版社 1995 年版,第 210 页。

③ 刘信君、霍燎原主编:《中国东北史》第 6 卷,长春:吉林文史出版社 2006 年版,第407 页。

驻满帝国大使的内部统辖下,主要通过日本官吏进行实质性的指导。日本人官吏应该是满洲国运营的核心,因此必须妥善而恰当地进行选拔和推荐,以便能充分贯彻本指导方针。同时,为了使日本人官吏成为活动中心,便于统治起见,决定保持以总务厅为中心的现行体制。"①加之《日满议定书》的签订,更使日本取得了政治支配权的法理依据。日本进而确立了控制伪满政治机构的基本原则——"总务厅第一主义",并在具体实践中得以贯彻。

在执政府时期,伪满洲国实行"一府三院八部制","一府"为伪执政府,"三院"为伪国务院、伪立法院、伪监察院,"八部"为伪民政部、伪外交部、伪实业部、伪司法部、伪交通部、伪军政部、伪财政部、伪文教部,隶属于作为最高行政机关的伪国务院。同时,在伪国务院中置总务厅,各部中设总务司,厅长、司长"由日人担任,统摄各部的机密、人事、主计、需用及情报事务,是日寇统治伪满的最高指挥官"②。后随着国内外环境以及具体需要的变化,日本对伪满洲国的"中央"政治机构进行了数次调整,有"一府三院九部制",即执政府,监察、国务、立法等伪三院,民政、外交、军政、财政、实业、交通、司法、文教、蒙政等伪九部;后在再次改革中,又裁撤监察院,设审计局,将前伪九部并而为治安、民生、产业、经济、交通、司法等伪六部,自伪国务总理直辖下添外务、内务、兴安等伪三局。

在上述的数次改革中,日本始终宣称伪国务院"奉皇帝之意

---

①《满洲国指导方针要纲》(1933年8月8日),中央档案馆、中国第二历史档案馆、吉林省社会科学院合编:《日本帝国主义侵华档案资料选编·伪满傀儡政权》,北京:中华书局1994年版,第26页。

②《阮振铎笔供》(1951年5月),中央档案馆、中国第二历史档案馆、吉林省社会科学院合编:《日本帝国主义侵华档案资料选编·伪满傀儡政权》,北京:中华书局1994年版,第274页。

旨,而掌理全国行政的中枢机关",伪国务总理大臣"负辅弼皇帝之
责",具体而言,其职责为"(1)奉皇帝旨督率各部大臣掌理国家行
政事务;(2)督导官吏并奏请关于彼等任免、升高及赏罚事项;
(3)关于主管事务由职权或特别委任得发布院令;(4)为保全行政
统一及维持政务平衡得取消或停止各部大臣所发布的命令或处
分;(5)召集为图各行政事务连络而设的国务院会议"①。

但在实际运行中,伪总务厅的职能却在不断扩大,其组织有官
房、企划处、法制处、人事处、主计处、统计处、弘报处、地方处等伪
部门,可以说控制着伪满洲国的政治、经济、人事、宣传等权力。其
中,伪官房是政治权力的主要操纵者,其机能主要有两种:一是"担
任着政府全般事务的统制"②,各种重要政务诸如机关间的联络折
冲事项,各次长会议、国务院会议的决议以及日"满"经济共同委员
会的提议及咨询事项,上奏与上奏经许可实施时有须加处置的事
项等,均透过各机关而在此集中;二是所有监察事务"亦均由官房
兼摄",诸如国家行政计划及与倭方连络折冲监察事务、行政官的
监察事务等"都是官房重要事务之一部"③。伪官房的政治权力操
控者角色可见一斑。

由于制度规定与实际运行的严重不符,直接导致了伪国务总
理大臣郑孝胥与伪总务厅长驹井德三之间的严重矛盾,正如溥仪
所言:"建国初期,事先我对组建的现内阁一无所知,恰如这次郑总
理向我呈交的内阁成员名单一样,只不过就这样决定了罢了。这

---

① 《国务院官制》(1937年6月5日),中央档案馆、中国第二历史档案馆、吉林省社会科
　学院合编:《日本帝国主义侵华档案资料选编·伪满傀儡政权》,北京:中华书局1994
　年版,第323—324页。
② 云青:《日寇对我东北的政治统治》,《战时政治》,1942年第3卷第10期,第1426页。
③ 云青:《日寇对我东北的政治统治》,《战时政治》,1942年第3卷第10期,第1426页。

样各部总长之间就欠融洽。由于驹井总务长官的专横跋扈,郑总理与驹井关系不和,导致不愉快的结果。解除驹井职务后,阪谷与郑总理之间关系也欠融洽,这些都令人感到不愉快。"①可见,郑孝胥与驹井本属上下级,但作为下级的驹井由于专横跋扈使得上级郑孝胥无法开展工作,郑曾以拒绝参加伪国务院会议与之抗争,进而以辞职相要挟,后日本方面迫于压力不得不以阪谷代替驹井,郑与阪谷仍无法融洽,当郑再次以辞职相要挟时,日本方面失去了耐心,遂以好脾气的张景惠代郑任伪国务总理大臣。在具体的机构运行中,"总务厅第一主义"更是体现得淋漓尽致,据溥仪回忆:

> 在"国务院会议"席上对于所有被提出的议案,都是在经过说明以后照例予以通过,偶尔有人对于议案的条文、词句等有些意见时,便会听到伪总务长官正言厉色地说"这是国策",或以"这是由关东军决定好的,不能变更"这种命令式的口吻作答复。为什么伪总务长官这样说呢? 因为所有提到"国务院会议"的议案,都是在事前由伪总务厅主持和有关各伪部参与策划制订出来,经过日寇关东军认可后,再由伪总务厅"火曜会议"(这个会议在1932年至1936年间称为"总务厅会议",1937年改称"水曜会议",以后又改为"火曜会议"。这个会议也称为"次长会议")审议通过。不过在"火曜会议"以前还有由伪总务厅各处和有关各部、局、院的有关人员举行一次所谓"打合会"(即联络会议)作成草案才提交"火曜会议"的。这个"火曜会议"在伪政府官制中并没有明文规定,每星期二开会一次,由伪总务长官作主席,伪总务厅次长和伪各部次长,以

---

① 日本广播协会"昭和记录"采访组编,天津编译中心译:《皇帝的密约》,北京:中国文史出版社1989年版,第107页。

及伪总务厅企划处长、法制处长、主计处长等作为会议的成员。有时还召集其他有关部门的人员,如伪协和会中央本部长、伪警务总局长等参加会议。但是,每次会议必须有日寇关东军第四课课长或者第四课参谋列席才能开会。审议的案件,有由日寇关东军交来的,有由伪总务厅企划处提出的,有由各伪部提出的。经过这个会议决定的法令和案件,再经过伪总务厅法制处加以"法律化""条文化"以后,即由伪总务厅文书科译成汉文、加封,在封面上盖有"极秘"的戳记,直接送交各伪部大臣,作为"国务院会议"的提案。因此,在"国务院会议"席上,伪总务长官一定要坚持通过这些提出的议案。[1]

从中我们可以看出,日本以践行"总务厅第一主义"为基本准则,以形成"伪总务厅领导伪国务院,伪总务厅长指挥伪国务院总理大臣"的政治格局,其他"中央"各部自然也在伪总务厅的卵翼之下,凡是与之相违背者,都不会得到"重用"。至此即可得出伪满洲国"中央"政治组织的本质,上自伪皇帝,下至伪国务院及各部官吏"尽在日人支配之下"[2],其"本身毫无自动能力与自由意志及自我存在之可言"[3],实与傀儡无异,日人充任伪国务院的总务厅长、各伪部的总务司长,可以总揽"国政",才是事实上的皇帝。

(二) 控制伪满洲国的"地方"政治机构

伪满洲国的"地方"政治机构是与"中央"配套设置的,最明显特征就是日本对"地方"各级政治机构的控制,一切按照关东军的

---

[1] 转引自刘信君、霍燎原主编:《中国东北史》第 6 卷,长春:吉林文史出版社 2006 年版,第 410 页。
[2] 张葆恩:《四年来日人统制东北的政治方策》,《国论》,1936 年第 1 卷第 7 期,第2页。
[3] 云青:《日寇对我东北的政治统治》,《战时政治》,1942 年第 3 卷第 10 期,第1422页。

旨意实施。伪满洲国建立初期,在旧有省区划分的基础上,增设伪兴安省。各伪省设伪省长一人,下设总务厅、民政厅、警务厅、实业厅、教育厅等伪五厅。伪省长在名义上受伪国务总理及各伪总长之指挥与监督,结合"中央"行政机构状况可知,伪国务总理及各伪总长均在"中央"一级的伪总务厅、总务司的监管之下,因此实质上在"地方"行使指挥与监督权力的是日人领导下的"中央"伪总务厅、伪总务司。同时,"地方"伪总务厅长由日人充任,是承"中央"伪总务厅之命,真正掌握"地方"实际权力者,而"伪省长乃一小傀儡"①。县级组织与省级相类,伪县公署设伪县长一人,下设内局务、警务局、教育局等伪三局,同时仍设有日人参事官,乃是太上县长。可见,日本通过伪总务厅、伪参事官控制着从省到县的"地方"政治机构。

随着日本对中国东北地区侵略的深入,日本认为现有省域过大,作为中间行政机构的伪省公署,不能发挥十分的效能,遂于 1934 年开始改革伪满洲国"地方"行政机构,以加强控制。在本次改革中,专门设置临时地方制度调查委员会,将东北四省增为奉天省、吉林省、滨江省、龙江省、锦州省、安东省、热河省、三江省、间岛省、黑河省及兴安东省、兴安西省、兴安南省、兴安北省等伪十四省。在东北区域面积不变的情况下,省份数量的增加,必然会产生以下结果:一是各伪省控制区域大大缩小,其官吏的势力也必然会大大减弱,便于控制;二是伪省份数量的增加,可安置更多的日鲜浪人及汉奸到"地方"代日本进行管辖,以增强统治能力;三是重划省界,与旧界分离,有消灭人民的旧有意识之意,这是深层次的作用。

除此之外,各"地方"政治组织也有调整,伪省总务厅、警务厅厅长均由日人担任,其中伪警务厅保安科中亦设有日人首席指导

---

① 云青:《日寇对我东北的政治统治》,《战时政治》,1942 年第 3 卷第 10 期,第1423 页。

官及指导官多人；县一级仍设伪县公署，置伪县长与日人参事官，但在内务、警务、财政、教育、总务等伪五科中均有日人首席指导官。可见，经过本次改革，从"省"到"县"的各级政治机构中，日本人的数量明显增加，且都掌握着实际权力，特别是对"地方"警察权的控制，更是加强"地方"统治的表征。这些都反映出日本在中国东北地区的统治势力"已渐由上层而伸展到了下层，由城市而乡村"①。

之后随着侵略形势的变化，日本对伪满洲国"地方"行政机构又进行了两次调整，但万变不离其宗，都是日人掌控"地方"权力，以满足不同时期日本侵略需要而已，如 1939 年实行新监察制度，以加强"中央"与"地方"的联系，并依据各伪省情形分为农业重点省、工业重点省、北满振兴重点省、民生振兴重点省等，以强化战时经济统治。1941 年又实行责任政治，避免"地方"首脑人物流动，并设研究官室，以"施行中坚官吏之训练，慎重铨叙街村长及屯长"②，这些都是"地方"统治的重要举措。

可见，在伪满洲国的"地方"行政方面，各伪省的总务厅长及各伪县的总务科长、参事官、指导官，均由日本人担任，完全支配着"地方"政治。这种体制与"中央"政治组织遥相呼应，共同发挥着控制整个伪满洲国政治的作用。

第三节　防范与高压：日本对中国东北民众的阶级统治

阶级统治是统治阶级运用全部力量、采用各种手段对被统治阶级的控制和压迫，日本对中国东北民众的控制即是其在阶级统治层

---

① 云青：《日寇对我东北的政治统治》，《战时政治》，1942 年第 3 卷第 10 期，第1424 页。
② 云青：《日寇对我东北的政治统治》，《战时政治》，1942 年第 3 卷第 10 期，第1425 页。

面所进行的具体活动。日本制造伪满洲国,自知侵略本质无法真正掩盖,为防范中国东北人民的反抗,伪国一经建立即对他们实行高压政策,所谓"日人对于东北民众,极力压迫,以遏抑其反抗"[①],防范与高压是日本对中国东北地区进行阶级统治的显著特征。

一、实行保甲连坐制、街村制及集团部落制

(一)实行保甲连坐制

伪满洲国建立初期,各级机关尚不整备,"地方"治安维持处于混乱状态,"不管日满军警如何对待,由于地理条件和经费限制,反满抗日分子的煽动极为顽强,另外也还有因利己和不满而背叛匪化的,也有受赤俄的唆使而不逞跳梁者"[②]。为改变此种状况,日本选取保甲连坐制度作为对策,与日伪军警配合,进行"地方"控制。

在日本主导下,伪满洲国先后颁布《暂行保甲法》《暂行保甲法实施法》《关于实行保甲法须知》等法令,确立了控制中国东北人民的保甲连坐制度。该制度完全按照朝鲜户籍法办理,规定十家为一间,十间为一保,十保为一甲,间保取连坐办法,即"一家思想行动有异动时,其余九家须负调查及报告的责任,隐匿不报,同间以从犯治罪"[③]。同时,在伪警务司和各伪省的警务厅内设司法科,主管一切保甲事务;并在各伪县置保甲指导官,专门负责保甲连坐制的贯彻落实。另外,日伪还制定了保甲长的培训、奖励制度,以促进保甲连坐制的顺利推行。

据统计,1935 年有 49 个伪县实行保甲连坐制度,1936 年增至

---

① 张葆恩:《四年来日人统制东北的政治方策》,《国论》,1936 年第 1 卷第 7 期,第5页。

② 中央档案馆、中国第二历史档案馆、吉林省社会科学院合编:《日本帝国主义侵华档案资料选编·伪满傀儡政权》,北京:中华书局 1994 年版,第 498 页。

③ 张葆恩:《四年来日人统制东北的政治方策》,《国论》,1936 年第 1 卷第 7 期,第5页。

51 个,1937 年继续增加至 60 县、1 地区①。另外,日伪还在东北各地成立民众组织控制中国东北人民,或利用它们协助控制其他民众,诸如青年训练所、青年塾、农民训练所、女子青年团等,至 1942年已有 100 余处②;还有伪自卫团,其组织"由国民起,而家长、牌长、甲长、保长、警察署长,均实行连保连坐",任务是"协助警察执行监视民众抗日活动"③。

为进一步加强对中国东北民众的控制,日伪还颁布了一系列其他法令,诸如以没收民间枪支为目的的《民枪调查办法》《民枪收买办法》,该法令实施后,被没收的民枪共计 59 万余支,其中辽宁16 万余支,吉林 30 万余支,黑龙江 10 万余支,热河 3 万余支④,这也是防止民众反抗的重要措施。还有为避免义军掩藏而颁布禁种高禾的命令:"兹查地方现虽平静,而跳梁小丑尚未肃清。转瞬春耕,倘不预为筹划,深恐青纱帐起,匪徒潜藏,实难剿补,势不得不再行禁种高禾,以事预防。本年仍应查照前案办理,凡在铁道两旁距离 500 米突以内,汽车道两旁距离 200 米突以内,大车道两旁距离 100 米突以内,一律不准播种高粱、玉米等高禾,无得故违,致罹法纲。"⑤可见,日本为控制中国东北民众可谓无所不用其极。

(二) 吸纳保甲制,改行街村制

在保甲连坐制度取得良好效果的情况下,为使"地方"控制更加"规范",日伪自 1936 年伪民政部颁布《暂行街村制》开始,试图

---

① 伪民政部警务司编:《保甲制度特别工作概况》,第 4—54 页。

② 云青:《日寇对我东北的政治统治》,《战时政治》,1942 年第 3 卷第 10 期,第1427 页。

③ 云青:《日寇对我东北的政治统治》,《战时政治》,1942 年第 3 卷第 10 期,第1427 页。

④ 张葆恩:《四年来日人统制东北的政治方策》,《国论》,1936 年第 1 卷第 7 期,第12 页。

⑤ 张葆恩:《四年来日人统制东北的政治方策》,《国论》,1936 年第 1 卷第 7 期,第5—6 页。

按照日本的市街制改造奉天、间岛、安东、锦州、热河等伪省的基层行政机构，试行街村制，并随着街村的完善，逐渐吸纳保甲制度。

　　1937 年 12 月，伪满洲国颁布《街村制度确立基本要纲》《街制》《村制》《街政施行规则》等，街村制在伪满洲国全面推。1939 年 6 月又颁布《关于街村育成之件》，以保障街村制切实推行。上述法令规定街、村法人为自治体，分别设立有独立财源之公所，街公所设街长、副街长各一人及司计、事务员等，街下有户牌①；村公所设村长、助理员、司计、事务员等，村下有屯、甲、户②；街长、村长均由伪县委委派，"为有给职，同受县长之监督"③。据统计，1938 年共建立街村 2 056 个④，其中，建立较多者有伪奉天省 36 街 917 村⑤，伪吉林省 11 街 360 村⑥。

　　另外，保甲连坐制与街村制在中国东北地区的切实履行，必须由地方警务的配合与支持。伪满洲国的警察组织分为五个等级，分别为伪治安部警务司、警务厅、县警务局、区警务署、村警务分所，各级警察机关"均设特务科，以日人为长，专任特务，下设大批特务员"⑦。其中的警备警察"维持治安清除地方和应付国际情

----

① 《街制》(1937 年 12 月 1 日 敕令第 412 号)，中央档案馆、中国第二历史档案馆、吉林省社会科学院合编：《日本帝国主义侵华档案资料选编·伪满傀儡政权》，北京：中华书局 1994 年版，第 504 页。

② 《村制》(1937 年 12 月 1 日 敕令第 415 号)，中央档案馆、中国第二历史档案馆、吉林省社会科学院合编：《日本帝国主义侵华档案资料选编·伪满傀儡政权》，北京：中华书局 1994 年版，第 511 页。

③ 云青：《日寇对我东北的政治统治》，《战时政治》，1942 年第 3 卷第 10 期，第1425 页。

④ 伪满洲国通信社：《满洲国现势》，长春：伪满洲国通信社 1939 年版，第 75 页。

⑤ 伪满洲国通信社：《满洲国现势》，长春：伪满洲国通信社 1938 年版，第 133 页。

⑥ 伪满洲国通信社：《满洲国现势》，长春：伪满洲国通信社 1938 年版，第 148 页。

⑦ 张葆恩：《四年来日人统制东北的政治方策》，《国论》，1936 年第 1 卷第 7 期，第5 页。

势",特务警察"调查抗日反满分子活动,统制人民言行思想"①。地方警务组织,诸如伪县警务局、区警务署、村警务分所,分布于东北各地,据统计,1940 年东北城乡共有伪警察署 812 个,派出所 1 641 个②;警察人数也在不断增加,1937 年为 77 万余人,到 1938 年 10 月则增至 10.15 万余人③。这些警察完全被日本人控制,是统治伪满洲国"地方"的重要力量。

另外,日本也采取了一些买好农民的政策,比如在中国东北各区村设施疗所、贫民赈济所等,其中"最收效果而深入农村者为春耕贷款",似乎在支持农民生产,但事实上,由于日人"操纵金融,垄断粮食",使得农民"终年血汗的生产代价,不足抵补农作期的消耗",更无余力偿还贷款,只能用土地抵偿,这样"大好沃土,尽入日人手中"④。从这个角度讲,此种买好农民的政策事实上是控制"地方"农民的又一手段。

(三) 在义军活跃地区实行集团部落制

伪满洲国建立后,中国东北各地义军频现反抗之举,日本对此极为苦恼,为防范该地区民众与义军接近而进一步失控,1934 年伪民政部颁布《关于建设集团部落之件》,命令在伪满洲国境内,特别是义军活跃地区,实行集团部落制,即"将一定地域内之民众强迫于指定地点集中居住,不许与外界交通"⑤。此种制度实施虽为控

① 云青:《日寇对我东北的政治统治》,《战时政治》,1942 年第 3 卷第 10 期,第1427 页。

② 吉林省公安厅公安史研究室、东北沦陷十四年史吉林编写组编译:《满洲国警察史》上卷,1990 年印,第 41 页。

③ 陈本善主编:《日本侵略中国东北史》,长春:吉林大学出版社 1989 年版,第 463 页。

④ 张葆恩:《四年来日人统制东北的政治方策》,《国论》,1936 年第 1 卷第 7 期,第 16—17 页。

⑤《伪安东省施行集团部落制防范民众与义军接近》,《新闻报》,1936 年 8 月 9 日,第 2 版。

制中国东北民众的非常手段,但日伪宣传的理由却是冠冕堂皇的,所谓:

> 我国幅员广阔,未尽开发荒僻之区,住户星散,以致国家之凡百般设施均欠彻底,且难发挥村屯自治之机能。倘长此以往,则占全国过半之农村将永守其原始生活而无向上之术,非徒人民不能浴国家之惠泽,且国家治安亦难期万全也。为救此弊政固多端,然最适切者莫如将此星散住户,量为整理,使之结成互相连络之集团村落,而完全归于县政统治之下。①

可见,日伪以使人民获得所谓"国家惠泽"为幌子,达到控制中国东北民众的真实目的。各地在实施集团部落制之前,首先要对辖区内的具体状况进行调查,并制定相关建设计划,然后呈报给上级部门,待批准后方可施行,所呈报内容大体如下:

> 合行令仰该省长转令所辖各县,参酌县内治安、交通、产业、教育及征税各纲目,拟就所属村屯之整理办法,并设集团村落所需资材如何筹措,指导人员如何选任,亦酌量住民之生活状态及劳力供给情形,预定具体方案,以及所需经费如何,其财源何出。②

至于建设经费问题,一般是"地方"政府向伪中央银行借贷和伪中央政府补助相结合共同解决。如在龙井村集团部落设置的计划中,每户经费 70 元,包括房屋建设资金 50 元,农耕款 20 元,总计

---

① 《呈为具报农村集团部落建设计划大要仰祈鉴核事》(1935 年 5 月 7 日),《双城县县政月刊》,1935 年第 1 卷第 2 期,第 16 页。
② 《呈为具报农村集团部落建设计划大要仰祈鉴核事》(1935 年 5 月 7 日),《双城县县政月刊》,1935 年第 1 卷第 2 期,第 16 页。

需款 234 000 元,此"乃由伪中央银行低利借与"①;部落之共同设施
费自 1 000 元至 2 500 元,共计 700 000 元,该部分"由伪中央政府
之补助金筹出"②。可见,集团部落的建设费用是相当高的,伪中央
政府时常由于经费不足而延迟或不予拨付,但并不愿放弃集团部
落建设,这就直接导致了本地民众劳役负担的加重及受盘剥程度
的加深。

事实上,伪满洲国的集团部落建设在 1934 年 12 月集团部落制
度颁布之前,早已开始在部分县市试行,如在 1933 年在延吉、和龙
及珲春 3 县就建造了 8 个集团部落,1934 年在上述 3 县加汪清共 4
县建造了 28 个③。自 1935 年开始建造速度明显加快,1935 年新建
集团部落 1 493 个,1936 年 4 195 个,1937 年 4 922 个,1938 年
3 110个,1939 年 886 个,加上之前已经建造的集团部落,直至 1939
年底东北全境共建造集团部落 14 642 个④。

这些集团部落时人亦称之为"人圈",被圈起来的中国东北民
众受到极大的压榨剥削,正可谓"什么都不给,什么都要"。在当时
一篇题为《"人圈"》的文章中切实记载了这部分民众的生活状况。
就居住方面而言,有这样的描述:"他们不给你好好的住着,把你
'集家'到人圈里。敌人、特务、警察半夜三更可以随便跑到老百姓
家里去,把丈夫、孩子赶走,媳妇留下来……有的老百姓得跑到二

---

① 《"间岛"集团部落设置计划》,《黑白》,1935 年第 3 卷第 4 期,第 28 页。

② 《"间岛"集团部落设置计划》,《黑白》,1935 年第 3 卷第 4 期,第 28 页。

③ 刘信君、霍燎原主编:《中国东北史》第 6 卷,长春:吉林文史出版社 2006 年版,第
453 页。

④ 吉林省公安厅公安史研究室、东北沦陷十四年史吉林编写组编译:《满洲国警察史》上
卷,1990 年印,第 38 页;中央档案馆、中国第二历史档案馆、吉林省社会科学院合编:
《日本帝国主义侵华档案资料选编·东北"大讨伐"》,北京:中华书局 1991 年版,第
173 页。

三十里外去种地,每天跑去跑回……太阳出来人圈的大门才打开,太阳落山以前又得赶回去,否则人圈的门关了,只好住地里住一夜,受冻挨饿。如果特务到人圈里检查见你不在,就得打自卫团长四个嘴巴,等你回去,自卫团长再打你四个嘴巴……如果检查时两个人不在,特务就得打自卫团长八个嘴巴,然后要自卫团长再向那两个人打还。"①

就穿衣方面而言,情况相当惨烈,有如下描述:"他们不给你穿的,一年配给三四寸布,做啥也不够,原来有些旧衣服的,两年三年也穿烂了,有衣服的是怎样呢? 前面挂一道,背后挂一道,腰里一结就算了。更多的人却赤裸着,只在小肚子那儿缠一块破碎的'腰子',奇怪的是大热天有人穿皮裤,且是毛贴着肉,为的怕皮板子透汗湿透坏了再买不起。没有棉花,没有被子,用个麻袋片盖一下,有害病的,盖过出了汗,另外的人又盖,疫病就这么传染开来。"②

就吃饭方面而言,忍饥挨饿是常有之事,有如下描述:"他们不给你吃的,稻田要归公,种了大米都得缴出。一般的粮食,除了自家留一小部分外,全要送到仓库或交易场去。不准杀猪杀羊,不准买卖,一切全由配给,看看成为人圈以后红果寺老百姓配给到的东西吧:白面五两(老人、孩子是黑面),豆油二两,洋火一包,盐二斤,这是一个人一年的配给量;糖二两,线十条,布五尺,这是四年来一户人仅有过一次的配给。"③如此少的配给量根本无法使一家人果腹,被圈起来的民众生活的艰苦程度显而易见。

他们即便生活在"衣不蔽体,食不果腹"的水深火热之中,却还

---

① 厂民:《"人圈"》,《北方文化》,1946 年第 1 卷第 1 期,第 24 页。

② 厂民:《"人圈"》,《北方文化》,1946 年第 1 卷第 1 期,第 24 页。

③ 厂民:《"人圈"》,《北方文化》,1946 年第 1 卷第 1 期,第 24 页。

要承受日伪当局严酷的盘剥。所谓"而敌人呢？要你的一切。要你的门牌捐、牲口捐、飞机捐、储蓄金；要你的食粮出荷、大豆出荷、棉花出荷、油类出荷、报国出荷、民生出荷、部落出荷；要你献纳铜铁、毛皮、血粉、牲口、鸡蛋、蔬菜、麻、杏仁、核桃以及大烟。他们更异想天开，把要去的鸡蛋叫你去孵小鸡，给他们喂着，到时候要你交出鸡蛋来。就在这样的勒索之下，红果寺两百头牛只留了五十头，二百多只鸡只留下二十多只，玻璃庙的三千多只羊两年间只吃剩了十一只，而征税时仍按三千多只计算"①。

二、对中国东北民众进行身心摧残

为进一步控制中国东北民众，日本对东北地区实行所谓"黑祸政策"，广种烟土，并遍设烟馆，以"消沉麻醉我民族，而使达于亡省灭种的地步"②。就鸦片种植而言，根据 1932 年 11 月伪满洲国颁布的《鸦片法》规定：由政府确定罂粟的种植地区和栽种面积。据统计，1934 年伪满洲国各地（除黑龙江外）共种植鸦片 177 750 亩③。到 1936 年，由伪政府指定的烟植区"几满布于东北四省"，其中，热河 15 县，每县种植不下万亩，总数在 17 万亩左右④；辽宁 4 县，种烟约 3 万余亩⑤；吉林 17 县，种烟不下 15 万亩，总种植面积达 35 万亩以上⑥。直至 1937 年，伪满洲国鸦片种植总面积已达

① 厂民：《"人圈"》，《北方文化》，1946 年第 1 卷第 1 期，第 24—25 页。
② 张葆恩：《四年来日人统制东北的政治方策》，《国论》，1936 年第 1 卷第 7 期，第 14 页。
③ 张葆恩：《四年来日人统制东北的政治方策》，《国论》，1936 年第 1 卷第 7 期，第 14 页。
④ 张葆恩：《四年来日人统制东北的政治方策》，《国论》，1936 年第 1 卷第 7 期，第 15 页。
⑤ 张葆恩：《四年来日人统制东北的政治方策》，《国论》，1936 年第 1 卷第 7 期，第 15 页。
⑥ 张葆恩：《四年来日人统制东北的政治方策》，《国论》，1936 年第 1 卷第 7 期，第 15 页。

68.5 万亩①。

　　这样的大面积种植引来了国际社会对伪满洲国的关注和批评，正如英文《京津泰晤士报》所载的前国联调查团美国学者滨道福满博士的批评文章，就涉及对鸦片政策的批评，所谓"满洲国对种植鸦片之许可与提倡，及官办鸦片营业之组织，深足引人注意。满洲国之所受外人之腾笑及严格之批评，多因此违法之鸦片政策"②。在这一情况下，1937 年 10 月伪满洲国颁布《断禁鸦片方策要纲》，规定"在 1938 年以降 10 年以内根绝鸦片之吸食者"③。自此纲要颁布之后，罂粟种植确有减少，但并未禁绝，加之海外贸易的补充，鸦片对中国东北民众的毒害依然很深。

　　就专卖机关及烟馆而言，伪满洲国于伪都长春设鸦片专卖总署，并于沈阳、永吉、哈尔滨、齐齐哈尔、承德五地设支署，还于辽阳、营口、锦县、安东、呼伦、黑河、延吉、朝阳、赤峰、凌源、平泉、依兰等 12 处设分署，实行鸦片专卖，以获取暴利；至若小烟馆、小卖所"不仅林立于通都大邑，即偏僻村野，亦无地无之了"，其招徕广告"触目皆是"④，命名多含有沉醉逸乐的意味，如消愁处、卧云楼、神仙世界、世外桃源等，以"慰藉"中国东北民众的苦闷心理，其中的真正意图是不言而喻的，就是麻醉民众心理，磨灭其斗志。至此，鸦片专卖网络形成。

---

① 《民政年报》，1937 年，第 286 页。

② 《京津泰晤士报》，1933 年 9 月 5 日。

③ 《断禁鸦片方策要纲》(1937 年 10 月 12 日)，中央档案馆、中国第二历史档案馆、吉林省社会科学院合编：《日本帝国主义侵华档案资料选编·东北经济掠夺》，北京：中华书局 1991 年版，第 832 页。

④ 张葆恩：《四年来日人统制东北的政治方案》，《国论》，1936 年第 1 卷第 7 期，第 14—15 页。

　　至于所营业务,鸦片专卖机关除经营税收外,还专营收买、贩卖、制造烟土、烟膏、烟具等事,以增加税收,1935 年仅鸦片税收一项即达 300 万元余①,并从鸦片商业活动中获取巨额利润。而专门针对普通民众的小卖所"更广设女招待,兼可留宿,烟色齐来",这"足以杀尽东北青年而有余"②。至于烟民的吸食资格,在《断禁鸦片方策要纲》颁布前,不管有无吸烟证,均可自由出入烟馆,随意吸食;《断禁鸦片方策要纲》颁布后,规定必须具有吸烟证才可吸食鸦片,似乎在限制中国东北民众吸毒,但事实上与之前无异,因为吸烟证的颁发没有资格审查,只要申请即可发给。

　　总体来讲,日本让鸦片在中国东北全境大行其道,不外乎两个目的:一是对该地区民众进行身心摧残,以使其完全丧失抵抗能力。据日人调查统计,1934 年已登记烟民达 1 300 余万人,年龄构成为 20 岁以下者占 5％,20—25 岁者占 8％,25—30 岁者占 35％,30—35 岁者占 30％,35 岁以上者占 22％③。可见,20—35 岁的青年烟民最多,占比高达 73％,约 950 万人,约占东北人口的三分之一。我们也应该清楚,烟民包括但不等于"瘾君子","瘾君子"专指吸毒上瘾的人,据伪民政部的《烟政概要》统计:1933 年伪满洲国的"瘾君子"数量为 56 804 人,1934 年为 115 447 人,1935 年为 217 060 人,1936 年增加至 491 965 人,1937 年更是达 811 005 人④。可见,"瘾君子"数量逐年增加,增长幅度也逐渐增大,这批人是日本在鸦片方面的稳定收入来源。因此,时人发出了"烟毒遗传,为祸至烈,不待日人以利又杀我东北民众,亦将均变成骷髅了"[1]的担心。

二是获取巨大利润,以支撑耗资日多的侵略战争。1934年已登记的1300余万烟民,平均每人每日吸食2钱,每天在鸦片方面的消耗也达2600000两,合7800000元(按照1两约等于3元计算)[2]。随着"瘾君子"的逐年增多,日伪所获得的利润颇丰,在伪政府年收入中的比重也逐年增大,具体状况,如表1-1所示:

表1-1　1933—1937年日伪鸦片收入及其占年收入比重

年份	利润(元)	占年收入比重(%)	年份	利润(元)	占年收入比重(%)
1932	370 000	0.2	1935	2 859 000	2.2
1933	467 000	0.3	1936	13 314 000	5.0
1934	5 465 000	2.6	1937	26 486 000	8.5

资料来源:[日]"满洲国史"刊行会编:《满洲国史》(分论),黑龙江省社会科学院历史研究所译,1990年版,第917页。

由上表可知,从1932年开始直至1937年,日伪鸦片收入逐年增加,1937年约是1932年的72倍;所占比重也逐年提高,最大时为8.5%,可以看出鸦片专卖已然成为日本在中国东北地区的重要敛财手段,其在日本侵略战争的地位也在逐渐提高。《断禁鸦片方策要纲》颁布后的1938年,利润降为22 913 000元,占日伪年收入

---

[1] 张葆恩:《四年来日人统制东北的政治方策》,《国论》,1936年第1卷第7期,第16页。

[2] 张葆恩:《四年来日人统制东北的政治方策》,《国论》,1936年第1卷第7期,第15—16页。

的比重也降为 5.6%[1]；1939 年利润回升为 33 932 000 元，但所占比重仍在降低，为 5.5%[2]；1941 年日本开辟了华北市场，通过贩运、走私等手段，获利骤增至 3 亿元左右[3]，之后的几年直至伪满洲国灭亡，日伪所获的鸦片专卖利润都在 1 亿元以上[4]。

　　在阶级统治中，统治阶级除运用国家机器之外，其他社会政治组织也发挥着一定作用，协和会即是"在精神上解除人民的武装，消除人民的民族意识，以达成彻底消除东北同胞抗日之观念与行为"[5]的思想组织，其组织机构甚为庞大，约有分会 3 500 多处，会员 140 余万，更有"义勇奉公队""协和青年少年团"等外围组织，全年经费约三四千万元[6]。可见，日本在对中国东北民众思想控制方面所下的力气之大。

① ［日］"满洲国史"刊行会编：《满洲国史》（分论），黑龙江省社会科学院历史研究所译，
　　1990 年版，第 917 页。
② ［日］"满洲国史"刊行会编：《满洲国史》（分论），黑龙江省社会科学院历史研究所译，
　　1990 年版，第 917 页。
③ 谷次亨：《鸦片毒害政策的双重作用》，孙邦主编：《经济掠夺》，长春：吉林人民出版社
　　1993 年版，第 686 页。
④ 《刘亚斋检举书》（1957 年 4 月 25 日），中央档案馆、中国第二历史档案馆、吉林省社会
　　科学院合编：《日本帝国主义侵华档案资料选编·东北经济掠夺》，北京：中华书局
　　1991 年版，第 851 页。
⑤ 云青：《日寇对我东北的政治统治》，《战时政治》，1942 年第 3 卷第 10 期，第 1425 页。
⑥ 云青：《日寇对我东北的政治统治》，《战时政治》，1942 年第 3 卷第 10 期，第 1427 页。

第二章　日本对中国东北地区的军事统治

　　从军事学角度讲，军事是与战争、军队、军人等有关事务的总称，军事是政治的延续，本部分所指的军事统治主要涵盖军事制度、军事机构、军队建设、军人教育等方面内容。日本以关东军为前驱发动九一八事变，遂成立所谓"基于民意而成立之自由独立国家"①的伪满洲国，这当然是一个傀儡政权。日本为维护在中国东北地区的利益以及以伪满洲国为基地北击苏联、全面侵华，在其主导下，以原东北抗日军为基干，通过收买土匪首领、强募新兵等方式，新编而成了伪满洲国军，简称"伪满军"。伪满军"作为关东军的一翼，担任保卫国防第一线和守卫后方兵站的重责"②。从实质上讲，伪满军与关东军均是日本的重要侵略力量，由于关东军本属日本，且一直在其侵略轨道之中，而伪满军名义上为伪满洲国的"国家机器"，如何对其进行管控，是日本对中国东北地区军事统治的关键。鉴于此，日本采取了多种意图把伪满军纳入其侵略轨道

---

① 《日满议定书》(1932 年 9 月 15 日)，复旦大学历史系日本史组编译：《日本帝国主义对外侵略史料选辑(1931—1945)》，上海：上海人民出版社 1975 年版，第 68 页。

② 伪满洲国通信社：《满洲国现势》，长春：伪满洲国通信社 1942 年版，第 174 页。

的措施,当然这也激起了伪满军官兵的反抗,持续不断的哗变反正即是例证。

第一节　日"满"共同防卫政策与军事机关控制

伪满洲国作为日本宣扬的所谓"独立国家",从理论上讲,其军队——伪满军自然也应是"独立的国家机器"。为从理论上与实践中全面控制伪满军,日本从两方面入手:一是积极筹措日"满"共同防卫政策,使伪满军为其侵华战争服务"合法化",以掩人耳目;二是在控制伪满洲国"中央"到"地方"的军事机关方面积极采取措施,以实质上掌控伪满军。

一、由"合理性"氛围营造到"合法化"制度确立

为完成对中国东北地区的军事统治,日本首先在统治的"合理性"与"合法化"上下功夫,以保证统治实践的顺利进行。统治的"合理性"是通过日"满"不可分、日"满"一体等思想引导实现的,即蛊惑伪满官兵,宣扬为日本效忠即是为伪满洲国效忠的理念。统治的"合法化"是通过与伪满洲国签订协约,从法律层面确立日本拥有统治伪满洲国军队的权利。从本质上讲,"合理性"与"合法化"尝试是日本从制度层面掩盖军事统治罪行的具体表现。

（一）营造"日满不可分"的氛围

日本营造"日满不可分"的氛围主要通过两种途径实现:一是以"王道"之名迎合传统儒家思想,将"以王道为建国精神"[①]作为策

---

① 中央档案馆、中国第二历史档案馆、吉林省社会科学院合编:《"九一八"事变》,北京:中华书局1988年版,第385页。

划成立伪满洲国的根本指导思想,这样就把伪满洲国的"建国精神"与日本的"肇国精神"相通开来,以迷惑性地体现两者的不可分性。二是要求溥仪、清朝遗老等进行附和性宣传,伪满洲国建立后,溥仪按照日本旨意发布明诏,宣称:"朕与日本天皇陛下,精神如一体,与友邦一心一德"①;郑孝胥等清朝遗老也附和地宣扬"王道建国"主张,所谓"王道者,乃今日之起死回生之良药,消世界之战祸,而至于安居乐业之途也"②。

　　同时,我们也应该认识到,此种"日满不可分"之中也充斥着不平等,作为伪满洲国的"太上皇",日本天皇的意志即是伪满洲国的"国家意志",下面这段史料足以说明此种状况:"满洲国皇帝,基于天意即天皇之心意而即帝位,以天皇之心为己心。作为在位之条件,永远于天皇之下,成为满洲国民之中心。皇帝乃为实现建国之理想而设立之机关(其状宛如日月之光,大放光芒),因此,万一皇帝违反建国理想,不以天皇之心为己心,则应根据天意,将立即失去帝位,同时也不得根据民意,禅让放伐。"③伪满洲国皇帝只能遵从日本天皇的意志行使权力,从这个意义上讲,"日满不可分"实质上是伪满洲国附庸于日本,这就为日"满"共同防卫政策的制定奠定了思想基础。

　　(二)以"建国精神"蛊惑军人为日本效忠

　　1933年,伪满洲国发布《满洲国军人誓文》,其内容为"我满洲国建国精神,在广布王道,建设和平乐土,实现民族协和,以图万众之广宁。满洲国军直建于元首统率之下,对内则有保安国家之任,

---

① 陈捷先:《宣统事典》,北京:紫禁城出版社2010年版,第224页。

②《郑总理大臣王道讲演集》,长春:福文印书局1934年版,第24页。

③ [日]植田潜吉:《满洲国的根本理念与协和会的本质》,[日]满洲国史刊行委员会编:《满洲国史(总论)》,黑龙江省社会科学院历史研究所译,1990年版,第605页。

对外则有宣扬国威之责。此次编入国军之人员,均应恪奉高远之使命,坚守左列各条,以期不违背军人本分"①。此种蛊惑性宣传在"王道国家精神之彻底"的演讲中显露得更为彻底,即:

> 我们现在发挥王道精神,是一面高唱仁义,宣传礼让,完全用道德感化世界,一面也须积极军备,养成实力,万一不容感化时,可以兴仁义之师,以救其生民涂炭。或者两国无故战乱,影响世界和平,这时也可以忠告之。忠告不听,武装调停之,调停如再不停,那就可以大兴王师,讨而伐之。这种稍带武力的王道主义,我们可以叫他为武装王道主义,与邻邦日本的皇道主义似乎相近。②

这样的宣传,表面上是和平之言,"以仁爱为政本,以忠孝为教本"③,要求伪满军官兵"透彻惟神之道,尚名节,重廉耻",并"举日满一德一心、民族协和之实绩,以尽一死殉国之大节"④,尽是仁义道德。但从本质上看,"武装王道主义"不过是充满欺骗性的幌子,借以掩盖侵略罪行,并达到迷惑伪满军官兵为日本效忠的目的。

（三）确立日"满"共同防卫政策

伪满洲国成立不久,日本即与伪满洲国签订了《日满议定书》,其中对日"满"共同防卫政策有明确的规定,即"日本国及满洲国,当缔约一方之领土和治安受到威胁时,即认为是对另一方

---

① 伪军政部:《满洲国军人誓文》,伪满洲国《政府公报》,第 295 号,1933 年 12 月 21 日。
②《满洲帝国建国精神要览》,长春:益知书店 1936 年版,第 149 页。
③《时局诏书》,伪满洲国《政府公报》,第 1043 号,1937 年 9 月 18 日。
④《军队内务令》,伪满洲国《政府公报》,号外,1943 年 10 月 17 日。

之安宁和存在之威胁,两国相约共同担负国家防卫之责,为此,应以所要之日军,驻屯于满洲国内"①,初步确立了日"满"共同防卫政策。在之后的《日满军事守势协定》中对此政策做了进一步的规定,在"日满两国之一方或双方,受到第三国挑衅或侵略"时,日本与伪满军"在日军指挥官统一指挥下行动",且日军在伪满洲国领域内作战时"享有军事行动上必要的自由和得以进行有关的保障措施"②,这样的规定事实上确立了日军在日"满"共同防卫中的统率地位。

这在伪满洲国颁布的《防卫法》中体现的更是淋漓尽致,其第二十九条"本法之规定在帝国内之同盟国军于共同防卫上为防卫之实施,准备及训练时准用之,但就第四条第二项于特有委任时准用之。于前项情形,同盟国陆军最高司令官有与本法中治安部大臣或全国防卫司令官,而同盟国陆军防卫司令官有与本法中防卫司令官同一权限"③,明确了日本关东军司令是伪满军的最高长官。伪满洲国随即应和,颁布《与同盟国军宪之权限调整之件》,重申了此项规定,即"满军依《防卫法》第29条,在帝国国内之同盟国军关于共同防卫上实施之防卫、准备及训练时,必须受其节制"④。至此,伪满洲国从法律上确立了伪满军为日本殖民统治及侵略战争服务,并接受日军统率、控制的事实。

---

① 《日满议定书》(1932 年 9 月 15 日),复旦大学历史系日本史组编译:《日本帝国主义对外侵略史料选辑(1931—1945)》,上海:上海人民出版社 1975 年版,第 68 页。

② 《日满军事守势协定》,[日]防卫厅防卫研究所战史室:《关东军对苏战备诺门罕事件》,东京:朝云新闻社 1969 年版,第 102 页。

③ 《防卫法》,伪满洲国《政府公报》,第 1176 号,1938 年 3 月 10 日。

④ 《防卫法》,伪满洲国《政府公报》,第 1176 号,1938 年 3 月 10 日。

二、层级渗透式的伪满洲国军事机关控制

伪满洲国存续的 14 年间,其军事机关伴随机构改革大致经历了伪军政部时期、伪治安部时期及伪军事部时期 3 个阶段,无论在哪个阶段,日本都牢牢控制着伪满洲国的军事机关,这是日本对中国东北地区军事统治的重要步骤,更是掌控伪满军的必要手段。

(一) 伪军政部时期

1932 年 3 月,伪满洲国成立伪军政部,其分支机构"丛生林立",计有执政护军、翊卫军团、首都及各省预备军、中央陆军训练处、被服厂等,可谓"名目繁多",且"极尽乌烟瘴气之能事",表面上"全伪满的军政统归军政部管辖,而由傀儡执政统率"[①],总长虽为马占山、张景惠、于芷山等依次更替,但在每人任上均设有日籍的伪满洲国最高军事顾问,其"代表着关东军和在伪满军中的指导地位",且"一切政令均须听其指导,得其许可后方可施行"[②],也就是说伪军政部虽为伪满洲国最高军事机关,但其运行及发挥职能,如配合日军剿灭反满抗日力量、充实部队等内容,必须听从日本最高军事顾问的指挥。

1934 年,伪满洲国改称帝制,"康德皇帝"袍笏登基,于是将执政护军改为宫内府护军,翊卫军团改为禁卫步兵团,各省警备军也改为 6 个军管区,同时对江防队也增添新舰,以加强海军的实力[③]。

---

① 逆民:《伪满军反正问题的透视及展望》,《民族公论》,1939 年第 1 卷第 5 期,第11 页。
② 中央档案馆、中国第二历史档案馆、吉林省社会科学院合编:《日本帝国主义侵华档案资料选编·东北"大讨伐"》,北京:中华书局 1991 年版,第 784 页。
③ 逆民:《伪满军反正问题的透视及展望》,《民族公论》,1939 年第 1 卷第 5 期,第11 页。

在颁布的对于伪军人之《敕谕》中规定：皇帝为陆、海军大元帅，统率大权，揽在皇帝手中，军人要服从皇帝的命令，并尽"内除外侧，外靖边疆"的任务①，但根据《日满议定书》，伪满军的指挥大权被委托于日本关东军，加强了其"在伪满军中的指挥区处权力"②。在这样的大背景下，伪军政部虽仍为伪满洲国的"中央"军事机关，但仍需按照日本的旨意镇压人民及反满抗日力量。

在关东军所委派的最高军事顾问的指挥下，直至1937年6月，伪满洲国的军政系统趋于完备，由伪海陆军大元帅溥仪统领将军府、军政部及侍从武官处，伪军政部大臣于芷山、次长李盛唐具体执行日本之命令，其编制状况如表2-1所示：

表 2-1　伪满军政部编制（1937 年 6 月）

设置	长官	分支机构	长官	备注
参谋司	王之佑	总务课	入江三一	
		军事课	刘卜忱	
		训练课	服部实	
		军衡课	候起尧	
		江防课	未设课长	
		医务课	宪均	
		军法课	张元宦	
		调查课	鹭崎研太	
		测量课	董某某	

---

① 中央档案馆、中国第二历史档案馆、吉林省社会科学院合编：《日本帝国主义侵华档案资料选编·东北"大讨伐"》，北京：中华书局1991年版，第787页。

② 中央档案馆、中国第二历史档案馆、吉林省社会科学院合编：《日本帝国主义侵华档案资料选编·东北"大讨伐"》，北京：中华书局1991年版，第787页。

设置	长官	分支机构	长官	备注
军需司	王济众	主计课	高田义恒	
		需品课	马金波	
		兵器课	萧光澄	
		舰政课	丸山谋	
中央军法会审				
禁卫军司令部	王克镇			驻长春
宪兵司令部	应振复			驻长春
江防舰队司令部	尹祚乾			驻哈尔滨
靖安军	美崎文平			驻锦州
独立第一汽车队	簗濑上校			驻沈阳
中央陆军训练处	李盛唐			驻沈阳
宪兵训练处	应振复			
兴安军官学校	巴特玛拉步坦(兼)			
军用通信本处	王之佑(兼)			
军医学校	孙伯彝			
兽医学校	沼田			
陆军兵器本厂	大久保清国			
陆军被服本厂	木村			
卫生材料厂				
第一军管区司令部	王静修			驻沈阳
第二军管区司令部	吉兴			驻吉林
第三军管区司令部	张文铸			驻齐齐哈尔
第四军管区司令部	于琛澂			驻哈尔滨
第五军管区司令部	邢士廉			驻承德
第六军管区司令部	王殿忠			驻牡丹江

续表

设置	长官	分支机构	长官	备注
兴安东警备司令部	绰罗巴图尔			驻博克图
兴安南警备司令部	巴特玛拉步坦			驻钱家
兴安西警备司令部	李守信			驻林西
兴安北警备司令部	乌尔金			驻海拉尔

　　资料来源:中央档案馆、中国第二历史档案馆、吉林省社会科学院合编:《日本帝国主义侵华档案资料选编·东北"大讨伐"》,北京:中华书局1991年版,第789—791页。

　　由上表可以看出,除了由日本人担任伪满洲国最高军事顾问外,在伪军政部的各分支机构中,仍有诸多的日本人担任最高长官,直接控制着分支机构。直至1937年,在伪军政部时期关东军统治着约106 100名伪满军[1]。

　　(二)伪治安部时期

　　"为完全使东北殖民地化起见",1937年7月,伪国务院发布机构改革的命令,将伪警务司并入伪军政部,改化成"专为绥靖地方的治安部"[2],其任务是"使军警一元化来与人民和人民抗日力量为敌,担负起伪满境内治安维持责任,并援助日本帝国主义的侵略行为"[3]。该阶段伪治安部的运行与上一阶段基本相同,其军政系统由伪海陆军大元帅溥仪统领将军府、军事咨议院、治安部及侍从武官处,伪治安部大臣邢士廉、次长涩谷三郎具体执行日本之命令,与上阶段不同的是,日本人开始直接担任伪次长这一重要角色,其

---

[1] 中央档案馆、中国第二历史档案馆、吉林省社会科学院合编:《日本帝国主义侵华档案资料选编·东北"大讨伐"》,北京:中华书局1991年版,第791页。

[2] 逆民:《伪满军反正问题的透视及展望》,《民族公论》,1939年第1卷第5期,第11页。

[3] 中央档案馆、中国第二历史档案馆、吉林省社会科学院合编:《日本帝国主义侵华档案资料选编·东北"大讨伐"》,北京:中华书局1991年版,第791页。

编制状况如表 2-2 所示：

表 2-2　伪满治安部编制（1942 年 10 月）

设置	长官	分支机构	备注
参谋司	张大任	军事科	
		训练科	
		精军科	
		报道科	
军政司	秋山秀	军务科	
		兵事科	
		主计科	
		人事科	
		兵器科	
		医务科	
		兽医科	
		法务科	
官房		秘书股	
		庶务股	
		用度股	
第一参事官室			一般军事调查
第二参事官室			负责法令、编制、审查
中央军法会审			
警务司	谷口明三		
第一师（靖安）	山崎积		驻富锦
第二师（兴安）	城户常规		驻王爷庙
独立第一汽车队	簗濑幸三郎		驻沈阳
禁卫队司令部	赵秋航		驻长春
宪兵总团司令部	杨镇凯		驻长春

续表

设置	长官	分支机构	备注
飞行队司令部	大槻上校（代理）		驻长春
江上军司令部	宪原		驻哈尔滨
陆军军官学校	南云亲一郎		在长春
陆军兴安学校	甘珠尔扎布		在王爷庙
陆军训练学校	梅村笃郎		在沈阳
汽车学校	米山某		在沈阳
飞行学校	野口雄二郎		在沈阳
军需学校			在长春
军医学校	贾树屏		在哈尔滨
兽医学校	宫城某		在长春
宪兵训练处	木岛某		在吉林
通信养成部	长某		在吉林
被服本厂	白井某		在沈阳
兵器本厂	大久保清国		在沈阳
新京军需处	马金波		在长春
飞行材料厂	长某		在沈阳
卫生材料厂	茂木某		在沈阳
兽医材料厂	宫城某（兼）		在沈阳
第一军管区司令部	王之佑		驻沈阳
第二军管区司令部	王济众		驻吉林
第三军管区司令部	吕衡		驻齐齐哈尔
第四军管区司令部	张文铸		驻哈尔滨
第五军管区司令部	吴元敏		驻承德
第六军管区司令部	李文龙		驻牡丹江
第七军管区司令部	赫慕侠		驻佳木斯
第八军管区司令部	王作霖		驻通化
第九军管区司令部	郭文林		驻通辽

续表

设置	长官	分支机构	备注
第十军管区司令部	乌尔金		驻海拉尔
第十一军管区司令部	于治功		驻密山

资料来源:中央档案馆、中国第二历史档案馆、吉林省社会科学院合编:《日本帝国主义侵华档案资料选编·东北"大讨伐"》,北京:中华书局1991年版,第795—796页。

由上表可知,与伪军政部时期相比,日本人在伪满洲国治安部各军事分支机关中担任长官的比例明显增加,一定程度上反映出日本对伪满军直接统治的加强,直至1942年,在伪治安部时期关东军统治着约81 000名伪满军①。

(三)伪军事部时期

1942年12月,伴随着伪满洲国中央机构改革,伪治安部寿终正寝,由伪军事部取而代之。该阶段伪军事部的运行与上一阶段基本相同,军政系统由伪海陆军大元帅溥仪统领将军府、军事咨议院、治安部及侍从武官处,伪军事部大臣邢士廉、次长真井鹤吉具体执行日本之命令,其编制状况如表2-3所示:

表2-3 伪满军事部编制(1945年8月)

设置	长官	分支机构	长官	备注
参谋司	张大任	第一科	四谷严	
		第二科	阿斯根	
		第三科	史维忠	
		第四科	中田	
		第七科	斋藤清一	

---

① 中央档案馆、中国第二历史档案馆、吉林省社会科学院合编:《日本帝国主义侵华档案资料选编·东北"大讨伐"》,北京:中华书局1991年版,第791页。

设置	长官	分支机构	长官	备注
军政司	秋山秀	军务科	簇濑幸三郎	
		兵事科	王正国	
		兵器科	远藤义之助	
		主计科	坂本某	
		医务科	王敬	
		兽医科	王经久	
		法务科	王冠英	
官房		秘书室		
		人事科	戴有威	
		庶务科	斋藤喜重	
铁路警护司	于保	第五科		
		第六科		
第一参事官室				一般军事调查
第二参事官室				负责法令、编制、审查
中央军法会审				
高等军事学校	小林			在长春
陆军军官学校	山田二郎			在长春
陆军兴安学校	乌尔金			在王爷庙
陆军训练学校	梅村笃郎			在沈阳
宪兵训练处	斋藤美夫			在吉林
汽车学校	米山某			在沈阳
飞行学校	野口雄二郎			在沈阳
军需学校	吉永安			在长春
军医学校	贾树屏			在哈尔滨

续表

设置	长官	分支机构	长官	备注
兽医学校	小野某			在长春
被服本厂	白井某			在沈阳
兵器本厂	远藤			在沈阳
新京军需处	伊藤			在长春
飞行材料厂	长某			在沈阳
卫生材料厂	茂木某			在沈阳
兽医材料厂	小野（兼）			在沈阳
军马补充厂	柳常藏			在喇嘛甸子
铁石、铁心、铁血部队及派遣伪宪兵分团				驻山海关
第一师	秋山秀			原驻锦州，后勃利县
禁卫队司令部	张名久			驻长春
宪兵总团司令部	刘尚华			驻长春
飞行队司令部	加藤某			驻长春
高射炮队司令部	刘牧禅			驻沈阳
江上军司令部	曹秉森			驻哈尔滨
第一军管区司令部	王之佑			驻沈阳
第二军管区司令部	关成山			驻吉林
第三军管区司令部	赵秋航			驻齐齐哈尔
第四军管区司令部	李文龙			驻哈尔滨
第五军管区司令部	赫慕侠			驻承德
第六军管区司令部	贾华杰			驻牡丹江
第七军管区司令部	吕衡			驻佳木斯
第八军管区司令部	周大鲁			驻北安

续表

设置	长官	分支机构	长官	备注
第九军管区司令部	甘珠尔扎布			驻通辽
第十军管区司令部	郭文林			驻海拉尔
第十一军管区司令部	郭若霖			驻密山

资料来源：中央档案馆、中国第二历史档案馆、吉林省社会科学院合编：《日本帝国主义侵华档案资料选编·东北"大讨伐"》，北京：中华书局1991年版，第801—803页。

　　由上表可知，在伪满洲国的军事机关中，除日本人担任最高军事顾问并继续占据伪军事部次长的位置外，日本人在伪军事部的分支机构中也扮演着重要的角色，如伪参谋部、伪军政司基本由日本人掌控，培训学校、后勤保障等机构亦是如此。第一至十一军管区司令部长官虽大部分是中国人，表面上似乎控制着伪满军队，但事实上在各军管区都有日本的军事顾问团、教导队，所有一切顾问"都受最高顾问的指挥"①，他们是各军管区部队的直接掌控者。

　　总之，制定日"满"共同防卫政策是日本把伪满军纳入其殖民中国东北、北击苏联、全面侵华轨道中来的重要步骤，并使其"合法化"，形成了"日满一体""一德一心"的"上下协力，共同迈进"②之大环境。正如溥仪所言："日本与满洲国乃是一体不可分关系，生死存亡的关系，我一定举国力为大东亚圣战的最后胜利，为以日本为首的大东亚共荣圈奋斗到底。"③这就为日本统治伪满洲国军事提供了基础条件。同时，日本人担任伪满洲国最高军事顾问，并在各

---

① 中央档案馆、中国第二历史档案馆、吉林省社会科学院合编：《日本帝国主义侵华档案资料选编·东北"大讨伐"》，北京：中华书局1991年版，第807页。

② 吉林省档案馆：《溥仪宫廷活动录（1931—1945）》，北京：档案出版社1988年版，第286页。

③ 爱新觉罗·溥仪：《我的前半生》，北京：群众出版社1982年版，第365—366页。

军事机关中承担重要角色,这是对伪满洲国军事机关的全面掌控,更是日本统治伪满军的第一步。

第二节　日本对伪满洲国军的整肃与控制

如果说掌控伪满洲国的军事机关是日本进行军事统治的重要步骤,那么直接对伪满军进行整肃和控制,是日本统治中国东北地区军事的关键,也是目的。以中国人为主体的伪满军构成决定了日本整肃的必要性,对伪满军进行改组则是完成控制伪满军的关键步骤,进行军事教育是补充措施,具有巩固之效。通过这些举措一方面把伪满军纳入日本侵略轨道,另一方面也加大了伪满军官兵与日本之间的嫌隙,哗变反正频仍。

一、从伪满军的来源看日本整肃之必要

九一八事变后东北三省很快全部沦陷。在日本的主导下,伪满洲国组建了自己的军队,其构成与来源,决定了该支军队存在诸多与日本侵略意图相悖之处。为了更好地利用伪满军来殖民中国东北、北击苏联,并加快全面侵华的进程,日本必然会对伪满军进行整肃。

（一）伪满军的构成与来源

九一八事变时,中国东北方面约有十五六个步兵旅及骑兵旅,总数约 10 万人①。他们奉命对日军未加抵抗,此种所谓"保存实力"之举,并未起到保持东北军完整性的作用,反而随着东三省相继沦陷,开始分化:一是直接投降日寇,成为侵华之帮凶;二是各部联合,归抗日首领马占山等指挥,浴血抗日,但终归失败,官兵一部

---

① 异声:《日本统治伪满军真相》,《国际汇刊》,1937 年第 5 卷第 1 期,第 53 页。

分"因环境驱迫暂投伪满",一部分"散东北境内,或变为义勇军,或流入俄境"①。至1933年东北军之残留于伪满军中者"仅余四五万人而已",同时招募新兵成立新部队,遂得新补充一万五千乃至二万人,并在热河及呼伦贝尔一带,成立蒙古部队②。至1934年初,伪满军增至10余万人,编成七八个步兵旅、17个混成旅、十四五个骑兵旅及3个教导旅,此外,还有独立军警部队,所谓"靖安军"及其他等③。伪满军具体的来源与构成状况,如表2-4所示:

表2-4 伪满军的来源与构成状况

地域	原隶属部队	人数	伪满军隶属
辽宁	东北镇守使于芷山部队	15 000	第一军管区之基础
	洮辽镇守使张海鹏部队	10 000	第五军管区之基础
	兴安屯垦部队	约5 000	第三教导队步兵之基础
吉林	延吉镇守使吉兴部队	约4 800	第二军管区之基础
	吉长镇守使李桂林部队	约3 500	第二军管区之一部
黑龙江	黑龙江省马占山旧东北军	约16 000	第三军管区之基础
	在松花江下游和乌苏里江、黑龙江内的东北江防舰队	约500	伪满江上军之基础
蒙古	扎赉特旗王爷巴特玛拉布坦收编之土匪	1 000余	兴安南警备军之基础
	绰罗巴图尔招集之土匪、地方保卫团	1 000余	兴安东警备军之基础
	西尼河旗长乌尔金扩充至都统公署卫队	1 000余	兴安北警备军之基础

① 异声:《日本统治伪满军真相》,《国际汇刊》,1937年第5卷第1期,第53页。
② 异声:《日本统治伪满军真相》,《国际汇刊》,1937年第5卷第1期,第53页。
③ 异声:《日本统治伪满军真相》,《国际汇刊》,1937年第5卷第1期,第53页。

续表

地域	原隶属部队	人数	伪满军隶属
其他	王殿忠、李寿山、张宗援等招集的匪军	约 3 500	第一军管区之一部
	和田劲招集的靖安军	4 000	关东军直接指挥
	于琛澂成立的"讨匪军"		第四军管区之基础

资料来源：中央档案馆、中国第二历史档案馆、吉林省社会科学院合编：《日本帝国主义侵华档案资料选编·东北"大讨伐"》，北京：中华书局 1991 年版，第 777—782 页。

由上表可知，于 1932 年伪满洲国成立时，以前东北军之旧部为基干，吸收各蒙旗王公的旗兵，加之嗣后"收买抗日部队之首领及当地土匪首领"①，组建了伪满军，于 1933 年占领热河后"大体粗定"，其后"各军管区的建立、变动和兵种兵力的转变，都是在这个基础上分立或扩充的"②，这就是伪满军的构成与来源。

（二）伪满军士的固有爱国情怀是日本整肃伪满军的决定因素

爱国情怀是一个人最原始的感情之一，是人们基于家、国的归属意识和热爱的情感而生成的使命与责任。对于伪满军官兵而言，其所认同的"国"是中国，而非所谓的伪满洲国，固有的爱国情怀是深植于伪满军官兵心中最重要的情感，那么伪满军中为何饱含爱国情怀？伪满军士的此种情怀为何在受编之后未被泯灭，而是持续高涨并促成反正？这与伪满军的成分构成和受编的被迫性有关，这也是日本整肃伪满军的决定因素。

其一，以中国人为主体的成分构成是伪满军饱含爱国情怀的关键。九一八事变后，整个东北地区的中国军队，有奉军二旅、吉

---

① 异声：《日本统治伪满军真相》，《国际汇刊》，1937 年第 5 卷第 1 期，第 53 页。

② 中央档案馆、中国第二历史档案馆、吉林省社会科学院合编：《日本帝国主义侵华档案资料选编·东北"大讨伐"》，北京：中华书局 1991 年版，第 777 页。

林军五旅及黑军数旅①,他们先后组成抗日军,与日军浴血奋战,但由于实力悬殊,弹尽粮绝,不得不屈居于日本的铁蹄之下。正如前文所述,伪满军即是以这些东北军为基干,改编扩大而成,其成分构成主要有三种:一是过去东北军的旧部,二是受生活所迫或强征而来的当地民众,三是通过贿买、游说等手段被收编的土匪。他们"投归伪满,绝非完全出其心愿",因此"与日人所造成之伪满完全不同其目的与志趣"②。

对于伪满军中的东北旧部而言,他们曾"受国家边疆重任",认为"成败利钝,非所计也",必须"以身报国,誓死抵抗"③。黑军将领马占山对此认识更为透彻,所谓"民族的保存,即是吾人的归宿,我的生命可以不问,但是要对得起我的良心,以后对日本抵抗,即是保存中华民族,即是安慰我的良心"④,这样的爱国情怀影响着并深植于大部分伪官兵的内心。对于另外两类伪满军而言,生活的贫困是他们入伍伪满军的主要原因,更重要的是,他们也深知日本对中国东北地区的侵略和搜刮是造成其或生计无着、或沦为土匪的始作俑者,爱国情怀正是在这样的认知中被逐步激发的。可以说,即使暂投日本,以中国人为主体的伪满军仍饱含爱国情怀。

其二,受编的被迫性是伪满军爱国情怀得以维系的主因。伪满军在组建及扩编进程中,无论是东北军旧部战败而受编,还是一般民众受压迫被强征,抑或土匪被贿买,投归伪满绝非完全出于心愿,被迫性是此进程中的显著特征。这也就决定了伪满军中各阶层成分很少是情愿作敌人爪牙的,马占山等高级长官,他们诈降

①《"伪满"陆军现状》,《国际汇刊》,1936 年第 3 卷第 3 期,第 139 页。

② 异声:《日本统治伪满军真相》,《国际汇刊》,1937 年第 5 卷第 1 期,第 53—54 页。

③《马占山反正通电》,《兴华》,1932 年第 29 卷第 14 期,第 22 页。

④《东三省的军事:马占山反正》,《蒙藏旬报》,1932 年第 2 卷第 1 期,第 6 页。

的重要目的是骗取弹药、补充实力；下级军官"真心想为虎作伥的，那已是例外了"，不可能甘心降敌和附逆；一般兵士也都是"一时为生计所迫，而暂时就范"①，因此无论"日贼用什么方法喂养他们，这些'满军警'总是对于日贼离心离德的"②。

即使日本采取多种奴化方式试图消灭伪满军官兵的民族意识，但被迫性所导致的不情愿，使得他们的反日反伪情绪极高，这正是爱国情怀得以维系的主因。在日军之监视压迫下，此种爱国情怀往往表面上表现为暂时的隐忍不发，事实上则一直于暗中践行。具体而言，他们或在攻击义军时往往朝天放枪，不出死力，虚报军情，以蒙蔽长官，或直接暗中接济义军子弹。另外，全面抗战爆发后全国各地各族人民抗战到底的决心彻底激发了伪满军的爱国情怀。加之日军主力的南调，义勇军势力的增长及群众反日怒潮的高涨，他们认识到只有反正抗日才是自救救乡、解脱奴隶枷锁的唯一途径，这一方面促使了固有爱国情怀的提升，并推动了其践行的表象化，反正杀贼的旗帜在中国东北各地树立起来；另一方面也引起了日本的警觉，加速了日本整肃伪满军的步伐。

二、实施改组是日本统治伪满军的重要步骤

日本认为伪满军是"建国之初治安不稳，国基未固，不得不继承处于私兵状态之旧军阀的遗产，和由于急募而造成的素质不良的军队"③。出于"伪军不稳及谋根本肃清与消灭"考虑，日本于

---

① 叔尼：《过去一年东北伪军的反正潮》，《北方公论》，1935 年第 89 期，第 10 页。
②《周保中给张镇华等人的信》（1939 年 9 月），中央档案馆等合编：《东北地区革命历史文件汇集》甲，第 56 辑，1991 年印，第 212 页。
③ 中央档案馆、中国第二历史档案馆、吉林省社会科学院合编：《日本帝国主义侵华档案资料选编·伪满傀儡政权》，北京：中华书局 1994 年版，第 362 页。

1934 年春开始对伪满军进行改组,并视其为"在东北之军事建设之第一段重要工作"①。日本如此重视,主要有三方面的目的:一是变伪满军为"日军之可靠工具",使其成为"日本非法强占之领土之保护者"以及"侵略我国或对苏联之战斗员"②;二是变伪满军为对消工具,使其成为与中国东北义军作战的主要力量;三是借助伪满军力量实现日本侵略中国华北及内蒙古之计划。

(一)肃清伪满军中不可靠分子及严格征兵制度

如前文所述,伪满军的编制、成分及政治表现等方面均较为复杂,具体表现为各部队之编制"与武装既不相同",兵士成分"亦极复杂",且政治上极不可靠,所谓"昨犹抗日,群众反日情绪犹未泯灭"③,固有爱国情怀犹存。因此一旦与义军作战,伪满军的战斗能力实足低下,而且战斗表现往往相当消极,经常出现士兵大批逃亡或整队哗变投入义军的现象,这与日本设定伪满军为"日本侵略之可靠工具"的定位明显相悖。鉴于此,自伪满军设立之初,日本就积极筹划对伪满军中不可靠分子之肃清,并严格征兵制度,以提高战斗力。

其一,监视、调查伪满军动态以彻底肃清不可靠分子。为充分了解伪满军动态,日本非常重视对伪满军的监视和调查,特别是佐佐木到一担任最高军事顾问后,更是设立了专门的调查机构——伪军政部军事调查部第二课,负责伪满军各军管区历史及动态的调查。该机构的调查内容十分详尽,包括部队历史、官兵历史及素质、出身、教育状况、籍贯等。除此之外,日本在伪满军中还收买诸多密探,据时任伪军事调查部长的王之佑回忆:这些密探"围绕在

① 异声:《日本统治伪满军真相》,《国际汇刊》,1937 年第 5 卷第 1 期,第 52 页。
② 异声:《日本统治伪满军真相》,《国际汇刊》,1937 年第 5 卷第 1 期,第 53 页。
③ 异声:《日本统治伪满军真相》,《国际汇刊》,1937 年第 5 卷第 1 期,第 54 页。

我们身边和家庭,办法有填写成绩考核表的,也有密报的。这时谁监视谁都不清楚,互相猜疑,人人自危"①。在专门调查机构与密探的配合下,日人对于伪满军之监视"已做到周密完善之境"②。

日本依据他们的调查结果,对伪满军官兵进行了彻底肃清,所有认为不可靠之官兵,均尽量淘汰。首先开除不可靠之分子、年龄过大之分子、病兵、未成年兵等,数量相当庞大,部分军管区被开除者竟高达30%③。其次对于官佐,日本尤为注重其政治情绪,凡不顺从日本侵略意图的,均被开革,若干旅内被开革者也高达30%—40%④,一般官佐被开革后由毕业于沈阳步兵学校的日本化分子代之,而高级长官则由毕业于日本的军官充任。同时,采取措施对未被清洗的官兵进行适度安抚,如改良调整官兵生活、按时发饷等,以示笼络。

其二,严格征兵制度。日本对伪满军的大肆清洗,导致兵员数量锐减,为适时补充可靠之兵力,实行了"寓征于募"的征兵制度,表现为两种方式,一种是募兵制。招募事务由各伪军司令部视实际需要而自行办理,并制定了严格的应募标准。就一般士兵而言,应募者年龄必须在18岁至40岁之间;而且对应募者实行严格的体检,以保证身体健康,没有任何病患;同时,"为防止不良分子混入军队起见",当地民众应募"须有适当之保人"⑤;蒙古部队的设置每年春季为固定征兵日期,士兵概由17岁至25岁之蒙古青年补充,

---

① 刘启民:《佐佐木到一对伪满军的改造与控制》,孙邦主编:《伪满军事》,长春:吉林人民出版社1993年版,第411页。
② 异声:《日本统治伪满军真相》,《国际汇刊》,1937年第5卷第1期,第52页。
③ 异声:《日本统治伪满军真相》,《国际汇刊》,1937年第5卷第1期,第54页。
④ 异声:《日本统治伪满军真相》,《国际汇刊》,1937年第5卷第1期,第54页。
⑤ 异声:《日本统治伪满军真相》,《国际汇刊》,1937年第5卷第1期,第55页。

所征者"多系未婚之男子,或家庭较为富裕,入军后家计不受影响者"①。就官佐而言,士官之补充"以各军区教导队之学兵或资深之兵升补之",官佐"须由所谓沈阳伪'中央军校'毕业者补充之",高级幕僚及指挥官"须由日本军校毕业者补充(日本军校及陆大内设有中国班)"②。

另一种是强役征兵,以补充募兵之不足。为了便于征兵,日本厉行保甲制度,其方法是"十家为'什',百家为'伯',各置什长、伯长",保甲各家互相连保,并立有证明书,所谓每个士兵"都必须有身家保障及乡里证明,以防叛变"③,如有一家犯罪,全什、全伯都要受处罚。而且为扫除强征所带来的思想障碍,日伪政府还时常派日本人到保甲各村进行招集训话,宣扬所谓"王道",强迫民众去听训。同时,各保甲村庄还须订买若干份日本的御用书报,书报上满纸都是些"日满一体""大亚细亚主义"一类的文字④。这既有利于征调壮丁,又可防范反抗。每县征兵人数设有定额,标准为"大县每县征 100 名,中县征 80 名,小县征 60 名"⑤。除此之外,日本军方还常常到处随意抓人充军,并组建民团以为后备军,征调各村 18 岁至 40 岁的壮丁,每人进行 6 个月的军事训练,以备不时之需,事实上,这也是一种控制中国东北民众的方式。

(二)整齐划一部队之编制

伪满军组建伊始,各部队之间编制不同、人数各异,日本认为此种状况大大削弱了军队的士气与战斗力,因此在对伪满军进行

---

① 异声:《日本统治伪满军真相》,《国际汇刊》,1937 年第 5 卷第 1 期,第 56 页。

② 异声:《日本统治伪满军真相》,《国际汇刊》,1937 年第 5 卷第 1 期,第 55 页。

③ 逆民:《伪满军反正问题的透视及展望》,《民族公论》,1939 年第 1 卷第 5 期,第11 页。

④ 宋斐如:《日本铁蹄下的东北》,汉口:战时读物编译社 1937 年版,第 49 页。

⑤ 宋斐如:《日本铁蹄下的东北》,汉口:战时读物编译社 1937 年版,第 48 页。

改组期间,尤其注重对部队编制的整齐划一,"使之趋于健全之途"①,之后的改编也基本是在此次改组的基础上进行的。

　　其一,伪满军建制的整齐划一。改组之前,伪满军建制大概有七八个步兵旅、17 个混成旅及十四五个骑兵旅②,总体上"系统庞杂,军阀习气浓厚,私兵现象严重,军令政令不通"③。在改组中日本以旅为战略单位,将其改编为 26 个混成旅、7 个骑兵旅及 2 个蒙古骑兵旅④,并整齐划一了伪满军的各级建制,具体状况,如表 2-5 所示:

表 2-5　改组后伪满军各级建制状况

类型　组成	组成		数量(个)
混成旅	一号混成旅	甲种步兵团	1
		乙种骑兵团	1
		山炮连	1
	二号混成旅	甲种步兵团	1
		独立骑兵连	1
		山炮连	1
步兵旅	乙种步兵团		2
骑兵旅	一号骑兵旅	甲种步兵团	2
		骑兵连	1
	二号骑兵旅	乙种骑兵团	2
		机枪连	1

---

① 异声:《日本统治伪满军真相》,《国际汇刊》,1937 年第 5 卷第 1 期,第 54 页。

② 异声:《日本统治伪满军真相》,《国际汇刊》,1937 年第 5 卷第 1 期,第 55 页。

③ 傅大中:《伪满洲国军简史》中,长春:吉林文史出版社 2006 年版,第 201 页。

④ 异声:《日本统治伪满军真相》,《国际汇刊》,1937 年第 5 卷第 1 期,第 55 页。

类型＼组成	组成		数量（个）
步兵团	甲种步兵团	步兵连	6
		机枪连	1
		迫击炮连	1
	乙种步兵团	步兵连	9
		机枪连	1
		迫击炮连	1
骑兵团	甲种骑兵团	骑兵连	4
		机枪连	1
		迫击炮连	1
	乙种骑兵连	骑兵连	4

　　资料来源：伪满洲国军政部：《满洲国军基本编制及战略单位编制表》（1933 年 3 月），转引自傅大中：《伪满洲国军简史》中，长春：吉林文史出版社 2006 年版，第 202—203 页。

　　同时，实行军区制，将伪满军分为 6 个军区，外加驻守兴安省的蒙古军队。每个军区和蒙古军队根据情势分为若干特别警备区，内驻兵两三个旅。据统计，直至 1937 年 6 个军区共分警备区 13 个，蒙古军队分为 2 个警备区[①]，共计 15 个。其防区状况，如表 2-6 所示：

表 2-6　改组后伪满军人数及各旅之防区状况

军区名称	军区辖地	驻扎旅数		旅之番号		员兵总数
		混成旅	骑兵旅	混成旅	骑兵旅	
第一军区（沈阳）	奉天省中部	6	靖安军	第 1—6		17 000

---

① 异声：《日本统治伪满军真相》，《国际汇刊》，1937 年第 5 卷第 1 期，第 55 页。

续表

军区名称	军区辖地	驻扎旅数		旅之番号		员兵总数
		混成旅	骑兵旅	混成旅	骑兵旅	
第二军区（吉林）	奉天西北及吉林东部	4	4	第7—10	第1—4	12 000
第三军区（齐齐哈尔）	黑龙江省东部	5	1	第11—15	第5	14 000
第四军区（哈尔滨）	吉黑省东北部			2		26 000
第五军区（承德）	热河省南部	1	1	1	2骑兵旅 2独立大队	9旅 2独立大队
第六军区（依兰）	吉林东北部	8	3	第16—23	第24—26	
兴安省	黑龙江及奉天西部与热河北部	6	7			
共计						75 000

资料来源：异声：《日本统治伪满军真相》，《国际汇刊》，1937年第5卷第1期，第57—58页。

　　每军区内设有教导队、军医院、汽车队、军乐队及炮兵营等，其中，教导总队编制与旅同，用以训练下级指挥官。另外，还设有警卫军和靖安军，其中，前者计辖第一独立骑兵旅、一独立步兵团、一独立骑兵团、一炮兵连，后者计辖二步兵团、一骑兵营及一炮兵连，他们皆由日人担任指挥①。

　　其二，伪满军各级建制人数的整齐划一。旧制混成旅人数

————————

① 异声：《日本统治伪满军真相》，《国际汇刊》，1937年第5卷第1期，第56页。

3 200人不等，而骑兵旅则2 200人不等①；改组后新制旅统一规制，人数有所下降，具体状况，如表2-7所示：

表2-7 改组后伪满军各级建制状况

组成\\类型	组成	定员（人）	马匹（匹）
混成旅	一号混成旅	1 723	733
	二号混成旅	1 511	340
步兵旅	乙种步兵团	2 377	227
骑兵旅	一号骑兵旅	1 696	1 629
	二号骑兵旅	1 149	1 108
步兵团	甲种步兵团	971	148
	乙种步兵团	1 157	107
骑兵团	甲种骑兵团	738	752
	乙种骑兵连	532	504

资料来源：伪满洲国军政部：《满洲国军基本编制及战略单位编制表》（1933年3月），转引自傅大中：《伪满洲国军简史》中，长春：吉林文史出版社2006年版，第202—203页。

由上表可知，混成旅人数平均降为1 600余人，骑兵旅人数平均降为1 400余人②。人数的减少固然是因为日本对伪满军的清洗使得一部分人被开革所致，但从规范军队编制的角度讲，日本的主观目的还是为了便于管理、控制伪满军，因为军队编制的增加，日本即可安排更多亲信于伪满军中，掌控更多权力。之后日本大肆扩充伪满军，在原有编制的基础上扩大甚多，至1939年，其兵力与

① 异声：《日本统治伪满军真相》，《国际汇刊》，1937年第5卷第1期，第57页。
② 伪满洲国军政部：《满洲国军基本编制及战略单位编制表》（1933年3月），转引自傅大中：《伪满洲国军简史》中，长春：吉林文史出版社2006年版，第202—203页。

驻扎地状况,如表 2-8 所示:

表 2-8 伪满洲国国防军兵力及驻扎地状况

军队类型	军队名称	司令官	司令部驻地	军队组成	驻扎地区
国防军	国防第一军	于深徵	沈阳	6 个混成旅、6 个骑兵旅、1 个教导队、1 个通信连、6 个炮兵连、6 个山炮连、6 个迫击炮连	混成第一、二、三旅驻安东、凤城、通化、临江等地;混成第四、五、六旅及第一教导队驻沈阳、岫岩、通化、柳河等地
国防军	国防第二军	吉兴	长春	5 个混成旅、3 个骑兵旅、1 个教导队、2 个通信连、1 个山炮连、5 个迫击炮连	混成第七、八、九旅及第二教导队驻吉林、延吉、磐石等地;混成第十及骑兵第二、三、四旅驻长春、农安、洮南等地
国防军	国防第三军	郭久铸	黑龙江	6 个混成旅、1 个骑兵旅、1 个教导队、2 个通信连、1 个炮兵连、6 个迫击炮连	混成第十一、十二、十四旅与骑兵第五旅及第三教导队驻齐齐哈尔、泰来、安达等地;混成第十三、十五旅驻拜泉、黑河等地
国防军	国防第四军	郭恩霖	哈尔滨	6 个混成旅、1 个骑兵旅、1 个教导队、2 个通信连、1 个炮兵连、1 个山炮连、1 个迫击炮连	混成第十六、十七、十八旅及第四教导队驻哈尔滨、一面坡、护栏等地;混成第二十二、二十三及骑兵第六旅驻依兰、富锦等地
国防军	国防第五军	王静修	锦县	4 个混成旅、1 个骑兵旅、1 个教导队、2 个通信连、1 个炮兵连、3 个迫击炮连	混成第二十四、二十五旅及第五教导队驻锦县、黑山、朝阳等地;混成第二十六及骑兵第七旅驻承德、赤峰等地
国防军	国防第六军	王殿忠	牡丹江	3 个混成旅、1 个骑兵旅、1 个骑兵团、1 个通信连、1 个山炮连、1 个野炮连、1 个迫击炮连	密山、穆棱、虎林等地

军队类型	军队名称	司令官	司令部驻地	军队组成	驻扎地区
警备军	兴安第一警备军	乌尔金	博克图	4个骑兵团、1个通信连、1个炮兵连	呼伦、海拉尔等地
	兴安第二警备军	巴特玛拉布坦	通辽	4个骑兵团、1个通信连、1个炮兵连	林西、通辽等地

资料来源:逆民:《伪满军反正问题的透视及展望》,《民族公论》,1939年第1卷第5期,第12—13页。

上表所列军队状况,加之靖安军的两个步兵团、4个骑兵团,伪满全部兵力共约8军,计30个混成旅、12个骑兵旅、3个步兵团、12个骑兵团、5个教导队、13个通信连、6个炮兵连、9个山炮连、22个迫击炮连,约15万人[1],人数约增长一倍。

其三,军队装备的整齐划一。为提高军队战斗力,日本在本次改组中对伪满军的武器装备有所改良,首先是取消口径不同之旧枪,改装以日本三八式枪;其次是在军队内增添重机关枪、轻机关枪,以提高战斗力。改组前后伪满军的装备对比状况,如表2-9所示:

表2-9　改组前后伪满军装备对比状况

队别			步兵团	骑兵团	营
旧制（改组前）	编制	营	3		
		骑连		4骑兵连 1机枪连 1迫炮连	
		连	1机枪连 1迫炮连		4

---

[1] 逆民:《伪满军反正问题的透视及展望》,《民族公论》,1939年第1卷第5期,第13页。

续表

队别			步兵团	骑兵团	营
旧制 （改组前）	人数		1 500	700	500
	武装	重机枪	4	4	
		轻机枪			
		炮机炮	4	4	
新制 （改组后）	编制	营	2		
		骑连		3 骑兵连 1 机枪连	
		连	1 迫炮连		3 连 1 机枪连
	人数		950	460	410
	武装	重机枪	8	4	4
		轻机枪	18	9	9
		炮机炮	4		

资料来源：异声：《日本统治伪满军真相》，《国际汇刊》，1937 年第 5 卷第 1 期，第 57 页。

由上表可知，改组之后伪满军的武器装备确实有一定程度的改良，但按照伪满军的编制应有重机关枪 450 挺、轻机关枪 1 000 挺，不过据时人统计，这些装备并未如数配置，大致不过占编制总数 56％—60％①。这正是日本改良伪满军装备的矛盾之处，既希望伪满军官兵拥有精良武器，以增强军队战斗力，又担心伪满军因实力大增而难以控制，甚至发生叛变之事，这样的矛盾正是所有侵略者的"通病"。另外，有些与日本有直接利害关系的军队，如靖安军，则在此次改组中得以"武装优良，给养丰富"②。

―――――――――――――――

① 异声：《日本统治伪满军真相》，《国际汇刊》，1937 年第 5 卷第 1 期，第 58 页。

② 异声：《日本统治伪满军真相》，《国际汇刊》，1937 年第 5 卷第 1 期，第 56 页。

（三）巩固日本军事顾问团，加强对伪满军的内外控制

就外部控制而言，所有伪满军均归日本驻伪满之军事首领直接指挥，在"中央"，伪军事部（前身为伪军政部、伪治安部）作为伪满洲国的最高军事机关，也"要听从驻在长春的关东军司令部的指挥"[①]；在"地方"，各地伪军管区司令部名义上奉命于"中央"最高军事机关，但事实上"必须听从驻在各地的日本防卫军司令部的指挥"[②]。可见，随着改组的逐步完成，日本对伪满军的外部控制体系也趋于"完善"。

就内部控制而言，日本对伪满军的内部控制主要通过军事顾问团来实现，军事顾问"不仅监视着伪满军，而且直接指挥着伪满军的一切军事行动"[③]。因此在本次改组中"尤为注重巩固伪军中之日本军事顾问团，并增加日系军官及指导官"[④]。首先，设立由"中央"顾问部和"地方"顾问部组成的专门顾问机构。"中央"顾问部下设 3 个职能不同的顾问室，据曾在伪满军中任职的王之佑笔供，办理公文程序为凡一切公务"由主管这个事务的顾问做了案，交到主管课译出用汉文做成，或是由总务课分到各课的到文，经主管顾问指示办法后由课里做成的案，均先送交该案主管的顾问核阅认可盖章后，即送到高级顾问核阅，他这里认可盖章即算成案，回到司长、次处长哪里照例盖章，再到最高顾问核准是决定了，总长（后称大臣）盖章致使形式"[⑤]，

---

① 万嘉熙：《伪满军的内幕》，孙邦主编：《伪满军事》，长春：吉林人民出版社 1993 年版，第 398 页。

② 万嘉熙：《伪满军的内幕》，孙邦主编：《伪满军事》，长春：吉林人民出版社 1993 年版，第 398页。

③ 傅大中：《伪满洲国军简史》中，长春：吉林文史出版社 2006 年版，第 188 页。

④ 异声：《日本统治伪满军真相》，《国际汇刊》，1937 年第 5 卷第 1 期，第 55 页。

⑤ 《王之佑检举书》（1954 年 4 月 13 日），中央档案馆、中国第二历史档案馆、吉林省社会科学院合编：《日本帝国主义侵华档案资料选编·伪满傀儡政权》，北京：中华书局 1994 年版，第 375 页。

可见"中央"顾问部控制着伪满洲国全部军事命令的颁布和军事事件的处理。"地方"顾问部主要设于伪满各军管区和军事院校内，"地方"上所有一切军事行政"均需主任顾问同意，公文书类无顾问签名则无效"①，可以说它"上通中央军事顾问部，下联系各旅、团的日系军官，结成一个控制体系，控制着伪满军的一切行动"②。

其次，建立以日籍顾问、日系军官、指导官及宪警为主体的严密监管体系。日籍顾问"是日本现役军官，乃由日本关东军派来"③，他们在伪满军中"占有'法定'之特殊地位"，其作用极大，在伪满军及其各军区司令部内"占有一切非常之领导地位与权限"④；指导官"是日本的退伍军官，由顾问部采用"⑤，在部队内部则"代替伪军官，而为实际上之参谋长"⑥；日系军官"是日本的'干部候补生'出身的预备役少尉或是退伍下士官，到伪满来经过一段时间的训练而任伪满军官的"⑦，伪满军中虽有被驯顺之日本化分子担任名义上的指挥官，但实际上，"仅为日人之助手，实行日人一切指示，所谓对军队之指挥，徒拥有一种虚名而已"⑧；另外，日本还在伪满军中

① 《猪股寿笔供》(1955 年 4 月 7 日)，中央档案馆、中国第二历史档案馆、吉林省社会科学院合编：《日本帝国主义侵华档案资料选编·伪满傀儡政权》，北京：中华书局 1994 年版，第 374 页。
② 傅大中：《伪满洲国军简史》中，长春：吉林文史出版社 2006 年版，第 195 页。
③ 万嘉熙：《伪满军的内幕》，孙邦主编：《伪满军事》，长春：吉林人民出版社 1993 年版，第 398 页。
④ 异声：《日本统治伪满军真相》，《国际汇刊》，1937 年第 5 卷第 1 期，第 53 页。
⑤ 万嘉熙：《伪满军的内幕》，孙邦主编：《伪满军事》，长春：吉林人民出版社 1993 年版，第 398 页。
⑥ 异声：《日本统治伪满军真相》，《国际汇刊》，1937 年第 5 卷第 1 期，第 53 页。
⑦ 万嘉熙：《伪满军的内幕》，孙邦主编：《伪满军事》，长春：吉林人民出版社 1993 年版，第 398 页。
⑧ 异声：《日本统治伪满军真相》，《国际汇刊》，1937 年第 5 卷第 1 期，第 53 页。

插入宪警,以"侦探并监视伪军反日之行动与情绪"①。经过改组,伪满军队中日籍顾问、日系军官、指导官、宪警"各连内均有之"②,平均来讲,这些人所占比例竟高达 25％以上,"甚且有过之者"③。这就形成了以日籍顾问、日系军官、指导官及宪警为主体的严密管控、监视体系。

事实上,日本对伪满军的改组,其最终目的"不外剥夺地方军阀及地主独立指挥其本省军队之权力",进而"消灭其保存至今之残余的独立势力"④。这样的本质从在本次改组中对军队指挥权的掌控即可看出,伪满军各军区司令直属傀儡溥仪,然事实上一切指挥权"前悉操于关东军之手"⑤。

三、推行军事教育是日本统治伪满军的巩固措施

日本统治伪满军不仅对其直接管理与控制,还逐步加强对他们的奴化教育,企图从心理上控制伪满军,以期为日本侵华战争服务。正如伪满军最高顾问佐佐木到一对中央陆军训练处日本军事教官训话所言:"要了解被征服的民族很少有敢于反抗的。我们不要只着眼于防止他们的反抗意识,而要学会使用他们为我们服务,要教育他们能沿着建国建军的道路前进,这就是教育的成果,也是你们军事教官对满洲国指导上的责任。"⑥日本对伪满军的军事教

---

① 异声:《日本统治伪满军真相》,《国际汇刊》,1937 年第 5 卷第 1 期,第 53 页。

② 异声:《日本统治伪满军真相》,《国际汇刊》,1937 年第 5 卷第 1 期,第 55 页。

③ 异声:《日本统治伪满军真相》,《国际汇刊》,1937 年第 5 卷第 1 期,第 53 页。

④ 异声:《日本统治伪满军真相》,《国际汇刊》,1937 年第 5 卷第 1 期,第 54 页。

⑤ 异声:《日本统治伪满军真相》,《国际汇刊》,1937 年第 5 卷第 1 期,第 54 页。

⑥《佟衡笔供》(1954 年 8 月 30 日),中央档案馆、中国第二历史档案馆、吉林省社会科学院合编:《日本帝国主义侵华档案资料选编·伪满傀儡政权》,北京:中华书局 1994 年版,第 383 页。

育主要有两种方式：一种是直接在军队中宣扬"建国精神""日满一德一心"等思想，二是建立军校培养亲日的奴化官兵。

（一）在伪满军中宣扬"建国精神"

自伪满军建立开始，日本就极力在伪满军中渗透"建国精神"，以从心理上迷惑伪满军，使其完全为日本侵略服务。在日本精心打造的《满洲国军人誓文》中，即有这样的语言："我满洲国建国精神，在广布王道，建设和平乐土，实现民族协和，以图万众之广宁。满洲国军直建于元首统率之下，对内则有保安国家之任，对外则有宣扬国威之责。此次编入国军之人员，均应恪奉高远之使命，坚守左列各条，以期不违背军人本分。"[①]以建设王道乐土、实现民族协和为军人的职责和本分，这样的军人誓言极具迷惑力。《军队内务领》也如出一辙，所谓"军人精神为战胜之最大要素，其消长实开国运之降替，故能透彻惟神之道、尚名节、重廉耻……实践惟神之道，举日满一德一心民族协和之实绩，以尽一死殉国之大节"[②]。

进而，日本企图为其侵略行径辩护，在伪满军中提出了所谓的"武装王道主义"，阐释侵略的"合理性"。所谓"我们现在发挥王道精神，是一面高唱仁义，宣传礼让，完全用道德感化世界，一面也须积极军备，养成实力，万一不容感化时，可以兴仁义之师，以救其生民涂碳。或者两国无故战乱，影响世界和平，这时也可以忠告之。忠告不听，武装调停之，调停如再不停，那就可以大兴王师，讨而伐之。这种稍带武力的王道主义，我们可以叫他为武装王道主义，与

---

① 《满洲国军人誓文》，伪满洲国《政府公报》，第 295 号，1933 年 12 月 21 日。
② 《军队内务令》，伪满洲国《政府公报》，号外，1943 年 10 月 17 日。

邻邦日本的皇道主义似乎相近"。①

随之日本以"康德皇帝"的名义颁布《时局诏书》:"奉天承运大满洲帝国皇帝诏尔众庶曰:盟邦大日本帝国天皇陛下兹以本日宣战美英两国,明诏煌煌,悬在天日,朕与日本天皇陛下,精神如一体,尔众庶亦与其臣民咸有一德之心,夙将不可分离关系,团结共同防卫之义,死生存亡,断弗分携。尔众庶咸宜克体朕意,官民一心,万方一志,举国人而尽奉公之诚,举国力而援盟邦之战,以辅东亚戡定之功,贡献世界之和平,钦此!"②

另外,日本还在伪满军内成立王道宣传委员会,以日本军官为首领,通过经常赴部队内向士兵作谬妄演讲、放映"爱国"电影等方式,宣扬"建国精神"。

（二）设立军校以培养顺从军士

为了培养完全顺从的军士,以为侵略战争服务,在日本的支持下伪满洲国建立了 10 所军校,具体状况,如表 2 - 10 所示:

表 2 - 10　伪满洲国所设军事学校

所在地区	数量(所)	军校名称
伪新京	4	陆军军官学校
		陆军军需学校
		陆军兽医学校
		宪兵训练处
奉天	3	陆军训练学校
		陆军飞行学校
		陆军汽车学校

①《〈满洲帝国〉建国精神要览》,长春:益知书店 1936 年版,第 149 页。

② 爱新觉罗·溥仪:《我的前半生》,长春:群众出版社 1982 年版,第 365 页。

续表

所在地区	数量（所）	军校名称
哈尔滨	2	陆军军医学校
		陆军江上训练处
乌兰浩特	1	陆军兴安学校

资料来源：王野平主编：《东北沦陷十四年教育史》，长春：吉林教育出版社 1989 年版，第 228 页。

　　上述军校为培养各类型的军事顺民为主要目的，因此极力加强"精神教育"。在这些军校中，以陆军军官学校最为典型，本部分以其为例进行阐释。该校教育体制分为预科、队附勤务、本科、见习军官，所学年限如下图所示：

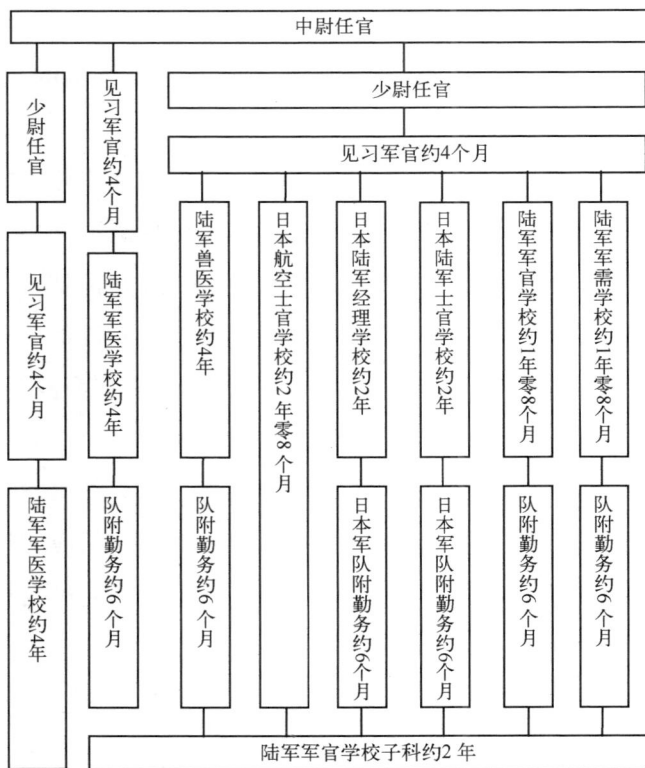

图 2 - 1　伪满军官学校体制

　　军官学校所设课程分为 3 类：第一类是普通课程，为各兵科的共同科目，包括"建国精神"课与日语课，以"建国精神"课为重点课程；第二、三类分别为军事学科与术科，主要教授作战及指挥技能。学校对"精神教育"极为重视，除设立专门课程外，还另有专门人员每周举行一次"精神训练"讲话，内容围绕"军人必须向日本天皇陛下竭尽忠心""绝对服从是军人的天职""大日本皇国肩负建设大东亚共荣圈的重任"①展开。如兴安军官学校即是如此，要求学院"恪奉回銮训民诏书之圣旨，强调日满两国之亲善，助长同其他民族协和之精神和对日依赖之倾向"，且使他们"明确满洲建国及建军之本旨，以及皇军同满军不可分之关系"②。

第三节　哗变反正：伪满洲国军对日本军事统治的反抗

　　作为中国抗日斗争的重要组成部分，东北抗战固然主要依靠矢志不渝的爱国义军，但曾"变节"而后反正的伪满军官兵也发挥了重要作用，无论是从规模看，还是从作用观之，其都是一支不可忽视的力量。伪满军的哗变反正是东北抗战史上特殊而重要的现象，但由于史料较少且不集中，学界关注较少，仅有崔海波等的《伪满洲国军第三飞行队起义事件研究》（《史学集刊》，2018 年第 2 期），该文只是对伪满军一支部队起义的考察。那么伪满军哗变反正的整体轮廓如何，其原因是什么？ 日人对此又作何应对？ 产生了什么影响？ 学术界并未作出系统研究，因此笔者通过搜集分散

---

① 李亚韩：《伪满新京陆军军官学校片断》，《吉林市文史资料》第 6 辑，吉林市政协文史资料研究委员会 1987 年编印，第 145 页。

② ［日］善邻协会调查部编：《蒙古大观》，东京：改造社 1938 年版，第 268 页。

的报纸、杂志等一手史料，运用历史学、统计学等方法，对上述问题进行解答，以展现东北抗战史的另一面。

一、伪满洲国军哗变反正的整体轮廓

伪满时期的报刊，如《中央日报》《时报》《新闻报》《民报》《救国通讯》及《兴华》等，都对伪满军的哗变反正做了专门报道，这是在战乱纷飞年代能够把该类现象流传于后人的重要途径，也是当今学人研究伪满军哗变反正的重要史料。基于此，伪满军哗变反正的整体状况，可以当时的新闻报道为依据，加以还原。由于伪满军经历了新建、改组及抽调入关 3 个时期，相应地可将其哗变反正分为暂投到举义期、高压而反抗期、觉醒并救国期 3 个阶段。

（一）暂投到举义：组建进程中伪满军哗变反正的高潮期（1932—1933）

九一八事变后，马占山、苏炳文等仍率部高举义旗，与日本军队浴血奋战，但终因弹尽援绝而忍痛撤退，他们为了生存，并希图保全实力，不得不与日人虚与委蛇，暂时屈服于日军铁蹄之下，以待时机。他们虽然在伪满军新建进程中被编入列，但始终以"维持现状，等待关内兵出"的口号来安慰自己由于"变节"而产生的负罪感。对于他们而言，暂投是策略，"骗他们的枪响，打他们"才是实质。因此在 1932—1933 年伪满军组建进程中，由于管理和约束尚未步入正轨，其中充斥着诸多的不稳定性，哗变反正频仍。

1932 年 1 月 21 日驻绥中张海鹏部一营 400 余人的举义，揭开了伪满军哗变反正的序幕。特别是马占山通电表明反正心迹后，除其旧部外，其他驻守各地的伪满军也纷纷继起响应，掀起了伪满军哗变反正的第一个高潮。该阶段"关于士兵的革命哗变，报纸不

断的天天都有登载,哗变的队伍,最多的是'满洲国'的军队"①,具体状况,如表 2 - 11 所示:

表 2 - 11　1932—1933 年伪满军哗变反正统计

年份	月份	次数(次)	人数(名)
	1 月	1	400 余②
	3 月	2	500 余③
	4 月	3	约 1 300④
1932 年	5 月	5	3 000 余⑤
	6 月	2	1 000 余⑥
	7 月	5	近 5 000⑦
	8 月	2	3 500 余⑧

①《满洲巡视员报告》(1932 年 8 月 30 日),中央档案馆等合编:《东北地区革命历史文件汇集》甲,第 66 辑,1992 年印,第 147 页。

②《张逆部哗变》,《时报》,1932 年 1 月 23 日,第 5 版。

③《哈警卫军一部反正》,《新闻报》,1932 年 3 月 16 日,第 2 版;《哈长线熙洽部反正》,《新闻报》,1932 年 3 月 19 日,第 6 版。

④《熙部纷纷哗变》,《新闻报》,1932 年 4 月 9 日,第 6 版;《熙洽部属反正》,《新闻报》,1932 年 4 月 14 日,第 7 版。

⑤《通化叛军反正》,《新闻报》,1932 年 5 月 6 日,第 6 版;《熙洽逆部多反正》,《民报》,1932 年 5 月 22 日,第 2 版;《熙洽伪军二旅机枪连六日反正投自卫军》,《世界晨报》,1932 年 6 月 9 日,第 2 版。

⑥《伪军陆续反正》,《新闻报》,1932 年 6 月 9 日,第 7 版;《黑垣逆军反正投马》,《民报》,1932 年 6 月 9 日,第 2 版。

⑦《窑门逆军哗变》,《新闻报》,1932 年 7 月 8 日,第 4 版;《徐宝珍军反正》,《新闻报》,1932 年 7 月 11 日,第 4 版;《榆树叛逆马队突然反正》,《民报》,1932 年 7 月 16 日,第 4 版;《日人监视熙洽部下哗变不能制止》,《时报》,1932 年 7 月 31 日,第 5 版;《马率部八万抵海伦》,《中央日报》,1932 年 7 月 30 日,第 2 版。

⑧《伪军纷纷反正》,《新闻报》,1932 年 8 月 31 日,第 4 版;《扎兰屯张旅反正与马占山接洽》,《时报》,1932 年 9 月 6 日,第 2 版。

续表

年份	月份	次数（次）	人数（名）
1932 年	9 月	3	5 000 余①
	10 月	4	3 300 余②
	11 月	3	约 7 500③
	计	30	30 500
1933 年	1 月	2	约 6 000④
	2 月	5	4 000 余⑤
	3 月	2	1 000 余⑥
	4 月	2	约 3 000⑦
	5 月	1	15 000⑧

---

① 《洮南张逆海鹏部哗变》，《民报》，1932 年 9 月 4 日，第 3 版；《北大营于军反正杀死日军官十三兵工厂激战》，《时报》，1932 年 9 月 7 日，第 2 版；《马占山旧部苏炳文反正》，《新闻报》，1932 年 9 月 22 日，第 7 版。

② 《张海鹏部三团反正》，《上海商报（1932—1937）》，1932 年 10 月 1 日，第 2 版；《辽源伪军反正》，《新闻报》，1932 年 10 月 4 日，第 7 版。

③ 《濮炳珊反正宣布黑龙江独立》，《新闻报》，1932 年 11 月 1 日，第 3 版；《克山安达伪军警均反正》，《时报》，1932 年 11 月 6 日，第 2 版；《安达伪军反正》，《新闻报》，1932 年 11 月 9 日，第 4 版。

④ 《各路义军仍极活跃：伪军纷纷反正》，《救国通讯》，1933 年第 37 期，第 642 页；《军事：敌军于芏山等部反正》，《扫荡》，1933 年第 4 期，第 29 页。

⑤ 《锦西新募伪军哗变》，《时报》，1933 年 2 月 3 日，第 5 版；《伪游击队反正》，《时报》，1933 年 2 月 10 日，第 6 版；《通辽伪军反正》，载《时代日报》，1933 年 2 月 16 日，第 1 版；《兴城伪军哗变》，《时报》，1933 年 2 月 27 日，第 7 版；《伪旅长杨荫溥反正》，《民报》，1933 年 2 月 28 日，第 2 版。

⑥ 《邵本良部反正》，《时报》，1933 年 3 月 3 日，第 6 版；《苇沙河伪军哗变》，《民报》，1933 年 3 月 16 日，第 3 版。

⑦ 《伪军哗变》，《民报》，1933 年 4 月 11 日，第 3 版；《太平岭伪军哗变》，《时报》，1933 年 4 月 24 日，第 5 版。

⑧ 《于逆部万五千反正》，《民报》，1933 年 5 月 17 日，第 2 版。

续表

年份	月份	次数（次）	人数（名）
1933 年	6 月	2	约 200①
	8 月	1	150②
	计	15	29 350
总计		45	59 850

　　由上表可知，1932—1933 年伪满军共哗变反正 45 次，人数多达 6 万。就时间分布而言，24 个月中有哗变反正的月份达 17 个，无相关消息的则有 7 个。其中，1932 年几乎月月都有伪满军反正，而 1933 年则有 5 个月未出现举义之事，这主要是由于日本在 1932 年新建伪满军进程中管理松散，暂投之军士可乘之机较多；而在 1933 年管理逐步加强，大大降低了哗变反正的成功率。

　　就频次而言，两年中伪满军哗变反正多则 5 次，少则 1 次，以 24 个月计平均每月近 2 次，这样的频次不可谓不高。就人数而言，两年中约有 59 850 伪官兵哗变反正，人数之多显而易见。其中，多者以万计，500 人以上规模者为主，少者也有一二百人，这是与日本对伪满军的管理程度密不可分的。人数较少的哗变反正，或是处于管理松散的时期，如最初 6 次三四百人的反正即是发生于 1932 年伪满军组建进程中；或发生于疏于管理的镇屯，如 1933 年 6 月和 8 月的 3 次一二百人举义，即是发生于辽源地区的驻屯和富锦西北五里的驻镇官兵之中。两年中的哗变反正以 500 名以上规模者为主，究其原因，哗变即意味着与日本决裂，一旦收到情报，日本就会

---

① 《张海鹏逆部山炮队反正》，《民报》，1933 年 6 月 12 日，第 3 版；《伪军一部哗变》，《民报》，1933 年 6 月 16 日，第 2 版。

② 《富锦伪军哗变》，《时报》，1933 年 8 月 11 日，第 6 版。

派军队围追堵截。为了反正成功,哗变官兵必须能够抵挡日军的强力镇压,因此每次举义的人数以 500 以上较为普遍,甚至上万。

　　1932—1933 年,虽然有频次如此之高、人数如此之多的哗变反正,但仍有四五万人残留于伪满军中,加之日本积极收买当地土匪首领、强募新兵,至 1934 年初改组后的伪满军人数竟高达十万余人,编成七八个步兵旅、17 个混成旅、十四五个骑兵旅及 3 个教导旅,此外并有独立军警部队、所谓"靖安军"及其他军种①,有正规化的倾向,但伪满军官兵与日方的关系仍持续紧张,哗变反正也必然会继续不断发生。

　　(二)高压而反抗:改组后伪满军哗变反正的低谷期(1934—1936)

　　鉴于伪满军哗变反正频仍,且战斗力及士气低下,自 1934 年始,日本加快了对其改组的步伐,以"使之趋于健全之途"②。改组完成后,伪满军完全处于日本近乎严苛的统治之下,高压性是显著特征,其结果:一是伪满军官佐及士兵的反抗意识加强,使得哗变反正持续不断;二是哗变反正的难度变大,可乘之机减少,而不得不暂时处于低谷状态。该阶段的具体状况,如表 2‑12 所示:

表 2‑12　1934—1936 年伪满军哗变反正统计

年份	月份	次数(次)	人数(名)
1934 年	1 月	1	1 000 余③
	2 月	3	2 500 左右④
	3 月	1	2 000 余⑤

① 异声:《日本统治伪满军真相》,《国际汇刊》,1937 年第 5 卷第 1 期,第 53 页。
② 异声:《日本统治伪满军真相》,《国际汇刊》,1937 年第 5 卷第 1 期,第 54 页。
③《过去一年东北伪军的反正潮》,《北方公论》,1935 年第 89 期,第 10 页。
④《过去一年东北伪军的反正潮》,《北方公论》,1935 年第 89 期,第 10 页。
⑤《依兰伪军变动真相》,《新闻报》,1934 年 3 月 14 日,第 4 版。

年份	月份	次数(次)	人数(名)
1934 年	4 月	1	100 余①
	5 月	3	200 余②
	7 月	1	240 余③
	8 月	3	210 余④
	9 月	1	20⑤
	10 月	3	3 000 余⑥
	11 月	4	1 400 余⑦
	计	21	10 670
1935 年	2 月	3	3 500 余⑧
	6 月	1	约 120⑨
	10 月	2	3 200 余⑩
	计	6	6 820

① 《过去一年东北伪军的反正潮》,《北方公论》,1935 年第 89 期,第 10 页。

② 《过去一年东北伪军的反正潮》,《北方公论》,1935 年第 89 期,第 10 页。

③ 《热伪军哗变奔逃》,《崇民报》,1934 年 7 月 8 日,第 2 版。

④ 《伪兵哗变》,《时报》,1934 年 8 月 4 日,第 8 版;《王殿忠逆部反正》,《民报》,1934 年 8 月
   11 日,第 2 版;《过去一年东北伪军的反正潮》,《北方公论》,1935 年第 89 期,第 10 页。

⑤ 《过去一年东北伪军的反正潮》,《北方公论》,1935 年第 89 期,第 10 页。

⑥ 《过去一年东北伪军的反正潮》,《北方公论》,1935 年第 89 期,第 10 页;《东北义军蜂
   起》,《中央日报》,1934 年 10 月 27 日,第 2 版;《伪军一部反正》,《民报》,1934 年 10
   月 30 日,第 2 版。

⑦ 《伪满统治下之军警民众:辽伪军警反正讨满》,《蒙藏旬刊》,1934 年第 87 期,第 3 页。

⑧ 《伪组织军队哗变》,《中央日报》,1935 年 2 月 9 日,第 2 版;《驻锦伪军反正》,《新闻
   报》,1935 年 2 月 12 日,第 3 版;《锦州伪军续有反正》,《新闻报》,1935 年 2 月 30 日,
   第 4 版。

⑨ 《义勇军:马沟屯伪军反正》,《东北通讯》,1935 年第 9 期,第 2 页。

⑩ 《军事:热河军民哗变》,《边事研究》,1935 年第 2 卷第 6 期,第 111 页;《热河反正军队
   千人殉义》,《上海报》,1935 年 10 月 19 日,第 2 版。

续表

年份	月份	次数（次）	人数（名）
1936 年	11 月	1	约 600①
	计	1	600
总计		28	18 090

由上表可知，1934—1936 年伪满军哗变反正 28 次，人数 18 090名，与上一阶段的两年相比，显然逊色不少，哗变反正次数仅是其一半有余，人数也仅占不足三分之一，低谷状态显而易见。就时间分布而言，除 1934 年有 10 个月出现哗变反正、相对频繁外，其他两年则极为稀疏，1935 年有 3 个月，1936 年仅有 1 个月。就频次而言，3 年中伪满军哗变反正多则 4 次，少则 1 次，以 36 个月计平均每月不足一次，频次较低。上述状况是与伪满军改组进程息息相关的，1934 年处于改组的初期，高压统治尚未步入正轨，哗变反正频仍在情理之中；1935 年与 1936 年的骤减，恰是伪满军改组完成进入高压统治状态的必然结果。

就人数而言，该阶段哗变反正规模一般较小，多则千余人，少则几十人，以 500 人以下规模者为主，这主要是与改组后日本对伪满军主要部分的严格控制有关。那么小规模的哗变又如何能应对近乎严苛的统治管理及强力镇压而实现反正呢？主要有两点原因：一是发生在日本疏于管理的村屯，利用有利的地形和时机，小规模反正较易成功，如马沟屯村驻屯之第四军管区司令部教导队 120 人哗变，即使日本派兵镇压，也未能阻止②；二是哗变兵士与义军、当地民众联合，形成较强力量共击日军，实现反正，如锦州伪军

①《伪满军开绥哗变》，《佛教日报》，1936 年 11 月 15 日，第 4 版。
②《马沟屯伪军反正》，《东北通讯》，1935 年第 9 期，第2 页。

500 余与义军联合向日军夹击①，驻岫岩县一中队 80 余名与义军联合抵抗日军追捕②，均反正成功。

与上一阶段不同的是，该阶段的报刊中出现了一些反正失败的新闻报道，如驻榆树县何殿清部于 1934 年 10 月 15 日哗变，遭遇日军及伪靖安军强力镇压，何部奋战一昼夜，但"惜乎以器械及人数关系"，被包围缴械，何殿清本人力尽殉国③；再如热河伪军于 1935 年 10 月 8 日哗变，遭遇日伪军五六千人围追堵截，几乎全部兵士"皆为若辈俱歼"④。这一方面反映出日本对伪满军管理控制的严苛程度，另一方面也揭示出该阶段哗变反正处于低谷状态的重要原因。

（三）觉醒并救国：日军全面侵华后伪满军哗变反正的高潮再起（1937—1945）

七七事变后，日本开始全面侵华，其驻中国东北地区的嫡系军队纷纷调入关内，原有对伪满军的管控体系被打破，为哗变反正提供了可乘之机。同时，随着对华战线的延长，伪满军被迫调入关内代日军与同胞作战，且被定位为入关冲锋陷阵的工具，这意味着伪官兵在战争中危险系数升高，牺牲概率加大。他们纷纷认为横竖都是牺牲，与其为奴为隶，倒不如拼死一搏，还能消解投敌之举所带来的身心煎熬和备受指责。加之中方的政治宣传和策反行动，伪官兵在高压态势下尘封的爱国情怀被激活，再次掀起了哗变反正的高潮。

笔者根据《上海俄文日报》《民报》《新闻报》的统计，该时期规

---

① 《锦州伪军续有反正》，《新闻报》，1935 年 2 月 30 日，第 4 版。
② 《伪兵哗变》，《时报》，1934 年 8 月 4 日，第 8 版。
③ 《过去一年东北伪军的反正潮》，《北方公论》，1935 年第 89 期，第 10 页。
④ 《热河反正军队千人殉义》，《上海报》，1935 年 10 月 19 日，第 2 版。

模较大的哗变反正有奉天附近两营、张海鹏部下四团、大虎山一团、佳木斯一团、哈埠 5 000 人、鲁东 2 500 人等数次①。按照伪满军改组后的一团约 1 000 人,一营约 400 人计算,共约 25 000 人,其他的小规模哗变反正也不在少数。另据傅大中统计,1937 年伪满军约有 10 万人,1939 年 83 000 人,1941 年 59 000 人②,1937—1941年伪满军减少 41 000 人,其中除哗变反正导致人数减少外,当然也有日本对各伪军管区进行大减员的原因。可估计,该时期伪满军哗变反正人数应处于 25 000 至 41 000 人之间。

1939—1943 年,伪满军哗变反正人数减少,频次降低,这主要是由于日伪对东北的抗日党派和群众组织实行所谓"大检举",在恐怖状态下,社会各界人士纷纷认为对伪满军只能进行"秘密的联络组织工作,到时局变动时,要能使伪满武装变成革命的武装",中共东北党组织更是发出指示"如果不是行动暴露,目前不必暴动哗变,等到时局有利必要时再举义"③,可以说这几年是积蓄力量的时期。1944—1945 年,全国进入争取抗日战争胜利的最后阶段,伪满军的哗变反正也如火如荼地在东北各地展开,伪满第 6、7、9、10、11军管区官兵及伪禁卫步兵团、伪首都宪兵团、伪警察等纷纷反正。

至于次数,除 1939—1943 年由于积蓄力量频次稍低外,其他各年由于哗变反正过于频繁,当时的新闻报道多用"时时""纷纷"等词汇笼统述之,虽无确切数字,但肯定高于上一阶段。可见,无

① 逆民:《伪满军反正问题的透视及展望》,《民族公论》,1939 年第 1 卷第 5 期,第 10 页;《东四省军民纷起反正》,《民报》,1937 年 9 月 7 日,第 2 版;《伪满军纷纷反正》,《新闻报》,1937 年 9 月 14 日,第 3 版。

② 傅大中:《伪满洲国军简史》下,长春:吉林文史出版社 2006 年版,第 443 页。

③《周保中给刘雁来的指示信》(1942 年 3 月 21 日),中央档案馆等合编:《东北地区革命历史文件汇集》甲,第 63 辑,1991 年印,第 266—267 页。

论是从人数看,还是从频次观之,都表明伪满军哗变反正高潮再起
的事实。

　　综上,伪满军的哗变反正大致经历了峰谷交替的 3 个阶段,主
要有以下特点:一是数量的庞大性,1932—1945 年总人数高达 10
万之多。二是反正的高频次性,几乎无月不有,甚至处于高潮期的
部分月份高达 5—7 次。三是地域的广泛性,发生反正的地域"甚
为普遍",辽、吉、黑、热均有,其中以辽、吉两省为最多[①];同时,重要
城市,如大连、营口、长春等有之,地处偏远的镇屯亦有之。四是流
向的相对固定性,伪满军哗变反正后,大部分都加入当地义军,成
为抗日的重要力量,当时的报刊中常有"加入义勇军""投自卫军"
"变为救国军""随义勇军而去""与义军合股"等字样的报道;当然,
也有特殊的案例,如 1933 年 8 月,富锦某镇驻兵 150 人哗变,与匪
联合,掠抢居民,掳去商人 5 名,勒索赎款,最终沦为土匪[②],但此种
现象只是个案,而非主流。

二、伪满洲国军哗变反正之缘由

　　伪满军的哗变反正是多种因素共同作用的结果,对其缘由的
探究可从涉及的伪满军官兵、中国、日本 3 个主体入手,但地位却
不相同,伪满军官兵是哗变反正现象的"主角",从其本身探究的原
因必然是基础性的;中国是反正伪官兵的归宿,其当然会起到关键
作用;日本是伪满军在哗变反正进程中的决裂对象,其行为刺激着
此种现象的产生。

---

① 叔尼:《过去一年东北伪军的反正潮》,《北方公论》,1935 年第 89 期,第 10 页。
②《富锦伪军哗变》,《时报》,1933 年 8 月 11 日,第 6 版。

（一）中方的政治引导是伪满军哗变反正的关键

如前文所述，伪满军官兵心中深植爱国情怀，那么通过激发与引导，把此种情怀真正转化为爱国实践就显得尤为重要，正如一位革命导师所言"当这些被压迫的奴隶还闭塞而无见识的时候，他们便总是忍气吞声，把这种怨恨蕴蓄在心头，而当这些奴隶一经明了自己奴隶地位如何可耻的时候，他们的这种怨恨，就可以做出最伟大的历史意义的事业来"①。基于此种认识，中国方面的相关组织，特别是中国共产党通过政治引导的方式，促使了伪满军的哗变反正。

1. 派遣得力干部进行政治宣传

一方面结合实际，联合群众进行广泛宣传。"晓之以理"是首要方式，他们通过散发传单、标语和作战时大声喊口号的方式，特别是中国共产党发布《关于反对日本帝国主义及其走狗"满洲国"告士兵警察书》及《告满军兄弟书》等，揭露日本吞并中国的狼子野心，强调国亡则永远为奴为隶的道理，阐明抗战必然胜利的历史大势，以粉碎"皇军是百战百胜的军队""和平分子抬头，蒋政权已趋没落"的滥调，使伪官兵明白"惟有反正，方可自全"②。"动之以情"亦是必要手段，除了根据实际状况提出"中国人不打中国人""不当亡国奴兵"等宣传口号外，还适时地演唱各种救亡歌曲，以唤起伪官兵反正杀敌的情绪。中国东北群众也加入其中，如在汪清、珲春等地组成了妇女宣传队，把传单压在伪满军必经之路上，官兵纷纷收藏。这种宣传干部与群众结合的方式成效显著，如在伪满军与抗日军作战时，或"在火线上互相谈话，甚至要求人民革命军派代

①《纪念"二七"要争抗战胜利》，顽强社：《新华日报论评集》第 1 辑，上海：顽强社 1938 年版，第 107 页。

②《抗日：伪部队多愿反正》，《长沙镇乡周报》，1933 年第 26 期，第 3 页。

表与其接头",或"立即不打或后退的事常有"①。

另一方面派遣具有坚强民族意识和能独当一面的得力干部,打入伪满军的队伍中去,开展鼓励宣传工作。中国共产党利用分布在东北各地的党员打入伪满军内部进行宣传动员,所谓"将我们的得力的同志使他们加入到家里以后,教育他们以专门的工作方法而打入敌人所组织之军事集团里边去"②,如磐石拐子炕党支部派党员王耿、金成焕等人到驻营城子伪军七连当了补兵③;甚至把党支部建立在伪满军中,如在驻守苇沙河的伪满军中建立党支部,计有党员 6 人,其他队伍诸如护路军、路警中也有类似的组织④,这样就可以切实把握伪满军官兵的弱点和需求,并了解他们的苦衷和困难,进而利用其普遍的爱国情绪和对日伪统治的痛恨心理,因时制宜地采取宣传措施,以唤醒并提高他们的民族意识和抗敌情绪。在抗日干部政治宣传的影响下,伪满军官兵的民族警觉提高,除作战时佯攻和暗自接济义军外,还常常与义勇军订立互不侵犯的秘密协定,以致在时机成熟的情况下杀死日籍军官哗变反正的现象屡见不鲜,且规模越来越大。

2. 利用各种社会关系,个别接洽

一方面"利用敌人之间的一切裂痕,哪怕是最小的裂痕"⑤,拉

---

① 《潇湘关于蓬勃发展的满洲民族革命战争的报告》(1935 年 1 月 31 日),中央档案馆等合编:《东北地区革命历史文件汇集》甲,第 66 辑,1992 年印,第 316 页。

② 《论满洲合法存在之集团》(1936 年 3 月 20 日),中央档案馆等合编:《东北地区革命历史文件汇集》甲,第 22 辑,1989 年印,第 376 页。

③ 李文成口述,王喜荣整理:《我担任了哗变的联络工作》,孙邦主编:《伪满军事》,长春:吉林人民出版社 1993 年版,第 696 页。

④ 《中共满洲省委关于义勇军与士兵工作的报告》(1933 年 3 月 20 日),中国人民解放军东北军区司令部编:《东北抗日联军历史资料》第 3 集,1955 年印,第 107 页。

⑤ 《列宁选集》第 4 卷,北京:人民出版社 1995 年版,第 225 页。

拢伪满军官兵。通过各种渠道,了解伪官兵,特别是高级军官的实际状况,派遣抗日干部有针对性地与他们接洽,尽量说服其哗变反正。这种政治引导方式确实达到了良好的效果,如马占山降日后,日本只给其军政部长的虚名,毫无实权,中国东北当局听闻此事后,深知他的愤怨不平,认为这是劝其反正的绝好时机,于是积极派员接洽,不久马占山便通电率部反正。1934 年伪满军缩编使得军队内部人心思动,抗日军抓住时机,派干部与伪满军联络,结果张俊哲部骑兵两连反正①。东北骑兵救国军第一军军长邓文以"保国卫民乃军人天职,英雄本色",成功劝说伪满军骑兵第五十八团团长霍刚率部反正,与邓军共同抗日②。

另一方面利用已反正的官兵,去争取仍在伪满军中的亲戚、朋友和战友哗变,"使他们如链锁般一个争取一个或数个"③,此种方式一是可以减少危险,二是彼此为亲或为友,可无话不谈,较容易说服和争取他们反正,因此取得了良好的效果。如驻中东路石头城子站之伪军约一团,因受义军之劝告,表示反正④;马占山反正后,派心腹前往苏炳文部说降,苏"毅然应从",与马旧部联合再行讨逆⑤;辽源伪军刘振邦部 300 余,收到旧部战友的劝说信件后,率部反正⑥,如此"伪满机构中的一部分军政人员、知识分子、青年对

①《伪军全部缩编　被编遣者相继哗变》,《新闻报》,1934 年 7 月 7 日,第 4 版。

② 张振芝:《邓文规劝霍刚反正抗日》,孙邦主编:《伪满军事》,长春:吉林人民出版社 1993 年版,第 694 页。

③ 逆民:《伪满军反正问题的透视及展望》,《民族公论》,1939 年第 1 卷第 5 期,第17 页。

④《伪军纷纷反正》,《新闻报》,1932 年 8 月 31 日,第 4 版。

⑤《马占山旧部苏炳文反正》,《新闻报》,1932 年 9 月 22 日,第 7 版。

⑥《辽源伪军反正》,《新闻报》,1932 年 10 月 4 日,第 7 版。

抗日军同情感增大,伪满军整团整营的起义,投奔抗联来"①。

另外,制定政策并以实际行动消除反正官兵的后顾之忧。随着全民族抗战的高潮迭起,伪满军官兵实处于"外遭环境之压迫,内受良心之责备"的尴尬境地之中,欲反正又深恐被严厉处置,于是纷纷暗派代表过来接洽,请求中央既往不咎,则愿意归顺。鉴于此,中国共产党领导的相关组织颁布《关于"满军"哗变反正之奖励条例》12条,国民党军政部先后颁布《反正官兵奖励办法》《反正伪军及伪组织人员处置办法》等法令,对反正官兵的奖励与安置均做出了详细部署,打消了欲反正官兵的疑虑。同时,对于被俘的伪官兵,不但不打骂、苛待,反"与之采取亲密的态度",凡不愿留在义勇军中工作者"即给予充分川资,遣送回籍"②。对于俘虏尚且如此,对主动来投者待遇自然也极优渥,以促进伪满军与抗日军的联系,并加速日伪内部的分化与瓦解,这对伪满军官兵的哗变反正必然起到促进作用。

(二)日本的高度压榨是伪满军哗变反正的重要刺激因素

伪满军自组建之日起便处于日本的统治之下,随着改组的完成,更是备受虐待和压迫,无论是发自心底的不信任,还是以工具视之的态度,抑或近乎严格的高压管控,都从各个方面刺激着伪满军官兵的神经而酿成哗变。

1. 不信任而视为冲锋工具

伪满军组建之后,虽受命于东北各地驻守,但日方始终抱怀疑态度,认为其在政治上极不可靠,这样的不信任直接导致了在诸多

① 周保中:《东北抗日游击运动和东北抗日联军》,东北抗日联军史料编写组:《东北抗日联军史料》,北京:中共党史资料出版社1987年版,第434页。
② 《抗联第三路军训练处关于党政工作问题》(1939年6月15日),中央档案馆等合编:《东北地区革命历史文件汇集》甲,第55辑,1991年印,第61页。

战役中对日军和伪军的区别对待,常常是仅配给步枪,不敢配给炮等杀伤力较大的武器。同时,置军士生活于不顾,欠饷两月以上之事时有发生,军官领到饷银后赦扣不发的也不在少数,而且饷银极低"月饷所得,竟乃无几",甚至在部分军队每天每人配给 12 两米,连喝粥都吃不饱,时常出现"三五兵士偷到民众家要饭吃"[①]的现象。相当部分的伪满军士是由于饥寒所迫而充兵役的,如此这般,他们当然极为不满,因此与义军作战时非常消极,经常出现大批逃亡及整队哗变投入义军之事。

"把伪满军当成一种牺牲的前卫",而"驱在炮火的最前线"[②],是组建伪满军的重要目的之一。日本虽视一切伪军为马贼军,但为了减少日军的伤亡,在对义勇军的各次战役中,总是利用伪满军各部作前驱,以致在抗日军打扫战场时,往往出现"见敌尸均系伪军,无日人"[③]的现象。日军全面侵华后,特别是在平绥、平汉、津浦三线侵略战陷入苦境的情况下,伪军被派遣入关作战,采用每排 30 个日军中夹 10 个伪军的办法,依然是伪军在前,日军在后[④]。这样的安排令伪满军官兵群情愤激,倒戈反正现象频繁发生。

2. 实施高压管控

日本为了使其不信任的伪满军真正能够为侵华服务,对伪满军进行了改组。首先,彻底清洗伪满军官佐及士兵成分,对于不可靠分子、年龄过大分子、病兵、未成年兵等,皆予以开除,特别是官佐被开革者"在若干旅内达 30%—40%",一般官佐"以日本化之分

---

① 《王效明给王新林并周保中的信》(1943 年 2 月 20 日),中央档案馆等合编:《东北地区革命历史文件汇集》甲,第 65 辑,1992 年印,第 106 页。

② 叔尼:《过去一年东北伪军的反正潮》,《北方公论》,1935 年第 89 期,第 9 页。

③ 《伪军全供日牺牲》,《时报》,1933 年 4 月 11 日,第 6 版。

④ 陈正谟:《日本铁蹄下之东北农民》,南京:中山文化教育馆 1938 年版,第 30 页。

子毕业于沈阳步兵学校者代之",高级长官则"由毕业于日本之军官充任之"①,以减少哗变反正之隐患。其次,整齐划一部队之编制,将旧日编制不同、人数各异的军队规整为各编制及人数一律相同的部队,便于统一管理。最后,在伪满军中设日本军事顾问团,军队的实际大权"操在日本人最高军事顾问手上",上至旅团,下到连排,均有日本军事顾问"坐镇",各级军官的命令和报告"都必须得日本人军事顾问的同意,才能执行"②,以致伪满士兵常自嘲"我们是穿着军装的囚犯"③。

　　这样,日本就加强了对伪满军的管控,日军对伪官兵的虐待甚至到了疯狂的程度。伪军生活"极其清苦,劳务繁重",且"经常要受日人的训斥和体罚"④。据当时为炮兵队伪兵的张书柏回忆:"日寇对我们残酷刻薄,常常几天吃不上饭,喝不着水,还经常遭受排长毒打,稍有不周之处,就拳打脚踢,还命令排长对我们严加看管,逼得我们实在没有活路。"⑤在其他部队,因争包鸦片而产生不睦,就可能使整个军队陷于绝境⑥;因与指导官争论,就可能面临切断一膀的危险⑦。如此境况下,伪满军各部纷纷不堪忍受而哗变反正。此种状况在当时的报刊中时常被报道,如锦西新募伪靖安军

① 异声:《日本统治伪满军真相》,《国际汇刊》,1937 年第 5 卷第 1 期,第 54 页。

② 国民政府军事委员会政治部:《伪满真相》,武汉:国民政府军事委员会政治部 1938 年印,第 8 页。

③ 张瑞麟口述,于霖湧等整理:《张瑞麟回忆录》,哈尔滨:黑龙江人民出版社 1991 年版,第 102 页。

④ 龚惠:《伪满空军第三飞行队的起义》,中共黑龙江省委党史工作委员会编:《黑龙江党史资料》第 9 辑,1987 年印,第 157 页。

⑤ 张书柏:《虎口余生》,孙邦主编:《伪满军事》,长春:吉林人民出版社 1993 年版,第 702 页。

⑥ 《依兰伪军变动真相》,《新闻报》,1934 年 3 月 14 日,第 4 版。

⑦ 《伪组织军队哗变》,《中央日报》,1935 年 2 月 9 日,第 2 版。

"不堪日方威迫,全部哗变"①,通辽张海鹏部逆军一连"因受日军侮辱,忽然反戈攻日"②,伪军丁强部第六旅长杨荫溥"因不堪日辱,率部2 000余反正"③,驻锦州伪军步兵 2 000 名"因不胜日教导官压迫,深夜哗变"④,等等。

三、伪满洲国军哗变反正的影响及日人应对

伪满军的哗变反正对中国的抗日战争与日本的殖民东北及全面侵华都产生了重要影响,日本采用软硬兼施的办法进行了应对,无论是直接武力镇压,还是以防范为目的的严密监视,抑或带有迷惑性的适度安抚,可能会有短期效果,但在全面抗战的大势下,根本无法阻止大规模反正潮的到来。

(一)软硬兼施为主要特征的日人应对

其一,武力镇压是直接手段。面对伪满军的各次哗变反正,日本首先是采取武力镇压的方式进行解决,防止哗变官兵投入抗日军而增强自己的敌对力量。这在当时的新闻报道中屡见不鲜,1932 年 9 月,于芒山军一部千余人在北大营哗变,日本随即派坦克车 20 余辆,并2 000 余人前往镇压,后哗变军队向孤家子、深井子退却,与千金寨义军联合抗日⑤;1934 年 7 月,张俊哲部骑兵两连哗变,日本派飞机 4 架、兵 1 000 余人,空陆呼应前往追击⑥;1934 年 10 月,邵本良团2 000 余人反正,日本派2 000 人前往追击,复派

---

① 《锦西新募伪军哗变》,《时报》,1933 年 2 月 3 日,第 5 版。

② 《通辽伪军反正》,《时代日报》,1933 年 2 月 16 日,第 1 版。

③ 《伪旅长杨荫溥反正》,《民报》,1933 年 2 月 28 日,第 2 版。

④ 《驻锦伪军反正》,《新闻报》,1935 年 2 月 12 日,第 3 版。

⑤ 《北大营于军反正杀死日军官十三兵工厂激战》,《时报》,1932 年 9 月 7 日,第 2 版。

⑥ 《热伪军哗变奔逃》,《崇民报》,1934 年 7 月 8 日,第 2 版。

飞机往援,后被哗变兵士包围,完全歼灭①,等等。

综合看来,日本的武力镇压方式为派出倍于哗变兵士数量的军队,并时有坦克、飞机配合,但由于伪满军在哗变反正后,与当地民众或抗日军联合抗击往剿军队,或利用熟悉地形的优势四处逃散,大部分都能取得了反正的成功。据统计,在1932—1936年的73次伪满军哗变反正中,只有两次惨遭镇压。可见,日本的武力镇压只是消耗了一部分的哗变力量,对未哗变之官兵有所震慑,并未取得实际效果。

其二,严密监视是防范手段。伪满军接二连三的哗变反正引起了日本的警觉,为防范此种状况继续恶化,日本对伪满军进行了严密的监视,所谓“伪军被日人监视极为严密”,且其监视方法“尤堪注意”②。首先对伪满军进行缩编,要求“每旅缩一团,每团缩一营,每营缩一连”③,借机使日本人渗透其中,伪满军军官中,凡是位居稍微重要职务的,即均给一名日本女人,以便暗中监视其行动,防止意外发生;对下级军官“亦复防备周至”,方法为“每旅置日团长二人,每团置日营长二人,每营置日连长二人”④,切实监视其行为。到伪满军改组完成,握有军权者只不过如张景惠、张海鹏、于芷山等少数人而已。

同时,日本还增派军部特务进行监军,以使伪满军官兵不敢轻率地从事反正活动。这些措施不但把日本军官渗入伪满军中,还剥夺了诸多中国军官的军队领导权。但在以中国人为主体的伪满军中,日本人毕竟是少数,其若联合起来举义,这些日本的监视者

---

① 《伪军一部反正》,《民报》,1934年10月30日,第2版。
② 《东北义军奋斗到底》,《民报》,1933年9月5日,第4版。
③ 《伪军全部缩编　被编遭者相继哗变》,《新闻报》,1934年7月7日,第4版。
④ 《东北义军奋斗到底》,《民报》,1933年9月5日,第4版。

也只有被劫持或被杀害的命运。据报仅 1939 年被杀之日籍军官不下千人①。可见,此种看似严密的防范手段,实际上并不能够真正奏效,反而使"反正风气如怒潮,侵入后方"②。为了防止士兵逃跑,还采取了严厉的惩罚措施"每抓回一名逃兵,都要当着全体士兵进行拷打,皮开肉绽,然后像拖'死狗'似的投进监狱",虽伪满军敢怒不敢言,但在他们心中埋下了反抗的火种,所谓"身在国兵营,心想打日伪"③。

　　其三,适度安抚和"教化性"宣传是迷惑手段。除了上述强硬手段,日本还对伪满军官兵进行适度安抚,这主要集中于改良调整士兵生活方面,如督促相关部门及伪满军指挥官按时发放月饷,以示笼络。特别是增调伪满军队入关作战时期,更是先发放 3 个月之饷项,以安军心,同时,日本政府还"特训令植田向伪满致谢意"④。事实上,按时发放月饷的笼络手段并未真正执行,一方面虽规定按时发放,但熙洽等甘为日人走狗的将领,为中饱私囊或控制所部兵士,仍时时欠饷;另一方面随着侵略战线的延长,军费紧张,欠饷现象更是较为严重。而事先发放的 3 个月饷项是以作"牺牲的前卫"和与同胞自相残杀为代价的,伪满军官兵自然非常清楚其中含义,对此并不认可,诸多将士未入关前即已哗变就是有力回应。可见,这样带有迷惑性的适度安抚手段,并未取得预期效果。

　　"教化性"宣传也是日本为防止伪满军哗变反正所采取的重要迷惑手段。日本早在 1933 年就宣称伪满洲国的"建国精神"是"广

① 逆民:《伪满军反正问题的透视及展望》,《民族公论》,1939 年第 1 卷第 5 期,第 10 页。
②《反正风气日盛　接洽投诚日多》,《中央周报》,1936 年第 447 期,第 27 页。
③ 张瑞麟口述,于霖湧等整理:《张瑞麟回忆录》,哈尔滨:黑龙江人民出版社 1991 年版,第 102 页。
④《日精锐部队整掉殆尽　驱伪满军参加作战》,《锡报》,1937 年 9 月 27 日,第 1 版。

布王道,建设和平乐土,实现民族协和,以图万众之广宁"①,为此既可"完全用道德感化世界",必要时也可"兴仁义之师,以救其生民涂炭",所谓"武装王道主义"②,以向伪满军及东北民众宣扬其侵占东北、独吞中国的"合理性"。基于此,专门以军人精神"教化"伪满军官兵,所谓在"以忠孝为教本"③、"恪奉高远之使命"④的基础上,军人应坚守本分,"透彻惟神之道,尚名节,重廉耻",并"举日满一德一心、民族协和之实绩,以尽一死殉国之大节"⑤,通过以"忠孝""名节""廉耻"等为关键字眼的蛊惑性宣传,来消除伪满军官兵的民族意识和爱国情怀,以期他们能从心理上接受日本的"大东亚圣战",并为之奋斗到底。此种"教化性"宣传由于带有明显的欺骗性与实施的短期性,无法起到防止伪满军哗变反正的作用。

(二)伪满军哗变反正的影响

1. 就中国而言,统一战线趋于完整并增强抗日力量

首先,中国东北地区的抗日战争开始最早,受日军的摧残时间最长,程度也最深,联合一切反日组织筑成统一战线是各抗日力量的共识。伪满军虽隶属伪满洲国,并受日本操控,但以中国人为主体的成分构成,决定了其必是各抗日力量团结的对象,从这个意义上讲,伪满军是东北抗日民族统一战线链条上重要但缺失的一环,他们的哗变反正使东北抗日民族统一战线趋于完整。

这主要有两方面的作用。一是震慑性,伪满军的哗变反正彰显了中国东北人民无法磨灭的民族意识和爱国情怀,其是抗日的

① 伪军政部:《满洲国军人誓文》,伪满洲国《政府公报》,第 295 号,1933 年 12 月 21 日。

② 宋再厉辑:《满洲帝国建国精神要览》,长春:益知书店 1937 年版,第 149 页。

③《时局诏书》,伪满洲国《政府公报》,第 1043 号,1937 年 9 月 18 日。

④ 伪军政部:《满洲国军人誓文》,伪满洲国《政府公报》,第 295 号,1933 年 12 月 21 日。

⑤《军队内务令》,伪满洲国《政府公报》,号外,1943 年 10 月 17 日。

重要精神支柱，必凝聚成巨大力量对抗殖民，这对日本侵华是一种震慑，日本士兵时常表露出来的厌战情绪即是例证。二是鼓舞性，一向被视作祖国叛徒的伪满军官兵都反正参加了抗日斗争，在日本铁蹄下的普通民众自然也会不甘落后而有义举，反正官兵常与当地民众联合形成抗日力量，民众为他们"作侦探，送给养，看护伤兵，作军衣"①，他们则负责与敌人周旋。

其次，增强抗日力量，一是抗日兵力得以增加，1932—1939 年数量庞大的哗变反正官兵，除少部分四处逃散或落草为寇外，其余大部分或被抗日军收编，或自成体系并与抗日军联合，其中不乏有一定军事素质的战斗人员，如此庞大数量的兵力加入抗日军行列，必然增强其力量。二是抗日装备得以补充和改善，从数次哗变反正的情形看，反正部队大都携有武器装备，甚至有迫击炮、机关之类的新式武器，如 1933 年 6 月张海鹏山炮队投诚王蕴平部，携来山炮 4 门、弹 500 发②；1935 年 6 月驻滨北线杨家站教导队反正，携去步枪 96 支、手枪 36 支、子弹约 8 600 粒、轻机关枪 6 架、马 64 匹③等，在抗日军武器装备紧缺的情况下，这些武器装备的补充是增强抗日军战斗力的关键。一定意义上讲，伪满军"已变成抗日军在满洲的后备军"④。

另外，在策反伪满军官兵之余，还可以利用设置在伪满军中的地下组织，掌握军事情报，以利于抗日斗争的顺利进行。如中国共产党对"真勇社"的运用，虽然中国共产党在伪满各军事机构中有

---

① 国民政府军事委员会政治部：《伪满真相》，武汉：国民政府军事委员会政治部 1938 年印，第 46 页。

②《张海鹏逆部山炮队反正》，《民报》，1933 年 6 月 12 日，第 3 版。

③《马沟屯伪军反正》，《东北通讯》，1935 年第 9 期，第 2 页。

④ 逆民：《伪满军反正问题的透视及展望》，《民族公论》，1939 年第 1 卷第 5 期，第 9 页。

一批情报队伍,但运用"真勇社"搜集的情报可与已有情报相互补充和印证。因此在抗日战争后期,中国共产党"对伪满陆、海、空军一切军事部署、战斗力、军事力量、装备武器、战略思想、战略设施、军工厂以及军队各阶层的思想动态,基本上都能掌握"①,这必然增加战斗的胜算。此可谓增强抗日力量的另一种形式。

2. 就日本而言,扰乱统治秩序、迟滞侵华进程

首先是严重影响了日本对中国东北地区的统治。日本组建伪满军的目的之一就是以少量的日军完成其在中国东北的武力配备,驻守城市、屯镇及铁路沿线等诸多地域的伪满军哗变反正,使得这些地区的武力配备陷入空虚的境地,这就给抗日军攻占上述地区提供了机会,而日本不得不把驻守其他地区的伪满军或日军调入,而陷入顾此失彼的困境之中,扰乱了日本的统治秩序。同时,伪满军的哗变反正也使得日本利用组建伪满军"大量容纳一批失业的游民,以减少乱源",并"欺骗一部分落后的群众"②的初衷落空,也挫败了"图以东北之人力为其本国生活与作战需要之补充"③的"以华制华"阴谋,使得东北地区的不安定因素增加,导致日本的统治力下降。

其次是迟滞了日本侵华的进程。伪满军哗变反正的大规模、高频次发生,特别是日伪控制严密的核心地区的伪军举义,如哈尔滨伪第三飞行队士兵起义,也一定程度上宣告了"王道主义""五族协和"等蛊惑性宣传的失败,也预示着抗日反满情绪深入人心,这

① 侯洛:《伪满军队中地下组织"真勇社"组建经过以及活动情况》,孙邦主编:《伪满军事》,长春:吉林人民出版社1993年版,第760页。
② 叔尼:《过去一年东北伪军的反正潮》,《北方公论》,1935年第89期,第9页。
③《伪满现状》,吉林省图书馆伪满洲国史料编委会编:《伪满洲国史料》二十七,北京:全国图书馆文献缩微复制中心2002年印,第5页。

必然促使他们在抗日斗争中更加坚定、愈发英勇；卢沟桥事变后，日本由于战线延长，急需大量军队介入，但其国内精锐部队增调殆尽，不得不再由伪满增调军队，派往前线作战。诸多伪满军在入关途中，甚至在得知此消息之初，即生哗变，如在中东路之北部线调来的日伪合编军队约有 5 000 人"于抵达哈埠时，因待车运送之际，遂将日军官杀却，而扫数哗变"，其他由南部调来者"在运送途中，亦哗变不少"①。即使仍有部分伪满军被抽调入关，但他们也无心恋战，出现了被俘虏"便喜形于色"的看似奇怪的现象②。这样调入关内的伪满军实力达不到日本维系战争所需的力量，加之反正官兵加入抗战队伍，既牵制了敌人的兵力，又动摇了敌人的后方，并与关内抗战形成内外呼应之势，而日军则处于南北夹击之中，必然会迟滞其侵华进程，以致日本不得不做出"作为前进阵地的满洲全境，不得已时可以放弃"③的决定。

　　总之，伪满军的哗变反正经历了"高潮—低谷—高潮"的发展阶段，其发生频率之高、数量之庞大着实是中国抗战史上的一个奇迹。从本质上讲，此种现象的产生是一个"化敌为友"的过程，其中充斥着伪满军、中国与日本在错综复杂环境中的激烈博弈，中国人固有的民族意识和爱国情怀为此项博弈提供了不竭动力。日本虽使用软硬兼施的手段积极应对，但并未真正阻止伪满军步入正途的步伐。更重要的是，伪满军的哗变反正无论是对中国的抗战，还是对日本于东北的殖民统治及其侵华进程，都产生了较大影响。

---

① 逆民：《伪满军反正问题的透视及展望》，《民族公论》，1939 年第 1 卷第 5 期，第 10 页。
② 国民政府军事委员会政治部：《伪满真相》，武汉：国民政府军事委员会政治部 1938 年印，第 10 页。
③ ［日］草地贞吾：《关东军的溃败和灭亡》，孙邦主编：《伪满覆亡》，长春：吉林人民出版社 1993 年版，第 241 页。

　　伪满军的哗变反正是中国东北人民强烈民族意识与深厚爱国情怀的具体践行，反映了他们不甘受人利用而为国杀敌的反日情绪，也昭示出东北地区反日怒潮的到来，更表达了中国人民争取民族自由、解放的强烈愿望。同时，中国社会各界的诉求与日本狼子野心之间的矛盾，直接导致了中日"二元对立"局势的形成，伪满军哗变反正的高频次性、数量庞大性正是此种异常紧张时局下的必然结果。日本不得不尽最大的努力去肃清所谓"匪贼"，用大量的金钱去维持所谓"治安"，但也未能真正阻止中国东北民众的革命运动。中国人民的全面抗战及其抗战到底的决心对伪满军哗变反正所具有的极大推动作用，恰恰体现了中国抗日斗争的正义性和得民心性，而反正后与抗日军一道积极参加抗战，正是对日本非正义的、不得民心的侵略战争的坚决抵制。对伪满军哗变反正进行探析，是东北抗战史研究的重要组成部分，有利于从不同角度审视中国东北人民的抗日斗争。

第三章　日本对中国东北地区的经济统治

　　从经济学角度讲,经济就是人们生产、流通、分配、消费一切物质精神资料的总称,它是在战争条件下区别于民用经济的一种特殊经济形式,包括两种类型:一是直接生产军事产品的经济,二是非直接生产但可满足军事需求的经济。战争是"以武力为前提,又以经济为后盾"[1]的,武力与经济的关系十分紧密,如若武力"即吾人之力",那么经济"乃人体中之血液"[2],可以说经济之于战争是基础性的、不可或缺的因素,所谓"战争者,即经济之消耗场也"[3]。基于此,日本欲完成全面侵华计划,必须保证军备"得充分之接济,而益臻完备"[4],因此其在中国东北地区的经济统治"都是趋向于军事战略方面而活跃的"[5]。日本对中国东北地区的经济统治"理路"为把该区域的经济纳入殖民轨道,并将经济军事化,发展军事经济。

---

① 宁墨公:《军事经济政策之讨论》,《军事杂志》(南京),1930 年第 26 期,第 25 页。
② 武:《东北经济的军事关系》,《钱业月报》,1933 年第 13 卷第 1 期,第 23 页。
③ 宁墨公:《军事经济政策之讨论》,《军事杂志》(南京),1930 年第 26 期,第 25 页。
④ 武:《东北经济的军事关系》,《钱业月报》,1933 年第 13 卷第 1 期,第 23 页。
⑤ 李镜东:《日本在满洲的军事经济政策》,《通俗文化:政治・经济・科学・工程半月刊》,1935 年第 1 卷第 3 期,第 10 页。

第一节　以服务军事为旨归的经济统治机构与政策调整

伪满洲国建立后,中国整个东北地区的资源无条件地尽归日本占有,为"于经济上改造东北,使之成为一个侵略的根据地"①,进而使此种优越条件真正转化为侵略实力,日本加快了调整经济统治机构与政策的步伐。除合并中国东北所有铁路统归满铁管理经营外,日本又创设满洲重工业株式会社(简称"满业")"集中资金、力量从事于各种工矿业之经营",使之与满铁并驾齐驱,成为"控制东北经济界的两大机关"②,改变了满铁一家独大的局面;同时,根据侵略形势注重统治政策向军事领域的倾斜。

一、从"满铁"一家独大到与"满业"并驾齐驱的统治机构调整

1933 年,伪满洲国颁布《满洲国经济建设纲要》,明确日"满"经济不可分之关系,所谓"以东亚经济之融合与合理化为目标,先审查满日两国相依相辅之经济关系,而置重心于两国之协调,使相互扶助之关系愈亦紧密",并设定经济统治原则,即带有国防或公共公益性质的重要事业"公营或特殊会社经营",其他经济事项"委诸民间自由经营"③。1934 年日本内阁通过的《日满经济统制方策要

---

① 秦伯瑞:《东北经济的殖民地化过程》,《中国世界经济情报》,1937 年第 1 卷第 18 期,第2页。

② 王杰夫:《日寇对我东北经济侵略的两大公司》,《军事与政治》,1943 年第 4 卷第 3 期,第 43 页。

③《满洲国经济建设纲要》(1933 年 3 月 1 日),中央档案馆、中国第二历史档案馆、吉林省社会科学院合编:《日本帝国主义侵华档案资料选编·东北经济掠夺》,北京:中华书局 1991 年版,第 30—31 页。

纲》更是规定钢铁、石油等 14 项重要事业由"处于支配地位的特殊
会社经营,直接间接受帝国政府的特别保护监督"①。这一统治原
则实质上"是要以日本资本为坚强的骨干,吸收伪国及当地土著资
本作为化装品,而在外表形式上打出'日伪经济合作'的漂亮大
旗"②。总体而言,日本对中国东北的经济统治机构在"日满经济联
合委员会"的联系、监督下,经历了从"满铁"一家独大到与"满业"
并驾齐驱的转变过程。

(一)满铁:从涉足多领域到于三大领域集中

满铁是日本于 1906 年 11 月 26 日"为推进其大陆政策而创设
的经营南满铁路及其他各种副业的特殊公司"③,刚成立时,其资金
不过 2 亿元,后随着业务的扩展,有 3 次增资:1920 年实行第一次
增资至 4.4 亿元,1933 年第二次增资至 8 亿元,1939 年第三次增资
至 14 亿元,直至 1943 年前后资本金约达 20 亿元④。满铁经营之
业务以铁路区域行政权移交伪满洲国政府为分界点,在此之前,除
掌管中国东北全部铁道、公路以及港湾、仓库、旅馆等副业之外,它
的直营事业和间接事业的投资"差不多控制了东北全部的产业机
构"⑤,诸如各种化学工业、海运、制铁、瓦斯、电机、船坞、运输、土木

---

①《日满经济统制方策要纲》(1934 年 3 月 30 日),中央档案馆、中国第二历史档案馆、吉
　林省社会科学院合编:《日本帝国主义侵华档案资料选编·东北经济掠夺》,北京:中
　华书局 1991 年版,第 38 页。

② 秦伯瑞:《东北经济的殖民地化过程》,《中国世界经济情报》,1937 年第 1 卷第 18 期,
　第2 页。

③ 王杰夫:《日寇对我东北经济侵略的两大公司》,《军事与政治》,1943 年第 4 卷第 3 期,
　第 43 页。

④ 王杰夫:《日寇对我东北经济侵略的两大公司》,《军事与政治》,1943 年第 4 卷第 3 期,
　第 43—44 页。

⑤ 秦伯瑞:《东北经济的殖民地化过程》,《中国世界经济情报》,1937 年第 1 卷第 18 期,
　第2 页。

工程等各种产业以及东亚全盘的各项调查等。

至废除满铁附属地行政特权并将旗下工矿业部门转让满业后，满铁的经营业务虽然形式上略见缩小，但实质上"内容愈益充实，其规模愈益扩大"，主要集中于铁路、煤矿、调查三大领域。就铁路及其副业而言，掌管满铁四课十二局以及奉天、锦州、吉林、牡丹江、哈尔滨、齐齐哈尔之 6 铁道局及北鲜事务所以下各种局外现地机关；经营业务包括货运、客运及港湾、仓库、旅馆等广泛部门，收入相当可观。以 1939 年为例，货运收入为 15 258 万元，客运收入为 9 432 万元，旅馆收入约 300 万元，长度约 15 000 公里的汽车路之经营收入 500 万元①，此外港湾、仓库等营业之收入"亦不在少数"②。

就煤矿及其副业而言，满铁所经营的煤矿，除抚顺煤田、烟台煤田规模较大外，其他如瓦房店煤田、老头沟煤田、奶子山煤田则"皆系小规模经营"。同时，满铁还从煤炭中提炼石油、从贫铁矿中制造纯铁，这些产品都为日本侵略中国提供了军事必需品。就调查业务而言，与之前并无区别，成立调查部"合并铁道总局之调查局，与东京支社、长春支社及上海事务所之各调查室，并与经济调查委员会、东亚经济调查局等协力，从事东亚全盘的经济调查工作"③。

据统计，1931—1936 年日本在中国东北地区的投资共达11.25亿元，其中，满铁的投资差不多占到 70%，其余为新设公司的股银

---

① 王杰夫：《日寇对我东北经济侵略的两大公司》，《军事与政治》，1943 年第 4 卷第 3 期，第 44 页。

② 王杰夫：《日寇对我东北经济侵略的两大公司》，《军事与政治》，1943 年第 4 卷第 3 期，第 45 页。

③ 王杰夫：《日寇对我东北经济侵略的两大公司》，《军事与政治》，1943 年第 4 卷第 3 期，第 45 页。

和伪满洲国的国债[1],可谓一家独大。随着 1937 年满业的设立,满铁逐步减少对重工业领域的涉足,但在其他领域"对内对外投资,都显示着庞大的数目"[2]。

1939 年,满铁直接经营或间接投资的公司达 69 个,其投资额数合计约达 3.87 亿元[3]。满铁投资公司的具体状况,如表 3-1 所示:

表 3-1　满铁投资公司及其资本百分比例

类别	公司名称	创办时间	地址	资本(万元)	满铁股份率
交通运输业	大连汽船公司	1915	大连	2 570	100%
	日满仓库公司	1929	东京	1 500	100%
	大连都市交通公司	1926	大连	500	100%
	国际运输公司	1926	大连	100	100%
	福昌华公司	1926	大连	180	100%
	营口水道交通公司	1906	营口	100	66%
	华北交通公司	1939	北平	30 000	40%
	青岛码头公司	1938	青岛	1 100	40%
	满洲航空公司	1932	沈阳	3 000	8.5%
工业	大连船坞公司	1937	大连	450	100%
	日本制蜡公司	1930	大连	200	100%
	大连窑业公司	1935	大连	120	100%
	满洲化学工业公司	1933	大连	2 500	51.7%
	大连工业公司	1918	大连	50	50.8%
	南满洲瓦斯公司	1925	大连	1 000	50%

---

[1] 秦伯瑞:《东北经济的殖民地化过程》,《中国世界经济情报》,1937 年第 1 卷第 18 期,第 2 页。

[2] 王杰夫:《日寇对我东北经济侵略的两大公司》,《军事与政治》,1943 年第 4 卷第 3 期,第 45 页。

[3] 王杰夫:《日寇对我东北经济侵略的两大公司》,《军事与政治》,1943 年第 4 卷第 3 期,第 45 页。

续表

类别	公司名称	创办时间	地址	资本（万元）	满铁股份率
工业	抚顺洋灰公司	1934	抚顺	500	50%
	满洲特殊制纸公司	1939	长春	50	40%
	满洲大豆工业公司	1934	大连	500	34.7%
	东洋氮工业公司	1926	东京	500	30%
	满洲电气公司	1934	长春	16 000	25.8%
	满洲曹达公司	1936	长春	800	25%
	昭和制钢所	1929	鞍山	20 000	22.5%
	满洲纺纱公司	1923	辽阳	1 000	21.9%
	南满洲玻璃公司	1928	大连	30	16.7%
	满洲石油公司	1934	长春	2 000	12.5%
	满洲豆杆制纸公司	1937	开原	1 000	10%
	满洲盐业公司	1936	长春	1 500	6.7%
矿业	大满采金公司	1934	长春	20	100%
	山东矿业公司	1937	青岛	500	56%
	复州矿业公司	1937	复县	200	50%
	满洲矿业开发公司	1935	长春	5 000	50%
商业	登瀛阁	1928	大连	2.5	60%
	新京官办交易所	1916	长春	100	51.4%
	日满商事	1936	长春	1 000	51%
	汤岗子温泉	1920	汤岗子	100	50.6%
	安东市场	1935	安东	16.5	50%
	锦州市场	1934	锦州	5	50%
	大连火灾海上保险公司	1922	大连	200	33.2%
	奉天中央批发市场	1938	沈阳	150	12.5%
	满洲火柴贩卖公司	1935	沈阳	50	10%
	哈尔滨交易所	1933	哈尔滨	200	12.5%
	抚顺市场	1918	抚顺	10	10%
	大连农事公司	1929	大连	1 000	100%

续表

类别	公司名称	创办时间	地址	资本（万元）	满铁股份率
拓殖农林业	满鲜庄木公司	1919	安东	150	100%
	日佛事业公司	1936	大连	10	50%
	鲜满拓公司	1936	京城	2 000	25%
	满拓公社	1937	长春	5 000	20%
	满洲林业公司	1936	长春	3 000	16.7%
	华北开发公司	1938	东京	3 500	2.9%
不动产及土木工程	满洲不动产公司	1937	沈阳	1 000	100%
	山元海水浴公司	1923	元山	15	66.7%
	东亚土木公司	1920	沈阳	500	50.2%
	阪神筑港公司	1929	大阪	1 000	40%
	"关东州"土木工业公司	1939	大连	1 000	50%
通讯宣传	满洲弘报协会	1936	长春	500	23%
	满洲电影协会	1937	长春	500	50%
	满洲电信电话	1928	长春	5 000	7%

　　资料来源：王杰夫：《日寇对我东北经济侵略的两大公司》，《军事与政治》，1943年第4卷第3期，第46—49页。

　　可见，即使受到满业冲击，满铁仍占据着日本经济侵略的"半壁江山"。因此时人评述：满铁在日本侵略中国东北的历史上"占着与英国之东印度公司同等重要位置"，而且一直是"统制伪满及华北交通部门的总机关"[①]。

　　（二）满业：为侵略提供战略物资的专事重工业公司

　　一般而言，帝国主义对经济落后的殖民地或半殖民地的侵略，大致可经历3个步骤：最初以贸易的方式经"获取原料，输出商

[①] 王杰夫：《日寇对我东北经济侵略的两大公司》，《军事与政治》，1943年第4卷第3期，第43页。

品",以图从中取利;进而以投资的方式实业经营,以独占市场,操纵经济上之实权;最后加强重工业建设,以巩固所谓的"国防","达成其独占的侵略"①。满洲重工业株式会社(简称"满业")是日本为"开发"中国东北地区的铁、煤及其他轻金属等重工业资源,以达独霸中国目的,而于 1937 年 12 月 27 日创设的重工业总公司。

随着日本侵华进程的深入,重心依然在铁路建设和运营上的满铁已无法满足侵略需求。日伪当局鉴于国际形势之紧急,深感大量增产飞机、汽车等重工业产品是十分必要的,但资金和技术"伪满存在着根本性的缺陷",在资金方面"只靠伪满政府和满铁为资金引进渠道,在筹措上已极其困难",在技术方面"一个个地从日本引进技术和技术人员也是不可想象的"②。在此种情况下,关东军一改"不许财阀进入"的方针,与伪满政府一起竭力从事"设法请大财阀进来"的工作,如邀请财阀到伪满洲国观察实际情况,并与他们进行秘密谈判。以日本产业公司社长鲇川义介为代表的投资"满洲"的人员,曾公开表示:"在铁、煤及轻金属等储藏量最丰的伪满,创办一资金雄厚的总开发机关,施以综合地开发,连利用这些开采的材料,制造飞机、汽车等工业,也合并于一个经济体系之下,建设一日本罕见的大规模的重工业,乃是活用地下资源之良策。"③两者一拍即合,遂决定将日本产业公司搬迁至伪满洲国,成为满铁

---

① 王杰夫:《日寇对我东北经济侵略的两大公司》,《军事与政治》,1943 年第 4 卷第 3 期,第 43 页。

②《古海忠之笔述满洲重工业开发会社成立的企图与经过》,中央档案馆、中国第二历史档案馆、吉林省社会科学院合编:《日本帝国主义侵华档案资料选编·东北经济掠夺》,北京:中华书局 1991 年版,第 134 页。

③ 王杰夫:《日寇对我东北经济侵略的两大公司》,《军事与政治》,1943 年第 4 卷第 3 期,第 49 页。

的法人之一,在《满洲重工业开发株式会社管理法》生效的同时,以日产会社为主要参与者和投资者的满洲重工业株式会社在1937年12月20日宣告成立。

满业的资本金构成主要有两部分:一是日产投资2.25亿元,二是伪满洲国政府同额之2.25亿元,共计4.5亿元①,以体现日"满"合办之意,这样就加大了伪满傀儡政权的负担,最终也会转嫁给中国东北人民。满业采用"亲会社"(总公司)与"子会社"(分公司)的模式,这也符合其在设立之初确立的"综合一贯的大规模经营"②原则。在此模式中,满业当然是"亲会社",而其"子会社"则由伪满洲国旧有重工业与新设立之重工业公司组成,具体如表3-2所示:

表3-2　满业管制下主要分公司资本金及其出资额状况

类型	公司名称	资本额 (万元)	满业出资额 (万元)
旧有重 工业公司	昭和制钢所	20 000	15 500
	满洲炭(煤)公司	20 000	19 700
	满洲轻金属制造公司	5 000	4 900
	同和自动车(汽车)工业公司	3 000	2 500
	满洲矿山公司	10 000	10 000

① 《日产进入满洲与满洲的重工业问题》(1938年1月),中央档案馆、中国第二历史档案馆、吉林省社会科学院合编:《日本帝国主义侵华档案资料选编·东北经济掠夺》,北京:中华书局1991年版,第138页。

② 《满洲重工业株式会社管理法》(1937年12月20日 敕令第460号),中央档案馆、中国第二历史档案馆、吉林省社会科学院合编:《日本帝国主义侵华档案资料选编·东北经济掠夺》,北京:中华书局1991年版,第138页。

续表

类型	公司名称	资本额 （万元）	满业出资额 （万元）
新设重 工业公司	满洲飞行机制造公司	2 000	2 000
	东边道开发公司	7 500	6 500
	满洲自动车（汽车）制造公司	10 000	4 000
	协和铁山公司	1 000	400
合计		88 500	75 500

资料来源：王杰夫：《日寇对我东北经济侵略的两大公司》，《军事与政治》，1943 年第 4 卷第 3 期，第 49—50 页。

　　满业的设立是日本欲改变过去重工业"一业一社"的经营原则转为综合经营形态的体现。开办之初，它即着手对伪满洲国重工业进行全盘调整，具体而言，就是将伪满已开办的较为分散的、个别经营的 5 家重工业工厂、公司组合起来，划归于自己势力管辖之下，建立对重工业和军需工业进行经营和支配的"国策会社"。同时，伪满洲国政府也将日本财阀直接置于伪满洲国经济体系之中，扩大其持股份额，而且在财政上、税收上给予补贴和优惠。由上表可知，经过调整，满业出资额已占据各旧有重工业公司的绝大部分，成为名副其实的管制这些分公司的总公司。

　　同时，满业在旧有重工业发展的基础上，又兴建了一批新的重工业企业，并且筹办了许多直营会社，大部分都是"强权性的一业一社的官僚统治"[①]的特殊会社。由上表的统计数据可以看出，满业对其管制下各分公司的出资总额为 7.55 亿元，各分公司的资本

① 伪满调查部一般经济系：《战时经济下的日本经济的诸矛盾和对大陆要求的发展》，长春：伪满调查部 1937 年印，第 42 页。

总额为 8.85 亿元,所占比例为 85.3%,可以反映出满业在伪满洲国重工业领域的主导地位,这样使其不仅"能够尽量发展扩充其企业的规模",而且还"可以独占地发挥其统制的特权"①。随着满业的不断扩张,至 1941 年,已拥有子会社 16 家,名义资本 15.67 亿元;孙会社 15 家,名义资本 1.4 亿元②,时人称其是日本"榨取我东北经济资源,扩大、集中军需生产的一个惊人的怪物"③。

事实上,相较日本侵华所需,上述重工业的生产能力,无论是在技术,还是在资本方面,都是远远达不到要求的,因此劝诱外国投资被视为解决这一难题的重要途径,这也是日本军方选择鲇川义介为满业总裁的重要原因。鲇川义介作为日本财阀中的一员,是极具经济侵略扩张性的产业资本家之一,这与日本军方的侵略意愿是统一的。一方面,日本军方意欲利用他在国内财阀中的影响力吸纳更多的日本产业投资伪满洲国重工业,但由于日本军部和财阀就统治东北经济方式的分歧日益严重,财阀不得不"更加束紧自己钱囊,而新资本流入东北,便发生许多困难"④。

另一方面,日本军方期待鲇川义介能与外国有力的产业资本家间有一个妥善的联系,以吸引外资,特别是美国的资本、技术与机械。显然,鲇川氏并未完成军方所赋予的使命,虽经历了数次渡美外游与访德旅行,一时间成为舆论焦点,但由于国际关系的转

---

① 王杰夫:《日寇对我东北经济侵略的两大公司》,《军事与政治》,1943 年第 4 卷第 3 期,第 49 页。

② 伪满洲国通信社政经部:《满洲经济十年史》,长春:伪满洲国通信社 1942 年版,第 281 页。

③ 关梦觉:《日寇榨取东北经济的新阶段》,《反攻》,1939 年第 6 卷第 6 期,第 14 页。

④ 秦伯瑞:《东北经济的殖民地化过程》,《中国世界经济情报》,1937 年第 1 卷第 18 期,第 2 页。

变,日美关系的不共戴天、德意志法西斯的自顾不暇,都使得日本军方所期待的飞机、汽车之大量生产计划"也仅仅止于纸上的计划而已"①。

　　总之,伪满洲国建立后,日本统治中国东北经济的机构经历了从满铁一家独大到与满业并驾齐驱的转变过程,其中虽有日"满"经济联合委员会的统筹安排,但随着关东军在日本侵华进程中的地位日益突出,特别是日本完成在"满"机构改革之后,完全是"关东军下面的一个附设机关,绝对接受关东军命令来执行'合作'开发东北"②。同时,关东军又进一步掌握了满铁的"一元监督权",使其只能发挥"应军部咨询,协助军部"③的功能;关东军还主导满业的重工业生产,至此关东军不仅领导日"满"经济联合委员会,决定中国整个东北经济发展的计划,而且也"置日本资本的活动权于自己掌中,使在满日本资本的利益,绝不和军部的利益发生摩擦"④。可以说,满铁、满业是在日本关东军掌控下"发展"军事经济的侵略机关。

二、从准战时经济体制到战时经济体制的统治政策转变

　　九一八事变后,日本即开始着手制定中国东北经济的统治政策,直至伪满洲国覆灭,经历了从准战时体制到战时体制的转变过

---

① 王杰夫:《日寇对我东北经济侵略的两大公司》,《军事与政治》,1943 年第 4 卷第 3 期,第 50 页。

② 秦伯瑞:《东北经济的殖民地化过程》,《中国世界经济情报》,1937 年第 1 卷第 18 期,第 2 页。

③《满铁调查机关要览》,大连:南满洲铁道株式会社 1935 年印,第 213 页。

④ 秦伯瑞:《东北经济的殖民地化过程》,《中国世界经济情报》,1937 年第 1 卷第 18 期,第 2 页。

程,可分为 3 个阶段:一是 1931—1935 年积极向经济统治化迈进阶段,二是 1936 年至七七事变准战时经济体制完成阶段,三是全面侵华至 20 世纪 40 年代战时经济体制阶段。

(一)积极向经济统治化迈进阶段(1931—1935 年)

早在 1931 年 12 月,关东军第三课便制定了《满蒙开发方案》,提出中国东北地区日后经济发展的大体方向,即:确保平时和战时的资源需求;对日本经济发展起正面作用,甚至反哺日本本土经济发展;推行"日满一体的计划经济"将日本和伪满洲国的经济联系到一起,并把掠夺中国东北经济资源,特别是煤、铁、油等军事资源和战略资源作为重中之重。换句话说,该方案认为应对中国东北地区经济进行统治,以为日本经济发展服务,并为日本侵略战争提供稀缺战略资源。它可视为日本统治伪满洲国经济的奠基性政策,关东军甚至视其为"今后军部研究产业开发的基础"。

在关东军的主导下,满铁经济调查会经过各种调查活动,于 1932 年提出统治中国东北经济的四条基本方针:"一、将日满经济融合为一体,确立两者兼得自给自足经济;二、建立国防经济(开发国防资源);三、扶植人口势力;四、不使满洲经济放任自流,置于国家统制之下。"①这四条基本方针继承并发展了《满蒙开发方案》的政策方针,将伪满洲国经济未来发展放在"日满经济融合、日本移民殖民、经济为军事服务"三大方向上。可以说,满铁经济调查会的方案奠定了伪满经济发展方针的基础。

1933 年 3 月 1 日,伪满洲国公布《满洲国经济建设纲要》,明确了伪满经济的基本方针政策,共十部分,涉及当时东北经济的方方

---

① [日]松本丰三:《满铁调查机关要览(昭和 10 年度)》,大连:满铁总务部资料课 1936 年版,第 216 页。

面面,在重点的第二、三部分中,正式提出伪满经济的"国家统治"政策,即"一般经济实行计划统制,重要产业进行经营或实行监理统制,对重要矿物资源进行保护,其他经济实行法制统制"①。总体来看该纲要虽然表面上对其经济掠夺极力掩饰,提出"排除一部分阶级垄断利益之弊",但还是反映出"掠夺东北经济,使其成为日本经济一部分"的目的。

在此基础上,鉴于之前日方投资往往仅限于满铁,伪满洲国又在1934 年 6 月公布了《关于一般产业的声明》:"(一) 以国民全体的利益为基调,使资源开拓与实业振兴的利益,免除为一部分阶级所垄断的弊害,俾民共乐;(二) 为图国内一切资源之有效的开发,经济各部门之综合的发达,一切重要经济部门须加以国家的统制,讲求合理的方策;(三) 为求资源的开发和实业的奖励,遵照民户开放机会均等的精神,广求世界的资本,特别是集合现今诸国之技术的、经济的及其他一切文明的精华加以适切有效的利用;(四) 以东亚经济的融合合理化为目的,首先是鉴于与善邻日本间之相互依存的经济关系,以与该国之协调为重心,愈益加强相互辅助的关系。"②

可见,日本直接统治范围为军事上的重要产业、"公共公益"事业和基础产业,同时对其他产业持开放态度,只是"有时或许加以某种程度的行政统制,但大体上广泛欢迎投资经营"③,具体而言,可将企业分为 3 种:一是"国营"、"公营"或特殊会社经营 3 类

---

① 《满洲国经济建设纲要》(1933 年 3 月 1 日),中央档案馆、中国第二历史档案馆、吉林省社会科学院合编:《日本帝国主义侵华档案资料选编·东北经济掠夺》,北京:中华书局 1991 年版,第 30—31 页。

② 关梦觉:《日寇榨取东北经济的新阶段》,《反攻》,1939 年第 6 卷第 6 期,第 12 页。

③ 伪满产业部大臣官房资料科:《满洲国产业改观》,长春:伪满洲国实业部总务司文书科 1939 年印,第 284 页。

共 21 种,包含重要基础设施、公共服务和军事工业;二是政府许可批准的企事业共 20 种,包含比较重要的产业部分;三是可自由经营的企事业共 20 种,包含农牧业和一般工业[①]。1935 年 6 月,在日本军阀的指导下,伪满洲国又颁布《对工商企业家的希望》,进一步鼓励日方的资本家进行大规模投资。这一声明极具欺骗性,也反映出日本军阀与财阀在中国东北地区的矛盾与斗争,同时也表明该地区经济在日寇的剽掠下,已经开始向统治化道路迈进。

　　按照《满洲国经济建设纲要》要求,特殊会社相继成立,虽然数量不多,但依然可以视为经济统治的一部分。特殊会社有两种:一是特殊会社,根据伪满洲国特殊立法,或者伪满洲国的对外条约而建立;二是准特殊会社,并非源于立法和条约,而是与日本政府或者伪满洲国政府有特殊的权利义务关系。两者都被称为"国策会社",作为一种特殊的半官半民企业,伪满洲国政府的直接投资达到三分之一左右[②],这其中不仅有侵吞中国政府的财产,也有伪满洲国和关东军掠夺所得。通过特殊会社投资的方式,日本利用伪满洲国政府,"把资本主义的巨大力量和国家的巨大力量联合为一个机构",将中国东北经济的各个方面开始快速地置于其统治之下。同时,特殊会社实行"一业一社"体制,每个行业都由伪满洲国政府给予垄断经营的权力,这就进一步加深了经济统治。另外,日本对伪满洲国的投资往往通过满铁来实现,伪满前期的特殊会社几乎都是由满铁建立并由日本直接控制的,从这个意义上讲,满铁

---

① 满铁调查部:《满洲产业统制政策的变化及特殊会社的特质》,大连:南满洲铁道株式会社 1933 年印,第 17—18 页。

② [日]满洲史研究会:《日本帝国主义下的满洲》,东京:御茶之水书房 1972 年版,第 40 页。

已然成为一种特殊的特殊会社,使日本对中国东北经济的统治更为强力。

　　(二)准战时经济体制的完成阶段(1936年—七七事变)

　　1935年秋,满铁经调会参事、东京驻在员宫崎正义接受时任日本关东军参谋本部作战课长石原莞尔的委托,成立日"满"财政经济研究会,开始拟定未来的军需扩充计划。1936年6月20日参谋本部提出为应对苏联而要求提升军需品产量的《关于对满洲国的要求》,8月3日日本陆军省拟定《满洲开发方策纲要》,关东军以《满洲国第二期经济建设纲要》作为回应,大致内容为以加强伪满洲国军事实力为目的,建设各种军事设施,提高军需供给。1936年10月5日开始的汤岗子会议拟定的《产业五年计划》,设定投资25亿元将全部产业部门的生产量大体增产二成乃至十成的目标,原则为:(一)依靠日"满"一体经济的强化,确保原料资源;(二)一旦有事之际,得以现地筹办,拥有强有力的弹性;(三)防抑输入,奖励输出①。可以说,这一原则确立了"现地调办主义"的生产力扩充政策,带有浓厚的军事意义。

　　1937年5月1日,伪满政府颁布《重要产业统制法》,从制度上明确了统治的形式、内容和范围。将主管部大臣的重要性提升到前所未有的程度,所谓"凡拟经营重要产业者,须按命令所定手续,取得主管大臣的许可",同时规定主管部大臣对重要产业具有监督管理权,且经营重要产业者必须承担接受监督管理的义务。这里的重要产业完全由日本财阀、军阀垄断,包括兵器制造业,航空机制造业,自动车、液体燃料制造业,钢、铁、铝、镁、铅、亚铅、金、银及

----

① 满铁调查部:《满洲产业统制政策的变化及特殊会社的性质》,大连:南满洲铁道株式会社1938年印,第31页。

铜之精炼业，煤矿业，毛织物制造业，棉丝纺织业，棉丝物制造业，麻制棉业，麻纺丝业，面粉制造业，麦酒制造业，制糖业，烟草制造业，曹达制造业，肥料制造业，纸浆制造业，油房业，水门汀制造业，火柴制造业等，共 21 种①，可见，伪满洲国的军需及其相关资源产业，都已处在日本的特殊监管之下，而且自由产业也必须为军需产业让路，经济军事化倾向愈加明显。

需要特别说明的是，《重要产业统制法》的规定表面上只赋予主管部大臣对统治产业外部监督的权力，但事实上，在对各个行业起决定作用的特殊会社相关法律中，其有权对特殊会社内部进行监督。这似乎意味着伪满洲国政府可以对所有重要产业进行实际控制，但实际上，伪满洲国政府只是日本（军部）的代理人，所有重要产业的控制权还是掌握在日本（军部）手里。

《产业五年计划》与《重要产业统制法》是统一不可分的。两者把"现地调办主义的自给自足主义"和"日满分业的适地适等主义"相互交织起来，它们的实施使伪满洲国确立了"国防"产业的奥太基体制。总之，根据《满洲国经济建设纲要》所设的特殊会社及准特殊社，截至 1937 年 4 月止，已经有 30 个，资本达 5.8 亿元②，经《产业五年计划》实施直至七七事变为止，伪满的经济已经完成准战时经济体制。

（三）战时经济体制阶段（全面侵华至 20 世纪 40 年代）

七七事变前后，伪满政府和关东军进一步推进"日满经济一体化"，出台了一系列的相关法律法规，诸如对接日本《外汇管理及输出入品临时措施》的《外汇管制法》和《贸易统制法》，继续扩大统制

---

① 关梦觉：《日寇榨取东北经济的新阶段》，《反攻》，1939 年第 6 卷第 6 期，第 13 页。
② 关梦觉：《日寇榨取东北经济的新阶段》，《反攻》，1939 年第 6 卷第 6 期，第 13 页。

行业和物价范围的《国家总动员法》和《物价和物资统制法》，限制投资和贷款的《临时资金统制法》等，从日本与伪满洲国有关经济的重要法令对比，可略见一斑，如表3-3所示：

表3-3　日本与伪满洲国战时经济关系重要法令对照

伪满洲国		日本	
法令名称	颁布或修改时间	法令名称	颁布或修改时间
重要产业统制法	1937年5月1日	关于重要产业统制令	1931年4月1日 1936年5月27日
产金购买法	1937年5月13日	产金法	1937年8月10日
外汇管理修正法	1937年10月8日 1938年8月18日	外汇管理修正法	1937年8月27日 1937年9月9日
资源调查法	1937年10月14日	资源调查法	1939年4月12日
贸易统制法	1937年12月9日	关于输出入品等临时措置的法律	1937年9月9日
军机保护法	1937年12月13日 1938年2月23日	军机保护修正法	1937年8月14日
国家总动员法	1938年2月26日	国家总动员法	1938年4月1日
钢铁类统制法	1938年4月1日	钢铁分配统制规则	1938年6月20日
暴利取缔令	1938年4月12日	以暴利为目的之物品买卖取缔修正令	1937年8月3日 1935年10月26日
临时资金统制法	1938年9月16日	临时资金调整法	1937年9月9日

资料来源：关梦觉：《日寇榨取东北经济的新阶段》，《反攻》，1939年第6卷第6期，第13页。

　　由上表可知，1931—1939年日本国内颁布及修改了一系列完全为侵略战争服务的经济法令，而1937年之后日本的每一项法令都能在伪满洲国找到相似的法令，这反映出两方面的问题：一是日本以全中国为侵略对象由来已久，在1937年进入全面实施阶段；二是1937年之后，日本进一步扩大经济统治的范围和强度，开始全面经济统治,企图"合日满为一体,拼命扩充军需生产力",变伪满洲国为"日寇进行侵略战争的一个齿轮"①,表明中国东北经济完全被纳入日本军事经济的轨道之中,进入为侵略战争服务的战时经济体制阶段。

随着七七事变爆发,日本全面侵华开始,对战时军需品需求量快速升高,《产业五年计划》原本设定之目标已无法满足侵略战争的需要。为进一步榨取中国东北地区的经济资源,更重要的是确立"日满一体"的经济模式,实现日本在战略上的自给自足,1938年5月14日伪满政府公布了《产业五年计划修正案》。该方案放弃了原计划中的"现地调办主义"方针,在日"满"战时体制一元化目标之下,对原计划进行了较大调整:首先,重点是放在矿工业部门方面,具体状况,如表3-4所示:

表3-4　《产业五年计划》修改前后各产品计划对比

品类	修改前生产量(吨)	修改后生产量(吨)
生铁	2 400 000	4 860 000
钢铁	2 500 000	5 000 000
铁矿	6 600 000	12 000 000
煤	25 000 000	35 000 000
电力	1 200 000	2 600 000
纸浆	100 000	400 000
产金	5年间2亿元	4年间3亿元
液体燃料	1 356 000	2 500 000
盐	975 000	1 000 000

资料来源:关梦觉:《日寇榨取东北经济的新阶段》,《反攻》,1939年第6卷第6期,第14页。

---

① 关梦觉:《日寇榨取东北经济的新阶段》,《反攻》,1939年第6卷第6期,第13页。

　　由上表可知,相较汤岗计划方案的规定,修改后的《产业五年计划》在生铁、煤、液体燃料、电力等原料及动力资源等领域的计划生产量扩大了两倍,以为急速创设以汽车、飞机、兵器等为中心的直接军需生产工业,并建立完善的军需生产体系奠定基础。

　　其次,在农业方面采取"以农促军"的战略政策。一是加大对日本军用农业资源的直接补助力度,以保证生产足够的农产品供战争所需;二是积极扩大向第三国的特种输出品,以确保所谓"日满一体的国际收支的均衡",这就能够间接增大日本军需品的输入能力。其中,大豆的增产计划极具代表性,1938 年生产 450 万吨,1939 年为 460 万吨,1940 年为 480 万吨,1941 年为 500 万吨[1]。

　　最后,加大经济掠夺所需资金的投入。日本在工矿业、农业等方面计划生产量的大幅度提高,特别是汽车、飞机、兵器等直接军需生产工业的创设,必然会对资金的需求成倍增加,因此在修改后的《产业五年计划》中,资金投入由原计划的 23 亿元增加至 50 亿元[2],其行业分配状况,如表 3-5 所示:

表 3-5　《产业五年计划修正案》中投入资金分配状况

部门		分配金额(亿元)
矿工业部门	总计	40
	液体燃料	11
	钢铁	7
	电气	5
	煤	3
	纸浆	3
	其他	11

---

[1] 关梦觉:《日寇榨取东北经济的新阶段》,《反攻》,1939 年第 6 卷第 6 期,第14 页。
[2] 关梦觉:《日寇榨取东北经济的新阶段》,《反攻》,1939 年第 6 卷第 6 期,第14 页。

续表

部门	分配金额（亿元）
农畜产	1.4
交通通信	6.4
移民	2.2

资料来源：关梦觉：《日寇榨取东北经济的新阶段》，《反攻》，1939 年第 6 卷第 6 期，第 14 页。

由上表可知，在计划投入的 50 亿元资金分配中，工矿业 40 亿元，占总额的 80.0%，居于首位；交通通信 6.4 亿元，占比 12.8%，居于第二位；移民 2.2 亿元，占比 4.4%，居于第三位；农畜产 1.4 亿元，居于第四位。可见，各行业资金分配的多少是由与军需、战争联系的紧密程度决定的，联系越紧密分配资金越多，反之亦然，这也一定程度上反映出伪满洲国经济已完全军事化，正处于战时体制之中。后由于日本国内及伪满洲国通货膨胀，物价腾贵，资金投入也由当初的 50 亿元增加到 60 亿元[①]。

在探讨完《产业五年计划》的调整状况之后，我们再来反观这样的计划到底有多大的可操作性。简言之，在实践层面，这样的计划是困难重重的。

首先，资金问题就是一个不可攻克的难关。50 亿元的资金投入，计划来源主要是日本本土、伪满洲国及外资 3 个方面，具体而言，如表 3-6 所示：

表 3-6　50 亿元资金来源状况

来源	金额（亿元）	占比（%）
由日本输入	20	40
伪满洲国自筹	17	34

---

① 关梦觉：《日寇榨取东北经济的新阶段》，《反攻》，1939 年第 6 卷第 6 期，第 14 页。

来源	金额(亿元)	占比(%)
外资输入	13	26
合计(4 年)	50	100

资料来源：关梦觉：《日寇榨取东北经济的新阶段》，《反攻》，1939 年第 6 卷第 6 期，第 14 页。

就由日本输入 20 亿元资金而言，难度相当之大，因为经过数年战争，日本国内已发生严重的财政危机，经济处于崩溃边缘，根本无力顾及伪满洲国。而伪满政府自筹的 17 亿元也是无从实现，据日本报告，伪满洲国总存金 10 亿元左右[1]，根本不够，而且还不能排除日本夸大总存金数量之嫌，即使发行公债，其消化能力也不过每年 5 000 万元，对于资金的严重缺口不过杯水车薪。对于从外国吸收 13 亿元资本"也是画饼不能充饥"[2]，因为英美等国站在反法西斯同盟的角度，不可能向伪满洲国投资，助纣为恶，而日本所谓的同盟德国也是由于连年的侵略战争，自顾不暇，即使心有余而力也不足。另外，实施计划所需的技术与设备，都需从国外引进，即使有国家愿意提供，也需要大量资金，这在当时条件下根本无法满足。

其次，严重的劳动力不足。过去伪满政府的劳动力榨取，多仰仗于中国华北各地劳动者的流入。卢沟桥事变后，由于日本侵华的深入，中国已进入全面抗战状态，致使内地流入关外的劳动者已经大大减少。据日本统计，1936 年，关内流入中国东北地区的劳动者为 353 935 人，家族人数为 65 403 人，合计 419 338 人；但到日本全面侵华开始的 1937 年，流入该地区的劳动者则减至 319 286 人，

---

[1] 关梦觉：《日寇榨取东北经济的新阶段》，《反攻》，1939 年第 6 卷第 6 期，第15 页。
[2] 关梦觉：《日寇榨取东北经济的新阶段》，《反攻》，1939 年第 6 卷第 6 期，第15 页。

家族人数减为 42 871 人,合计 362 157 人①,相较 1936 年流入的总
人数,减少比率达 15.8%;至 1939 年,减少幅度更大,6 月份入"满"
的劳动者为 25 643 人,7 月减为 16 545 人,8 月份更减为 3 680
人②。加之中国东北地区的诸多本地人口或被充军,或加入抗日
军,现存之数根本无法满足庞大重工业计划对劳动力的需求。

第二节　金融统治:建立以日本势力为中心的东北金融体系

九一八事变前,日本在中国东北地区已经具有一定的金融势
力,这为伪满洲国建立后其在金融领域的统治奠定了基础。事变
后,日本通过打压中国金融机构、增设并扩充日本金融机关、统一
货币等方式,逐步完成对伪满洲国的金融统治,建立以日本势力为
中心的东北金融体系,增强了日本推行殖民化政策并为侵略战争
服务的便利性。

一、统治基础:事变前日本在中国东北地区的强大金融势力

经过多年的经营、渗透,在九一八事变前,日本在中国东北地
区已具有强大的金融势力,集中表现为日本金融机构实力已经超
过中国的金融机构,而且日本所发行货币已在中国东北金融市场
占据一定位置,这就为伪满洲国建立后日本的金融统治奠定了
基础。

（一）事变前日本金融机构在中国东北地区已有较强实力

九一八事变前,中国东北地区存在三股金融势力,包括日本、中

---

① 关梦觉:《日寇榨取东北经济的新阶段》,《反攻》,1939 年第 6 卷第 6 期,第 15 页。
② 关梦觉:《日寇榨取东北经济的新阶段》,《反攻》,1939 年第 6 卷第 6 期,第 15 页。

国及其他国家的金融机构。其中,日本在中国东北设立的银行主要
有正金、朝鲜、正隆、满洲、大连、商业、长春实业、开原、南满、协成、振
兴、大连兴信、四平街、满洲殖产、安东实业、商工、日华、平和等共 18
家大银行,其中尤以正金、朝鲜、正隆、满洲等 4 家银行的势力最大,
它们在该地区多地设有支行。其分布状况,如表 3 - 7 所示:

表 3 - 7　九一八事变前日本在中国东北地区的主要银行

银行名称	总行地	分行地(数量)
正金银行	横滨	大连、牛庄、沈阳、开原、长春、哈尔滨(6 个)
朝鲜银行	朝鲜	大连、开原、长春、营口、旅顺、辽阳、安东、铁岭、哈尔滨、龙井村、四平街(11 个)
正隆银行	大连	营口、长春、沈阳、旅顺、开原、抚顺、郑家屯、四平街、哈尔滨、安东、鞍山、公主岭(12 个)
满洲银行	大连	金州、普兰店、豹子窝、鞍山、沈阳、小西门、抚顺、本溪湖、安东、兴隆街、开原、公主岭、长春、吉林、范家屯(15 个)

资料来源:《时新晚报》,1931 年 3 月 16 日。

由上表可以看出,日本所设立的主要银行及其分行已有 60 余
家,而且分布相当广泛,基本覆盖当时中国东北地区所有的较大城
市。同时,据统计,这些金融机构的实收资本总计已达 139 500 000
元,公债金已达 101 570 000 元之多[1],其资本的雄厚与地位的稳固
可见一斑。

中国人在东北地区设立的金融机构主要有东三省官银号、吉
林永衡官银号、黑龙江官银号、中国、交通、边业、汇华、商业、东边、
林业、长春益发银行、储蓄会、营口银炉、安东银炉及其他钱庄、当
铺等 20 余机构,具体状况,如表 3 - 8 所示:

---

[1] 方声:《九一八以后的东北经济(续)》,《新创造》,1932 年第 1 卷第 4 期,第2 页。

表 3 - 8　九一八事变前中国东北地区的华人金融机构

银行名	额定资本金(万元)	总行所在地
东三省官银号	2 000	沈阳
吉林永衡官银号	1 000	吉林
黑龙江省广信公司	200	齐齐哈尔
中国银行	2 500	上海
交通银行	1 000	上海
公济平市钱号	300	沈阳
边业银行	2 000	沈阳
辽宁商业银行	100	沈阳
大同银行	200	沈阳
黑龙江省官银号分行	500	沈阳
益发银行	20	长春
蚕业银行	12	绥化
四行联合准备库	5	齐齐哈尔
世合公银行	100	沈阳
热河兴业银行	100	热河
察哈尔兴业银行	200	张北
东北银行	500	沈阳
益通商业银行	100	长春
浙江兴业银行	250	上海
东边实业银行	360	安东
金城银行	1 000	天津
东苏银行	300	天津
林业银行	50	沈阳
辽宁民生银行	100	沈阳
滨江大同银行	100	哈尔滨

银行名	资本金额(万元)	总行
滨江储蓄银行	50	哈尔滨
大中金行	400	天津

资料来源:方声:《九一八以后的东北经济(续)》,《新创造》,1932 年第 1 卷第 4 期,第 11 页。

由上表可知,九一八事变前中国人在东北地区设立的金融机构额定资本金共为 13 447 万元,但在实际兴办过程中,除东三省官银号、吉林永衡官银号及黑龙江省广信公司三大省立金融机构外,其他大部分普通金融机构并未达到原定资本目标,如中国银行实收资本额约占额定资本金的 99%,交通银行约完成 77%,边业银行约完成 25%,益通商业银行约完成 25%,东边实业银行约完成 42%,金城银行约完成 70%,滨江储蓄银行约完成 25%[1]。

据统计,九一八事变前东北地区华人金融机构实收资本总额为 4 000 万余元[2],与日本银行的 13 950 万元相差甚远。而且就金融机构的近代化程度而言,日本在东北地区所设立的金融机构均为近代银行,而华人金融机构的类型相对复杂,有近代银行性质的,也有传统的钱庄、票号等。这就决定了在中国东北地区日本银行的实力要远远雄厚于华人金融机构。

我们再比较一下日本金融机构与其他外国金融机构的状况,双方在中国东北地区的影响力大小可从各国对该地区的金融投资额即可看出。据统计,九一八事变前,各国投在东北金融领域的资

---

① 侯树彤编著:《东三省金融概论》,上海:太平洋国际学会印行 1931 年版,第 139—145 页。

② 方声:《九一八以后的东北经济(续)》,《新创造》,1932 年第 1 卷第 4 期,第 2 页。

本有 22 804 万元,其中,日本所投的却有 20 433.8 万元①,占各国所投金融资本的 89.6%;美、英、俄、法等国共投资 2 370.2 万元②,所占比例为 10.4%。可见,日本在各国对中国东北地区的金融投资上占有绝对优势。

(二)事变前日本所发行货币已在中国东北金融市场占据一定位置

在事变前,中国东北地区流通的货币种类繁多,不一而足,计有银币、金元票、银元票、东三省银行钞票、中国本部银行钞票以及各地流通的钞票等。其中,日本所发行的纸币有两种:一种是朝鲜银行所发行的金元票,简称为"金票";一种是正金银行所发行的银元票,通称为"钞票"。它们的流通只限于中国东北地区和朝鲜,在日本不能通用。

就银元票而言,其雏形就是 1902 年营口正金分行所发行的以现银为担保的不记名票,日俄战争期间日本又发行数量庞大的军用票,为日本在中国东北地区奠定了货币本位的基础。战后,日本以收回军用票为借口命令正金银行发行银元票,并规定其在市场上可以代替日本银货使用。之后银元票开始在中国东北市场上大肆流通,九一八事变前其流通状况,如表 3-9 所示:

表 3-9　1918—1930 年日本银元票在中国东北地区流通数额

年别	流通数额(元)	年别	流通数额(元)
1918 年	2 366 000	1919 年	2 938 000
1920 年	1 761 000	1921 年	1 037 000

① 方声:《九一八以后的东北经济(续)》,《新创造》,1932 年第 1 卷第 4 期,第 3 页。
②《河南民报》,1931 年 10 月 30 日。

续表

年别	流通数额（元）	年别	流通数额（元）
1922 年	1 231 000	1923 年	1 484 000
1924 年	1 496 000	1925 年	3 088 000
1926 年	3 305 000	1927 年	5 460 000
1930 年	5 695 000		

资料来源：方声：《九一八以后的东北经济（续）》，《新创造》，1932 年第 1 卷第 4 期，第 3 页。

　　由上表可知，1918—1930 年日本银元票在中国东北地区的流通数额大体呈上升趋势，其中，1920—1921 年流通数额减少，这主要是由于日方的财政政策欲用金元票来代替银元票而在中国东北市场上行使的缘故；自 1922 年起，流通的银元票数额逐年增加，反映出日本在中国东北地区的金融势力在逐年扩大。

　　就金元票而言，1913 年由正金银行发行，1917 年发行权转移于朝鲜银行，用以代替日本金货在中国东北市场上的流通。九一八事变前金元票的发行与流通状况，如表 3-10 所示：

表 3-10　1917—1927 年日本金票在中国东北地区发行流通数额

年别	发行总数（元）	流通数额（元）
1917 年	67 364 000	19 089 000
1918 年	115 923 000	37 066 000
1919 年	163 600 000	42 342 000
1920 年	114 042 000	46 775 000
1921 年	134 360 000	34 251 000
1922 年	100 544 000	39 174 000
1923 年	129 113 000	45 190 000
1924 年	129 113 000	45 190 000

续表

年别	发行总数（元）	流通数额（元）
1925 年	120 540 000	42 190 000
1926 年	110 939 000	38 829 000
1927 年	124 527 000	43 585 000

资料来源：《中东经济月刊》，第 7 卷第 2、3 合刊，1931 年，第 53 页。

由上表可知，1917—1927 年日本金票在中国东北地区的发行与流通数额各年增减不大，基本保持稳定状态。11 年间发行平均值约为 119 097 000 元，流行平均值为 39 426 000 元，其数量之多表明日本货币已在中国东北地区呈披猖之势，尤其是在南满，不但"大都市中触目即是"，而且在穷乡僻壤"亦几已无处不是它的控占之地"①。

另外，从汇兑事业方面也可以看出九一八事变日本的金融势力之大。当时中国东北地区的贸易总额每年约在 170—180 亿元之间，其中由日属银行所承办的汇兑业务竟高达 130—140 亿元之多②，约占东北贸易总值的 80%。其他外国银行和华人金融机构则共同承办剩余的 20%，其业务额根本无法与日属银行同日而语，即使是较有实力的汇丰银行，其所承办的汇兑业务，每年也不过 5 500—6 000 万元③。

二、日本对中国东北地区金融机关的调整与控制

（一）华人金融机关休业并被迫复业

九一八事变后，日军即进驻中国东北各地的东三省官银号、边

---

① 《时事新报》，1931 年 9 月 5 日。
② 方声：《九一八以后的东北经济（续）》，《新创造》，1932 年第 1 卷第 4 期，第 4 页。
③ 方声：《九一八以后的东北经济（续）》，《新创造》，1932 年第 1 卷第 4 期，第 4 页。

业银行等华人官立金融机关,搜刮净尽其库款,以致它们"以无维系之力而休业"①。这一侵略、破坏过程,以营口的东三省官银号为例加以说明。据《申报》报道:"自从沈阳事变起,即被日军查抄。所有款项账目,均送交正金银行⋯⋯而掠去之现款,始终未还⋯⋯又该号在朝鲜银行存放之金票,为数尤巨。日方以为此系该国货币,没收一元即减少一元之负债,因亦掯住不付,其掠款行为,真是甚于胡匪⋯⋯再 10 月 28 日,伪辽宁财政厅日本咨议山田茂二协同日本宪兵,并迫挟辽宁东三省官银号总号号员邹明信、王宝勋,至营口东三省官银号,以枪及刺刀,向营口官银号经理卢伯江威吓,强迫盖章,提取监款。因该经理不允盖章,日兵等径拥至经理办公桌上,寻章自盖,对卢则横施打骂,当日即提去监款 100 余万元。此事虽经我当局提出抗议,而日方则诿为地方维持会所有,实则袁金凯等虽为日方走狗,一切奉命唯谨,而此事则纯系日方直接行动也。"②日本对中国东北金融业的摧残可见一斑。

　　经整治,华人官立金融机关"已完全在日人的管理指挥之下"③。考虑到地方金融关系,在日本的主导下专门召开中日金融会议,迫令华人官立金融机关于 1931 年 10 月 15 日复业,并制定了复业章程,如下:

　　　　(一)日本军准据陆军法规规则第四十三条,为恢复确保公共秩序及生活,而认可东三省官银号之营业开始,以图一般金融上之便宜。(二)当东三省官银号执行业务时,根据陆军法规规则第五十三条,为确保日本军之利益,又根据同法四十

① 方声:《九一八以后的东北经济(续)》,《新创造》,1932 年第 1 卷第 4 期,第 6 页。
② 《申报》,1931 年 11 月 29 日。
③ 方声:《九一八以后的东北经济(续)》,《新创造》,1932 年第 1 卷第 4 期,第 6 页。

三条,为恢复确保公共秩序及生活,应尽一切之手段。(三)日本军未达到前项之目的,须派数名监理官前往监督。上项监理官须由东三省官银号招聘日方人员,而任以顾问或咨议。不惟此项招聘者,即日军中不时亦可派遣官吏,前往监察东三省官银号业务。(四)日军认为必要时,无论何时,可停止东三省官银号营业之全部或一部。(五)地方维持委员会如欲造东三省官银号业务执行候补人员簿时,须受日本军之认可。(六)东三省官银号本身,如对日本军有敌对行为,或敌对意思之交易,绝对不可,或为此种行为之交易亦不可。(七)关于东三省官银号之业务执行,如地方维持委员会与业务执行担当者指示时,须预先受日本军之认可。(八)东三省官银号对各地分号,务必不许存多额之资金。[1]

从上述章程可以看出,日本迫令华人官立金融机关复业,完全是为了确保日军之利益。因此在它们复业过程中,必须派监理官监督,且日军享有至高之权力,凡是关于经营、交易、聘人等一切事宜均须受其认可,与日军利益相悖的业务绝不允许开展,这就把华人官立金融机关完全控制在日军手中。由于华人官立金融机关的库款已被搜刮殆尽,为使其复业,日本往往拨款作为经营业务所需的费用,如日方从正金银行拨款20万元给沈阳东三省官银号[2],40余万元给营口东三省官银号[3],但这些拨款的支出均受日方控制。

同时,日本除对华方官立金融机关加以种种强力的破坏行为

---

① 《申报》,1931年10月24日。

② 《申报》,1931年10月19日。

③ 《申报》,1931年11月29日。

外，又对中国、交通两家行下手，不许它们握有发券之权，并令其将以前所发行的通行券限期收回，而且只能经营一些普通的商业银行业务，以致其实力大大削弱。至于英美银行如汇丰、花旗等的分行"也因整个经济势力的撤退，而没有什么大作用"①。另外，为掩人耳目，日人又"尽量地实施表面上比较和缓而正当的侵略手段"②。他们特地由大连派经济委员到沈阳，对于东三省及边业银行存款，不准华人提取分文，并拟由朝鲜银行先借1 000万元，又续借3 000万元用以扩大业务③，其中，东三省官银号1 500万元，边业银行1 000万元，中国、交通银行各250万元④。可见，日人"一只手用强力来破坏，一只手用实力来补充"，可谓"坚柔并顾而双管齐下"⑤，本质上行变相掌控之实。

（二）增设并扩充日方金融机关

九一八事变后，日人在将华人金融机关加以强占并没收的同时，也积极增设和扩充自己的金融机关。在南满地区，专向殖民活动的朝鲜银行，素有"太上"银行之称，1936年11月日本政府决定把朝鲜银行在"满"的全部支店与正隆银行、满洲银行的在"满"支分店，全部合并，由新设的满洲兴业银行接替，与伪中央银行分掌伪满洲国金融大权。该银行资本3 000万余元，由伪满洲国与朝鲜银行各出一半，除经营一般银行业务外，专门供给长期低利资金，以开发产业，并赋予发行已缴资本金15倍债券之特权，且银行行

---

① 秦伯瑞：《东北经济的殖民地化过程》，《中国世界经济情报》，1937年第1卷第18期，第3页。

② 方声：《九一八以后的东北经济（续）》，《新创造》，1932年第1卷第4期，第6页。

③《新闻报》，1931年10月14日。

④《大连满洲报》，1931年10月30日。

⑤ 方声：《九一八以后的东北经济（续）》，《新创造》，1932年第1卷第4期，第6页。

政人员全由日本政府任命①。这样的银行重组,对提高日本殖民活动的经济实力具有重大作用,集中表现为一方面可使朝鲜银行有能力抽出大批资金,转向中国华北活动;另一方面也可凭借发行巨额债券的特权,解决"开发"中国东北的资金困难问题。

在北满,日本于哈尔滨设立专门的金融组织,"以为操纵哈埠经济市场的工具之一"②。朝鲜银行又在黑垣设立朝鲜银行龙江支店,该店自从1932年1月12日开业以后,"已在进行整理黑龙江省官银号的工作,和收买江洋以买大豆等的业务"③。此外,哈尔滨的东拓银行也在筹备复业而谋原有业务的扩充,《申报》中有这样的新闻报道:

> 东拓银行顾问铃木,今日因事抵此。众料此行结果将为该行业务之整理与扩张。东拓银行专作不动产营业,前曾在此活动经营押款,故在此地置有不少产业。最近两年内,因南京政府颁布种种新法令,东拓难以行使其抵据所载之权,故不得已停止大部分营业。今铃木抵此后,该银行定将恢复营业,其范围或将视前更甚,而普遍于北满全部。④

日本的金融势力一直以来处于"南大北小"的状态,即南满实力雄厚,而北满则相对弱小,因此其一直都有"把一切经济势力尽量地扩张到北满去"⑤的预定计划。九一八事变,特别是占领哈尔滨后,正好给了他们以绝好的机会。上述增设并扩充日方金融机

---

① 秦伯瑞:《东北经济的殖民地化过程》,《中国世界经济情报》,1937年第1卷第18期,第4页。

② 《申报》,1931年10月4日。

③ 方声:《九一八以后的东北经济(续)》,《新创造》,1932年第1卷第4期,第8页。

④ 《申报》,1932年1月16日。

⑤ 方声:《九一八以后的东北经济(续)》,《新创造》,1932年第1卷第4期,第8页。

关基本都是在北满,表明日本在已完全控制南满金融的情况下,开始将其金融势力积极地向北满进展。

经过日本对中国东北地区金融机关的调整与控制,华人金融机关虽得以复业,但笼罩在日本金融机关的羽翼之下,势力一天天减弱。日本金融机关由于"得天独厚"的发展条件而营业活动异常活跃。就南满而言,日本金融机构的存取款数额大大增加,以大连会屯金融组合为例,1931 年 9 月,存款数为大洋 92 209 元,相较1930 年同期增加 63 460 元[1],增幅高达 220.7%;小洋 109 592 元,同期增加 104 889 元[2],增长 20 倍以上,表明该组合吸纳资金能力的增大。贷款数额为大洋 78 530 元,相较 1930 年同期增加 64 334元[3],增幅高达 453.2%;小洋 136 350 元,同期增加 40 985 元[4],增长近一半,表明该组合流转资金的迅速。

同时,支票交换额也大幅增加,以大连支票交换所为例,1932年 2 月,金支票交换金额为 66 825 104.31 日元,相较 1931 年同期增加 22 360 471.02 日元[5],增幅约为 50.3%;银支票交换金额为 66 243 571.54 日元,同期增加 14 025 812.98 日元[6],增幅约为26.9%。这也是日本金融机构活跃的重要体现,因为所谓大连支票交换所"乃是由朝鲜、正金、满洲、正隆、大连商业、中国、交通、金城、汇丰、花旗及大连邮便局等所组织的一种票据交换

---

① 《泰东日报》,1931 年 10 月 15 日。
② 《泰东日报》,1931 年 10 月 15 日。
③ 《泰东日报》,1931 年 10 月 15 日。
④ 《泰东日报》,1931 年 10 月 15 日。
⑤ 《大连满洲报》,1932 年 3 月 9 日。
⑥ 《大连满洲报》,1932 年 3 月 9 日。

所"①,金支票、银支票的交换中枢机关分别为朝鲜银行、正金银行,均为日属金融机构,这就决定了日本是该项营业利润的最大受益者。

就北满而言,其状况虽不太具体,但基本动向也已十分明显,从《泰东日报》的一则新闻报道即可看出,所谓"黑龙江省的钱法,向以广信公司所发的官帖为本位。近年来又发行广信大洋券和盖印哈钞,亦在黑龙江省及东铁西部线通行无阻。近自黑龙江省垣被日军占领后,日军司令部为发放军饷起见,由辽宁方面运赴该处极巨额之日金。它以大连日侨及特产商等纷纷赴该处经营事业,亦并不携带巨资。是以龙江城内及东铁西部各站,一时几成日金世界,中国钱钞几被日金取而代之。如此看来,江省金融将被日金征服矣"②。

三、在中国东北地区完成满币向日金的统一

九一八事变前,中国东北地区的币制十分复杂,硬币、纸币和辅币等有几十种之多,并与上海的规元发生着一定的汇兑联系,这都使日本深感发展贸易、扩大市场十分困难。因此伪满洲国一成立,日本即利用先前在中国东北地区设立的四银行之公积金,成立伪中央银行,在长春设立总店,并在沈阳、吉林、哈尔滨、齐齐哈尔四处各设一支店,再在锦州、绥中、郑家屯、海龙四处各设一支所,它们的重要使命之一就是完成伪满洲国的币制统一,进而完成满币向着日金的统一。

(一)统一伪满洲国的货币

首先,剥夺辽之东三省官银号、吉之永衡官银号、黑之黑龙江

---

① 方声:《九一八以后的东北经济(续)》,《新创造》,1932 年第 1 卷第 4 期,第 10 页。
②《泰东日报》,1931 年 12 月 11 日。

广信公司、哈之边业银行的纸币发行权,并把它们以前所发行的纸币一律作废。同时,不许中国、交通两行有发券之权,这样就把伪满洲国的纸币发行权集中于伪中央银行一身。每年发行伪币数一般都是正货准备的一倍左右,据统计,1933—1935 年,准备金最高额是 1933 年 1 月的 97 959 438 元,最低额是 1935 年 5 月的 58 382 948 元[①],而每月发行的伪币量大都在 112 300 000 元以上[②]。可见,新发行的伪币根本不能兑现,但中国东北民众必须使用,这样日本就可以无代价地使用东北 3 000 万人民的剩余劳动蓄积进行资本运作。

其次,回收中国东北地区的旧币。在日本主导下,伪中央银行在独占发行权后,便开始了旧币收回运动,以使东北币制完成殖民地的统一。依《旧货币清理办法》第三条规定,新币对旧币的兑换率,如表 3 - 11 所示:

表 3 - 11 新币对旧币的兑换率

旧币名称	新旧兑换率
东三省官银号发行的兑换券(不包括天津券)	1︰1
边业银行发行的兑换券(不包括天津券)	1︰1
辽宁四行号联合发行准备库发行的兑换券	1︰1
东三省官银号发行的汇兑券	1︰50
公济平市钱号发行的铜元票	1︰60
东三省官银号发行的哈尔滨大洋票(有监理官印)	1︰1.25

---

① 秦伯瑞:《东北经济的殖民地化过程》,《中国世界经济情报》,1937 年第 1 卷第 18 期,第 3 页。
② 李镜东:《日本在满洲的军事经济政策》,《通俗文化:政治・经济・科学・工程半月刊》,1935 年第 1 卷第 3 期,第 11—12 页。

旧币名称	新旧兑换率
吉林永衡官银钱号发行的哈尔滨大洋票(有监理官印)	1∶1.25
黑龙江省官银号发行的哈尔滨大洋票(有监理官印)	1∶1.25
边业银行发行的哈尔滨大洋票(有监理官印)	1∶1.25
吉林永衡官银钱号发行的官帖	1∶500
吉林永衡官银钱号发行的小洋票	1∶50
吉林永衡官银钱号发行的大洋票	1∶1.3
黑龙江省官银号发行的官帖	1∶1 680
黑龙江省官银号发行的四厘债券	1∶14
黑龙江省官银号发行的大洋票	1∶1.4

资料来源:《满洲国金融关系法规集》,长春:伪满洲中央银行调查部 1938 年编印,第 7—8 页。

由上表可知,除少数几种旧币等额兑换外,其他的则全部大打折扣,因之东北 3 000 万人民的损失巨大,榨取之价值完全落入日人之手。据统计,至 1935 年 6 月底,伪中央银行已经收回旧币1.38亿余元,约达旧币总金额的 97.1%[1],这表明东北币制已趋于统一,日本夸称其为"成功的建设工作之一"[2]。

(二)完成满币向日金的统一

在当时的金融体制下,日本银行实行的是金本位,而伪满洲国的银行实行的则是银本位,这就涉及日金与伪币间的兑换问题。在统一伪满洲国货币过程中,尚有大量外币流通于伪满洲国中,据统计,1934—1935 年有 4.3 亿元,其中,金票 2.9 亿元,银票为 1.4

---

[1] [日]栃仓正一:《满洲中央银行十史年》,长春:伪满洲中央银行 1942 年印,第 95 页;秦伯瑞:《东北经济的殖民地化过程》,《中国世界经济情报》,1937 年第 1 卷第 18 期,第 3 页。

[2] 王渔邨:《东北经济之殖民地化》,《新中华》,1936 年第 4 卷第 13 期,第 104 页。

亿元①。而且在日本的极力推崇下,金票在中国东北地区虽取得了"太上币权"的资格,但由于日本国内经济局势不稳等因素的影响,使得金票一再贬值,汇价不能稳定,日伪币价则动摇得更为剧烈。以伪币每百元对日汇价而论,1932 年平均为90.93元,因为日金贬价,1933 年平均为 101.34 元,但 1934 年 1—3 月平均涨到 112.24 元,4—12 月平均仍为 110.83 元②。此种兑换率涨落不定现象,对日"满"贸易及日本在中国东北地区的一切经济活动,特别是投资活动,大为不利。

　　鉴于上述状况,为日本的利益着想,用日金来统一东北币制被提上日程。1935 年 4 月,日本对满事务局发表与关东军协力统一日"满"币制的方针,伪币对日金"一元化"需要关东军的协助,其中的强制意味显而易见。同年 8 月,伪满洲国依照日本的指示,颁布《汇兑管理法》,确定日伪货币等价,即日金一元等于伪币一元,对此日本政府发表声明称:"国币虽为不换纸币,没有决定对外价值之安定点的基准,但其对日汇兑行市,最近实现了平价。满洲国政府利用这个机会,决定实行对日金联系的方针,如其改过政府能尽可能的顺应其基于该国经济实力的政策,而有努力维持的觉悟,日本不惜予以援助。"③如此言论向世人传递了日本的虚情假意,即伪币向日金的统一,完全是出于伪满洲国的利益考虑。

　　同时,该管理法还规定禁止购买外国通货汇兑,限制金银现

---

① 王渔邨:《东北经济之殖民地化》,《新中华》,1936 年第 4 卷第 13 期,第 104 页。

② 秦伯瑞:《东北经济的殖民地化过程》,《中国世界经济情报》,1937 年第 1 卷第 18 期,第 3 页。

③ 王渔邨:《东北经济之殖民地化》,《新中华》,1936 年第 4 卷第 13 期,第 105 页。

送,但日本及"关东州"能自由输送①。另外,伪中央银行与在伪满洲国的朝鲜银行签订的协定中规定日"满"汇兑由朝鲜银行全权负责办理②。至此,满币向日金的统一完成,致使伪满洲国的货币权完全丧失,伪币虽然是伪满洲国的唯一法定货币,但却沦为日金的一部分,发挥着辅币的功能,这也预示着中国东北地区和世界各国发生经济关系必须都要通过日金的媒介才能进行,更为严重的是,利用此"一元化"的货币权,日本将更便于推行其在中国东北地区的殖民化政策,为侵略战争服务。

第三节　交通统治:建立军事化的中国东北交通体系

一般而言,交通包括运输和邮电两个方面,其中,运输有铁路、公路、水路、空路、管道 5 种方式,邮电有邮政和电信两方面内容,需要特别说明的是,本部分交通的内涵主要是指运输方面。交通"不仅是社会的下层建筑——经济的命脉与骨骼,并且亦是社会的上层改造——政治、军事上的重要工具"③。对于侵略扩张的日本而言,交通的军事与经济意义显得尤为重大,而且在这种特殊状况下,军事与经济是一体的,经济完全服务于军事,军事为经济提供保障。因此伪满洲国一成立,日本即"急进地占领交通机关,以保障其政治、军事、经济侵略的稳固"④,具体而言就是"准备作战或保

---

① 《汇兑管理法》(1935 年 11 月 30 日),吉林省金融研究所编著:《伪满洲中央银行史料》,长春:吉林人民出版社 1984 年版,第 161 页。

② [日]栃仓正一:《满洲中央银行十史年》,长春:伪满洲中央银行 1942 年印,第113 页。

③ 方声:《九一八以后的东北经济》,《新创造》,1932 年第 1 卷第 3 期,第2 页。

④ 方声:《九一八以后的东北经济》,《新创造》,1932 年第 1 卷第 3 期,第2 页。

障满蒙战利品"①。

一、铁路统治:构建以"满铁"为中心的铁路网

对于侵略者而言,铁路在经济、军事方面的意义重大。九一八事变后,为进一步"开发"中国东北地区资源,并备战苏联及进行全面侵华,日本"积极致力于其可以统制东北所有路线之铁路网的完成"②,集中表现在 3 个方面:一是破坏东北原有铁路网,使其统属于南满铁路网系之下;二是打击中东路,实施收买东铁哈长段计划;三是新设铁路,力求东北铁路网之完整;四是以备战苏联为目的的铁路建设。

（一）破坏东北原有铁路网系,置于南满铁路网系之下

伪满洲国建立后,在日本的指使下,由丁鉴修、阚锋、金璧东、万咸章、赵欣伯等组成傀儡式的东北交通委员会,"使之管理东北铁路、电信等业务"③,最高顾问由满铁派选,以解决东北原有铁路问题。最终除满铁、北宁、中东三路外,凡在东北的铁路都在该会管辖之下,由日本与伪满洲国共同经营或委托经营。

其一,强占华人铁路,划归满铁。中国东北地区的华人铁路主要有两种:一种是具有借款关系的铁路,诸如四洮路、吉长路及吉敦路等;二是华人单独经营之铁路,诸如吉海路、呼海路、齐克路及沈海路等。日本凭借强大的军事实力,对原有铁路部门人员进行威逼利诱,以达侵占之目的。

就具有借款关系的铁路而言,1932 年 9 月 21、22 日,日军占领

---

① 王渔邨:《东北经济之殖民地化》,《新中华》,1936 年第 4 卷第 13 期,第 103 页。
② 方声:《九一八以后的东北经济》,《新创造》,1932 年第 1 卷第 3 期,第 1 页。
③《大公报》,1932 年 1 月 10 日。

四洮路沿线,在强势之下,原有铁路部门人员只能忍辱退让。侵占该路之后,日本随即对其进行改造,一是强迫该路局向满铁借款,二是所有会计事务处长"都须聘日人充任"①,这就把该路的经营权牢牢掌握在满铁手中。吉长路、吉敦路被侵占路径与四洮路大体相类,在日本的授意下,熙洽委任金璧东为路局局长,所有局内科长、段长以上的人员"都已改由日人充任",而且所有的一切施政方针"都须直接向满铁请示"②。

　　北宁路是与英国有借款关系的铁路,九一八事变后,该路屡遭兵匪劫车之祸,且路局材料"每被日军作为装置铁道附近炮台之用",以致每月直接或间接损失约为 3 000 万元左右③,每日的收入最多不过三四万元,少的时候只有 1 万元④。后东北交通委员会与日军司令部各派代表 2 人由沈阳出发,分赴榆关以东各站,对北宁路关外段实行强制接收,称为奉山路。虽东北交通委员会委任阚锋为奉山路局长,但一切路政"却都须受日人的指挥"⑤,除派人监视局长外,诸如电话电报、行车符号等事宜均归日人所派南满路职员管理。同时,为了加强控制,北宁路原来与沈海、吉海、吉敦、东四路的联运"早已被日方破坏无余",与四洮、洮昂、齐克、西四路的联运"因最近日方将四洮南路由郑家屯到通辽间的各站全数加以封锁,也已被破坏"⑥。

　　就华人单独经营之铁路而言,吉海路被暴力强占、划归满铁之

---

① 方声:《九一八以后的东北经济》,《新创造》,1932 年第 1 卷第 3 期,第 3 页。

②《申报》,1932 年 11 月 22 日。

③《时报》,1932 年 10 月 27 日。

④ 方声:《九一八以后的东北经济》,《新创造》,1932 年第 1 卷第 3 期,第 4 页。

⑤《新闻报》,1932 年 1 月 22 日。

⑥《申报》,1932 年 10 月 30 日。

后，日本即开始了其与吉长路、吉敦路接轨工作。日本与吉林省政府签订新约，将吉海路与吉长路合并，任金璧东为局长，每年所得盈余"只提二成归吉省府"①。同时，吉海、吉长两路共同使用吉长线之吉林站，且吉海线吉林站之旅客、货物列车开到之时间等"均须依据吉长线之吉林站，以便两路客货联运之实施"②。在吉长、吉敦两路实行接轨后，吉海、吉长、吉敦三路"实际上不啻已经合并成为一线而已与南满路联运通车了"③。

　　齐克路起初由中日分段管理，具体而言"日军管理齐齐哈尔段，黑军营理富海克山段"④，伪满洲国建立后，即遭日人强占而划归满铁。同时，呼海路则"以 600 万金抵押于满铁"⑤。在同受日人掌控的情况下，日本又谋定齐克、呼海两路的接轨而"合而成为一线"⑥。九一八事变后，沈海路在日本的授意下由华人单独经营改为官商合办，其管理机关由会长一人、董事五人、秘书及参事各一人⑦，土肥原曾在其中任董事。之后日本为进一步控制沈海路，成立铁路保安维持会，会长丁鉴修行使总办职权，监事长土肥原代表日本政府行使协理职权，另有诸多日籍处长和顾问。虽名义上土肥原等日人只享有协理之权，但实际上一切行政大权已经完全处在日人支配之下，如支票必须由日人签字才取款，各种欠人的款项只有"土肥原等日人已经盖印核准的，可以随时支付"，否则"须待

①《满洲报》，1932 年 4 月 5 日。

② 方声：《九一八以后的东北经济》，《新创造》，1932 年第 1 卷第 3 期，第 3 页。

③《申报》，1932 年 11 月 22 日。

④《申报》，1932 年 11 月 22 日。

⑤《时报》，1932 年 4 月 7 日。

⑥ 方声：《九一八以后的东北经济》，《新创造》，1932 年第 1 卷第 3 期，第 3 页。

⑦《时报》，1932 年 10 月 13 日。

土氏呈准关东军司令部以后方能发给"①。可以说，沈海路已成为日人独办的铁路，并取消与北宁路的联运，改与日方南满路签订联运协定。

（二）打击中东路，实施收买东铁哈长段计划

九一八事变后，日本为了扩大铁路控制范围，利用多种方式实施收买中东路哈长段的计划。首先，制造"中东路出售和法拟售东铁股票于日本"的谣言，为收买营造气氛。相关谣言在国际国内媒体均有报道，如路透社东京电："据沈阳消息，中东铁路当局现商诸南满路，愿出售中东路哈尔滨至长春一段"②；哈尔滨专电："法拟售东铁股票于日。由日本向中俄要求东铁权利，归中、日、俄三国合办，或单让哈长段与日本，现此事进行极密，按法方所存东铁股票，乃为帝俄皇室所出卖，由法以贱价购得者，其中一部，则系法收道胜银行者，法方之所以拟进行此事，顺利则自己享受东铁权利，否则让与日本。法外部电哈领调查东铁现况，并嘱速即报告，连日哈法领连诺与日领大桥会晤，全为商谈此事"③；《申报》报道："法卖东铁股票于日本，索价日金8 000万元，现兹道胜银行经理来辽，正为奔走此事"④，诸如此类。

面对这样的谣传，驻哈美、英、德等国领事都为此事奉其本国电令调查，英、美领事更是直接造访东铁俄局长鲁特以查明真相，得到的答复是"俄方并无此种准备，第三者无权代卖东铁，俄方则无出质之意。哈埠白俄报纸之专造俄卖东铁消息，是因受了日方

① 方声：《九一八以后的东北经济》，《新创造》，1932年第1卷第3期，第4页。

② 《时事新报》，1931年12月17日。

③ 《申报》，1931年12月21日。

④ 《申报》，1931年12月24日。

利用,欲以引起中俄恶感罢了"①。同时苏俄郑重声明"中东铁路是
由中俄两国共同经营,所有散去在外简的股票,不论多少,都早已
与东铁不生关系"②,这就澄清了日本所散布的谣言。日本见此状
况,立即派员往访东铁俄局长说明情况,所谓"日方并未进行收买
东铁哈长段事,法方亦并未派人与日方接洽"③。如此,日本以谣传
制造氛围的计划宣告破产。

　　其次,采取挑拨、威吓之手段,迫其停止通车。从当时的新闻
报道中即可略见日本的伎俩,如《申报》有这样的报道:

　　　　中东路东段之局势,益见恶化。每天有数站被丁超之军
　　或不规则之军队所袭击,职员被掠与被掳者颇多,当局迄未施
　　保护办法。东段开车一日,俄当道似决维持中立态度,个人之
　　生死,置之不顾。或者俄员以为,保护路线与职员之资,在于
　　中国政府。如该路因常受袭击,竟致不能开车,届时俄国或将
　　主张用俄兵卫路,果尔恐将发生日本是否赞成之问题矣。④

　　这一报道表明日本开始采取武力手段对东铁东段的正常运营
进行干扰,而俄当局并未采取"俄兵卫路"等保护措施,并分析称如
若此种干扰成为常态,俄人即使出兵加以制止,也会与日本方面发
生冲突。可以说,日本出兵干扰,是一种试探性手段,目的就是迫
使该路段停止通车。日本见此种试探并未激起俄人的任何行动,
即开始直接针对苏俄采取行动。据新闻报道称:

　　　　哈尔滨路透社4月9日电,闻近由苏俄来此之暴烈分子约

---

① 方声:《九一八以后的东北经济》,《新创造》,1932年第1卷第3期,第6页。
②《申报》,1931年12月24日。
③《申报》,1931年12月25日。
④《申报》,1932年3月29日。

30人，已在此间就逮。据报纸载称，已搜获文据，知若辈将于苏俄当局不能维持中东路目下之地位时，即从事炸毁桥梁工场与沿路车站。今晨陶赖昭与松加里间之大桥上，击死俄路员一人，旋查桥基下埋有炸药110磅，以电线通至岸上，闻俄人两名因嫌疑被拘，目下已停止通车，以待验明该桥是否安固。[1]

该报道表明苏俄自知不能维持中东路目下之地位，便派暴烈分子从事破坏活动，而且还击毙并抓获正采取行动的嫌犯。对此时人提出了质疑，所谓"俄路员一人之在大桥上被人击死，既然死在所设暴烈分子30人之被捕以后，则密谋破坏东路的所设'若辈'，决不是赤俄而是白俄自己，毫无意义。否则假如他们是赤俄，何必要把俄路员打死，有何必要在苏俄当局不能维持中东路时才从事破坏呢"[2]，认为这是白俄所为，并非苏俄当局。但不管事实如何，日本实现了东路停车的意愿，进而就可以此为借口，假借伪满洲国政府之手，向苏俄当局发难。

面对此种情形，苏俄当局将中东路火车开入俄境，日本终于找到了发难的突破口，即"出口商家不能获敷用之货车运输商品"，这对"满洲新政府之处境将生极端困难"，遂提出3条解决方案：一是设法索回火车，但"在此目下情势中万难办到"；二是购买新车，此举"须在外国筹募借款"；三是将中东路南段改成狭轨，便可用南满路之火车进行，这"等于将南满线展至哈尔滨"[3]。日本最为中意的当然是第三个解决方案，在其威逼利诱之下，势态也正朝着第三条

---

[1]《申报》，1932年4月10日。

[2] 方声：《九一八以后的东北经济》，《新创造》，1932年第1卷第3期，第7页。

[3]《申报》，1932年4月14日。

方向发展,有新闻报道为证:"哈尔滨讯:外报载,日方借款与伪国,收买东铁哈长段为满铁支路,正在进行中。"①

(三) 推行东北铁路网之完整

为进一步发挥铁路在殖民侵略过程中的经济与军事价值,日本极力推行东北铁路的"二线二港主义"和"满蒙铁路中心主义",已达东北铁路网之完整。所谓二线二港主义,是指由南满路到大连港的一线一港和由吉会路到清津港的一线一港,前者在九一八事变前业已完成,自不必再行修建;而后者中的吉会路由于中国方面在事变前的极力反对而并未修建完成,但已初具规模,具体状况,如表 3-12 所示:

表 3-12　九一八事变前吉会路修筑状况

吉会路沿线	路形	距离(里)
吉林—敦化	标准铁道	133
敦化—哈尔巴岭	马车道路	29
哈尔巴岭—老头沟	马车道路	45
老头沟—上三峰	轻便铁道(天图路)	63
上三峰—会宁	轻便铁道	36

资料来源:方声:《九一八以后的东北经济》,《新创造》,1932 年第 1 卷第 3 期,第 11 页。

由上表可知,吉会路全长 296 里,其中,九一八事变前尚未铺设铁轨的有敦化—哈尔巴岭、哈尔巴岭—老头沟两段,长度 74 里,占全线的 1/4,需要铺设铁轨;同时,老头沟—上三峰、上三峰—会宁两段铺有轻便铁道,长度 99 里,需要对铁轨进行修整。这便是吉会路未完成的工程,若要使"二线二港"完整,必须完成上述工

①《申报》,1932 年 4 月 8 日。

程。日本自然也是这么做的,事变后不到一月就开始改筑从鹤浦
到上三峰之间(天图路的一部分)40里的铁路[1]。同时,1931年10
月上旬满铁已完成剩余之各项工事的规划,并借垫所需之建筑费
3 500万元[2]。同年10月下旬在日军掩护下开始动工,并于次年7
月完成,11月通车。

吉会路具有巨大的经济和军事价值。就经济价值而言,该路
沿线矿产资源丰富,如敦化有"足以供给日本200年之消用的2亿
吨的木材",新邱有"质量比抚顺煤还好的、埋藏量达14亿吨之多
的煤矿"[3],沿线其他各地也有丰富的金、银、铜、铅等矿,吉会路的
开通必然促使上述矿产资源的开发。就军事价值而言,吉会路的
开通可以大大缩短日本遣送军队到北满的时间,开通前路线大致
为由大阪而门司而大连,再经满铁到长春,距离1 407里,费时77
小时[4];开通后可由大阪而敦贺而清津而会宁,再经吉会和吉长而
到长春,距离只有1 010里,费时56小时[5]。相较而言,距离缩短近
400里,时间缩短21小时,这在军事上的价值是不言而喻的。

所谓"满蒙铁路中心主义",是指除完成吉会路外,再向西延
长,添筑长大路(长春—大赉)。长大路的修筑也是由满铁主持,除
与熙洽密议谈妥外,也与所谓吉林长官公署签订合同,使其进入
"合法"轨道,并借垫所需之建筑费3 000万元[6]。该路于1932年4
月初动工,同年11月完成,与吉会路同时通车。长大路对日本也

①《申报》,1931年10月13日。
②《申报》,1931年11月27日。
③ 方声:《九一八以后的东北经济》,《新创造》,1932年第1卷第3期,第11页。
④ 方声:《九一八以后的东北经济》,《新创造》,1932年第1卷第3期,第11页。
⑤ 方声:《九一八以后的东北经济》,《新创造》,1932年第1卷第3期,第11页。
⑥《时报》,1931年12月24日。

具有相当的经济与军事价值,该路的开通一方面"可吸收北满一带的特产物,以达其经济侵略的目的",另一方面"又可非常迅速地把军队从朝鲜运到北满去,以收其军事上的效果"①。

　　另外,为加强对中国东北地区资源的掠夺,并加速侵略进程,除吉会和长大两路外,日本也有修筑其他两路的规划:一条是从新民到法库的所谓新法铁路,另一条是从延吉经宁安到海林,或竟再向北而延长到依兰为止的铁路。它们对日本北击苏俄而打击东铁有重大意义,在经济上"可以截断中东路除海参崴之路,而分去东铁的货载客运",在军事上"则可拊海参崴底背而刺伯力底腹"②。

(四)以备战苏联为目的的铁路建设

　　在备战苏联的紧迫局势下,铁路作为一区域交通运输的最重要组成部分,自然是日本首要发展的领域,以防备外来的袭击,并保障伪满洲国安全,同时,为俄日交锋时,"由满洲反攻预下一基础"③。正如时人所言,日本急亟地发展铁路事业,一方面当然有"开发现无人烟的肥沃地区,可使满洲繁荣的缘故"④,并"使与日本发生紧密的联系"⑤;另一方面"与苏俄军事冲突这一种假象,究属此中主要的推动力"⑥,这也是主要原因。

----

① 方声:《九一八以后的东北经济》,《新创造》,1932 年第 1 卷第 3 期,第 11 页。

② 方声:《九一八以后的东北经济》,《新创造》,1932 年第 1 卷第 3 期,第 12 页。

③ H. F. Timperley 作,桐茂译:《日本在满经济军事的策划》,《日本评论》,1934 年第 4 卷第 3 期,第 52 页。

④ H. F. Timperley 作,桐茂译:《日本在满经济军事的策划》,《日本评论》,1934 年第 4 卷第 3 期,第 50 页。

⑤ H. F. Timperley 作,桐茂译:《日本在满经济军事的策划》,《日本评论》,1934 年第 4 卷第 3 期,第 52 页。

⑥ H. F. Timperley 作,桐茂译:《日本在满经济军事的策划》,《日本评论》,1934 年第 4 卷第 3 期,第 50 页。

为了备战苏联,日本在伪满洲国制定了详细的铁路修筑计划,新设的铁路网主要干线有 3 条,分别为延吉—密山铁路、海伦—克山铁路及拉哈—讷河—瑷珲铁路,它们都可以直达苏联边境,且"均为进攻苏联沿海州的军事要道"①。除此之外,铁路支线建设也在计划之中,以达到迅速集中伪满洲国各地日军开展军事行动的目的。上述铁路计划如若全部完成,则日军在日苏战争中所必须的军事运输"不至发生困难",同时,在战略上"亦有极大的优点"②。

直至 1934 年,日本在伪满洲国已完成计划中的主、支线铁路 3 条:一是海伦—克山铁路,长 191 公里,可与齐齐哈尔—克山铁路和哈尔滨—海伦铁路通车,这样就把齐齐哈尔、克山、哈尔滨及海伦等城市,甚至是范围内的广大地区联系在一起,有利于"北满"地区的军事布置。二是敦化—延吉—钟城—清津铁路,长 345 公里,该铁路的修筑,一方面"为日本由国内输送军队至满洲中部极短的路线",另一方面可"联系朝鲜东北的雄基、清津、罗津三个新建设的军港",对军事运输"有绝大的便利"③。三是拉法—哈尔滨铁路,长 258 公里,可贯通吉会路,这样就打通了朝鲜与"北满"的直接运输,日本"毋需再靠中东铁路",可"由朝鲜海岸直运到齐齐哈尔",对于输送军队至"北满"地区"较诸现下需经安东的路线,亦必可节省相当的时间"④。

---

① 李镜东:《日本在满洲的军事经济政策》,《通俗文化:政治·经济·科学·工程半月刊》,1935 年第 1 卷第 3 期,第 10 页。
② 李镜东:《日本在满洲的军事经济政策》,《通俗文化:政治·经济·科学·工程半月刊》,1935 年第 1 卷第 3 期,第 10 页。
③ 李镜东:《日本在满洲的军事经济政策》,《通俗文化:政治·经济·科学·工程半月刊》,1935 年第 1 卷第 3 期,第 10 页。
④ H. F. Timperley 作,桐茂译:《日本在满经济军事的策划》,《日本评论》,1934 年第 4 卷第 3 期,第 50 页。

　　已兴工但未完成的铁路有 4 条,均是富有军事意味的计划线路:一是宁年—讷河,长 50 公里,并拟延长至嫩江,直达大黑河,为"纯粹军事性质的铁路"①;二是自海克路的北安站起,向北经龙镇、逊河而直达黑龙江边的奇克镇,也是"纯粹为军事运输而建设的铁路"②,能够"使日军逼近苏俄边疆,而处于易攻的地位"③;三是自延吉往宁古塔而达中东路东线的海林站以东的乜河,其军事意义在于"日军可迅速集中军队在松花江下游",同时"可协助进攻苏联沿海州的日军"④;另外,对军事运输意义十分重大的还有自朝阳川起,至朝鲜的上三峰的铁路线路,长 59 公里。

　　总之,九一八事变后,日本通过掠夺、新筑等方式基本控制了伪满洲国的铁路网,直至 1937 年,其在中国东北地区所占铁路长度已达 8 440 公里⑤,由满铁设立铁道总局负责管理。这有三方面的作用:一是大大缩短日本到东北全境的军事运输路程;二是加强了朝鲜和中国东北的联系,日本可以直接在朝鲜并鲜北各港将军队大量开入中国东北;三是为进攻苏联、蒙古增加砝码,日本可以循着新筑成和新线联络成的铁道,急速地将军队开到沿苏联边境的各战略地带,或外蒙古、热河、察北、绥东等地。

---

① 李镜东:《日本在满洲的军事经济政策》,《通俗文化:政治·经济·科学·工程半月刊》,1935 年第 1 卷第 3 期,第 10 页。

② 李镜东:《日本在满洲的军事经济政策》,《通俗文化:政治·经济·科学·工程半月刊》,1935 年第 1 卷第 3 期,第 10 页。

③ H. F. Timperley 作,桐茂译:《日本在满经济军事的策划》,《日本评论》,1934 年第 4 卷第 3 期,第 50 页。

④ 李镜东:《日本在满洲的军事经济政策》,《通俗文化:政治·经济·科学·工程半月刊》,1935 年第 1 卷第 3 期,第 10 页。

⑤ 秦伯瑞:《东北经济的殖民地化过程》,《中国世界经济情报》,1937 年第 1 卷第 18 期,第5页。

二、航空及公路统治：依据军事侵略需要完善东北陆空交通

（一）航空的军事化

航空的军事化也是日本在中国东北地区交通统治的重要举措，主要集中于新军用航空路与飞行场的建设、邮航及商用航空的军事化两大方面。九一八事变前，中国东北地区仅有几个不完善的飞行场，伪满洲国建立后，为了适应现代化战争的需要，日本开始在该地区大力发展航空事业，并在 1932 年 9 月间设立专门的航空管理机构——"满洲航空株式会社"。

伪满洲国已建立，日本即在大连和齐齐哈尔间开辟了一条贯通"南北满"的航空线，同时又在沈阳和新义州之间另辟一条支线。干线是"由大连起飞，经过鞍山、沈阳、铁岭、开原、四平街、长春、哈尔滨而直达齐齐哈尔"，支线"是以沈阳为地点，沿安东铁路经过鸭绿江而直达新义州"[1]。1934 年，日本在"满洲"建设的飞行场与航空站共有 65 个，其中，主要的航空线有自哈尔滨至宁古塔，自哈尔滨经佳木斯至富锦，自长春经吉林、敦化至龙井村，自齐齐哈尔经绥化、海伦至克山、自齐齐哈尔至大黑河，自大连经沈阳、长春、哈尔滨、齐齐哈尔、呼伦至满洲里，连接热河与"满洲"的航空线，日本、朝鲜与"满洲"的航空线[2]。直至 1936 年，中国东北地区有战略意义的各重要地点，定期航线已经普遍地建立。

从分布上看，"满洲"航空路与飞行场的建设"特别注重在'满

---

[1]《满南国民日报》，1932 年 4 月 7 日。

[2] 李镜东：《日本在满洲的军事经济政策》，《通俗文化：政治·经济·科学·工程半月刊》，1935 年第 1 卷第 3 期，第 11 页。

洲国'与苏联的边界上"①。从实际效果看,"满洲"内部的邮航及商用航空设备,不仅"超过了一般的需要",而且实际上"具有军事航空的另一种形式"②,而且军事功能大大超过商用功能。同时,"满洲"新建的航空线,诸如规模最大的、设备最完善的哈尔滨、齐齐哈尔、长春、沈阳及锦州等处,已经完成了"北满"、"满洲"中部及"南满"之间,甚至是与蒙古、日本、朝鲜的互通,形成了日本经朝鲜直达满洲里各地日夜的大航空线,以备"日苏战事发生后,可派遣大队军用机至满洲"③。

（二）汽车公路的军事化

日本一占领中国东北地区就拟定了筑路十年计划,预备修筑 6 万公里的公路④。为达到此目的,伪满洲国专门设立"官道管理局",实际上完全由日本专家所掌握,同时,日本资本家还设立了"国际运输株式会社",成为该地区公路建设与管理的切实执行者。

据统计,九一八事变直至 1933 年,中国东北全境的汽车公路延长 2 677 公里,1934 年则完成 8 180 公里⑤,到 1935 年底,已有国营公路 9 936 公里,私营公路 4 422 公里,全长 14 357 公里,实际的

---

① 李镜东:《日本在满洲的军事经济政策》,《通俗文化:政治·经济·科学·工程半月刊》,1935 年第 1 卷第 3 期,第 11 页。

② 李镜东:《日本在满洲的军事经济政策》,《通俗文化:政治·经济·科学·工程半月刊》,1935 年第 1 卷第 3 期,第 11 页。

③ 李镜东:《日本在满洲的军事经济政策》,《通俗文化:政治·经济·科学·工程半月刊》,1935 年第 1 卷第 3 期,第 11 页。

④ 秦伯瑞:《东北经济的殖民地化过程》,《中国世界经济情报》,1937 年第 1 卷第 18 期,第 5 页。

⑤ 李镜东:《日本在满洲的军事经济政策》,《通俗文化:政治·经济·科学·工程半月刊》,1935 年第 1 卷第 3 期,第 11 页。

长度恐怕还要比这个多①。具体状况为：一是自哈尔滨直达抚远；二是自齐齐哈尔至瑷珲；三是自呼伦北至苏联边境的乾奇，南达外蒙古附近的大寺集；四是穆棱至虎林、瑷珲至绥芬河以及宁古塔至东宁等②。

从分布来看，这些新建的汽车公路都可直达苏联边境，均带有军事大动员的作用。从建设与执行机构来看，无论是"官道管理局"，还是"国际运输株式会社"，都为日本人所控制，其"将满洲的汽车运输完全集中"，而且"与日本军部有直接的联络"，以备"军事上有计划的动员"③。从汽车功能来看，当时"满洲"约有汽车近一万辆，其中，军事汽车2 500余辆，商品运货汽车为2 600余辆，轻汽车4 000余辆④，可见军用汽车占四分之一以上，其军用功能自不必说。其他功能的汽车也大都掌控在日本人之手，并可在日军大动员时作为运输器具随时调用，也具备军事功能。

总之，就军备的意义而言，一方面"固然在于战斗的军力之充实"，另一方面"尤在于举凡与军事有关系的各项事业都有充分的齐备与向上的发展"，因此日本"对于举凡与军事有关系的各项事业使之走向军事化的途径"，其"更不能不算是扩张军备"⑤。日本

---

① 秦伯瑞：《东北经济的殖民地化过程》，《中国世界经济情报》，1937年第1卷第18期，第6页。

② 李镜东：《日本在满洲的军事经济政策》，《通俗文化：政治·经济·科学·工程半月刊》，1935年第1卷第3期，第11页。

③ 李镜东：《日本在满洲的军事经济政策》，《通俗文化：政治·经济·科学·工程半月刊》，1935年第1卷第3期，第11页。

④ 李镜东：《日本在满洲的军事经济政策》，《通俗文化：政治·经济·科学·工程半月刊》，1935年第1卷第3期，第11页。

⑤ 觉群：《列强扩张军备声中之经济军事化的透视》，《警醒》，1935年第3卷第1—2期，第13页。

在伪满洲国成立后,对于中国东北地区交通的重视,并逐步走向军事化,正是其控制"满洲"、备战苏联的需要,也是其进一步扩大在华侵略权益的必然要求。

第四节　工、农业统治:具象为军事化的殖民经济

在晚清开埠通商的带动下,中国东北地区在工业、农业、商业领域已取得了长足发展,到九一八事变前,虽有外国资本的侵蚀,但总体上还是沿着本国的自主道路前行。伪满洲国建立后,在日本的极度干预下,上述经济领域的固有发展道路被打破,被迫进入日本的殖民经济体系之中,在强烈侵略欲望的驱使下,其殖民性进而具象为军事化特征,也就是说经济发展的唯一目的是为军事服务,完全沦为军事的附庸,其生产指标"乃以军事的诸种计划为杠杆而表现",生产及输出的多少、价格的升降"莫不根本的包含于军事的范围内"[1]。

一、工业统治:殖民工业及其军事化

伪满洲国建立后,日本对中国东北地区的工业统治主要是通过建设军事工业体系实现的,主要有两种形式:一是东北旧有工业的殖民化,并逐步树立服务军事的理念,使殖民工业军事化;二是根据侵略战争的需要,新建军事工业。对于伪满时期的工业而言,殖民化与军事化是相辅相成的,殖民化是军事化的前提,军事化为殖民化提供保障。

---

[1] 诸君译:《东北经济之畸形发展》,《黑白》,1934年第2卷第9期,第32页。

（一）东北华人工业的殖民化

九一八事变前,中国东北地区华人所经营的工业大体有两种:一种是比较发达的工厂工业,如油坊、面粉业、火柴业等,哈尔滨及中东铁路沿线"以油坊和制粉业为最多",辽宁"以火柴工业为最多"①。它们"利用最新式机器甚多",生产能力也相当可观。据1923年统计,中东路沿线的47个新油坊资本金约达360万元,一昼夜可生产大豆饼10万斤左右、豆油45万斤以上②;38个新式制粉工厂总资本额达470万左右,一昼夜可生产11万袋面粉③。另一种是工厂制手工业,如柞蚕丝业、烧锅、织布业等,由于世界范围内经历第一次世界大战,经济普遍萧条,而中国东北地区"因为政治上比较安定和民族资本的昂扬",纺纱、缫丝业等"都有相当进展"④。伪满洲国建立后,日本就立即展开了东北华人工业的殖民化工作。

首先,凭借强大的军事实力,对中国人所经营的工业进行破坏和掠夺。总体而言,东北土著资本大多数被没收,"尤以投资在铁道、港湾、电气、煤铁、面粉诸部分为最大"⑤。就面粉业而言,以"北满"为例,九一八事变后,在日本的主导下伪中央银行强制收买该地区的7家著名粉厂,其中最优秀的4个,诸如哈尔滨2个、绥化1个、哈拉尔1个,转卖给日满制粉公司。同时,利用掌控东北地区铁路的便利条件调整运费政策,如南满铁路降低小麦和面粉运费,

---

① 原横泉:《三十年来的东北工业》,《新北方》,1931年第1卷第5—6期。
② 原横泉:《三十年来的东北工业》,《新北方》,1931年第1卷第5—6期。
③ 原横泉:《三十年来的东北工业》,《新北方》,1931年第1卷第5—6期。
④ 王渔邨:《东北经济之殖民地化》,《新中华》,1936年第4卷第13期,第102页。
⑤ 秦伯瑞:《东北经济的殖民地化过程》,《中国世界经济情报》,1937年第1卷第18期,第2页。

以增强大连日本粉厂与"北满"中国面粉业的竞争力,且利用中东铁路"使哈尔滨粉厂的原料成本日重,而成货不能外销竞卖",再如日本利用京滨铁路将自哈尔滨至长春的面粉运费每吨增加 1.44 元,自长春至哈尔滨每吨减低 8.01 元[①],因此"北满"土著粉厂大批倒闭,而"南满"日本粉厂则纷纷兴起。

对于华人的工厂油坊、大小商店"则用恐慌手段,使其不能经营",同时"建筑日本工厂以代其位"[②]。在"北满",1932 年各大油坊尚能产豆粕 11 393 吨,自日本调整运费政策后,使该地油坊业陆续消减,1934 年减少至 54.41 吨,1935 年底哈尔滨全部油坊都中止操业,由大连的日本油厂取而代之。纺织业的遭遇大致与油坊业相类,奉天纺纱厂的被强占影响较大,据《申报》报道:其是事变前华方新工业发展速度超过日本同类工业的典型代表之一,在事变后即被日人没收[③];沈阳被服厂也被日方搜刮一空,而后虽又交还,但已被迫改办平民工厂。这样,日本就把轻工业都集中在了"南满"的长春、大连、营口等地,其中"含有战时易于控制的意义"[④]。

当然,日本最为关注的还是对华人军事工业的掠夺,辽宁兵工厂在当时影响最大,其资金约 20 亿万元,弹药存储量之多为全国第一,约计可供 24 万人三年之用[⑤]。如此状况,日本自然垂涎,九

---

① 秦伯瑞:《东北经济的殖民地化过程》,《中国世界经济情报》,1937 年第 1 卷第 18 期,第5 页。

② 王渔郫:《东北经济之殖民地化》,《新中华》,1936 年第 4 卷第 13 期,第 102 页。

③《申报》,1932 年 4 月 9 日。

④ 秦伯瑞:《东北经济的殖民地化过程》,《中国世界经济情报》,1937 年第 1 卷第 18 期,第5 页。

⑤ 方声:《九一八以后的东北经济(续)》,《新创造》,1932 年第 1 卷第 4 期,第 13 页。

一八事变后就立即进行侵占,其所搜缴的军械和交通工具颇多,如
表 3 - 13 所示:

表 3 - 13 日本侵占辽宁兵工厂之军械和交通工具统计

种类	数量	备注
坦克车	60 余辆	
迫击炮	2 000 余门	
15 生溜弹重炮	200 余门	
轻重机关枪	4 000 余挺	可供甲种师 10 师人之用
搗照灯	一营 8 个	
野山炮	1 000 余门	
高射炮	60 余门	
飞机	260 余架	
载重军用汽车	500 余辆	
公私用汽车	2 800 余辆	
机车、货车	四五千辆	

资料来源:《时事新报》,1932 年 3 月 14 日。

由上表可知,如此之多的军事器械大大增强了关东军的军事
侵略力量,如日人所夺的一部分飞机,被用作在事变后所创办的、
贯通南北的航空线上所需要的航空机,这自然就消减了中国的反
抗力量。同时,被侵占前该厂除制造军械弹药外,还兼营制皮、修
理和制造火车头,装置自动车和其他的工业活动。从这个意义上
讲,日本对辽宁兵工厂的侵占,正如时人所言:"不仅是中国军事
上或军用工业上的损失,而且也是一般工业上的绝大损失"①。
其次,采取直接排挤的手段压制中国人所经营的工业。这样

① 方声:《九一八以后的东北经济(续)》,《新创造》,1932 年第 1 卷第 4 期,第 13 页。

可达两方面的效果：一是迫使中国人所经营工业"加入各种新迭加或托拉斯"，而"最终成为日本人的附属"①；二是逼迫中国人把工厂售与日本人，价格相当低廉，一般只有"实值四分之一或三分之一的代价"②。这就使得东北工业成了所谓"王道乐土"的建设者。

　　同时，日本也采取间接手段摧残华人工业，如颁布《日货进口无税》法令，依照此令，日本的工业制品出口至伪满洲国可以免税，在此种条件下，与中国东北本土生产之商品相比，并未增加额外成本，但由于日本工厂大都是机器生产，生产效率比东北工厂高，在同样的市场条件下，更具竞争力，这就使得"东北原来的华方新兴工业一定就会因其生产品的不复能在市场上与日货竞争而受到绝大的打击"③。

　　另外，为达到"满洲应成为日本工业化的根据地，应利用满洲的天然富源，把纺织工业的日本变成五金工业、化学工业的日本"的目的，并使"日本过去在发展与日本纺织工业竞争的中国纺织工业上所犯的错误，不再在满洲重演"④，日本与伪满洲国签订"日满经济共同委员会协定"，并颁布《产业统制法》，以加强双方企业间的调和，并进一步控制中国东北工业的发展活动，致使伪满洲国只能发展与日本本土不相抵触之工业。可见，伪满洲国之全部工业政策"皆在助长日本军需品之制造及供给日本原料之政策"⑤。

---

① 王渔邨：《东北经济之殖民地化》，《新中华》，1936 年第 4 卷第 13 期，第 102 页。

② 王渔邨：《东北经济之殖民地化》，《新中华》，1936 年第 4 卷第 13 期，第 102 页。

③ 方声：《九一八以后的东北经济（续）》，《新创造》，1932 年第 1 卷第 4 期，第 13 页。

④ 王渔邨：《东北经济之殖民地化》，《新中华》，1936 年第 4 卷第 13 期，第 102 页。

⑤ 王渔邨：《东北经济之殖民地化》，《新中华》，1936 年第 4 卷第 13 期，第 102 页。

在上述困境下，部分工厂主不得不携资逃回关内或国外。根据日本的不完全统计，逃回关内的事件 1932—1934 年共发生191 件，共计资本 618.5 万元①；外国投资收回的，仅 1930 年就有6.72 亿元②。

（二）大力兴建军事工业

伪满洲国建立后，日本深知中国东北既有极丰富的重工业资源，又有极廉价的劳动力，"若有东北富厚之地为其经济之发展地"，苏联等欧洲各国及美国就会"惧其藉满洲之经济力而造成其军事上绝对优势之地位也"，这样其便"可以雄视世界，而独霸太平洋矣"③。因此日本对中国东北的工业政策，着重于具有军事意义的工业建设，所谓"直接为军事的或以战时情势为前提的军事产业占大部分"④，以"能够适宜地完成未来大战的准备"⑤。

其一，军事工业的基本建成。

自 1933 年始，日本拓殖省计划组织了一批开发"满洲"的株式会社，以为军事战争提供充足的物资，如组织"满洲煤矿株式会社"，投资 1 600 万元，同时通过武力强迫等手段收购西安、北票、鹤立岗、奶子山、爱商等中国企业家所经营的大煤矿⑥，把东北地区的

---

① 秦伯瑞：《东北经济的殖民地化过程》，《中国世界经济情报》，1937 年第 1 卷第 18 期，第2 页。

② 秦伯瑞：《东北经济的殖民地化过程》，《中国世界经济情报》，1937 年第 1 卷第 18 期，第2 页。

③ 武：《东北经济的军事关系》，《钱业月报》，1933 年第 13 卷第 1 期，第 24 页。

④ 诸君译：《东北经济之畸形发展》，《黑白》，1934 年第 2 卷第 9 期，第32 页。

⑤ 秦伯瑞：《东北经济的殖民地化过程》，《中国世界经济情报》，1937 年第 1 卷第 18 期，第4 页。

⑥ 李镜东：《日本在满洲的军事经济政策》，《通俗文化：政治·经济·科学·工程半月刊》，1935 年第 1 卷第 3 期，第 11 页。

30亿吨煤资源握于手中①；投资500万元成立"满洲煤油株式会社"，投资1 000万元成立"日满采金株式会社"，投资500万元以上成立"日满化学会社"，同样投资500万元以上成立"制铅会社"等②。

　　另外，日本也极其注重与军事有极密切关系的建筑材料和军需产品的生产。水泥是军事建筑的重要原料，日本自然积极建立工厂，主要有大同洋灰公司、满洲洋灰公司、抚顺水泥公司、哈尔滨水泥公司以及本溪湖水泥厂、四平街水泥厂等，这就减少了日本水泥的输入。同时，东北作为中国产木最丰富的地区，足以满足军事建筑对木材的需求，于是由铁路总局出资设立大同林业公司，以"搜采全满木材，来供给军事建筑的需要"③。棉花作为重要军需，日本一占领中国东北地区即设立满洲棉花公司、日满棉花协会等进行生产。另外，还有沈阳橡皮厂等其他规模较小而有军事意义的工厂"数量也不在少数"④。这样，关东军"把资本利益完全隶属在战争准备之下"，虽会使"它遭逢到筹措资本的不少困难"⑤，但直至1937年其还是完成了主要军事工业的建设。

　　其二，军事工业生产能力的强大。

　　钢铁是军备生产必不可少的材料之一，中国东北地区所蕴藏

---

① 武：《东北经济的军事关系》，《钱业月报》，1933年第13卷第1期，第24页。

② 李镜东：《日本在满洲的军事经济政策》，《通俗文化：政治·经济·科学·工程半月刊》，1935年第1卷第3期，第11页。

③ 秦伯瑞：《东北经济的殖民地化过程》，《中国世界经济情报》，1937年第1卷第18期，第5页。

④ 李镜东：《日本在满洲的军事经济政策》，《通俗文化：政治·经济·科学·工程半月刊》，1935年第1卷第3期，第11页。

⑤ 秦伯瑞：《东北经济的殖民地化过程》，《中国世界经济情报》，1937年第1卷第18期，第5页。

的 8 亿吨铁矿[1],为日本的钢铁生产提供了充足的原料。昭和制钢厂每年能生产钢 50 万吨、生铁 65 万吨[2],钢轨、钢片都有生产;鞍山熔铁厂在日本的大力发展下,每年能出产锍铁 48 万吨、钢 18 万吨、铁 20 万吨[3]。煤炭与煤油是军事战争的重要动力,为适应日益加快的侵略进程,日本大加扩充煤矿,并将抚顺等煤矿尽收满洲煤矿公司旗下,同时力求煤油自给,不顾成本地从煤中提炼煤油,虽无经济价值,但有国策意义,自 1936 年起每年从煤中可炼得煤油 36 万吨[4]。这样抚顺、本溪湖、鞍山等区便成了煤铁的根据地带。

另外,其他军事工业的生产能力也蔚为可观,如硫酸铔工厂每年出产量为 18 万吨,大石桥制镁工厂每年出产量为 600 万吨[5],大连化学工厂每年经常可产硫酸铵 10 000 吨、硝酸铵 3 000 吨、硝酸 3 000 吨、石蜡油 1 000 吨[6]。同时,我们也可从九一八事变前后军事产品生产额及贸易的对比中,略见军事工业的生产能力,以"关东州"及附属地为例,如表 3 - 14 所示:

---

① 武:《东北经济的军事关系》,《钱业月报》,1933 年第 13 卷第 1 期,第 24 页。

② 秦伯瑞:《东北经济的殖民地化过程》,《中国世界经济情报》,1937 年第 1 卷第 18 期,第 4 页。

③ 李镜东:《日本在满洲的军事经济政策》,《通俗文化:政治·经济·科学·工程半月刊》,1935 年第 1 卷第 3 期,第 11 页。

④ 秦伯瑞:《东北经济的殖民地化过程》,《中国世界经济情报》,1937 年第 1 卷第 18 期,第 4 页。

⑤ 李镜东:《日本在满洲的军事经济政策》,《通俗文化:政治·经济·科学·工程半月刊》,1935 年第 1 卷第 3 期,第 11 页。

⑥ 秦伯瑞:《东北经济的殖民地化过程》,《中国世界经济情报》,1937 年第 1 卷第 18 期,第 4—5 页。

表 3‐14　1930、1933 年"关东州"及附属地增加显著工业生产额对比

门类　　　　生产额	1930 年	1933 年
水门汀	191 363 千克	192 323 千克
石灰	13 489 千克	37 878 千克
砖	94 421 000 个	120 317 000 个
制品	417 220 石	884 858 石
铣铁	348 054 千克	433 523 千克
钢铁	114 千克	281 千克
铣铁	3 688 000 担	8 125 000 担
煤	4 347 000 吨	4 538 000 吨
硫酸铵	259 000 担	559 000 担
石蜡	89 000 担	283 000 担
石油	17 000 吨	50 000 吨
盐	261 000 担	440 000 担

资料来源:诸君译:《东北经济之畸形发展》,《黑白》,1934 年第 2 卷第 9 期,第 29—30 页。

  由上表可知,1930 年与 1933 年相比,"关东州"及附属地生产额增加显著的工业及出口商品的门类主要集中于土木建筑材料及军器原料领域,可见"东北各地土木建筑业之殷盛及供给日本内地军事产业部门之原料产业之活跃"[1],这也是伪满洲国重视军事工业的体现。同时,生产额增加幅度也在 0.5%—180.8% 之间,其中多类工业生产额是九一八事变前的两倍有余,反映出"关东州"及附属地之军事工业生产能力的强大,这也从侧面揭示了伪满洲国军事工业的整体生产能力。

———————————

[1] 诸君译:《东北经济之畸形发展》,《黑白》,1934 年第 2 卷第 9 期,第 30 页。

二、农业统治:采取服务军事的农业举措

战争与农业的关系也极其密切,一方面农业可聚集大量的人口以为战争提供人力保障,另一方面农业也可为战争提供必需的战略物资。同时,对于侵略者来讲,军事力量又可以为掠夺农业资源提供后盾与保障。伪满洲国建立后,日本对中国东北的农业统治,集中表现为农业服务军事的政策,正是利用战争与农业的此种关系而制定并践行的。

首先,借军事力量夺取土地所有权,以剥削并控制农民。九一八事变后,日本以"解除满洲三千万人的痛苦压迫"为口号,并"假借满蒙皇族、八旗子弟等似是而非的旧权利",掠夺大面积的土地,甚至"有时农民被迫以原价百分之二至百分之三的价格,出卖其土地于日本"[1],之后再由伪满洲国处取得土地所有权,使其"合理化"。

被没收的土地主要有两个去向:一是"无贷价的分配给日人与朝鲜人"[2],并加强日本和朝鲜农民对于中国农民的压迫式的竞争,以生产军事战争所需要的农业物资;二是成立"日满土地开拓公司",把部分土地租给中国农民耕种,收取高利贷,极力地剥削农民的劳动成果。同时,为了控制中国农民,还实行联保制度,租地的农民必须有 10 个农民的担保,这就可以使他们不会从日本高利贷的压迫之中逃出,而成为日本农业资本家的奴隶,东北的农产品也就完全落在日本资本家之手。

其次,积极种植谷物与农业原料,特别是棉花的种植。日本倡

---

[1] 王渔邨:《东北经济之殖民地化》,《新中华》,1936 年第 4 卷第 13 期,第 101 页。

[2] 李镜东:《日本在满洲的军事经济政策》,《通俗文化:政治·经济·科学·工程半月刊》,1935 年第 1 卷第 3 期,第 11 页。

言"军民一致协力,向'满洲国'的经济开发一路迈进",实行所谓新经济政策,注力于奖励农业、牧业,已达"不威胁母国产业,且为母国产业所急需"①的目的。之前日军制作棉衣、棉被及军衣等所需棉花均购自印美,是一项不小的开支。日本占领"满洲"后,即投资180万日金设立"日满棉花栽培公司",大力进行棉花生产,据相关估计,此种状况如持续10年,就能出产棉花10亿斤②,如若如此,日本就毋需再向印美购买棉花了,进而节省军事开支。同时,也扩大谷物生产并积极养马,谷类年产量大增,高达1.5亿石③,足以支撑日军的粮食开销。从而"减少东北农业对世界其他各国的依存性,而增大其日本一国的依存性"④。

最后,实行武装移民政策,其军事意义也十分重大。日本在"满洲"具备一定势力之后,就开始以开发"满洲"的名义向该地移植日本人。为吸引日本人赴"满",政府为他们每人提供1 500元的津贴,致使诸多日本人纷纷响应。伪满洲国建立后,日本开始大力制定更大规模的移民计划,包括日本人和朝鲜人,数额高达10万,并将他们编制为保卫团,由日本军人统一指挥。这些移民名义上是进行农业生产,并开发"满洲",实质上"完全是后备军的准备"⑤。

总之,由于日本国土狭小,根本无力完成其既定侵略目标,中国东北地区百万平方里的土地,3 000余万的人口,加之矿产、森林

---

① 王渔邨:《东北经济之殖民地化》,《新中华》,1936年第4卷第13期,第101页。

② 李镜东:《日本在满洲的军事经济政策》,《通俗文化:政治·经济·科学·工程半月刊》,1935年第1卷第3期,第11页。

③ 武:《东北经济的军事关系》,《钱业月报》,1933年第13卷第1期,第24页。

④ 王渔邨:《东北经济之殖民地化》,《新中华》,1936年第4卷第13期,第101页。

⑤ 李镜东:《日本在满洲的军事经济政策》,《通俗文化:政治·经济·科学·工程半月刊》,1935年第1卷第3期,第11页。

等丰厚的资源,借此即使日本闭关自给,养兵秣马,支撑侵略战争
"犹其裕余也"①。因此,日本"把它在消极方面对于东北华人各企
业所施的摧残和强占的行为,和它在积极方面对于它自己所有的
企业的急事发展的计划合并而联系起来",以"整个地把持和支配
东北各经济部门"②,积极"开发"东北,其所实行的全部经济政策,
无论是建设铁路、工厂,还是发展农业、贸易,"完全是着重于军事
方面的"③,以此谋划"满洲为其陆地上之大本营",使该地区完全转
变成为军事侵略服务的殖民地,企图"把整个满洲当作进攻苏联、
侵略中国的炮台"④,这样可以"北与俄抗,南与美争,则皆占优
势矣"⑤。

---

① 武:《东北经济的军事关系》,《钱业月报》,1933 年第 13 卷第 1 期,第 24 页。

② 方声:《九一八以后的东北经济》,《新创造》,1932 年第 1 卷第 5 期,第 17 页。

③ 李镜东:《日本在满洲的军事经济政策》,《通俗文化:政治·经济·科学·工程半月
　　刊》,1935 年第 1 卷第 3 期,第 10 页。

④ 李镜东:《日本在满洲的军事经济政策》,《通俗文化:政治·经济·科学·工程半月
　　刊》,1935 年第 1 卷第 3 期,第 12 页。

⑤ 武:《东北经济的军事关系》,《钱业月报》,1933 年第 13 卷第 1 期,第 24 页。

第四章　日本对中国东北地区的教育统治

　　欲真正征服被侵略地区,侵略者一般会采取相应手段消灭该区域民众的民族意识和国家观念,所谓"亡人国者,必亡其民,亡其民者,必亡其心"①。民族意识和国家观念"胥赖于国家教育为之鼓铸"②,而且教育"为立国之本,无论何国,莫不各因其历史及其国民性之所近"③,侵略者一旦在教育上加以摧残,其凶狠毒辣"较枪杀屠戮,更残酷到万倍"④。因为教育侵略"乃心理之侵略,乃精神之侵略,无形者也"⑤,这样"在此一时代的力量在遭受残暴政策后,可以完全消灭无余",甚至"使某一国家之民族,陷于永劫不复"⑥。日本自然深知其中道理,伪满洲国建立后即采取多种措施

---

① 应麟:《暴日操纵下的东北奴化教育》,《康藏前锋》,1934 年第 12 期,第 12 页。

② 兆涵:《九一八后之满洲伪国教育》,《时代教育》(北平),1933 年第 1 卷第 1 期,第 61 页。

③ 魏象贤:《满洲国教育之概况及今后之努力》,《文教月刊》,1933 年第 1 期,第 56 页。

④ 兆涵:《九一八后之满洲伪国教育》,《时代教育》(北平),1933 年第 1 卷第 1 期,第 61 页。

⑤ 应麟:《暴日操纵下的东北奴化教育》,《康藏前锋》,1934 年第 12 期,第 12 页。

⑥ 兆涵:《九一八后之满洲伪国教育》,《时代教育》(北平),1933 年第 1 卷第 1 期,第 61 页。

加紧对中国东北地区的教育统治，其性质是"亡我东四省之民心，亡我东四省民众之精神也"①。

第一节　制度设定：教育统治的机构调整与"法制化"

为了完成对中国东北地区的教育统治，日本设立了较为齐全的从"中央"到"地方"的教育统治机构，其中有"中央"伪文教部统揽全局，也有"地方"各伪教育厅、局署理该管教育事业；并制定了一系列的统治政策，并根据侵略形势的变化做出适时调整，以保障日本教育统治的顺利进行。

一、伪文教部统领下的伪满教育统治机构

日本对中国东北地区教育统治机构的完善、调整与重置，主要体现为"中央"一级伪文教部的新建、弱化与"复活"，"地方"教育行政机构也随之变动。需要特别说明的是，由于在"政治统治"一章中已做了日本派遣顾问控制伪满洲国"中央"到"地方"各级各类行政机构的论述，教育行政机构作为其重要内容之一，自然也在日本的控制之中，因此本部分不再赘余该方面内容，而是从日本如何根据文化殖民程度与侵略进程调整教育统治机构的角度进行论述。

（一）伪满前期教育统治机构的逐步完善

1932 年伪满洲国建立之初，"因在军事期中"，诸多巩固新"政权"方面的工作亟待完成，教育并没有得到足够的重视。从其

---

① 应麟：《暴日操纵下的东北奴化教育》，《康藏前锋》，1934 年第 12 期，第 12 页。

机构设置即可看出,仅在伪民政部下设立伪文教司"执掌教育行政"①,作为司一级的部属下辖机构,其职能当然不可能有多大程度的发挥。同年7月,伪满洲国治安"渐趋安定",行政"稍入轨道",其"才开始注意到文教问题"。为了改变"一切教育内容都和伪满政情相抵触"的局面,并"整理民国时代的教育"②,遂将伪文教司从司一级的教育行政机构升格为部一级的伪文教部,下辖3个司,分别为伪总务司、伪学务司和伪礼教司。直至1937年行政机构改革之前,伪文教部是一个"更有效能的行政机构"③,一直作为"中央"一级的教育行政领导机构而发挥职能,从教育制度的根本改变,到教科书的删改与编制,以及取缔私立学校办法等"无不尽摧残之能事"④。

随着伪满洲国对教育的逐步重视,在"中央"一级的教育行政机构确立之后,"地方"的相应机构也相继建立。从伪满洲国建立到1934年底,省一级的伪公署内设教育厅,下辖学务科、礼教科及视学官室;特别市(区),如新京、哈尔滨,设教育科;一般市、县、旗则设教育局、教育科或教育股,只是名目不同,职能是一致的。直至1936年,伪满洲国从"中央"到"地方"的教育行政机构已基本完善,形成了"文教部统领,各地方教育机构发挥职能"的格局,具体行政设置,如表4-1所示:

---

① 武强主编:《东北沦陷十四年教育史料》第1辑,长春:吉林教育出版社1989年版,第49页。

② 英弟:《由废止到复活的伪满文教部》,《今日东北》,1944年第1卷第1期,第10页。

③ 英弟:《由废止到复活的伪满文教部》,《今日东北》,1944年第1卷第1期,第10页。

④ 兆涵:《九一八后之满洲伪国教育》,《时代教育》(北平),1933年第1卷第1期,第63页。

表 4 - 1　1936 年 3 月伪满洲国教育行政机构设置

统领机构	下辖机构	分支机构
(伪)文教部	(伪)教育厅	学务科
		礼教科
		视学官室
		各市、县教育局(或内务局教育股)
	(伪)总务司	秘书科
		人事科
		庶务科
		调查科
	(伪)学务司	总务科
		普通教育科
		专门教育科
		督学官室
		编审官室
	(伪)礼教司	总务科
		社会教育科
		宗教科
		建国史编纂室
	教员讲习所	
	高等师范学校	
	高等农业学校	

资料来源:英弟:《由废止到复活的伪满文教部》,《今日东北》,1944 年第 1 卷第 1 期,第 10 页。

（二）伪满中后期教育统治机构的弱化与重置

伪满洲国文教部设立的目的并非"广泛而高度地教育和教化一般人民大众",决定了其不可能长久地存在下去,"及至旧日的教

育内容渐被清理完竣",其"实失去了它存在的价值",其庞大机构
"自应加以简单化"①。加之 1937 年日本全面侵华,伪满洲国一切
事务都为这场侵略战争服务,因此 1937 年 7 月,日本对伪满州国行
政机构进行了大改革,伪文教部"遂被并入新设的民生部作为教育
司"②。该伪教育司下辖事务科、企划科、师道科、普通教育科、专门
教育科和养成科等 6 科,并编审官、督学官等 2 室。同时,各"地方"
教育行政机构也随之降格,省一级的在伪省民生厅内设文教科,一
般各市、县改设教育科或行政科教育股。

　　1940 年中国战场进入战略相持阶段,日本乘机于 1941 年偷
袭珍珠港,太平洋战争爆发,1943 年美国进入全面反攻阶段。日
本深知"当今内外的情势,已呈现长期战的模样"③,国家必须采
取以武力战、经济战、思想战等为主要内容的总力战势态。在总
力战的内容中,物质是重要的,而人力则是最大的问题,因此随着
战争的炽烈化,日本除不得不集全国之力应对被动的战争颓势
外,也认识到"必须加强人民意识,所以强调文教的振兴和养成国
民精神,对于在总力战势态下的我国,实是必要的措施"④。日本
在伪满洲国大力宣传"日满一德一心",并以"康德皇帝"溥仪的名
义颁布《时局诏书》:

　　　　奉天承运大满洲帝国皇帝诏尔众庶曰:盟邦大日本帝国
　　天皇陛下兹以本日宣战美英两国,明诏煌煌,悬在天日,朕与

---

① 英弟:《由废止到复活的伪满文教部》,《今日东北》,1944 年第 1 卷第 1 期,第 10 页。
② 英弟:《由废止到复活的伪满文教部》,《今日东北》,1944 年第 1 卷第 1 期,第 10 页。
③ 英弟:《由废止到复活的伪满文教部》,《今日东北》,1944 年第 1 卷第 1 期,第 10 页。
④ 英弟:《由废止到复活的伪满文教部》,《今日东北》,1944 年第 1 卷第 1 期,第 10 页。

日本天皇陛下，精神如一体，尔众庶亦与其臣民咸有一德之心，夙将不可分离关系，团结共同防卫之义，死生存亡，断弗分携。尔众庶咸宜克体朕意，官民一心，万方一志，举国人而尽奉公之诚，举国力而援盟邦之战，以辅东亚戡定之功，贡献世界之和平，钦此！①

太平洋战争开始后的现实环境，为了适应战争需求，日本于1943年4月1日对伪满洲国中央行政机构又进行了改革，此次改革的基本原则是"力求行政效率化和简洁化"，即"可以勉强合并的机构，而加以合并，可以勉强裁减的官员，则实行裁减"，以"俾行政机构趋于一元化"，进而"节省人力和财力"②。伪文教部却在这种行政简洁化的原则之下，脱离伪民生部的隶属，以矛盾的姿态再行出现，而重告成立。

究其原因，此举还是为了应对太平洋战争时期总力战中思想战的需求，从伪文教部复活的目的即可看出，所谓"着重加强人民的意识，养成国民精神，着重于训练及统制人民的思想"，并"肩负着软化、扑灭一切反抗思想而灌注以敌伪制造出来的荒谬理论的使命，并且监视青年学生的动向"。这主要是鉴于日本统治东北十多年中，其"并未能利用教育使东北青年奴化，在东北青年思想中注入毒素"③的教训，其此次复活无疑意味着欲以另一种手段来压制中国东北人民。复活后伪文教部的设置状况，如表4-2所示：

---

① 爱新觉罗·溥仪：《我的前半生》，长春：群众出版社1982年版，第365页。
② 英弟：《由废止到复活的伪满文教部》，《今日东北》，1944年第1卷第1期，第10页。
③ 英弟：《由废止到复活的伪满文教部》，《今日东北》，1944年第1卷第1期，第10页。

表 4 - 2　1943 年 4 月伪满洲国教育行政机构设置

统领机构	下辖机构	分支机构
(伪)文教部	(伪)官房	参事官室
		文书科
		人事科
		会计科
	(伪)学务司	学务科
		师道教育科
		专门教育科
		普通教育科
		体育科
	(伪)教学司	企划部
		指导部
		编审部
	(伪)教化司	社会教育科
		礼教科

资料来源:英弟:《由废止到复活的伪满文教部》,《今日东北》,1944 年第 1 卷第 1 期,第 10 页。

其中的伪教学司系将原伪民生部教育司的教学官室和编审官室合并扩大而成,为掌管教学内容的机构。其主要目的是强化、刷新战时体制下的"学校军事训练""学生勤劳奉仕"等教学内容。设伪教化司则是为了加强灌输"建国精神",强化战时下的"国民精神"教育。

总之,伪满洲国文教部并不是"作为一个推动文化和教育的机构而出现或消灭的",而是"作为消灭、抑制文化和教育的机构而出现或消灭的"①。其从初设、废止乃至复活,完全是以日本的战争需

———————————

① 英弟:《由废止到复活的伪满文教部》,《今日东北》,1944 年第 1 卷第 1 期,第 10 页。

要作为背景,来适时地处理、阻碍、统治东北人民的教育文化和思想的。相反地,这必然会激起东北人民,特别是有志青年的反抗,正如时人所认为的那样:"我东北青年却从那高压之下,得到了锻炼、学习了技能,刺激了反抗侵略的良知,养成了抵抗暴力的力量,他们认为是一种深切的危机,必要加以软化或制止。"[1]

另外,1937 年伪满洲国还设立了教育审议会,作为有效推行伪满教育方针与政策的咨询机构。1943 年,教育审议会改称文教审议会,仅从机构名称即可看出,其职能大大扩增,凡涉及文化与教育的事宜,均归其审议,是伪满洲国最高的文教政策审议机关,其职能为"集思广益,对有关教学的刷新,学校教育的强化和社会教育与礼教的开展,进行根本审议,从而对前所未有的重大时局确立文教决战体制"[2]。

二、日本对中国东北地区教育统治的"法制化"

为了迅速建立殖民地奴化教育秩序,在日本的主导下,伪满洲国在设立"中央"到"地方"教育行政机构的同时,也开始着手教育法令法规的制定,据不完全统计,1932—1945 年颁布的主要法令数量多达 120 余件[3]。这样一方面可以保证教育行政机构有法可依,另一方面也可以把日本在伪满洲国的奴化教育"合法化",从而进入法制化轨道。

（一）去除旧有教育痕迹,加强监督

1932 年伪满洲国建立伊始,即以"国务院"院令的形式颁布《各

---

[1] 英弟:《由废止到复活的伪满文教部》,《今日东北》,1944 年第 1 卷第 1 期,第 10 页。

[2] 王鸿宾:《东北教育通史》,沈阳:辽宁教育出版社 1992 年版,第 53 页。

[3] 齐红深:《日本侵华教育史》,北京:人民教育出版社 2002 年版,第 244 页。

学校课程令用四书孝经讲授之件》，规定："暂用四书孝经讲授，以
崇礼教，凡有关党义教科书等一律废止。"①同年，伪民政部又颁布
《关于废止三民主义党义及其他与新国家精神相反之教科书之件》
的"训令"，对学校所用教材做出明确规定："废止三民主义党义及
其他与新国家建国精神相反之教科书或教材。"②1936 年 7 月，伪
文教部颁布《关于建国精神普及彻底之件》的"训令"，要求各学校
之教学内容必须符合所谓的"建国精神"；1937 年 3 月，该部又颁布
《关于在学校教育上彻底普及日本语之件》的"部令"，确立了在伪
满洲国普及日本语的政策。可见，这些政策与法令是对伪满洲国
教育内容的除旧立"新"，从实质上讲是把伪满洲国的教育纳入日
本的殖民奴化教育体系之中。

　　为保证日本所确立教育内容的顺利"传授"，伪满洲国还颁布
了加强对教师培训与监管的法令，如《教员讲习所官制》《教员讲习
所规程》《师范教育令》《师道学校规程》《文教部直辖学校长及教员
讲习所职务规程》及《高等师范学校规程》等。同时，也建立了视学
制度与对学生监督的法令，如《视学官及特别市视学学事视察规
程》《省及特别市视学委员会规程准则》《关于视学委员会学校视察
规程准则之件》《关于留华学生处理之件》《学生勤劳奉公令》等。
这样日伪当局就可以按照上述法律法规，对伪满洲国各级学校的
教师与学生进行监督，以强化奴化教育。

---

①《各学校课程令用四书孝经讲授之件》（1932 年 4 月 1 日），齐红深：《日本侵华教育
　　史》，北京：人民教育出版社 2002 年版，第 244 页。
②《关于废止三民主义党义及其他与新国家精神相反之教科书之件》（1932 年 6 月 25
　　日），齐红深：《日本侵华教育史》，北京：人民教育出版社 2002 年版，第 244 页。

（二）"新学制"制定并保障实施

为了迅速建立殖民奴化教育体系，伪满洲国一经建立，即开始着手制定顺应日本教育统治的"新学制"。经过长达 5 年的调研与论证，1937 年伪满洲国颁布《关于新学制实施之件》《关于学制移行要纲之件》等"敕令"，要求各级学校严格执行。同时，还颁布了保障"新学制"实施的一系列法令。

这些法令与规程分门别类而言，有综合性的，如《学事通则》《学制要纲》等。有专门针对初等、中等教育的，如《关于国民学舍及国民义塾之件》《国民优级学校令》《国民优级学校规程》《关于初等学校费用国库负担之件》《国民学校规程》《学校体育教授要目》《关于学校体育指导方针之件》《国民学舍及国民义塾规程》《关于视学委员会学校视察规程推则之件》等；有关于社会教育的，如《关于民众讲习所规程实施之件》《关于私立图书馆规程》等；有关于师范教育的，如《师道教育令》《师道学校规程》《中央师道训练所训练要项》《关于地方师道训练所开设要项之件》《关于师道学校体系改正之件》《中央师道训练所规程》等。

有关于高等教育的，可以分为以下 3 类：一是针对所有高等学校的，如《国民高等学校规程》《大学令》《国民高等学校令》《建国大学学则》等；二是针对女子高等教育的，如《女子国民高等学校令》《女子国民高等学校规程》等；三是针对专门高等学校的，关于政法大学的有《新京法政大学规程》等，关于医科大学的有《国立医科大学规程》等，关于工业大学的有《关于备国立工业大学所置学科之件》《国立工业大学规程》等，关于农业大学的有《国立农业大学规程》《关于各国立农业大学所置学科之件》等。

还有关于教师与学生的法令与规程，如《学生毕业程度学力检定施行规则》《旷野专修生给费标准》《关于学籍簿之件》《师道高等学校等毕业者服务规程》《临时农业教师养成所规程》《临时商业养成所规程》《关于现职教师者教师检定之件》《关于初等教育教师检定学力实验之件》《临时初等教育教师养成所规程》《留学生预备校规程》《关于在满留学生须知制定之件》《留学生认可考试委员会规程》等。

上述法令与规程明确规定在"新学制"下,伪满洲国各教育主体的多方面内容。就学校而言,包括学校类型、各级各类学校培养目标、入学年龄、修业年限与教科书使用等;就教师而言,涵盖教师的资格、培训、薪俸与奖惩等;就学生而言,主要有入学、转学、退学、休学、毕业与惩戒等方面内容。这些法令与规程的实施,标志着伪满洲国教育被纳入奴化教育的"法制化"轨道之中,并逐步完全殖民化。

（三）"战时教育体制"的"法制化"

1941 年日本发动太平洋战争后,伪满洲国进入"战时"体制,采取"国内"一切事务为"圣战"服务的政策,殖民地奴化教育自然是其调整并加强的重要内容。1942 年伪满洲国颁布的《基本国策大纲》就要求对"国内"教育进行调整,事实上主要是教育内容的调整,以适应"战时"体制。

具体说来,主要表现在以下几个方面:一是把"建国精神"作为思想教育的主要内容,基于此,1944 年伪文教部颁布《大学战时体制确立要纲》《关于国民高等学校建国精神教授要目制定之件》等法规,对学校灌输"建国精神"做出了具体规定;二是加强军事训练,并要求学生参加"勤劳奉仕",同样颁布了相关法令,如1942 年的《学生勤劳奉公令》《战时学生体育训练要纲》等,以备战时之需。

总之,日本为了实现对伪满洲国的教育统治,颁布了诸多的相关重要法令、规程,纵观之,可归类出以下特点:一是涉及内容全面，不仅包括对伪满洲国初等、中等、高等、职业等各类各级教育的规定，也涵盖对教育主体，诸如教师、学生、课程设置等的具体要求；二是针对性强，根据政治形势的不同，而做出相应调整，如起初极力把伪满洲国教育纳入日本殖民奴化教育体系，之后则开始实行"战时教育体制"；三是目的的统一性，上述法令、法规都是日本殖民地奴化教育的重要组成部分，最终目的是为日本的殖民统治服务。

第二节　建立培植、检定和改造为一体的教师管控体系

教师是教育的主体之一，教育事业"计在百年，且为国家发展之根基"[1]，特别是对于欲实行奴化教育的殖民者来讲，要求教师必须"善导国民之思想"[2]。基于此，日本殖民者对伪满洲国的教育统治能否实现，决定于"指导者教师之素质如何"[3]，因为教师"为学生之楷模"，决定了学生能否"品行端正、学识优美"[4]，教师之重要性显而易见。日本为实现对中国东北地区的教育统治，必须对构成相对复杂的教师进行有效的管控，于是决定"必先于教师之陶冶，特别加之意也"[5]，建立了培植、检定及改造为一体的教师管控体

---

[1]《民生部大臣在教育厅会议上的训词》，《民生》，1938 年第 1 卷第 1 号。

[2] 伪满洲帝国教育会编：《满洲帝国文教关系法规辑览》下，长春：伪满洲帝国教育会 1938 年版，第 915 页。

[3]《满洲帝国学事要览（康德十年度）》，武强主编：《东北沦陷十四年教育史料》第 2 辑，长春：吉林教育出版社 1993 年版，第 385 页。

[4] 伪国务院文教部编纂：《满洲国文教年鉴》第 3 编"学校教育"，长春：新京朝日通印刷所 1934 年印，第 554 页。

[5] 伪国务院文教部编纂：《满洲国文教年鉴》第 3 编"学校教育"，长春：新京朝日通印刷所 1934 年印，第 554 页。

系,集中表现为培植符合"新标准"的教师、加强对教师资格的检定以及对新教师实行改造 3 个方面。

一、培植符合"新标准"的教师

日本为实现对中国东北地区的教育统治,对教师提出了新的要求,即深刻领会并传授伪满洲国的"建国"根基——"王道主义""建国精神",以及体现日本与伪满洲国关系的"共存共荣""日满亲善"等思想,不得怀有(对中国的)民族意识和国家情怀。伪满洲国建立前东北中小学教员由于"皆受完全之中国教育"[①],而"多怀民族思想"[②],欲"求其转变,殆不可能"[③],因此在"新标准"下"乃全数排斥不用"[④]。同时,日本着手师道教育,积极培植符合"新标准"的师资,所谓"明日之师资"[⑤],以实现其"新国民教育",从而把教师主体"易以受过奴化教育的师资"[⑥]。

(一)设立师范学校,培植专门教师

1934 年夏,伪文教部通令各中小学校聘请符合"新标准"的教员,并"严厉取缔中国内地出身者",但由于符合标准之教师严重不足,日本积极设立专门的师范学校,以"竭力造就奴化师范人才"[⑦]。他们将中国东北地区划分为 20 个师范学区[⑧],具体分配状况,如表

---

① 鲍澄极:《五年来东北之奴化教育》,《教育论文摘要》,1937 年第 1 卷第 6 期,第 31 页。
② 张葆恩:《异族统制下之东北奴化教育》,《国论》,1935 年第 1 卷第 4 期,第 4 页。
③ 鲍澄极:《五年来东北之奴化教育》,《教育论文摘要》,1937 年第 1 卷第 6 期,第 31 页。
④ 张葆恩:《异族统制下之东北奴化教育》,《国论》,1935 年第 1 卷第 4 期,第 4 页。
⑤ 鲍澄极:《五年来东北之奴化教育》,《教育论文摘要》,1937 年第 1 卷第 6 期,第 31 页。
⑥ 张葆恩:《异族统制下之东北奴化教育》,《国论》,1935 年第 1 卷第 4 期,第 4 页。
⑦ 张佐华:《日本对我国东北民众的奴化教育政策》,《新亚细亚》,1935 年第 9 卷第 5 期,第 43 页。
⑧ 张葆恩:《异族统制下之东北奴化教育》,《国论》,1935 年第 1 卷第 4 期,第 4 页。

4-3所示：

表 4-3　1934 年伪满洲国师范学区分配状况

地区（伪）	第一区	第二区	第三区	第四区	第五区	第六区
奉天省	沈阳	凤城	东丰	辽阳	锦州	铁岭
吉林省	永吉	长春	阿城	宁安	依兰	延吉
黑龙江省	龙江	绥化	黑河			
兴安省	海拉尔					
哈尔滨特别市	哈尔滨					
热河省	承德	赤峰	朝阳			

资料来源：张佐华：《日本对我国东北民众的奴化教育政策》，《新亚细亚》，1935 年第 9 卷第 5 期，第 43 页。

由上表可知，学区分配较为广泛，伪满洲国各"省"均有师范学区存在，而且以奉天与吉林最多，黑龙江与热河次之，兴安与哈尔滨居于末位，这样的分布主要与人口分布的多寡有关。

各师范学区至少设师范学校一所，而且学校各种事务皆受日本人控制，从其设置情况即可看出，每一学校的总务长和教务长均由日本人担任，以"监督统制一切"[1]，并保证"授予纯粹奴化的教育"[2]。就学校教师而言，可以分为两类：一类是日系教员，在学校中资望、地位均最高，而且"皆较其他中等学校之日人为高"[3]；另一

---

[1] 张佐华：《日本对我国东北民众的奴化教育政策》，《新亚细亚》，1935 年第 9 卷第 5 期，第 43 页。

[2] 张葆恩：《异族统制下之东北奴化教育》，《国论》，1935 年第 1 卷第 4 期，第 5 页。

[3] 鲍澄极：《五年来东北之奴化教育》，《教育论文摘要》，1937 年第 1 卷第 6 期，第 31 页。

类是"满"系教员,其虽"亦极甚众",但审查十分严格,标准为"非特别忠于新国或有力之推荐,概不聘用"①。

　　为了吸引更多的学生入学,该类师范学校对于学生的待遇极为优厚,诸如免收学费,就连书籍、文具等必需用品也都由学校供给,而且毕业后立即聘用,因此"入学者极多"②。但同时,其对学生的思想行动控制也较为严格,所谓"微有可疑,即予除名拘捕,绝不宽容"③。急需符合"新标准"教师的1934年,师范教育状况,如表4-4所示:

表4-4　1934年伪满洲国师范教育状况

地区(伪)		事项	学校数(人)	学生数(人)	毕业生数(人)	职教员数(人)	全年经费(元)
奉天省	公	男	39	2 648	2 435	271	
		女	27	1 302	1 602	36	272 611
		计	66	3 950	4 037	307	
	私	男					
		女	1	55		2	5 040
		计	1	55		2	
	计	男	39	2 648	2 435	271	
		女	28	1 357	1 602	38	277 651
		计	67	4 005	4 037	309	

① 鲍澄极:《五年来东北之奴化教育》,《教育论文摘要》,1937年第1卷第6期,第31页。
② 张佐华:《日本对我国东北民众的奴化教育政策》,《新亚细亚》,1935年第9卷第5期,第43页。
③ 鲍澄极:《五年来东北之奴化教育》,《教育论文摘要》,1937年第1卷第6期,第31页。

续表

地区（伪）＼事项			学校数（人）	学生数（人）	毕业生数（人）	职教员数（人）	全年经费（元）
吉林省	公	男	1	18	不详	8	1 294
		女	1	40	不详	1	
		计	2	58	不详	9	
	私	男					
		女					
		计					
	计	男	1	18	不详	8	1 294
		女	1	40	不详	1	
		计	2	58	不详	9	
黑龙江省	公	男	5	414	60	79	176 293
		女	8	528	397	26	
		计	13	942	457	105	
	私	男					
		女					
		计					
	计	男	5	414	60	79	176 293
		女	8	528	397	26	
		计	13	942	457	105	
热河省	公	男	7	349	393	70	35 021
		女	2	57	12	3	
		计	9	406	405	73	
	私	男				5	3 390
		女	1	36		3	
		计	1	36		8	
	计	男	7	349	393	75	38 411
		女	3	93	12	6	
		计	10	442	405	81	

续表

地区(伪)	事项		学校数(人)	学生数(人)	毕业生数(人)	职教员数(人)	全年经费(元)
兴安省	公	男	1	120		12	2 400
		女					
		计	1	120		12	
	私	男					
		女					
		计					
	计	男	1	120		12	2 400
		女					
		计	1	120		12	
合计	公	男	52	3 549	2 888	440	487 619
		女	38	1 927	2 011	66	
		计	90	5 476	4 899	506	
	私	男				5	8 430
		女	2	91		5	
		计	2	91		10	
	计	男	52	3 549	2 888	445	496 049
		女	40	2 018	2 011	71	
		计	92	5 567	4 899	516	

资料来源:伪国务院文教部编纂:《满洲国文教年鉴》第 9 编"统计",长春:新京朝日通印刷所 1934 年印,第 1185—1187 页。

由上表可以看出,1934 年伪满洲国投入 496 049 元,设立男女专门师范学校 92 所,共招收学生 5 567 人,毕业生 4 899 人,一定程度上缓解了"新教师荒"的问题。另外,日本"为养成高等奴化师资计",而新设高等师范学校,校中教职员也"多半日人"①。

① 张葆恩:《异族统制下之东北奴化教育》,《国论》,1935 年第 1 卷第 4 期,第 5 页。

（二）大兴师道教育，培养"新"教师

在设立专门师范学校的同时，日本也开始着手开展"陶冶人格，养成善良师资为本旨"①的师道教育，以另一种方式培养符合"新标准"的教师，主要包括师道学校和师道大学两种形式，两者培养目标不同，以满足完成教育统治对不同层级教师的需求。

就师道学校而言，该类学校通过"应留意于实践躬行，涵养巩固的国民精神，修得知识技能，并使努力于身体之锻炼"，以达到"养成初等教育之教师"②的目的。此种师道学校分本科和特修科两种，它们修业年限不同，入学资格也相异，本科分为第一部和第二部，其中，第一部修业 4 年，入学资格为达到"国民优级学校卒业"③；第二部修业 1 年，入学资格为"国民高等学校毕业者，及有同等实力者"④。特修科修业 2 年，入学资格为达到"国民优级学校卒业程度"⑤。由于入学资格相对较高以及学费昂贵等问题，使得"师道学校本科进学希望者之鲜少"⑥，并未达到设立该类学校的目的。

为解决入学资格相对较高的问题，从 1940 年起，日本开始在伪满洲国实行师道学校入学者推荐制度，即把大部分生源设定在国民高等学校的在校学生，规定师道学校入学者中的五分之四，由

---

① 武强主编：《东北沦陷十四年教育史料》第 1 辑，长春：吉林教育出版社 1989 年版，第 59 页。

② 武强主编：《东北沦陷十四年教育史料》第 1 辑，长春：吉林教育出版社 1989 年版，第 67 页。

③ 武强主编：《东北沦陷十四年教育史料》第 1 辑，长春：吉林教育出版社 1989 年版，第 67 页。

④ 武强主编：《东北沦陷十四年教育史料》第 1 辑，长春：吉林教育出版社 1989 年版，第 67 页。

⑤ 武强主编：《东北沦陷十四年教育史料》第 1 辑，长春：吉林教育出版社 1989 年版，第 67 页。

⑥ 俞义范：《满洲国之教育（三）》，《教育建设》（南京），1942 年第 5 卷第 3 期，第 33 页。

市、县、旗推荐,毕业后"使教师务必在自己之出身地服务",这样一方面可作为"师道学校入学希望者激减之对策"①,另一方面又可培养学生所谓的爱乡土情结。

为了解决学费昂贵的问题,并吸引学生,伪满洲国于 1940 年 5 月 7 日以伪民生部令第十四号公布学资支给制度,规定希望进入师道学校的国民高等学校在校学生由地方行政官署之市、县、旗,每月支给其 6 元至 15 元不等的学资,期限为一到四年②;同时支给补给金,该费用"半由国库,半由省、市、县、旗支出"③。但有苛刻的附加条件,诸如被资助学生在国民高等学校毕业后"有进入师道学校之义务",并且师道学校毕业后"有服务为教师之义务",服务年限"相当于支给学费之期间"④。

就师道大学而言,其设立的目的"为养成中等教育的普通科目之教师,施以师道教育"⑤,具体而言"在养成师道学校,国民高等学校之普通学科,及音乐、体育、图画、手工、书道、家事、裁缝、手艺等艺能科之教师"⑥。该类大学学生入学前必须是"师道学校、国民高等学校、女子国民高等学校毕业者,或有同等实力者"⑦,修业 3 年即可毕业。

师道大学分男子部与女子部,其中,男子部分为九班,女子部分为四班,分别授予相应的知识,具体状况如表 4 - 5 所示:

① 俞义范:《满洲国之教育(三)》,《教育建设》(南京),1942 年第 5 卷第 3 期,第 33 页。
② 俞义范:《满洲国之教育(三)》,《教育建设》(南京),1942 年第 5 卷第 3 期,第 33 页。
③ 俞义范:《满洲国之教育(三)》,《教育建设》(南京),1942 年第 5 卷第 3 期,第 33 页。
④ 俞义范:《满洲国之教育(三)》,《教育建设》(南京),1942 年第 5 卷第 3 期,第 33 页。
⑤ 俞义范:《满洲国之教育(一)》,《教育建设》(南京),1942 年第 4 卷第 6 期,第 45 页。
⑥ 武强主编:《东北沦陷十四年教育史料》第 1 辑,长春:吉林教育出版社 1989 年版,第 67 页。
⑦ 俞义范:《满洲国之教育(一)》,《教育建设》(南京),1942 年第 4 卷第 6 期,第 45 页。

表 4 - 5　师道大学班级编排与课程设置状况统计表

班别		科目
男子部	第一班	国民道德教育
	第二班	国语、语学
	第三班	历史、地理
	第四班	数学及物理、化学
	第五班	物理、化学及数学
	第六班	博物、农业
	第七班	图画、手工、国语
	第八班	音乐、国语
	第九班	体育、国语
女子部	第一班	家事及裁缝、手艺
	第二班	裁缝、手艺及家事
	第三班	音乐及国语
	第四班	体育及国语

　　资料来源:俞义范:《满洲国之教育(三)》,《教育建设》(南京),1942 年第 5 卷第 3 期,第 33 页。

　　由上表课程设置状况可以看出,师道大学男子部的设置更倾向于培养师道学校、国民高等学校之普通学科的专任教师,当然也有一部分的音乐、体育、图画的教师;而女子部则专门培养艺能科之教师,诸如书道、手工、裁缝、家事、音乐等。如"满洲国"师道大学女学院,位于长春郊外,在该学院学习的女学生大约有 120 名,毕业后均为伪满洲国各地女学校的先生[1]。该校设置的学科主要有家事、裁缝、音乐、工艺、体育等 5 科,且授业"均用日语",除上述

---

①《满洲国师道大学的女学院学生》,《新中华画报》,1944 年第 6 卷第 3 期,第 9 页。

5 个科目外,在校学生必须学习"日本妇道的修养"①。一些上课的
情形,如下图所示:

音乐时间

学习日本武士道的"薙刀"

寄宿舍内的女学生
图 4-1　伪满洲国师道大学女学院学生上课情形
资料来源:《满洲国师道大学的女学院学生》,《新中华
画报》,1944 年第 6 卷第 3 期,第 9 页。

——————————————

①《满洲国师道大学的女学院学生》,《新中华画报》,1944 年第 6 卷第 3 期,第 9 页。

另外，除常设的师道学校、师道大学外，还有一些临时性的教师养成所，如临时农业教师养成所、临时初等教师养成所等，以补充各领域教师的不足。如临时农业教师养成所，自 1938 年 2 月起附设于奉天农业大学，以"养成师道学校、国民高等学校及女子国民高等学校之农业教师，对于毕业者发给中等教育教导（农业）许可状"①。入学资格也有严格的规定：一是年龄必须在 17 至 25 岁，二是必须为满族人或熟悉满文的朝鲜人男子，三是国民高等学校毕业或具同等学力②，修业年限 1 年③。

为了吸引学生，扩大生源，该养成所在免收学费的同时，还有适当的生活补助，或者"一百元以内之日本修学旅行费"，条件是毕业后需"在中等教育机构义务服务一年半"，否则必须"偿还学费及在校时所发生活费之一部或全部"④。在这样的"优厚"条件下，生源自然可以保证，1938 年第一期招收学生 56 名，1939 年第二期 50 名，1940 年第三期 42 名，1941 年第四期 32 名，1942 年第五期 25 名，1943 年第六期 12 名，六期总毕业人数为 217 名⑤。

临时初等教师养成所作为临时性的教师养成机构，其状况与临时农业教师养成所大体相类。总体来看，整个师道教育所设置的各类学校地位及受重视程度并不相同，从其经费投入即可看出，

---

① 《临时农业教师养成所规程》（1938 年 1 月），武强主编：《东北沦陷十四年教育史料》第 1 辑，长春：吉林教育出版社 1989 年版，第 67 页。

② 《国立奉天农业大学内奉天临时农业教师养成所第四期募集公告》，伪满《政府公报》，第 1938 号，1940 年 10 月 10 日。

③ 《临时农业教师养成所规程》（1938 年 1 月），武强主编：《东北沦陷十四年教育史料》第 1 辑，长春：吉林教育出版社 1989 年版，第 67 页。

④ 《国立奉天农业大学内奉天临时农业教师养成所第四期募集公告》，伪满《政府公报》，第 1938 号，1940 年 10 月 10 日。

⑤ 奉天农业大学同窗会：《奉天农业大学同窗会教职人员名簿》，1943 年印。

1941 年及 1942 年师道教育经费状况,如表 4 - 6 所示:

表 4 - 6　1941 年及 1942 年伪满洲国师道教育经费统计

年份 校名	1941 年(元)	1942 年(元)
师道大学	472 414	475 125
师道学校	1 895 637	1 960 331
临时农业教师养成所	36 706	36 706
临时初等教师养成所	100 402	126 967
总计	2 505 159	2 599 129

资料来源:俞义范:《满洲国之教育(一)》,《教育建设》(南京),1942 年第 4 卷第 6 期,第 56 页。

　　由上表可以看出,无论是 1941 年还是 1942 年,师道学校的投入费用都占据该年总经费的 3/4 以上,结合其培养初等教育教师的目的,一定程度上反映出日本对伪满洲国初等教育的重视以及符合"新标准"初等教育教师的短缺。以培养中等学校教师为目的的师道大学经费投入居于第二位,临时初等教师养成所居于第三位,均符合日本重视伪满洲国中小学教育的宗旨。

二、严格检定录用进程中的"新"教师身份

　　如果说培养教师是日本实现奴化教育的基础,那么对教师身份进行严格检定以保证教师"质量"是培养"忠良之国民"的把关性手段。在新学制实施以前,关于教师身份的确认"并无法的规定"[1],各"地方"政府及其所属学校依据自身的财政状况,聘任教师并决定其适宜的俸给,考察的"最要项目为'建国精神',其余科目

---

[1] 俞义范:《满洲国之教育(三)》,《教育建设》(南京),1942 年第 5 卷第 3 期,第 34 页。

则属形式"①。新学制实施后，伪民生部于 1937 年以部令的形式颁布了《关于中等教育教师之件》《关于初等教育教师之件》，确立了"全国"统一的初等、中等教师的检定制度。1939 年 7 月又根据《公立学校教职员身份确立要纲》，公布了《公立学校官制》，对教师检定制度进行了一定程度的调整。

（一）对初等教育教师的检定

"新学制"实施之初，初等教育教师分为"教授初等教育之全科目"②的教谕，"教授许可状内所记载之学科目"③的专科教谕，"教谕、专科教谕职位以外从事教育职业"④的教导及教辅四大类。《公立学校官制》颁布后，教谕与专科教谕合并，而将教师分为三类，即教谕、教导及教辅。

初等教师之资格检定，由各伪省及伪特别市之"初等教育教师检定委员会"执行，该会由委员长、常务委员、试验委员组成。其中，委员长"以省公署民生厅长及民政厅长或特别市公署行政处长充之"，常务委员"由省长或特别市长就省公署或特别市公署高等官及有学识经验者之中派充或委嘱之"，试验委员"由省长或特别市长派充或委嘱之"⑤。由此可见，执行"国家"行政命令的政府机关直接委派胜任人员进行教师资格的检定，由其决定教师的取舍，

---

① 《最近文化与教育界：东北奴化教育》，《文化与教育》，1936 年第 90 期，第 34 页。

② 《关于初等教育教师之件》(1937 年 10 月 10 日)，武强主编：《东北沦陷十四年教育史料》第 1 辑，长春：吉林教育出版社 1989 年版，第 654 页。

③ 《关于初等教育教师之件》(1937 年 10 月 10 日)，武强主编：《东北沦陷十四年教育史料》第 1 辑，长春：吉林教育出版社 1989 年版，第 654 页。

④ 《关于初等教育教师之件》(1937 年 10 月 10 日)，武强主编：《东北沦陷十四年教育史料》第 1 辑，长春：吉林教育出版社 1989 年版，第 654 页。

⑤ 《关于初等教育教师之件》(1937 年 10 月 10 日)，武强主编：《东北沦陷十四年教育史料》第 1 辑，长春：吉林教育出版社 1989 年版，第 658—659 页。

这就使行政力量介入并控制了教育领域,更有利于"国家精神"的践行。

　　参加初等教师检定,必须具备一定的资格:年满 17 岁,国民优级学校及以上学校毕业,或具有同等学力①。同时规定下列人员不可参加检定,即"被处禁锢以上之刑者、受破产之宣告未经复权者、因惩戒受褫夺许可状之处分未经过三年者、因惩戒受免职之处分未经过二年者"②。检定流程主要包括三项,即学力试验、性行考查、身体检查,其中以学力试验为主。

　　就教谕检定而言,男女略有不同,男子必须师道学校毕业,学力试验"准照师道学校之学科目"③;女子学力试验"准照女子国民高等学校本科及师道科之学科目",其程度"以女子国民高等学校师道科毕业者之学力为标准"④。只有完全符合上述标准,才能授予教谕许可证。同时,有下列情况之一,即可免于学力试验:一是国民高等学校(含女子)等学校毕业(或同等学力),且有五年以上工作经验的"国"内初等教育教师;二是"国"外中等及以上学校毕业(或同等学力),且有五年以上工作经验的"国"外初等教育教师;三是具有初等教育教导许可状,且有七年以上工作经验,经"地方"长官推荐的"国"内初等教育教师;四是具有初等教育教谕许可状,

---

①《关于初等教育教师之件》(1937 年 10 月 10 日),武强主编:《东北沦陷十四年教育史料》第 1 辑,长春:吉林教育出版社 1989 年版,第 655 页。

②《关于初等教育教师之件》(1937 年 10 月 10 日),武强主编:《东北沦陷十四年教育史料》第 1 辑,长春:吉林教育出版社 1989 年版,第 655—656 页。

③《关于初等教育教师之件》(1937 年 10 月 10 日),武强主编:《东北沦陷十四年教育史料》第 1 辑,长春:吉林教育出版社 1989 年版,第 657 页。

④《关于初等教育教师之件》(1937 年 10 月 10 日),武强主编:《东北沦陷十四年教育史料》第 1 辑,长春:吉林教育出版社 1989 年版,第 657 页。

且有七年以上工作经验，经伪监督官署推荐的"国"外初等教育教师①。

　　就专科教谕检定而言，参加检定者需接受共通、专科两种科目的学力试验。其中，共通科目针对所有检定者，包括国民道德、教育两种课程，学历标准为"在男子以师道学校毕业者，在女子以女子国民高等学校师道科毕业者之学力"②。专科科目包括日语、手工、图画、体操、音乐、农业、工业、商业、家事、裁缝等专业性强的课程，检定者"选择其中之一科目或数科目而受试验"，其学历标准不一，在日语、手工、图画、体操及音乐领域，男子必须有"以师道学校毕业者之学力"，女子则有"女子国民高等学校师道科毕业者之学力"③；在农业、工业及商业领域，无论男女必须有"国民高等学校毕业者之学力"④；在家事及裁缝领域，参加检定者均为女子，必须有"女子国民高等学校毕业者之学力"⑤。只有完成这样的检定，才能得到专科教谕的许可证，也才能真正成为专科教师。当然，专科教谕也有免于检定的情况，有下列情形之一即可：一是具有中等教育教师许可状的"国"内毕业生；二是具有初等教育专科教谕许可状的"国"外毕业生；三是国民高等学校（含女子）及以上学校毕业（或

---

①《关于初等教育教师之件》（1937 年 10 月 10 日），武强主编：《东北沦陷十四年教育史料》第 1 辑，长春：吉林教育出版社 1989 年版，第 656 页。

②《关于初等教育教师之件》（1937 年 10 月 10 日），武强主编：《东北沦陷十四年教育史料》第 1 辑，长春：吉林教育出版社 1989 年版，第 657 页。

③《关于初等教育教师之件》（1937 年 10 月 10 日），武强主编：《东北沦陷十四年教育史料》第 1 辑，长春：吉林教育出版社 1989 年版，第 657 页。

④《关于初等教育教师之件》（1937 年 10 月 10 日），武强主编：《东北沦陷十四年教育史料》第 1 辑，长春：吉林教育出版社 1989 年版，第 657 页。

⑤《关于初等教育教师之件》（1937 年 10 月 10 日），武强主编：《东北沦陷十四年教育史料》第 1 辑，长春：吉林教育出版社 1989 年版，第 657 页。

同等学力），且有两年以上工作经验的"国"内初等教育教师；四是
"国"外中等及以上学校毕业（或同等学力），且有两年以上工作经
验的"国"外初等教育教师①。

　　总之，只有经过检定，获得相应的许可证，才能真正成为初等
教育的教师，因为有明确规定：教谕"必要持有初等教育教谕免许
状（许可证），或中等教育教谕免许状"，教导"必要持有初等教育教
谕免许状"，教辅"不必要特定之资格，在不能得到教谕、教导时，可
代用为教谕者"②。

　　（二）对中等教育教师的检定

　　与初等教育教师相同，中等教育教师也分为教谕、教导、教辅
三类，其中，教辅在中等教育学校中辅助教学工作，教谕及教导则
"教授其许可状内所载之学科目"③。中等教师之资格检定由设于
伪民生部内之"中等教育教师检定委员会"执行，该委员会由委员
长、常务委员、试验委员组成。其中，常务委员由"民生部大臣就民
生部高等官中派充之"，试验委员由"民生部大臣派充或委嘱之"④。
这样的构成其目的与"初等教育教师检定委员会"无异。

　　参加中等教师检定，同样必须具备一定资格：年满 20 岁，国民
高等学校（含女子）及以上学校毕业，或具有同等学力⑤。不可接受

<hr/>

① 《关于初等教育教师之件》（1937 年 10 月 10 日），武强主编：《东北沦陷十四年教育史
　　料》第 1 辑，长春：吉林教育出版社 1989 年版，第 657 页。

② 俞义范：《满洲国之教育（三）》，《教育建设》（南京），1942 年第 5 卷第 3 期，第 34 页。

③ 《关于中等教育教师之件》（1937 年），武强主编：《东北沦陷十四年教育史料》第 1 辑，
　　长春：吉林教育出版社 1989 年版，第 665 页。

④ 《关于中等教育教师之件》（1937 年），武强主编：《东北沦陷十四年教育史料》第 1 辑，
　　长春：吉林教育出版社 1989 年版，第 668 页。

⑤ 《关于中等教育教师之件》（1937 年），武强主编：《东北沦陷十四年教育史料》第 1 辑，
　　长春：吉林教育出版社 1989 年版，第 666 页。

检定的条件和接受检定的流程与初等教育相同，仍以学力试验为"最主要之流程"①，检定学科如表 4－7 所示：

表 4－7　伪满洲国中等教育教师检定学科统计

检定学科	属部
国民道德	
国语	日语、满语、蒙古语（3 部）
教育	
实业	农业、园艺、畜产、林业、机械、电气、土木、建筑、应用化学、纺织、工艺、采矿冶金、商业、水产、航海、机关（16 部）
历史	
地理	
数学	
理科	博物、物理、化学（3 部）
图画	
体育	
音乐	
家事	
裁缝手艺	
语学	俄语、英语（2 部）

资料来源：《关于中等教育教师之件》（1937 年），武强主编：《东北沦陷十四年教育史料》第 1 辑，长春：吉林教育出版社 1989 年版，第 667 页。

受检定者必须从上表中选取一个学科，有属部的则从属部中选取一部作为学力试验的检定科目。就教谕而言，其检定标

---

①《关于中等教育教师之件》（1937 年），武强主编：《东北沦陷十四年教育史料》第 1 辑，长春：吉林教育出版社 1989 年版，第 666—667 页。

准为"以其所申请之学科目,在其所将任教师之学校足有教授
之学力"①,同时,有下列情况之一,即可免于学力试验:一是毕业
于"国"内外大学(或类似大学)的受检定者;二是具有中等教育教
谕许可状(或同等效力证书)的外国教师;三是具有中等教育教导
许可状且有五年及以上工作经验的"国"内教师,经伪省长(或伪
特别市长)推荐②。就教导而言,其检定标准为"以其所申请之学
科目,在其所将任教师之学校受教谕之指导而足有教授之
学力"③。

　　同样,只有经过检定,获得相应的许可证,才能真正成为中等
教育的教师,因为部令明确规定各级各类中等教育的工作人员"皆
以持有中等教育教师免许状者为限",但"凡遇特别情形时,得例外
的以没有中等教师免许状者补充之"④。补充之标准,校长"得以没
有该免许状者补充之",实业科目之教谕、教导"得以持有职业教育
教谕或教导之免许状者补充之",其他科目之教谕"得以初等学校
教谕,或类似此之外国教师之在职者,且有一定年限之在职者补
充之"⑤。

　　另外,职业教育教师之检定由设置在伪民生部中之"职业学校
教师检定委员会"执行,检定流程与初等、中等教育基本相同,在此
不再赘余。同时即使通过检定,得到许可证并真正进入各级学校

---

① 《关于中等教育教师之件》(1937年),武强主编:《东北沦陷十四年教育史料》第1辑,
　　长春:吉林教育出版社1989年版,第667页。
② 《关于中等教育教师之件》(1937年),武强主编:《东北沦陷十四年教育史料》第1辑,
　　长春:吉林教育出版社1989年版,第667页。
③ 《关于中等教育教师之件》(1937年),武强主编:《东北沦陷十四年教育史料》第1辑,
　　长春:吉林教育出版社1989年版,第667页。
④ 俞义范:《满洲国之教育(三)》,《教育建设》(南京),1942年第5卷第3期,第35页。
⑤ 俞义范:《满洲国之教育(三)》,《教育建设》(南京),1942年第5卷第3期,第35页。

成为教师,其行动及态度也时常受到日籍教员的监督,如有不慎,即有可能被驱逐出教师队伍,如在日本的授意下伪教育厅常以"对新国家之感想"为题目,令"各校头脑清晰之华籍职员作文章或讲演",从而"藉觇各员之思想,以定取舍"①。

三、进一步改造学校"新"教师

日本为使奴化教育得到彻底推行,除了设立师范学校培养师资、设置严格的检定制度为教师进入学校把关外,还极力建立教师培训制度并付诸实践,以进一步改造已进入学校授课的教师,集中表现为进行教员讲习培训、出国深造两种形式。

（一）伪满建立初期的讲习培训

伪满洲国建立之初,各项教育事业尚未进入正轨,日本就已经开始了对教师的讲习培训。作为大规模讲习培训的前奏,诸如满洲夏季大学讲习会、教职员补习会,其"更无不尽奴化之能事"②,以"彻底使东北青年深切认识伪国,认为合理"③。1932 年 7 月 25 日至 8 月 3 日,由满洲文化协会、满铁学务课、日外务省文化事业部及伪文教部组织,在东北大学举行了满洲夏季大学讲习会,共有 50 人参加了此次讲习会,可谓"重大视之"④。该讲习会的课程安排以及授课人状况,如表 4-8 所示:

---

① 《最近文化与教育界:东北奴化教育》,《文化与教育》,1936 年第 90 期,第 34 页。

② 兆涵:《九一八后之满洲伪国教育》,《时代教育》(北平),1933 年第 1 卷第 1 期,第 63 页。

③ 曾宗孟:《东北沦陷纪实·九一八周年痛史》上,北京:九一八学社 1932 年版,第 682 页。

④ 曾宗孟:《东北沦陷纪实·九一八周年痛史》上,北京:九一八学社 1932 年版,第 683 页。

表 4 - 8　1932 年满洲夏季大学讲习会课程安排

课程名称	讲授人	身份
王道论	郑孝胥	伪国务总理
儒教之领域	诸桥辙次	东京文理科大学教授、文学博士
由日本朝鲜观察之满洲历史	中山久次郎	东京文理科大学教授、文学博士
极东人种论	乌居龙藏氏	文学博士
考古资料之展观及其解说	罗振玉	
"满洲国"创生之意义	阪垣征四郎	关东军司令部参谋
"新满洲国"之政治	驹井德三	
"满洲新国家"之财政	阪古希一	伪国国务院次官
满洲之交通政策	藤根寿古	
满洲富源之开发	贝濑谨吾	满洲文化协会理事
日满经济之新意义	石川铁雄	满铁经济调查会次长
满洲之资源及将来之新兴工业	栗原鑑司	满铁中央试验所长
满洲移民论	千叶丰治	
兴安屯垦之现状及将来	菊竹宝藏	伪国兴安局长

　　资料来源:兆涵:《九一八后之满洲伪国教育》,《时代教育》(北平),1933 年第 1 卷第 1 期,第 66 页。

　　有上表可知,此次讲习会课程内容涉及政治、经济、文化等多个领域,"建国精神"之讲授能从民众意识方面对"国民"加以"引导"并控制,"建国"意义及政治是为所谓政权的"合法性"与"合理性"辩护,经济领域之课程即讲授所谓"开发"东北之"善行",以掩盖经济侵略之本质。上述课程作为日本"炉冶之奴化工具",其功用"不只教育",目的"亦在将来"①。

———————

① 曾宗孟:《东北沦陷纪实·九一八周年痛史》上,北京:九一八学社 1932 年版,第684 页。

同时,于 1932 年 8 月 13 日至 9 月 2 日针对初等与中等教育教师,相关机构又组织了教职员补习会,其目的是"使学校职教员贯彻建'国'的精神,并理解我'国'教育之本旨"[1],会员是由校长或首席教员组成。其中,初等学校教员 150 名,中等学校教员 50 名[2],费用"由各省区县担负"[3]。该补习会日程安排、课程设置与讲师状况,如表 4－9 所示:

表 4－9　1932 年教职员补习会课程及日程安排

名目	课程	讲师
课程设置及讲师	未定	伪国务总理
	我"国"教育方针及教育者之使命	伪文教部部员
	未定	关东军参谋
	我"国"之国际关系	伪外交部部员
	经学之本旨	吉林荣教育厅长外一名
	未定	驹井总务长官
名目	**日期**	**活动安排**
日程安排	第一日(8 月 30 日)	上午讲习,下午参观各官衙
	第二日(8 月 31 日)	上午讲习,下午参观各官衙
	第三日(9 月 1 日)	上午讲习,下午恳亲会
	第四日(9 月 2 日)	上午讲习,下午闭会

资料来源:兆涵:《九一八后之满洲伪国教育》,《时代教育》(北平),1933 年第 1 卷第 1 期,第 66 页;曾宗孟:《东北沦陷纪实·九一八周年痛史》上,北京:九一八学社 1932 年版,第 685 页。

---

[1] 兆涵:《九一八后之满洲伪国教育》,《时代教育》(北平),1933 年第 1 卷第 1 期,第 66 页。

[2] 曾宗孟:《东北沦陷纪实·九一八周年痛史》上,北京:九一八学社 1932 年版,第 684 页。

[3] 兆涵:《九一八后之满洲伪国教育》,《时代教育》(北平),1933 年第 1 卷第 1 期,第 66 页。

　　由上表可知,教职员补习会通过宣扬教育方针与使命,督促初等与中等教育学校的校长或首席教员深刻领会,并希望他们回到各自学校切实遵循,以达到奴化教育的目的。经学本旨的教授是为教师之后向学生灌输"建国精神""王道主义"等思想作准备,一定程度上能够清除教师的所谓"不纯思想"。

　　(二)教员讲习所之培训

　　教职员"为学生之师表",其"思想行止与学生有密切之关系",对此日本殖民者自然深明教师之重要性。加之伪满洲国建立初期,三民主义在东北地区得以广泛传播,所谓"其流毒深入人心",引起了日本的恐慌,认为"非洗涤其心志,无以称成功而昭更始"①。对当时的复杂情形以及应对之理,伪国务院文教部编纂《满洲国文教年鉴》中有这样的阐释:

> 我国肇兴,为日虽浅,然使身居教职者,果能洞悉建国之旨,协力一致,以尽其职责,则吾人对于我国之前程当不胜其欣幸。盖我国以王道立国,实行道德仁爱,而王道精神之普及,与夫道德仁爱之实行,厥惟教育是赖,是以教育为国家之命脉。文教之成功与否,国家之盛衰系焉。查我国今日教育之情形,其应努力改善以求充实者既非鲜,又以国家初创、国政巨变,人民多有不明澈建国之理想何在,甚有徘徊歧路,不知何往者。方今之时,对于教育事业,应加以深刻注意,不待言矣。②

　　在上述综合因素的促使下,日本认为有必要对伪满洲国范围

---

① 许汝棻:《满洲国之文教》,《文教月刊》,1933年第3期,第27页。
② 伪国务院文教部编纂:《满洲国文教年鉴》第3编"学校教育",长春:新京朝日通印刷所1934年印,第563页。

内的中小学校长、教师进行培训，将"王道普及之精神彻底灌注于国民意识之中"，以"正人心而厚风俗，巩国基而奠乐土"①。有鉴于此，1933 年，伪满洲国于长春南岭设立教员讲习所，归伪文教部管理，并颁布《教员讲习所官制》《教员讲习所规程》等法令，以明确该所"依据建国精神专为训练中小学校教职员而设"②的性质与宗旨，并保障其顺利运行。该讲习所所长由伪文教部次长许汝棻兼充，招收现任中小学教师，常年经费为 87 136 元③。其设置状况，如表 4 - 10 所示：

表 4 - 10　教员讲习所课程安排及讲授人状况

讲授人	讲习所职务	实际职务	讲授课程
高起元		教务主任、舍务	经学
堀井德五郎	舍务主任	教授	日本语
邵令魁	舍务	助教授	体育
南喜市	舍务	属官	校务
郑孝胥	伪国务总理	讲师	经学、建国精神
罗振玉	伪监察院长	讲师	经学、建国精神
袁金铠	伪参议	讲师	经学、建国精神
许汝棻	伪文教部次长	讲师	经学、建国精神
商衍瀛	伪执政府会计审查局长	讲师	经学、建国精神
王季烈	伪执政府内务处技正	讲师	国内事情
姚任	伪国务院情报科长	讲师	国内事情
曲秉善	伪民政部文书科长	讲师	国内事情

---

① 伪国务院文教部编纂：《满洲国文教年鉴》第 3 编"学校教育"，长春：新京朝日通印刷所 1934 年印，第 552 页。

②《教员讲习所官制》，《文教月刊》，1933 年第 1 期，第15 页。

③《最近文化与教育界：东北奴化教育》，《文化与教育》，1936 年第 90 期，第 34 页。

续表

讲授人	讲习所职务	实际职务	讲授课程
王济众	伪军政部兵器课长	讲师	国内事情
胡宗瀛	伪财政部秘书科长	讲师	国内事情
孙□	伪实业部工商司长	讲师	国内事情
林丙炎	伪实业部林务科长	讲师	国内事情
金振民	伪交通部秘书科长	讲师	国内事情
本间彻弥	伪司法部人事科长	讲师	国内事情
上村哲弥	伪文教部学务司长	讲师	国内事情
那木海札布	伪兴安总署文教科长	讲师	国内事情
一条林治	伪文教部	讲师	教育
徐鸿泽	吉林省立第二师范学校长	讲师	教育

资料来源:伪国务院文教部编纂:《满洲国文教年鉴》第 3 编"学校教育",长春:新京朝日通印刷所 1934 年印,第 565—566 页。

教员讲习所于 1933 年 4 月开课,在开幕式上所长许汝棻有这样的致辞:

> 教职员讲习所之设,乃依据建国精神为训练中小学校教职员之用,夫中小学校为高等专门学校之基础,而教职员又为学生之楷模,诚使教职员尽其职责,则他日养成之学生,对于社会、对于国家各种贡献必有可观。日月不居卒业时期转瞬即届,揆诸古人求学之义、穷年之力,岂有满足之时?所幸诸君学职经验多从选拔而来,凡属学校教授、管理诸法,研究有素,所谓事半功倍者,非耶鄙人承乏所长……近世各国昌言教科,教科之中首重德育,故其中小学校教授修身之法,必以涵养品性之本原、指导道德之趋向为二大纲领。虽校中分配各种学科均关德育,而一科有一科特定之目的,万难强合,惟修身与德育有直接关系,以修身占诸教科之首,确有不易之理,

非偶然也。方今国家励行王道政治,舍德育无以辅助王道之
进行。讲习诸君负养成学生之责,修身二字固宜按心理之所
同纳之于范围之内,而课之以时间躬行,非但列于学科已
也……值学风凋敝之余,惟尊重德育,庶几得所补救,若轻德
育偏重科学,将兼科学愈发达,而道德愈浇漓。①

　　此致辞不可谓不恳切,明为提高伪满洲国教师之综合素质,实
质上是预想达到控制教师思想意识,进而控制学生的不可告人的
企图。因此致辞中特别强调德育之重要性,在实践中也"注重经
术",以使全国教职员"明了今后国家教育之正轨",莘莘学子"庶不
至有迷途之人焉"②。1933—1937 年教员讲习所共举办 14 回,参
加的中小学教师数量,如表 4-11 所示:

表 4-11　1933—1937 年参加教员讲习所中小学教师人数

地区(伪)	1933 年 第 1—3 回	1934 年 第 4—7 回	1935 年 第 8—11 回	1936 年 第 12—13 回	1937 年 第 14 回	计
奉天省	96	80	100	97	49	412
吉林省	36	36	40	43	25	180
黑龙江省	45	30	40	42	23	180
热河省	2	16	11	14	7	50
滨江省	30	46	40	50	23	189
锦州省	24	34	40	42	20	160
安东省	14	29	24	23	15	105
间岛省	6	10	20	19	9	64
三江省	0	16	10	13	6	45

① 《教员讲习所开所许所长训词》,《文教月刊》,1933 年第 1 期,第 55 页。
② 许汝棻:《满洲国之文教》,《文教月刊》,1933 年第 3 期,第 27 页。

续表

地区(伪)	1933 年 第 1—3 回	1934 年 第 4—7 回	1935 年 第 8—11 回	1936 年 第 12—13 回	1937 年 第 14 回	计
黑河省	0	0	4	6	5	15
新京特别市	15	19	18	11	4	67
哈尔滨 特别市	2	18	12	16	6	54
北满特别区	30	19	20	0	0	69
兴安总署	9	19	15	7	3	53
总计	299	372	394	383	195	1 643

资料来源:武强主编:《东北沦陷十四年教育史料》第 2 辑,长春:吉林教育出版社 1993 年版,第 182 页。

教员讲习所的具体运行情况,以 1933 年的前两次招生为例。学员为"全国教职员中之优秀者",授以"建国之理想与文教之本旨",使其"立于文教之第一线",以"负指导之责"[1]。此两次招生各"省"分布状况,如表 4-12 所示:

表 4-12　1933 年参加教员讲习所第一、二回教师人数

地区(伪) ＼ 回数	第一回	第二回
奉天省	50	50
吉林省	20	20
黑龙江省	15	15
热河省	—	—
东省特别区(北满特别区)	10	10

---

[1] 伪国务院文教部编纂:《满洲国文教年鉴》第 3 编"学校教育",长春:新京朝日通印刷所 1934 年印,第 563 页。

续表

回数 地区（伪）	第一回	第二回
新京特别市	5	5
兴安总署	—	2
总计	100	102

资料来源：伪国务院文教部编纂：《满洲国文教年鉴》第 3 编"学校教育"，长春：新京朝日通印刷所 1934 年印，第 567 页。

　　由上表可知，参加教员讲习所的教师数第一回为 100 人，第二回为 102 人。其中，各"省份"的分布两次是一致的，奉天参加人数约占总人数的一半，居于第一位，吉林次之，黑龙江则居于第三位。这与各地方的教育发达程度有关，教育愈是发达，受日本"关注"的程度愈高，参加教员讲习所的人数自然愈多。从这个意义上讲，在当时的伪满洲国，奉天之中小学教育最为发达，吉林、黑龙江次之，这也符合实际情况。

　　教员讲习所此两次的活动安排，如表 4-13 所示：

表 4-13　1933 年教员讲习所第一、二回活动安排

次数	时间	课程
第一回	4 月 24 日午前 10 时	开始讲习
	4 月 26 日、28 日	参观新京公学校及西广场小学校
	5 月 8 日午前 10 时半	举行开所典礼
	5 月 27 日	所员等率领讲习员往执政府谢恩
	6 月 9 日—11 日	津田元德讲师来所讲演
	6 月 24 日午后 1 时	讲习员开谢恩茶话会
	6 月 27 日午前 10 时	举行第一回卒业典礼
	6 月 27 日—7 月 3 日	旅顺、大连方面旅行参观

次数	时间	课程
第二回	7月8日午前9时	举行第二期讲习典礼
	7月30日午前7时	讲习员全体驿站前送武藤大将灵柩上车
	8月7日—27日	四平街公学校长稻川讲师来所讲授音乐
	8月9日	参加新京西公园日"满"青年大会
	8月14日—20日	旅顺、大连方面旅行兼参观日"满"博览大会
	8月30日	所长及所员率领讲习员往执政府谢恩
	9月14日	讲习生同往新京公学校参观授课
	9月15日	参观日本承认"满洲国"纪念祝贺典礼
	9月21日	讲习生同往新京西广场小学校参观授课
	9月26日午前10时	举行第二期卒业典礼

资料来源：伪国务院文教部编纂：《满洲国文教年鉴》第3编"学校教育"，长春：新京朝日通印刷所1934年印，第563—565页。

从此两次教员讲习所活动安排来看，主要有授课、参加实践活动两种形式。就授课而言，讲习科目"为建国精神、国内情事及国际关系、经学、教育及其他课程"①，其中以"建国精神""王道政治""日满一德心"等德育内容为核心，其他课程"均将于是乎赖矣"②，其目的自然是提高中小学教师的所谓"素质"，"纯清"其思想，以期将此种"素质"更好地应用在课堂实践中，进而更有效地把奴化思想灌输给学生，以达控制之目的。

---

① 《教员讲习所规程》（1933年4月26日），伪国务院文教部编纂：《满洲国文教年鉴》，长春：新京朝日通印刷所1934年印，第97页。

② 伪国务院文教部编纂：《满洲国文教年鉴》第3编"学校教育"，长春：新京朝日通印刷所1934年印，第552页。

就参加实践活动而言,到"执政府"谢恩、开谢恩茶话会均是向参加讲习之教员及世人彰显皇恩浩荡之举;组织教师参加日"满"青年大会、参观日"满"博览大会及举行日本承认伪满洲国纪念祝贺典礼等活动,无非是宣扬"日满一德心""日满亲善"之意;旅顺、大连方面旅行参观更是展示奴化教育之成果,揭示其行为的"合理性",因为旅顺、大连是最早受日人践踏的地区,"设立公学堂,专收中国学生,实行同化之毒策"①,奴化教育相对较为彻底。

(三)派教师"出国深造"

为了加强对中小学教师的管控,伪满洲国还选派"思想纯正、忠于新国"的教师"出国深造",期限为一年,冠冕堂皇的目的是"研究日本学校教育之教授法、训育法及学校管理法并攻自己希望之学科"②,实质上是使教师"增厚亲某国(日本——引者注)思想,而便效忠于奴化教育"③。对于欲"出国深造"之教师,必须经过严格筛选:首先是年龄在 35 岁以下的男子,且身体强健,思想坚实,成绩优秀;其次是具备两年以上之教育经验,且"通日本语,无听讲之困难"④。

留学期间,各教师"原薪照发,并配给生活费若干"⑤,且"现任地、新京、留学地间酌给往复路费"⑥。在如此优厚的条件下,教师必须尽一定的义务,如毕业后必须在原任学校服务两年,如自动离

---

① 应麟:《暴日操纵下的东北奴化教育》,《康藏前锋》,1934 年第 12 期,第 13 页。
② 阮振铎:《第五届教员留学生选拔要项》,《文教月报》,1936 年第 8 期,第 2 页。
③《最近文化与教育界:东北奴化教育》,《文化与教育》,1936 年第 90 期,第 33 页。
④ 阮振铎:《第五届教员留学生选拔要项》,《文教月报》,1936 年第 8 期,第 2 页。
⑤ 鲍澄极:《五年来东北之奴化教育》,《教育论文摘要》,1937 年第 1 卷第 6 期,第 31 页。
⑥ 阮振铎:《第五届教员留学生选拔要项》,《文教月报》,1936 年第 8 期,第 2 页。

职或转任,则要求"缴还其留学期间所领学费及俸给之一部或全部"①。当然也有一定的机会,如在学期间"成绩可观者",可"擢任教务主任、训育主任、日语教员、校长等职"②。

伪满洲国从 1933 年 7 月开始选派教师"出国深造",直至 1937 年师道训练机关整备为止,共选派五期,其具体状况,如表 4-14 所示:

表 4-14 1933—1937 年伪满洲国教员留学生统计

回次	时间	派遣人数
第一回	1933 年 7 月—1934 年 6 月	24
第二回	1934 年 4 月—1935 年 3 月	17
第三回	1934 年 11 月—1935 年 10 月	20
第四回	1935 年 9 月—1936 年 8 月	30
第五回	1936 年 4 月—1937 年 3 月	20
总计		111

资料来源:武强主编:《东北沦陷十四年教育史料》第 1 辑,长春:吉林教育出版社 1989 年版,第 420 页。

由于施行严苛的选派制度,加之经费投入高昂,1933 年 7 月至 1937 年 3 月的 4 年余时间里,共选派五期 111 名教员,每期人数不过二三十人而已③。教员留学生"深造"的学校状况,以 1933 年第一回为例,如表 4-15 所示:

① 阮振铎:《第五届教员留学生选拔要项》,《文教月报》,1936 年第 8 期,第 2 页。
② 鲍澄极:《五年来东北之奴化教育》,《教育论文摘要》,1937 年第 1 卷第 6 期,第 31 页。
③ 伪国务院文教部编纂:《满洲帝国第三次教育年鉴》,长春:伪国务院文教部 1935 年印,第 24 页;谢廷秀:《满洲国学生日本留学十周年史》,长春:伪满洲国大使馆内学生会中央事务所 1942 年印,第 144 页。

表 4‑15　1933 年伪满洲国第一回派遣教员留学生统计

学校名	学生数					
	（伪）奉天省	（伪）吉林省	（伪）黑龙江省	（伪）北满特别区	（伪）新京特别市	（伪）兴安总署
东京高等师范学校	3	1	3	1	1	1
广岛高等师范学校	4	2	2			1
玉川学园	1	1				1
共计	8	4	6	2	1	3

资料来源：伪国务院文教部编纂：《满洲国文教年鉴》第 3 编"学校教育"，长春：新京朝日通印刷所 1934 年印，第 560—561 页。

由上表可知，教师留学生"深造"的机构主要是师范类的学校，主要学习日本的教育理念与模式，使他们"受日本学校教育之实地训练"，以"补益日满亲善"[1]，促进"日满一体"，这与宣扬的"攻自己希望之学科"[2]的目的明显不符。1940 年，自 1937 年中断的教师留学由于教官学制度的实施而得以恢复，1942 年更是以伪民生部令的方式颁布《民生部教员留学规程》，主要目的是促进"教官之素质向上"[3]，通过"学习教师之必要的学术技能，深刻体会日本精神"[4]，以"磨炼人格，研究学术技艺"，进而"育成优秀教员"[5]。具体的选派情况，1940 年 30 名，1941 年 50 名，1942 年 33 名，1943 年

---

[1] 谢廷秀：《满洲国学生日本留学十周年史》，长春：伪满洲国大使馆内学生会中央事务所 1942 年印，第 144 页。

[2] 阮振铎：《第五届教员留学生选拔要项》，《文教月报》，1936 年第 8 期，第 2 页。

[3] 俞义范：《满洲国之教育（四）》，《教育建设》（南京），1943 年第 5 卷第 4 期，第 37 页。

[4] 《满洲年鉴》，大连："满洲"日日新闻社 1944 年版，第 251—252 页；《满洲年鉴》，大连："满洲"日日新闻社 1945 年版，第 264—265 页。

[5] 俞义范：《满洲国之教育（四）》，《教育建设》（南京），1943 年第 5 卷第 4 期，第 37 页。

47 名,1944 年 28 名,1945 年 28 名①,主要留学学校为东京高等师范学校、东京文理科大学、广岛文理科大学、广岛高等师范学校及奈良女子高等师范学校等②。

日本通过淘汰中国东北地区旧有教师,并积极筹设师范学校培植符合"新标准"的教师,完成了肩负重任的教师的"新旧交替",这只是管控教师的第一步;合乎"标准"、已进入学校任教的教师,日本则通过教员讲习、"出国深造"等形式进一步深化对他们思想及行为的管控。总之,日本通过上述步骤,一步步地把中国东北地区教师掌握在自己手中,这是完成对东北地区的教育统治,并实现奴化教育的重要步骤。

第三节　学校结构与教学内容的"除旧立新"

学校是传播知识的平台,也是完成教育事业的重要载体,其教学内容如何直接决定了人才培养的方向。因此为实现对中国东北地区教育的有效管控,伪满洲国建立初始,日本即加大了对东北地区学校与教学内容的管理,集中表现为学校结构的调整、编制"适宜"的教材及设置奴化课程等。

一、调整学校结构与类型

九一八事变前,日本已经开始了对中国东北部分地区的奴化教育,但当时整体的教育主导权仍掌握在中国人手中,这就意味着

---

① 《满洲年鉴》,大连:"满洲"日日新闻社 1944 年版,第 251—252 页;《满洲年鉴》,大连:"满洲"日日新闻社 1945 年版,第 264—265 页。

② 武强主编:《东北沦陷十四年教育史料》第 2 辑,长春:吉林教育出版社 1993 年版,第 394 页。

该地区教育的中国元素是主体。伪满洲国建立后，日本认为旧有的公私立学校已不合时宜，"除旧立新"，调整学校结构成为其实现教育统治的重要步骤。

（一）九一八事变前中国东北地区的学校概况

其一，日本人设立的殖民学校。日俄战争之后，日本攫得了"南满"实质的统治权，随即开始对该地区开展殖民教育。首先是取缔本地固有之教育，当时，在中国居民占 87％的旅大租借地内及中国居民占 65％的满铁租用地内，日本竟取缔中国式的教育机构，"悍然禁止中国对中国人施行任何教育"，即使有一些中国人"拟委曲设立义塾"，其"亦必设法摧残，使归于尽而后已"①。

其次是设立殖民式的教育机构。一开始在旅顺、大连等地设立公学堂若干，专收中国学生。其后逐渐扩充，凡沿安奉路线之各城市及车站"均有小学堂、公学堂、日文日语学校等之设施"②。这些学校不遵中国教育部章，各科教科书"由满铁会社特别编定"，内容"率为侮辱中国，颂扬日本"，教科书及教学"悉用日语"，课程表"列日文为主科，名为国语，将国文摈灭殆尽，名曰汉文"③，借以"实行同化之毒策"，并"以笼络手段，造成亲日分子，使之忘却祖国观念，以供其驱使"④。

这些学校对于中国之历史地理"极力侮蔑，使儿童厌弃中国"⑤，但却详细讲授日本历史地理；同时，禁止悬挂中国国旗、党

①《国际要闻选录：日本在东北之奴化教育》，《国际问题研究会通讯》，1934 年第 7 月期，第 26 页。

② 应麟：《暴日操纵下的东北奴化教育》，《康藏前锋》，1934 年第 12 期，第 13 页。

③《国际要闻选录：日本在东北之奴化教育》，《国际问题研究会通讯》，1934 年第 7 月期，第 25 页。

④ 应麟：《暴日操纵下的东北奴化教育》，《康藏前锋》，1934 年第 12 期，第 13 页。

⑤《国际要闻选录：日本在东北之奴化教育》，《国际问题研究会通讯》，1934 年第 7 月期，第 26 页。

旗,并禁止阅读有关三民主义的任何书籍,以"图消我同胞之民族思想与精神"①;在中国国庆大典等节日,中国学生被要求照常上课,禁止开会庆祝,反而在日本的节日,则"反令中国学生特别庆祝",且每日学校朝会"亦须向日天皇敕语及日旗致敬"②,以消灭中国国民之国家观念,可见"日本用意之深远,用心之毒辣矣"③。

　　日本所设立的此等学校确实起到了一定的殖民效果,当时"一般认贼作父、腆颜侍仇"之汉奸"多数出于此等学校之门"④。这些学校也成为伪满洲国建立后殖民教育的"范本"。

　　其二,中国人主导的各类学校。九一八事变前,整个东北地区的教育主导权仍掌握在中国人手中,幼稚园、小学校、中学校、职业学校、师范学校及高等学校等各类学校皆具备,中国式的教育体系初步形成。就基础教育及职业、师范教育而言,其具体状况,如表4-16所示:

表 4-16　九一八事变前东北地区各类学校状况

学校类型	学校数量(所)	教职员数量(人)	学生数量(人)
幼稚园	23	34	843
小学校	11 395	20 548	662 793
中学校	190	2 177	31 896
职业学校	69	554	6 504
师范学校	123	735	8 922

　　资料来源:张佐华:《日本对我国东北民众的奴化教育政策》,《新亚细亚》,1935年第9卷第5期,第39页。

---

① 应麟:《暴日操纵下的东北奴化教育》,《康藏前锋》,1934年第12期,第13页。
②《国际要闻选录:日本在东北之奴化教育》,《国际问题研究会通讯》,1934年第7月期,第26页。
③ 应麟:《暴日操纵下的东北奴化教育》,《康藏前锋》,1934年第12期,第13页。
④ 应麟:《暴日操纵下的东北奴化教育》,《康藏前锋》,1934年第12期,第13页。

由上表可知，九一八事变前东北地区的小学教育最为发达，学校数量多达 11 395 所，而学龄前的幼稚园仅有 23 所，两者比例为 495：1，学生比例为 786：1，可见东北地区的儿童在学龄前基本上是不上幼稚园的，这也一定程度上反映出教育的漏洞。按照此种逻辑，中学教育、职业教育及师范教育等中等教育学校总数为 382 所，与小学校的比例为 1：30，学生比例为 1：14，由此可见 14 个小学毕业生中，仅有 1 人继续深造，大部分人只是小学毕业之后就脱离了学校教育，这也反映出当时整个东北地区教育的落后。

就高等教育而言，九一八事变前，东北地区高等学校在整个教育系统中也占有一定的位置，较有规模的，诸如"奉天省有东北大学、东北交通大学、私立冯庸大学，吉林省有吉林大学"①。各学校的状况，东北大学设备的完善"堪与国立清华大学相比拟"，这是"凡到东北的人都这样承认的"②；冯庸大学、吉林大学"也都走向发展之途"③。这些学校可谓"东北的灵魂"，其毕业学生"也便是东北的建设者"④，从某种意义上讲，这些都将成为日本对中国东北地区实现教育统治的阻碍力量。

（二）取缔或改造旧校，设立新校

出于易于奴化教育，改造思想，利于殖民统治考虑，日本在伪满洲国建立后对东北地区学校建设的基本方针是"不办大学，少

① 伪国务院文教部编纂：《满洲国文教年鉴》第 3 编"学校教育"，长春：新京朝日通印刷所 1934 年印，第 554 页。
② 张佐华：《日本对我国东北民众的奴化教育政策》，《新亚细亚》，1935 年第 9 卷第 5 期，第 39 页。
③ 张佐华：《日本对我国东北民众的奴化教育政策》，《新亚细亚》，1935 年第 9 卷第 5 期，第 39 页。
④ 张佐华：《日本对我国东北民众的奴化教育政策》，《新亚细亚》，1935 年第 9 卷第 5 期，第 39 页。

办中学,多办小学"①,且在愚民政策下"不太赞成人民多受教育"②。

1. 重视初等教育之学校建设

日本殖民者对于中国东北地区初等教育发展的态度,事实上是较为矛盾的。一方面相较于中等教育和高等教育,最注重初等教育更有利于奴化教育和殖民统治,因为学龄前儿童及小学生"年龄幼稚",利用教育的力量"很容易改变其思想,消没其民族意识,而更易奴化"③,以自幼稚园、小学入手"为最彻底之办法"④,而且"灌输人民以国家之观念,陶冶人民以高尚之品格,教授人民以应有之智识,训练人民以相当之技艺,均以是为出发点"⑤。

基于上述认识,在日本授意之下,伪满洲国对作为"国民始基"的初等教育"尤不能不积极图谋"⑥,并"积极扩充"⑦,且制定了具体的初等学校许可办法,在各伪省者"由县教育局长得请省教育厅之许可",在伪东省特别区者"由所辖之教育厅呈请特别区行政长官之许可",在伪新京特别市者"由该管教育行政机关请得市长之许可方准开办"⑧。

另一方面,日本殖民者又唯恐东北地区人民接受太多教育而

① 适杉:《暴日统制下之东北奴化教育》,《教育学报》(北平),1936 年第 1 期,第 3 页。

② 许兴凯:《所谓"满洲国"麻醉教育的全貌》,《文化与教育》,1934 年第 30 期,第 17 页。

③ 适杉:《暴日统制下之东北奴化教育》,《教育学报》(北平),1936 年第 1 期,第 3 页。

④ 《最近文化与教育界:东北奴化教育》,《文化与教育》,1936 年第 90 期,第 32 页。

⑤ 伪国务院文教部编纂:《满洲国文教年鉴》第 3 编"学校教育",长春:新京朝日通印刷所 1934 年印,第 553 页。

⑥ 伪国务院文教部编纂:《满洲国文教年鉴》第 3 编"学校教育",长春:新京朝日通印刷所 1934 年印,第 553 页。

⑦ 《最近文化与教育界:东北奴化教育》,《文化与教育》,1936 年第 90 期,第 32 页。

⑧ 兆涵:《九一八后之满洲伪国教育》,《时代教育》(北平),1933 年第 1 卷第 1 期,第 64 页。

不利于其统治，因此开始在一定程度上限制东北子弟就学。具体
办法就是尽量提高学费数额，且"限于开学时，一次缴清"，否则"不
准上课"①，以达部分适龄学生无法入学之目的，即使有能力就学者
也"授以日制之教科书，使之奴化"②。其学费状况，以 1934 年为
例，如表 4 - 17 所示：

表 4 - 17　1934 年伪满洲国小学学生纳费情况

项别	旧章(元/年)	新章(元/年)
学费	10	30
杂费	1	7
制服费	10	20
总计	21	57

　　资料来源：张葆恩：《异族统制下之东北奴化教育》，《国论》，1935 年第 1 卷第 4 期，
第 2—3 页。

　　由上表可知，与旧章相比，新章规定的各项纳费数额都大幅度
增加，年纳费总额由 21 元涨至 57 元，增长近两倍。这样的政策对
于东北大部分民众来讲是致命的，就农民而言，其经济"都靠农产
的收入"，但在日本实行粮食统治政策的境况下，"谷贱伤农，经济
已濒于破产"③；就经商者而言，由于"受日商的排挤"，而"无争衡的
余力"④。可见，无论是乡村农人子弟，还是城市商人子弟，对于提
高后的学费有无力担负之倾向，根本不能就学，或"均相率而辍学

① 张葆恩：《异族统制下之东北奴化教育》，《国论》，1935 年第 1 卷第 4 期，第2页。
②《国际要闻选录：日本在东北之奴化教育》，《国际问题研究会通讯》，1934 年第 7 月
　期，第 29—30 页。
③ 张葆恩：《异族统制下之东北奴化教育》，《国论》，1935 年第 1 卷第 4 期，第2页。
④ 张葆恩：《异族统制下之东北奴化教育》，《国论》，1935 年第 1 卷第 4 期，第 2—3 页。

了"①,时人担心数年之后,七岁以下之学童"将绝迹于小学之门矣"②。

在这样看似矛盾的初等教育政策下,东北地区小学校的具体状况,如表4-18所示:

表4-18 伪满洲国小学校状况(1933年5月1日调查)

地区(伪)	学校数(所)			教员数（人）	学生数（人）
	总数	既开	未开		
总数	12 877	7 635	5 242	14 346	440 633
奉天省	10 007	6 632	3 375	10 736	349 340
吉林省	1 258	426	832	1 272	40 489
黑龙江省	576	409	167	1 074	23 415
热河省	864	5	859	65	933
兴安省	42	42	—	86	2 007
东省特别区	107	98	9	1 037	16 003
新京特别市	23	23	—	76	3 446

资料来源:许兴凯:《所谓"满洲国"麻醉教育的全貌》,《文化与教育》,1934年第30期,第18页。

由上表可知,直至1933年,整个东北地区旧有的12 800多所小学校,已开学的不过7 600余所,还有5 200余所尚处于关门状态,尤以吉林为甚,吉林已开学的小学校只有400有余,未开的竟达800有余,就是教育相对发达的奉天也有3 300余处小学校未开③。

---

① 张葆恩:《异族统制下之东北奴化教育》,《国论》,1935年第1卷第4期,第3页。

②《国际要闻选录:日本在东北之奴化教育》,《国际问题研究会通讯》,1934年第7月期,第30页。

③ 许兴凯:《所谓"满洲国"麻醉教育的全貌》,《文化与教育》,1934年第30期,第17页。

2. 限制中等教育之学校建设

相较于初等学校学生，中等学校学生"对于国家观念非常深刻，对于民族意识亦至浓厚"，日本认为"匪惟不能甘心降服，供其奴役"，担心其"必时图反抗，为其腹心之患"①。因此出于"根本铲除此种有志识、有思想之青年"起见，日本对中等教育采取限制性发展的政策，即普通高级中学"一律停办"，初级中学"仍可维持原状"②；裁并师范学校，整顿职业学校"俾一般东北青年之最高理想，即为养成最下层之技术人才"③。

基于上述基本政策，中等学校之设立"须以民政部之许可"，其手续为"得省长、行政长官、市长之许可"，并"仍须呈民政部"④。相较初等学校，中等学校的设立不是"地方"相关机构能够决定的，必须由"部"一级的伪民政部许可，可见，中等学校设立之"谨慎"。同时，提高学费数额，也符合日本限制性发展的要求，以 1934 年为例，具体状况，如表 4 - 19 所示：

表 4 - 19　1934 年伪满洲国中学学生纳费情况

项别	旧章(元/年)	新章(元/年)
学费	21	45
杂费	3	12
制服费	10	20
总计	34	77

资料来源：张葆恩：《异族统制下之东北奴化教育》，《国论》，1935 年第 1 卷第 4 期，第 2—3 页。

---

① 应麟：《暴日操纵下的东北奴化教育》，《康藏前锋》，1934 年第 12 期，第 13 页。
② 应麟：《暴日操纵下的东北奴化教育》，《康藏前锋》，1934 年第 12 期，第 13 页。
③《最近文化与教育界：东北奴化教育》，《文化与教育》，1936 年第 90 期，第 32 页。
④ 兆涵：《九一八后之满洲伪国教育》，《时代教育》(北平)，1933 年第 1 卷第 1 期，第 65 页。

　　由上表可知,新章所规定的学费、杂费及制服费等各项费用,都是旧章的两倍以上,年总费用自然也从 34 元增长至 77 元,增长一倍以上,在"小农完全破产,中农勉强支持,大农则颓败更甚"①的情况下,这必然是一笔不小的开支,限制了初等学校学生的继续"深造"。

　　中等教育包括中学教育、师范教育及职业教育 3 种,伪满洲国建立前共有中等学校 457 所,其中中学学校 269 所,师范学校 128 所,职业学校 60 所②,但在伪满洲国建立后,并未完全恢复。具体状况,如表 4－20 所示:

表 4－20　伪满洲国中等学校状况(1933 年 5 月 1 日调查)

类别	学校数(所)			教员数（人）	学生数（人）
	总数	既开	未开		
中学学校	269	216	53	2 514	27 882
师范学校	128	78	50	704	8 058
职业学校	60	53	7	413	5 069

注:吉林省、黑龙江省不在本表记载中者分别有 14 县、22 县。

资料来源:许兴凯:《所谓"满洲国"麻醉教育的全貌》,《文化与教育》,1934 年第 30 期,第 18—19 页。

　　由上表可知,伪满洲国建立前的 457 所中等学校,到 1933 年有 347 所经过裁并、整顿恢复教学秩序,约占学校总数的75.9％。分类而言,中学教育"为继续小学教育之主旨,而施行以较高之普

① 《国际要闻选录:日本在东北之奴化教育》,《国际问题研究会通讯》,1934 年第 7 月期,第 29 页。
② 许兴凯:《所谓"满洲国"麻醉教育的全貌》,《文化与教育》,1934 年第 30 期,第 18—19 页。

通智识技能,并注重于职业的训练,道德的陶冶以养成健全有用之国民"①,该类学校恢复率约为 80.3%;师范教育"以教授教师必要之知识技能,并陶冶其堪为国民仪表之道德品行,及健全旺盛之指导精神为主"②,学校恢复率约为 60.9%;职业教育"以教授农工商等各种专门知识技能,养成国民勤苦耐劳之习惯,以期开发国家之生产富源为主"③,学校恢复率约为 88.3%,在三类学校中恢复率最高。可见,日本对该类学校"十分注意",冠冕堂皇的理由是"徒以实业教育幼稚,遂致开发无人,利弃于地,宝藏未兴,良为可惜"④,事实上就是为了所谓的"开发"东北,以为其侵略战争服务。

3. 取缔原有之高等学校

学生到了高等教育阶段,已经基本具备了较为成熟的独立思维和思辨能力,因此他们"既不易改变思想,又不易教管",而且"民族意识非常浓厚",对于殖民者非但"不能甘心降服,为其奴隶",且"更时图反抗"⑤。日本殖民者自然深知其中道理,为对中国东北地区民众实施奴化教育,并进一步实行有效的殖民统治,接受高等教育者成为其防范的重要对象,所谓他们"实为日人心腹之患"⑥。

基于上述道理及认识,日本在中国东北地区兴办高等教育的

---

① 伪国务院文教部编纂:《满洲国文教年鉴》第 3 编"学校教育",长春:新京朝日通印刷所 1934 年印,第 553—554 页。

② 伪国务院文教部编纂:《满洲国文教年鉴》第 3 编"学校教育",长春:新京朝日通印刷所 1934 年印,第 554 页。

③ 伪国务院文教部编纂:《满洲国文教年鉴》第 3 编"学校教育",长春:新京朝日通印刷所 1934 年印,第 554 页。

④ 伪国务院文教部编纂:《满洲国文教年鉴》第 3 编"学校教育",长春:新京朝日通印刷所 1934 年印,第 554 页。

⑤ 适杉:《暴日统制下之东北奴化教育》,《教育学报》(北平),1936 年第 1 期,第 3 页。

⑥ 适杉:《暴日统制下之东北奴化教育》,《教育学报》(北平),1936 年第 1 期,第 3 页。

原则是"将所有大学、专门学校一律停办",最高学府"只准设高等
师范学校",之下"准设农、商、工、医等四专门学校"[1],高等学校设
立的程序为"各省市特别区由该省长、市长、行政长官呈请内政部
批准后,方可成立"[2]。对于此种原则日本给出了冠冕堂皇的解释,
准许设立高等师范学校是"为广储师资,谋树王道教育基础起
见"[3];取缔其他高等学校的原因则是:

> 至于其他各高等教育,因规模宏大,需款浩繁,以我国目
> 前之财力,实谈何容易。况我国与东邻日本,相距伊通,交通
> 便利,彼之各种专门学校、大学校,均兼擅欧美之长,我如负笈
> 在学,何永而不获。俟我国之财力渐充,然后再徐徐图谋,自
> 可免顾此失彼之虞矣。明乎此,则我国之所以未能积极筹设
> 各种高等教育者,其亦可以释然乎。[4]

在这样的原则和程序下,伪满洲国建立后,旧有的东北大学、交
通大学、冯庸大学、吉林大学等高等学校均遭取缔而停办,校址"都改
为兵营、飞机场或伪国官厅"[5]。至此在愚民政策下东北的大学"已
经被日本帝国主义摧残殆尽"[6],但为掩人耳目,防止贻人口实,也
残留了区立和私立的几个专门学校,具体状况,如表 4-21 所示:

---

[1] 应麟:《暴日操纵下的东北奴化教育》,《康藏前锋》,1934 年第 12 期,第 13 页。

[2] 兆涵:《九一八后之满洲伪国教育》,《时代教育》(北平),1933 年第 1 卷第 1 期,第 65 页。

[3] 伪国务院文教部编纂:《满洲国文教年鉴》第 3 编"学校教育",长春:新京朝日通印刷所 1934 年印,第 555 页。

[4] 伪国务院文教部编纂:《满洲国文教年鉴》第 3 编"学校教育",长春:新京朝日通印刷所 1934 年印,第555 页。

[5] 适杉:《暴日统制下之东北奴化教育》,《教育学报》(北平),1936 年第 1 期,第 3 页。

[6] 许兴凯:《所谓"满洲国"麻醉教育的全貌》,《文化与教育》,1934 年第 30 期,第 20 页。

表 4-21　伪满洲国高等教育状况(1933 年 5 月 1 日调查)

地区(伪)	公私立别	学校数(所)	学生数(人)
总数	公立	1	675
	私立	7	1 446
奉天省	公立	—	—
	私立	1	71
东省特别区	公立	1	675
	私立	6	1 375

资料来源:许兴凯:《所谓"满洲国"麻醉教育的全貌》,《文化与教育》,1934 年第 30 期,第 20 页。

　　由上表可知,伪满洲国建立后,经日本的摧残,东北地区残留的高等学校"只限于外国人和日本人自己所办理"①,共有 16 所,其中公立学校 2 所,私立学校 14 所。就学科门类来看,主要有工科、医科及师范科等,如哈尔滨之医学专门学校、东省特别区立之师范专修学校②,还有沈阳英国人所设立的医科专门学校、哈尔滨俄国人所设立的工业大学、沈阳日本人所设立的满洲医科大学等③。这似乎与"培养人才之高等学校,亟应积极图谋,以宏作育,似不宜任其如此废堕"④相符合,但实际日本另有打算,比如师范类学校"以期造成奴化教育之师资,课程着重于日文日语,一切事项亦多受日

---

① 张佐华:《日本对我国东北民众的奴化教育政策》,《新亚细亚》,1935 年第 9 卷第 5 期,第 39 页。

② 伪国务院文教部编纂:《满洲国文教年鉴》第 3 编"学校教育",长春:新京朝日通印刷所 1934 年印,第 555 页。

③ 张佐华:《日本对我国东北民众的奴化教育政策》,《新亚细亚》,1935 年第 9 卷第 5 期,第 39 页。

④ 伪国务院文教部编纂:《满洲国文教年鉴》第 3 编"学校教育",长春:新京朝日通印刷所 1934 年印,第 555 页。

人之监视"①,可见其"徒有兴学之行迹,毫无育才之真意",考其实际,只不过"当局者藉兴学之美名,以为收揽政权之一种工具而已"②。

4. 其他类型学校的取缔与建立

由于中国东北地区的部分私立学校,特别是"在东北外人之宗教团体所设立之学校"③,或"潜入反满分子,传播反满思想"④,或仍然有"揭扬青天白日旗者,和仍教授民国教科书的",所以日本对于此类私立学校"加以严重干涉"⑤。如在奉天,伪教育厅对市内私立学校及私塾进行了彻底调查,结果被封闭者中学校 11 所、小学校 11 所、技术学校 18 所,语言学校 13 所,私塾 65 所⑥。

由于伪满洲国的"建国精神"及所谓"王道主义"等思想与近代中国私塾传授的传统儒家思想,表面上具有一定程度的"契合",因此日本殖民者在整合中国东北地区教育机构的过程中,将私塾作为"麻醉东北青年的思想,消没东北民众的反抗意识"⑦的重要工具,并特别提倡其建设。1934 年春,伪满洲国颁布提倡私塾的法令《以孔教为依归的王道教育纲要》,并搜罗一批老朽冬烘为教员,这样一则"可以排挤青年教员,使之逐渐减少,免去把民族思想灌输

---

① 应麟:《暴日操纵下的东北奴化教育》,《康藏前锋》,1934 年第 12 期,第 13 页。

② 伪国务院文教部编纂:《满洲国文教年鉴》第 3 编"学校教育",长春:新京朝日通印刷所 1934 年印,第 554 页。

③ 兆涵:《九一八后之满洲伪国教育》,《时代教育》(北平),1933 年第 1 卷第 1 期,第 64 页。

④《最近文化与教育界:东北奴化教育》,《文化与教育》,1936 年第 90 期,第 34 页。

⑤ 兆涵:《九一八后之满洲伪国教育》,《时代教育》(北平),1933 年第 1 卷第 1 期,第 64 页。

⑥《最近文化与教育界:东北奴化教育》,《文化与教育》,1936 年第 90 期,第 34 页。

⑦ 张佐华:《日本对我国东北民众的奴化教育政策》,《新亚细亚》,1935 年第 9 卷第 5 期,第 43 页。

入青年的脑海里"，二则"可以用这些古董的冬烘先生整日摇头摆耳，无病呻吟，把资质活泼的青年儿童个个造成木偶"①。

这样提倡私塾正好与当时大部分民众的经济状况相契合。九一八事变后，社会秩序破坏，人民无以聊生，农村经济整个的破产，在这种经济环境下，东北的农民当然没有能力供给他们的子弟到城市去读书，于是乡村间的私塾由于价格低廉而颇受他们欢迎，致使"不只有几千百万的东北青年儿童，在不知不觉之中，走上了为奴的那一条道去了"②。

同时，日本奴化教育的对象不只是城市与乡村的东北子弟，还在铁路沿线"极力增设工人子弟学校"，并"招收工人子弟，施以特殊教育"③。此种学校的具体状况，如表 4-22 所示：

表 4-22　伪满洲国各"省"铁路沿线之奴化学校统计

地区（伪）	各种学校总数（所）	开学数（所）	未开学数（所）
奉天省	10 350	6 885	3 465
吉林省	1 286	449	837
黑龙江省	600	432	168
兴安省	44	44	0
哈尔滨	152	143	9
热河省	878	5	873

资料来源：应麟：《暴日操纵下的东北奴化教育》，《康藏前锋》，1934 年第 12 期，第14—15 页。

---

① 张佐华：《日本对我国东北民众的奴化教育政策》，《新亚细亚》，1935 年第 9 卷第 5 期，第 44 页。

② 张佐华：《日本对我国东北民众的奴化教育政策》，《新亚细亚》，1935 年第 9 卷第 5 期，第 44 页。

③ 应麟：《暴日操纵下的东北奴化教育》，《康藏前锋》，1934 年第 12 期，第14 页。

由上表可知，伪满洲国各"省"铁路沿线之奴化学校已达13 000余所，较之城市、乡镇"多至数倍"，且"已成畸形之发展"，从其"设计之急迫"，可知日人"用心之险恶"①。就其效果而言，此类学校的设立一方面可以使工人子弟"养成其奴化之性格"，另一方面亦可以"收买一般修造铁路之工人，使之数典忘祖计"②，其奴化作用"较之城市为尤甚"，正所谓"日人亡我国家手段，真可谓无微不至矣"③。

二、排斥中国教育，设置奴化课程

学生作为接受教育的对象，能否成为"忠良国民"，是由教育内容（课程设置）决定的。1932年3月，伪文教部规定"嗣后各学校课程，应用四书五经讲授，以崇礼教，凡有关党义教科书等，一律废止"，这是"排斥中国教育而实行奴化教育的先声"④，并颁布《新国家教育建设大纲》，作为具体的教育方针，其内容如表4-23所示：

表4-23　伪满洲国《新国家教育建设大纲》内容

方针性质	方针内容		方针宗旨
新教育五大 建设方针	恢复原貌	初等教育第一	取消排外教育
		中等教育第二	
		高等教育第三	
	改善内容	改善课程	显明根本宗旨
		改善教科书	

---

① 应麟：《暴日操纵下的东北奴化教育》，《康藏前锋》，1934年第12期，第14—15页。

② 应麟：《暴日操纵下的东北奴化教育》，《康藏前锋》，1934年第12期，第14页。

③ 应麟：《暴日操纵下的东北奴化教育》，《康藏前锋》，1934年第12期，第15页。

④ 适杉：《暴日统制下之东北奴化教育》，《教育学报》（北平），1936年第1期，第1页。

续表

方针性质	方针内容		方针宗旨	
新教育五大建设方针	整顿制度	整顿学校教育制度	彻底根本宗旨	
		整顿社会教育制度		
		整顿朝鲜人教育制度		
	经费独立	教育机关经费独立	确保经济来源	
		教育生活的保证		
	义务教育	第一步以县为单位	大成文化	
		第二步以省为单位		
		第三步"新国家"全体		
新教育三大根本方针	共荣化的教育	国际主义	"新国家"精神根本	"新国家"的基础
		自治主义		
		共荣主义		
	职业化的教育	实材主义	产业主义根本	
		实务主义		
		经济主义		
	日语化的教育	普通主义	五族合作根本	
		必要主义		
		渐进主义		

资料来源:适杉:《暴日统制下之东北奴化教育》,《教育学报》(北平),1936年第1期,第2页。

　　由上表可知,伪满洲国的教育方针由"五大建设方针"和"三大根本方针"组成,可以看出教育的全部面目。就"五大建设方针"而言,其中的"改善内容"方针就是要改善课程以及改善教科书,并被确立为"显明根本宗旨"①;就"三大根本方针"而言,共荣化的教育、

————————————

① 适杉:《暴日统制下之东北奴化教育》,《教育学报》(北平),1936年第1期,第2页。

职业化的教育及日语化的教育等三大根本方针为课程设置指明了方向,意图消灭中国东北民族的国家观念和民族意识,"以俾被其欺骗而为朝鲜第二"。同时,转移东北民众的视线,麻醉他们的思想,使"彼等只知有友邦存在,而为友邦的奴仆",这"比诸政治的、军事的征服更来得毒辣凶狠"①。

　　根据上述方针,伪满洲国提出了"王道教育""共存共荣""日满亲善"的口号②,这就决定了男校的教育宗旨为"忠君退让",女校则为"贤母良妻",两类学校都必须"明了建国精神,实现王道主义,伪满与某国(指日本——引者注)亲善,共存共荣"③。这些都确立了学校课程设置的方向,即"不遵中国教育部设施",采取日本学制④,各级学校"取消公民党义,而代以修身,减少英语、算学重点"⑤,而且把日语、建国要义定为"必须修科"⑥,各校日语"悉由某国人担任讲授"⑦,如若不及格,不得升级、毕业。特别是在1934年9月于长春举行的日本全国中等学校校长总会,议决伪满洲国中等学校"须添设日语为必修科",日本内地的中等学校"亦将有满洲语教育的普及",看似交换学习,事实上"本人的所以学满语和迫令东北民众的学日语,自然是有着不同的作用",其作用就是要"加

① 张佐华:《日本对我国东北民众的奴化教育政策》,《新亚细亚》,1935年第9卷第5期,第37页。
② 适杉:《暴日统制下之东北奴化教育》,《教育学报》(北平),1936年第1期,第3页。
③《最近文化与教育界:东北奴化教育》,《文化与教育》,1936年第90期,第32页。
④ 兆涵:《九一八后之满洲伪国教育》,《时代教育》(北平),1933年第1卷第1期,第64页。
⑤《最近文化与教育界:东北奴化教育》,《文化与教育》,1936年第90期,第32页。
⑥ 兆涵:《九一八后之满洲伪国教育》,《时代教育》(北平),1933年第1卷第1期,第64页。
⑦《最近文化与教育界:东北奴化教育》,《文化与教育》,1936年第90期,第32页。

紧亡我东北"①。

　　各级学校根据上述课程设置原则以及本身的特性,设置了各自的课程。大同学院,前身是"自治训练所",为"官吏的养成训练机关",隶属于所谓"国务院"的"总务处"②。大同学院和自治指导训练所的课程设置状况,如表4－24所示:

表4－24　伪满洲国大同学院的课程设置状况

序号	"大同学院"讲义课目	"训练所"时代讲义课目
1	一般国策及注意	易学王道及王道思想
2	满洲文化史	满洲社会、自治机关
3	国防及军政	甘地主义
4	民政	法西斯主义
5	卫生	世界文化史
6	财政	中国社会组织
7	司法	蒙古事情
8	实业	国语

　　资料来源:许兴凯:《再述所谓"满洲国"的麻醉教育》,《文化与教育》,1934年第17期,第9—10页。

　　由于大同学院是以官吏养成为最终目的的,其人才培养的好坏直接决定了日本的所谓殖民政策能否顺利推行,因此该学校的课程设置自然会偏重于"国家"建立的"合法性"及侵略政策的"合理性"等方面。由上表可知,大同学院以无抵抗的甘地主义、孔子的王道易经及法西斯主义"合一炉而冶之",其意图显而易见,时人

---

① 张佐华:《日本对我国东北民众的奴化教育政策》,《新亚细亚》,1935年第9卷第5期,第44页。
② 许兴凯:《再述所谓"满洲国"的麻醉教育》,《文化与教育》,1934年第17期,第9页。

发出"这一剂麻醉药,力量真是不小"①的感叹。

　　伪满洲国建立后,一直较为重视小学教育,作为教育之始基,其课程设置更会遵从奴化教育的原则。具体状况,如表 4－25所示:

表 4－25　伪满洲国初级小学教科目及每周授业时间数

教科目	第一学年 (学时/周)	第二学年 (学时/周)	第三学年 (学时/周)	第四学年 (学时/周)	第五学年 (学时/周)	第六学年 (学时/周)
总数	22	25	27	27	32	32
修身	2	2	2	2	2	2
国语	10	10	12	12	10	10
算术	—	—	—	—	5	5
日语	5	6	6	6	2	2
历史	—	—	—	—	2	2
地理	—	—	—	—	2	2
理科	—	—	—	—	2	2
图画	—	1	1	1	1	1
唱歌	2	2	1	1	1	1
作业	—	1	2	2	2	2
体操	3	3	3	3	3	3

　　注:女生加授手艺,经学含在修身之内,珠算含在算术之内,作业科参酌地方事情讲授各种农、工、商的知识。

　　资料来源:许兴凯:《再述所谓"满洲国"的麻醉教育》,《文化与教育》,1934 年第 17期,第 17 页。

　　由上表可知,修身(包括经学)、国语、日语是小学课程的必修课,且均从第一学年就开始讲授,是适龄儿童小学阶段最重要的三

────────────────

① 许兴凯:《再述所谓"满洲国"的麻醉教育》,《文化与教育》,1934 年第 17 期,第10页。

门课程。从其每周的课时量即可看出,第一学年每周总课时量为22学时,上述三门课程就有17学时,占总量的77.3％;第二学年为72.0％,第三、四学年为74.1％,第五、六学年为53.1％,均在一半以上,这是由遵从"王道主义""日满亲善"等所谓"建国精神"决定的,以"完全利用经书的'忠君服从'的思想麻醉青年"①。时人感慨:"呜呼! 日本帝国主义的麻醉教育! 呜呼! 日本帝国主义的奴隶教育!"②

初级中学的课程设置状况,与小学大体相类,如表4-26所示:

表 4-26　伪满洲国初级中学教科目及每周授业时间数

教科目	第一学年(学时/周)	第二学年(学时/周)	第三学年(学时/周)
总数	33	35	35
修身	1	1	1
经学	1	1	1
国文	6	6	6
英语	3	3	3
数学	6	5	5
日语	3	3	3
历史	2	2	2
地理	2	2	2
博物	2	2	2
理化	—	3	3
图画	1	1	1

---

① 适杉:《暴日统制下之东北奴化教育》,《教育学报》(北平),1936 年第 1 期,第 3 页。
② 许兴凯:《再述所谓"满洲国"的麻醉教育》,《文化与教育》,1934 年第 17 期,第 17 页。

教科目	第一学年(学时/周)	第二学年(学时/周)	第三学年(学时/周)
音乐	1	1	1
作业	3	3	3
体育	2	2	2

注:斟酌各地方的情况增授各种农、工、商的大要及实习,女子初级中学增授家事、裁缝、烹饪;在农、工、商、林、水产高级中学校中附设的预科可以将历史、地理、博物、音乐等课业减少,另以必要的各学科补充之。

资料来源:许兴凯:《再述所谓"满洲国"的麻醉教育》,《文化与教育》,1934 年第 17 期,第 15—16 页。

　　由上表可知,初级中学体现或灌输"王道主义""日满亲善"的课程仍是主流,如将修身与经学分开而设,且"年年都有",日语"自然还是不可少的"①。但课程量略有减少,从其学时比重即可看出,第一学年每周总课程量为 33 学时,修身、经学、国文及日语共有 11 学时,占总量的 33.3%,第二、三学年均为 31.4%。究其原因,一是由于小学大量地灌输奴化思想,到了初中阶段需要的是深化,而不是学时数量;二是初级中学教育的性质决定了其必须增加一些必备科目,如英语、数学等,这些课程占据了一定的课时量。同时,于课程之外"只许读日人所办的刊物报章,凡关于中国的一切报章杂志,严加禁止阅读",并提倡一些不正常的娱乐,使青年学生"皆沉迷入酣游醉舞中,消没其志气,而陷入颓废堕落深渊中,不能自拔"②。

　　高级中学则开始文理分科,其课程设置状况,如表 4-27 所示:

———————

① 许兴凯:《再述所谓"满洲国"的麻醉教育》,《文化与教育》,1934 年第 17 期,第 15 页。
② 适杉:《暴日统制下之东北奴化教育》,《教育学报》(北平),1936 年第 1 期,第 3 页。

表 4–27　伪满洲国高级中学普通科教科目及每周授业时间数

教科目	第一学年(学时/周)		第二学年(学时/周)		第三学年(学时/周)	
	文科	理科	文科	理科	文科	理科
总数	31	32	37	34	30	37
经学	2	2	2	2	2	2
国文	5	4	5	4	2	5
日文	3	3	3	3	3	3
外国文	4	3	4	3	4	4
地历	3	3	3	3	—	2
生物学	3	3	—	—	—	—
体育	1	1	1	1	1	1
代数	—	4	—	4	—	2
几何	—	4	—	2	—	—
解析几何	—	—	—	—	—	2
微积分大意	—	—	—	—	—	4
分析科学	—	—	—	—	—	2
三角	—	—	—	3	—	—
物理	—	2	—	2	—	2
物理实验	—	—	—	2	—	—
化学	—	2	—	2	—	2
化学实验	—	—	—	2	—	2
力学	—	—	—	—	—	2
用器画	—	1	—	1	—	2
伦理	2	—	—	—	—	—
伦理学	—	—	2	—	—	—
国文法	1	—	—	—	—	—
国学概论	—	—	—	—	3	—

续表

教科目	第一学年(学时/周)		第二学年(学时/周)		第三学年(学时/周)	
	文科	理科	文科	理科	文科	理科
文字学	—	—	3	—	—	—
算学	4	—	3	—	3	—
物理	3	—	—	—	—	—
化学	—	—	3	—	—	—
文学史	—	—	—	—	3	—
文学概论	—	—	2	—	—	—
人生哲学	—	—	—	—	2	—
哲学大意	—	—	2	—	—	—
科学概论	—	—	2	—	—	—
社会学	—	—	—	—	2	—
政治学概论	—	—	2	—	—	—
法学通论	—	—	—	—	2	—
经济学概论	—	—	—	—	2	—

　　资料来源:许兴凯:《再述所谓"满洲国"的麻醉教育》,《文化与教育》,1934 年第 17 期,第 12—15 页。

　　由上表可知,在高级中学中,无论是文科还是理科,经学、国文、日文、外国文、地历、生物学、体育都是必修之科目,这些都是日本麻醉、奴化教育的核心课程,而且每周的课时量也都占总课时量较大的比重,如第一学年文科上述课程所占比重为 67.7%,理科为 59.3%;第二学年文科为 48.6%,理科为 47.1%;第三学年文科为 40.0%,理科为 45.9%,可见高级中学教育之奴化本质。

　　同时,从课程名称上也能反映出日本宣扬"日满亲善"之目的,如日文"不叫作'外国文'"[1],与国文并列,传递出"日满亲善"的意

---

[1] 许兴凯:《再述所谓"满洲国"的麻醉教育》,《文化与教育》,1934 年第 17 期,第 15 页。

味。而且随着教育统治的深入,外国文中的英文学时有逐渐减少之趋势,甚至有些学校取消了英文,这主要是由于日本认为"能读英文,就有与英美合作的可能"①。此外,于各城市中创办跳马场、娱乐社等,以"勾引一般志气不坚之青年,从事于酣游醉舞,使之陷于颓废堕落之深渊"②。

师范学校作为"师资养成机关",关系重大,分为师范学校和师范讲习科两类,日本对两该类学校的课程设置自然十分重视。具体状况,如表4-28所示:

表4-28　伪满洲国师范学校、师范讲习科教科目及每周授业时间数

教科目	第一学年(学时/周)		第二学年(学时/周)		第三学年(学时/周)	
	师范学校	师范讲习科	师范学校	师范讲习科	师范学校	师范讲习科
总数	36	36	36	36	36	36
修身	1	1	1	1	1	1
经学	1	1	1	1	1	1
国文	5	7	5	7	4	6
日语	3	3	3	3	3	3
英文	3	—	3	—	3	—
数学	4	5	3	5	3	4
历史	2	2	2	2	2	2
地理	2	2	2	2	2	2
教育	3	3	5	4	6	6
博物	2	4	2	2	1	2
理化	2	—	2	2	1	2

---

① 适杉:《暴日统制下之东北奴化教育》,《教育学报》(北平),1936年第1期,第3页。
② 应麟:《暴日操纵下的东北奴化教育》,《康藏前锋》,1934年第12期,第14页。

教科目	第一学年(学时/周)		第二学年(学时/周)		第三学年(学时/周)	
	师范学校	师范讲习科	师范学校	师范讲习科	师范学校	师范讲习科
图画	1	1	1	1	1	1
音乐	2	2	1	1	1	1
体操	2	2	2	2	2	2
法制经济	—	—	—	—	2	—
实业	3	2	3	2	3	2

注:教科目及时间数在各地不能绝对一致,女子再加音乐、家事、工艺、哲学等。

资料来源:许兴凯:《再述所谓"满洲国"的麻醉教育》,《文化与教育》,1934 年第 17 期,第 10—12 页。

　　由上表可知,日语是必修课,"强迫学习,不学日语,则不许入学,而且认为反动分子"①;修身和经学大概都是讲"王道政治"的,这与小学、中学的课程设置基本相类,而且"搜罗老朽冬烘,担任教学",以图"将一般青年儿童,造成顽固、糊涂、麻木、屈服之心性"②。较为特别的是,师范学校学生"必要学实业",每周保证在两三个学时,这"当然是为日本帝国主义'开发'东北,造就劳动者的"③。

三、编印"去中国化"之奴化教科书

(一)伪满新教科书编纂与审查

　　伪满洲国建立之初,东北地区各校"仍用我国旧有的教科书",

---

① 适杉:《暴日统制下之东北奴化教育》,《教育学报》(北平),1936 年第 1 期,第 3 页。

② 应麟:《暴日操纵下的东北奴化教育》,《康藏前锋》,1934 年第 12 期,第14 页。

③ 许兴凯:《再述所谓"满洲国"的麻醉教育》,《文化与教育》,1934 年第 17 期,第 11 页。

只"将有关'国耻'的教材删除之"①,此办法"以辽宁为首倡"②。就小学校而言,伪奉天省府令各小学校必须采用 1931 年以前商务印书馆、中华书局出版的教科书,并作部分修改,比如关于国家观念和国耻事迹"均行删除"③。此种教科书一经推行,一时间有"不敷应用"之趋势,于是由沈阳印刷局又编印数万册"分售各学校,渐及于东北各地"④。

就中等学校而言,由于其"均将三民主义停授,代以四书、孝经,并添授日语",因此之前所用教本必须"重加删改",才能"通饬采用"⑤。为使伪满洲国中等教育能够顺利推行,伪奉天省教育厅组织教科书编审委员会,编纂"暂用教科书",同时,南满洲教育会所也开始编纂符合"标准"的教科书,并由伪民政部文教司通令各伪省、市、县学校一律采用上述两种教科书。

由于日本宣扬"王道教育""共存共荣""日满亲善",认为当时"全体教材均不适用"⑥,为求奴化教育的迅速发展,另行编制新教科书"自为绝对之必要"⑦。伪文教部成立后,即行组织教科书编审

---

① 张葆恩:《异族统制下之东北奴化教育》,《国论》,1935 年第 1 卷第 4 期,第 3 页。

② 张佐华:《日本对我国东北民众的奴化教育政策》,《新亚细亚》,1935 年第 9 卷第 5 期,第 40 页。

③ 张佐华:《日本对我国东北民众的奴化教育政策》,《新亚细亚》,1935 年第 9 卷第 5 期,第 40 页。

④ 张佐华:《日本对我国东北民众的奴化教育政策》,《新亚细亚》,1935 年第 9 卷第 5 期,第 40 页。

⑤ 张佐华:《日本对我国东北民众的奴化教育政策》,《新亚细亚》,1935 年第 9 卷第 5 期,第 40 页。

⑥ 张葆恩:《异族统制下之东北奴化教育》,《国论》,1935 年第 1 卷第 4 期,第 3 页。

⑦ 鲍澄极:《五年来东北之奴化教育》,《教育论文摘要》,1937 年第 1 卷第 6 期,第 29 页。

委员会,"隶属于文教部"①,主要"从事奴化教科书的编辑和审查"②,另有伪民政部日满文化协会、奉天省教育会、南满洲教育会等"亦从事教科图书之编辑工作"③。时任伪国务院次长的许汝棻也强调了编纂新教科书的原则和宗旨,即:

> 自国民党柄政,残民以逞,欲移转国民对内情感,乃日唱排外主义,此与我国王道建国精神,大相刺谬。各省嗣后各学校课程,著有四书孝经讲授,以崇礼教。凡有关党义教科书,一律废止。现在各学校所用各教科书,系奉天省教育厅及南满洲教育会编纂,经本部审可出版者。俾国民皆知建国精神之要义,庶几统一国民思想。④

由上述组织负责,依据伪民政部前所颁布"嗣后各学校课程,着用四书孝经讲授,以崇礼教,凡有党义教科书等一律废止"⑤的命令,开始了新教科书的编纂工作。但"惟以人才缺乏",以致各级教科书"出版日期一再推延",直至 1933 年"始有一部分小学教科书出版"⑥,1934 年暑期开始大范围颁布施行;1935 年春初中用书出版,1936 年夏高中教科书也陆续出版。同时,对图书也进行严格的审查,如在黑龙江,凡公私立各校出版物"须先送经该厅核准,否则

①《教科书编审委员会官制》(1932 年 7 月 5 日教令第五七号),伪国务院文教部编纂:《满洲国文教·年鉴》,长春:新京朝日通印刷所 1934 年印,第 91 页。

② 张佐华:《日本对我国东北民众的奴化教育政策》,《新亚细亚》,1935 年第 9 卷第 5 期,第 40 页。

③《最近文化与教育界:东北奴化教育》,《文化与教育》,1936 年第 90 期,第 32 页。

④ 许汝棻:《满洲国之文教》,《文教月刊》,1933 年第 3 期,第 28 页。

⑤ 兆涵:《九一八后之满洲伪国教育》,《时代教育》(北平),1933 年第 1 卷第 1 期,第 64 页。

⑥ 鲍澄极:《五年来东北之奴化教育》,《教育论文摘要》,1937 年第 1 卷第 6 期,第 29 页。

禁止印行”，凡有关党义或国耻等记载之书籍“早经焚毁”，凡有关尚武精神记载之书籍“一概剪除”①。

（二）新教科书的编制方法及特点

小学新教材的编纂“大致仍采用我国旧有的商务、中华、世界等教本”，而“增入‘尊君’‘善邻’等奴化故事”②，其增入内容基本代表了日本所宣扬的“王道主义”思想，其“与先贤之王道迥乎不同”，所谓“尊君”，即“王道为仁政、行仁政者仁君，故主张君主政治，尊重君主，绝对排斥民主政治、革命思想”③；所谓“善邻”，即“王道即仁爱，故行王道，对内为尊君爱民，对外为亲仁善邻与民族协和，若‘日满亲善’‘日满不可分离’皆为王道之实行”④。

为中学教材的编纂，伪满洲国专门成立了中等教材搜集委员会，该会由 38 名中等学校校长组成，并由日关东厅学务课事务官参与审阅。在该会组织的沈阳会议上，各地共提出奴化资料 1 300 余项，加之大连分会的 500 余项，共计近 1 900 项⑤，于 1934 年 3 月审定完毕后“分发各校，饬教员临时改正”⑥。同时，加紧新中等教材的编纂，其编制法为“凡旧教材书中有关民族、民权思想的材料完全删去，而易以‘尊君’‘善邻’的教材”⑦。

新教科书完全依据“王道主义”、奴化教育编纂而成，以“忠君服从为宗旨”⑧，其特点如下：

---

① 《最近文化与教育界：东北奴化教育》，《文化与教育》，1936 年第 90 期，第 32 页。

② 张葆恩：《异族统制下之东北奴化教育》，《国论》，1935 年第 1 卷第 4 期，第 3—4 页。

③ 鲍澄极：《五年来东北之奴化教育》，《教育论文摘要》，1937 年第 1 卷第 6 期，第29 页。

④ 鲍澄极：《五年来东北之奴化教育》，《教育论文摘要》，1937 年第 1 卷第 6 期，第29 页。

⑤ 张葆恩：《异族统制下之东北奴化教育》，《国论》，1935 年第 1 卷第 4 期，第 3—4 页。

⑥ 张葆恩：《异族统制下之东北奴化教育》，《国论》，1935 年第 1 卷第 4 期，第 4 页。

⑦ 张葆恩：《异族统制下之东北奴化教育》，《国论》，1935 年第 1 卷第 4 期，第 4 页。

⑧ 应麟：《暴日操纵下的东北奴化教育》，《康藏前锋》，1934 年第 12 期，第14 页。

一是小学教科书"均用新编者",中等学校史地课本"均用新编之伪国历史、伪国地理",其他科目"则沿用旧日教本,而加以删节涂改"①,且无论中学部、小学部大部分改用艰深费解之文言,以符合四书五经的编写体例,当然也存在一些白话性质的奴化故事。

二是书中"对于中国则只字不提"②,述及中国、中国人时"悉易以'支那''支那人'"③。

三是世界史、世界地理之人名、地名以及自然科学上之名词,不用中国译名,一律采用日语假名,"去中国化"意味明显。

四是中国史及中国地理易以"支那史""支那地理"之名,分别编入世界史、世界地理之中。就历史教科书而言,合中国史与日本史为"东洋史",并编制"满洲本国史",时间断限为"自努尔哈赤起经有清一代以至最近伪组织的成立"④,认为"伪国之历史自多尔衮入关以前为混沌世界"⑤;就地理教科书而言,编制伪国地理"自日本始",倡"东北与中国本非一体之谬论",并"谓中国二十年来如何排外,为自取灭亡等语"⑥。

五是与传统修身相比,伪满洲国修身一科的教科书中增加了民族协和的章节,借以说明"日满两民族协和杂居之必要"⑦。同时,其中"谓人民有监督权",此所谓的监督权"非人民有监督政府

① 《最近文化与教育界:东北奴化教育》,《文化与教育》,1936 年第 90 期,第 32 页。

② 应麟:《暴日操纵下的东北奴化教育》,《康藏前锋》,1934 年第 12 期,第 14 页。

③ 鲍澄极:《五年来东北之奴化教育》,《教育论文摘要》,1937 年第 1 卷第 6 期,第 29 页。

④ 张葆恩:《异族统制下之东北奴化教育》,《国论》,1935 年第 1 卷第 4 期,第 4 页。

⑤ 应麟:《暴日操纵下的东北奴化教育》,《康藏前锋》,1934 年第 12 期,第 14 页。

⑥ 应麟:《暴日操纵下的东北奴化教育》,《康藏前锋》,1934 年第 12 期,第 14 页。

⑦ 鲍澄极:《五年来东北之奴化教育》,《教育论文摘要》,1937 年第 1 卷第 6 期,第 29 页。

之权,乃监督人民有反满反日行动者,举而告发之谓也"。此种措施的荒谬绝伦,时人不禁发出了"天地间宁有斯理"①的反问,由此可见"新教科书内容之一斑矣"②。

(三)新教科书的奴化内容

自教科书编审委员会成立后,积极致力于奴化教科书,总体而言,其内容"都是麻醉青年思想的毒物",不外乎"赞美日本如何强盛,日本人民如何可亲可信,日本对满洲国之恩德如何重大",且"更宣传满洲国是王道国家、世界乐土"③。各级各科教材的具体内容,以小学教科书为例,以揭示其奴化思想。1934 年 7 月,新小学教科书"刊订竣事",计修身、国语、算术及自然等教科书各 12 册,经学、历史、地理及日本语等教科书各 4 册,封面"都印有'文教部审定'和'满洲国小学校用'的字样",并"配布于各地学校"④。

就修身教科书而言,清光绪二十九年(1903)修身一科被正式列入小学课程之中,1923 年新学制小学课程实行以来"乃改修身为公民",其理由为"在小学施以抽象的德行涵养,究不如利用具体的事务的陶冶为有利"⑤;伪满洲国建立后,积极推行奴化教育,自然"以旧式修身教学的愚弄为宜",于是"古董式修身教科书又出现于

① 应麟:《暴日操纵下的东北奴化教育》,《康藏前锋》,1934 年第 12 期,第14 页。
② 鲍澄极:《五年来东北之奴化教育》,《教育论文摘要》,1937 年第 1 卷第 6 期,第29 页。
③ 唐绍铠:《日本帝国主义在东北施行奴化教育的概况》,《外交月报》,1934 年第 5 卷第 6 期,第 203 页。
④ 张佐华:《日本对我国东北民众的奴化教育政策》,《新亚细亚》,1935 年第 9 卷第 5 期,第 41 页。
⑤ 张佐华:《日本对我国东北民众的奴化教育政策》,《新亚细亚》,1935 年第 9 卷第 5 期,第 41 页。

东北各小学校中了"①。

在此 12 册修身教科书中，前 5 册基本都是"摭拾陈言、缕述消极陈腐的旧道德"，没有新增加的内容；自第六册开始有关于伪满洲国内容的出现，如最后一课有这样的内容："满洲国是奉天、吉林、黑龙江、热河、兴安五省合成的，国都在新京，溥仪为执政，年号大同，这是东亚的新国家，有三百二十九万方里的土地，有三千万的人民。这个新国家是全国人民公共的，应该各尽一份心，各出一份力，保护这个新国家，将来国势兴旺，是大家的光彩。"②这样的课程内容正是麻醉中国青年儿童的"毒药"。

就国语教科书而言，在全部 12 册国语教科书中主要有两方面内容：一是"充满了猫、狗、花鸟的故事"，有这样的描述："猫先生说：老鼠呀，好宝宝买的糖食，你们不要吃掉；好宝宝造的纸房子，你们不要去咬；好宝宝脱下来的裤子，你们也不要去咬。谁不听我的话，我就要捉住谁。"③这种借猫鼠为喻的故事，显然有着恫吓的暗示，这类文字在书中屡见不鲜。

二是杜绝可以激发民族精神和国家观念的文字出现，之中或"率多属于颓废文字"④，或充满荒谬之语，第九册第一课述及的所谓"建国精神"，体现得淋漓尽致，也可以看出日本帝国主义者奴化

---

① 张佐华：《日本对我国东北民众的奴化教育政策》，《新亚细亚》，1935 年第 9 卷第 5 期，第 41 页。

② 张佐华：《日本对我国东北民众的奴化教育政策》，《新亚细亚》，1935 年第 9 卷第 5 期，第 41 页。

③ 张佐华：《日本对我国东北民众的奴化教育政策》，《新亚细亚》，1935 年第 9 卷第 5 期，第 41 页。

④ 张佐华：《日本对我国东北民众的奴化教育政策》，《新亚细亚》，1935 年第 9 卷第 5 期，第 42 页。

我东北民众的本质，其内容如下：

> 满蒙旧时，本另为一国，后来变为中国，在历史上已有好
> 久的沿革了。虽然地处边陲，开化较晚，但就局部观察，确有
> 繁殖的人口，肥美的土地，丰富的物产，倘用良善的政策来治
> 理，自然可以驯致富强的了。回想自从辛亥年共和民国以来
> 到了现在，已经二十多年，中间变乱相寻、政治腐败，无一不是
> 军阀争夺权利所造成的。我们三千万民众，无论何人，莫不直
> 接、间接受了莫大的痛苦，这不是一件极平常的事情么。那么
> 我们满蒙的民众，既不甘久困在这水深火热般的政治之下，应
> 该怎么才好呢。所以大家才有独立的运动，一心一意起来建
> 设一个新国家，叫作"满洲国"，年号叫作"大同"，顾名也就可
> 以思义了。新国家在西历一千九百三十二年三月一日宣告成
> 立，即以是年为大同元年，国旗定为五色，旗地用黄色，旗的左
> 上角用红蓝白黑四色，民族约有汉族、满族、蒙古族以及其他
> 在东亚的同文同种民族等。建国的宗旨大概以顺天安民为
> 主，对内采取王道主义，一切都尊重真正的民意，对外实行门
> 户开放主义，请求亲仁善邻种种方法。我们民众既然有这样
> 的建设，就当共同努力，发展开拓利源，打破种族、国际上的
> 畛域，总要使国家有日新月异的气象，那才不愧为新国
> 民啊![1]

就史地教科书而言，历史教科书都是新编的，总体评价是"牵
强臆造、荒谬绝伦"，其前两册共 36 节"纯属截取中国历史的属于
东北之部"，其"虽竭尽编者的鬼蜮伎俩"，然而"丝毫未能证明在历

---

[1] 张佐华：《日本对我国东北民众的奴化教育政策》，《新亚细亚》，1935 年第 9 卷第 5 期，
第 41—42 页。

史上东北不是中国的领土"①;后两册是"中日历史相间叙述",其内容都是"尽量地赞扬日本,而贬损中国"②,其用意可谓毒辣至极。地理教科书也是用新编的,除叙述辽、吉、黑、热四省的自然地理和人文地理外,极力阐释日本与伪满洲国的亲密关系,有这样的文字:"清的末世,日华两国的亲睦程度,日渐增加,所以日本人移住满洲的,亦渐渐加多,到了我国成立,因地域相邻,益具唇齿辅车的关系了。"③如此"巧妙"地把晚清日本对中国东北的侵略说成增加亲睦程度,还把日本和中国东北地区的关系喻为唇齿,其麻醉意图显而易见。

另外,我们也应该看到,无论是对学校的调整,还是对课程与教学内容的管理,抑或对教师的管控,最终都要落实到学生身上,企图十年之内将"全满儿童完全化为纯正之青年"④。伪满洲国建立之初,无论是中学生还是小学生"皆以持伪满国旗、唱伪满国歌、结队游行等为莫大之耻辱",且"苟可规避,绝不参加"⑤,日本鉴于情势之严重,首先拘捕了少数重要分子,然后开始加强对学生的管理和训练,制定了严格的训练章程:

　　一、职教员须随时随地训练学生,使其彻底明了伪满之建
　　国精神及日伪之亲密关系。训育人员及级任教员尤须特别注

---

① 张佐华:《日本对我国东北民众的奴化教育政策》,《新亚细亚》,1935年第9卷第5期,第42页。

② 张佐华:《日本对我国东北民众的奴化教育政策》,《新亚细亚》,1935年第9卷第5期,第42页。

③ 张佐华:《日本对我国东北民众的奴化教育政策》,《新亚细亚》,1935年第9卷第5期,第42—43页。

④ 鲍澄极:《五年来东北之奴化教育》,《教育论文摘要》,1937年第1卷第6期,第30页。

⑤ 鲍澄极:《五年来东北之奴化教育》,《教育论文摘要》,1937年第1卷第6期,第30—31页。

意，如发现学生思想不稳者，则彼等与学生同时处罪。

二、教育当局与协和会定期主办全县、全市、全省、全国中小学生雄辩会、演说会、国文竞赛会等，所用题目皆由主办者拟定，不外"建国精神""日满协和"之类，优胜者予以极优之奖品。

三、文教部、特务机关、宪兵队等常派员调查学生思想，所用方法各不相同。文教部常令学生默写、解释建国宣言、执政宣言、诏书等，特务机关取谈话方式，宪兵队则突至一校，将印有问题之卷纸，发与学生，限时缴卷，然后携归检阅，认为思想危险者，即行拘捕。[①]

同时，为了体现并巩固"日满一德一心"、不可分离之关系，自1933 年伪满洲国通过"支给补助金，奖励修学"的方式开始向日本派遣留学生，希望通过此种方式让他们切身体会日本的风土人情，更重要的是与日本青年交流学习并互助提携，以"实际体得日本精神"，进而"努力养成国家有用之人才，为日满两帝国精神结合之中枢"[②]。

在上述政策与措施的约束下，一些不甘奴化教育的学生，便抛弃了家乡，到关内求学，比如北平，虽增设了好多补习学校、中等学校专门收容东北学生，但仍然有诸多东北学生得不到求学的机会。另外还有由于经济所限，不能到关内求学的"更不知道有几千万人"[③]，他们心生不满，也只能忍受，一段史料之中有这样的描述：

当去年秋季开学之后，沈阳一处女校，先生教授伪满洲国

---

① 鲍澄极：《五年来东北之奴化教育》，《教育论文摘要》，1937 年第 1 卷第 6 期，第 31 页。

② 俞义范：《满洲国之教育（四）》，《教育建设》（南京），1943 年第 5 卷第 4 期，第 36 页。

③ 张佐华：《日本对我国东北民众的奴化教育政策》，《新亚细亚》，1935 年第 9 卷第 5 期，第 49 页。

歌,第一句还未唱完,师生都觉得羞愧满面,不禁大哭起来。像这种悲剧,在各地的各种集会场所,不知演过多少。小学儿童,在任何国家,都是天真烂漫快活无比的孩子,可是东北儿童,正所谓"孺子何辜",因为国家不争气,不知受了多少委曲痛苦,平时说惯了的"中华民国"四字,不许他们提起,日本教员告诉他们,遇见日本小学生,须得行礼。上学之前,父母便哼哼叮咛,不要触犯日本人,这真使得他们哑子吃黄连,有苦说不出。他们看这种人间的不平,回到家里就不免要嚎啕大哭。①

这可能代表了大部分不甘接受奴化教育,又无力反抗的学生的真实状态。当然,也有诸多意志不坚定的青年学子,他们一方面"受日人之威迫利诱",另一方面"受教师及父母之规劝",难免"思想行动逐渐转变"②。他们对于学校组织的活动,或开会,或游行,或纪念仪式,都"不特表示反抗",且"多忼慷鼓舞,乐于参加"③。

第四节　统治全面化:开展社会教育与双层督导

日本为了在伪满洲国顺利推行殖民奴化教育,实行了严密的教育督导制度,具体而言,设立专门的教育督导机构,并颁布相关的法令与规程,对"国内"各级教育机构进行监察与督导。同时,除对儿童、青年进行学校教育外,对一般成人也进行社会教育,以达

---

① 宗亮东:《三年来日本在东北之文化侵略与奴化教育》,《文化与教育》,1934 年第 31 期,第14 页。

② 鲍澄极:《五年来东北之奴化教育》,《教育论文摘要》,1937 年第 1 卷第 6 期,第31 页。

③ 鲍澄极:《五年来东北之奴化教育》,《教育论文摘要》,1937 年第 1 卷第 6 期,第31 页。

到教育统治的全面化。

一、专门机构主导下的“正规性”教育督导

伪满洲国的教育督导是与教育机构的存废和整备密切相关的，1932年第一次伪文教部时代，在“中央”与“地方”的教育机构中分别置有督导人员，负责学校教育的视察与监督，如伪文教部中有督学官，各伪省教育厅中有视学官，各伪市、县、旗教育部门中有视学，至于人员数量，则“随设施之扩充整备，渐次增加定员额”①。

1936年，为“图机能之增进”②，伪文教部颁布《视学官及特别市视学学事视察规程》，对“地方”督导人员视察与监督的相关事宜进行了规定。关于督导频次，每年至少一次。督导内容则涉及学校教育的方方面面，其中，“御容诏书奉置之状况、‘建国精神’之具现彻底状况”③自然是首要督导内容。同时，有关于学校的，涉及经济、设备与管理，教授、训练与卫生，以及与家庭、社会联络等状况；有关于教师的，包括思想、执务、修养及研究、学事事务整理等状况；有关于学生的，涵盖就学及出席、毕业生指导及其就业等状况；另外还有教科书使用、日本语普及、教育法令实施等方面的状况。可见，日本殖民者试图掌控伪满洲国的学校教育，为教育统治做准备。

在实际执行过程中，日伪当局认为当时的教育督导机制不够完善，其效果“难能达到所期目的之状态”④，于是在1937年增设视

---

① 俞义范：《满洲国之教育（一）》，《教育建设》（南京），1942年第4卷第6期，第46页。
② 俞义范：《满洲国之教育（一）》，《教育建设》（南京），1942年第4卷第6期，第46页。
③《视学官及特别市视学学事视察规程》（1936年12月），齐红深、徐冶中编著：《中国教育督导纲鉴》，沈阳：辽宁大学出版社1989年版，第180页。
④ 俞义范：《满洲国之教育（一）》，《教育建设》（南京），1942年第4卷第6期，第46页。

学委员,以辅佐视学官和视学进行督导,并"指导省立或特别市立学校之教授"①。1939 年,《视学委员学校视察规程准则》的颁布,进一步明确了视学委员的职责,即"建国精神彻底具现之状况,教授、训练、卫生之状况,教科书使用之状况,设备及管理之状况,教职员之思想、修养及研究状况"②,同时必须"常与视学官(视学)保持紧密联络"③。

为使视学官(伪特别市视学)、视学委员顺利地完成督导任务,他们在视察期间可以"变更授课时间",也可以"测验学生成绩",还可以"推问其教育上之意见或征求调查资料",如"认有特别紧急处理必要之事项",须"即具报省长(特别市市长)"④,视察终了须"将其视察状况并具意见上报,对重要事项应即以口头报告之"⑤。

1940 年 1 月,随着伪民生部教官制改革,废止从前之督学官,改置教学官室,新设教学官、副教学官,并宣称其"乃担当我国教育之最重要之使命"⑥,职责为"努力于指导监督",更"常事教育之调查、研究、企划",以"图教育之刷新"⑦。至此,新的教育督导体系已然形

———————————

① 《省及特别市视学委员会规程准则》(1937 年 10 月),齐红深、徐冶中编著:《中国教育督导纲鉴》,沈阳:辽宁大学出版社 1989 年版,第 181 页。

② 《关于视学委员会学校视察规程准则之件》(1939 年 12 月),齐红深、徐冶中编著:《中国教育督导纲鉴》,沈阳:辽宁大学出版社 1989 年版,第 181 页。

③ 《关于视学委员会学校视察规程准则之件》(1939 年 12 月),齐红深、徐冶中编著:《中国教育督导纲鉴》,沈阳:辽宁大学出版社 1989 年版,第 182 页。

④ 《视学官及特别市视学学事视察规程》(1936 年 12 月 21 日),齐红深、徐冶中编著:《中国教育督导纲鉴》,沈阳:辽宁大学出版社 1989 年版,第 180 页。

⑤ 《视学官及特别市视学学事视察规程》(1936 年 12 月),齐红深、徐冶中编著:《中国教育督导纲鉴》,沈阳:辽宁大学出版社 1989 年版,第 181 页。

⑥ 辽宁教育史志编集委员会:《辽宁教育史志资料》第 3 辑,沈阳:辽宁大学出版社 1993 年版,第 277 页。

⑦ 俞义范:《满洲国之教育(一)》,《教育建设》(南京),1942 年第 4 卷第 6 期,第 46 页。

成,包括教学官 9 名,其中日系 5 名,满系 4 名,副教学官日系 2 名[1]。此种以日系官员为主导的"中央"督导是伪满洲国教育督导的中枢,可见日本对中国东北地区学校教育的控制力和操纵力增强。各伪省、市、县、旗之视学官及视学之定员额也"渐次增加"[2],成为教育督导的具体执行者,至 1941 年其分布状况,如表 4 - 29 所示:

表 4 - 29　伪满洲国各地视学官及视学定员统计(1941 年 7 月 1 日)

(单位:名)

地区(伪)	视学官(荐)				视学(委)							
	伪省		伪市		伪省		伪市		伪县		伪旗	
	日	满	日	满	日	满	日	满	日	满	日	满
奉天省	1	2			1				6	15		
吉林省	1	2			1				5	15		1
滨江省	1	2			1				4	16		1
龙江省	1	1				1			3	15		1
热河省	1	1				1				7	1	5
锦州省	1	1				1				10	3	
安东省	2	1				1			2	6		
间岛省	1	1				1			2	5		
三江省	1	1				1			3	11		
通化省	1					1			3	8		
牡丹江省	1					1			2	3		
东安省	1								1	6		
北安省	1	1				1			2	14		
黑河省	1									2		

[1] 俞义范:《满洲国之教育(一)》,《教育建设》(南京),1942 年第 4 卷第 6 期,第 46 页。
[2] 俞义范:《满洲国之教育(一)》,《教育建设》(南京),1942 年第 4 卷第 6 期,第 46 页。

续表

官职　　地区(伪)	视学官(荐)				视学(委)							
	伪省		伪市		伪省		伪市		伪县		伪旗	
	日	满	日	满	日	满	日	满	日	满	日	满
兴安东省		1										2
兴安西省		1							2	2		12
兴安北省	1											1
兴安南省	1								1	1		8
四平省	1	1				1			2	9		
新京特别市				1			1					
奉天市				1			1					
哈尔滨市		1		1		1	1	1				
鞍山市					1	1						
吉林市				1				1				
安东市							1	1				
齐齐哈尔市							1	1				
营口市							1	1				
抚顺市							1	1				
辽阳市								2				
锦州市							1	1				
佳木斯市							1	1				
牡丹江市							1	1				
四平市								1				
本溪河市								1				
铁岭市								2				
阜新市								1				
海拉尔市							1					

续表

官职 地区(伪)	视学官(荐)				视学(委)							
	伪省		伪市		伪省		伪市		伪县		伪旗	
	日	满	日	满	日	满	日	满	日	满	日	满
计	16	16	3	3	3	10	12	16	36	145	4	22
合计	32	6	13	28	181	26						

资料来源:俞义范:《满洲国之教育(一)》,《教育建设》(南京),1942 年第 4 卷第 6 期,第 46—47 页。

　　由上表可知,直至 1941 年,伪满洲国的教育督导体系有"中央"一级的教学官、副教学官 11 名,其中,日系 7 名,满系 4 名;省级视学官 32 名,其中,日系 16 名,满系 16 名;伪特别市视学官 6 名,其中,日系 3 名,满系 3 名;视学委员 248 名,其中日系 55 名,满系193 名;教育督导共计 297 名,由 81 名日系官员和 216 名满系官员组成,日系官员占总数的 27.3％,满系则占 72.7％。从表面看满系督导占据绝大多数,似乎处于主导地位,但从具体构成来看,"中央"一级的督导日系占 63.6％,满系仅占 36.4％,作为督导政策与规则的制定者,其意志直接决定了整体的督导方向和效果,其他级别的督导只是其执行者而已,因此伪满洲国的教育督导还是由日本控制的。

　　依据"遵照建国精神及访日宣诏之趣旨,以咸使体会日满一德一心不可分之关系及民族协和之精神,阐明东方道德,尤致意于忠孝之大义,涵养旺盛之国民精神,陶冶德行,并置重于国民生活安定上之必须之实学,授与知识技能,更图保护增进身体之健康,养成忠良之国民"[1]的教育方针,确立了视学工作的原则与宗旨,即

————————————

[1]《学制纲要》,《盛京时报》1937 年 5 月 2 日。

"咸宜尊重教育之神圣与使命之重大,务善导国民之思想,以养成忠良之国民"①。基于此,日本一方面采取召开视学讲习会、外地参观学习等多种措施,以提高教育督导人员的实际监察能力;另一方面督促教育督导人员切实按照督导法令视导各级学校的教学活动,实质上是防范和阻止学校师生进行反满抗日活动,而成为日本殖民奴化教育的重要手段。

二、日籍教员的辅助性教育督导

伪满洲国除了设置教育督导机构对各类学校进行正规的监察与督导外,还采取辅助性的教育督导方式,加强对学校师生思想与活动的控制,可谓双管齐下。日本籍教员是重要的辅助性教育督导人员,伪满洲国建立后"日系教员陆续侵入各校"②,据时人回忆,各级学校"逐年增加日本教员的比例,把专业课程课本全改为日文,由日本教员授课,日本教员约占了全校教员的 60% 以上,二年级以上的级任老师也是由日本教员充任"③。他们形式上从事各学科的教授工作,实质上"为侦察学生及满系教员之思想行动"④。

首先是对满系教师的监察。由于满系教师大都"受过完全中国教育之成年人,多无转变之可能",而且"尚多以地域为单位,组成团体,作宣传调查等工作",甚至"与当地之义勇军亦保持联系",因此日本认为必须对他们"严行侦察,分别处置"⑤,一旦发现可疑

---

① 伪满洲帝国教育会编:《满洲帝国文教关系法规辑览》下,长春:伪满洲帝国教育会1938 年版,第 915 页。
② 鲍澄极:《五年来东北之奴化教育》,《教育论文摘要》,1937 年第 1 卷第 6 期,第 30 页。
③ 齐红深:《日本对华教育侵略》,北京:昆仑出版社 2005 年版,第 177 页。
④ 鲍澄极:《五年来东北之奴化教育》,《教育论文摘要》,1937 年第 1 卷第 6 期,第 30 页。
⑤ 鲍澄极:《五年来东北之奴化教育》,《教育论文摘要》,1937 年第 1 卷第 6 期,第 30 页。

之处，即通知日宪兵队、关东军特务机关、日本领事馆及伪满警察厅特务科等负责机关，加以拘捕。

日系教员是完成此项监察任务的重要力量。他们在各自负责的学校"大张侦察之纲"，凡是满系教员的来往信件、朋友晤谈、阅读书报、训练学生、迁移住所等"皆为彼等所注意"①。对满系教员的控制，可以说使其没有任何自由，一举一动皆在严控范围之内，时人有这样的描述：

> 虽无课时间，亦不得擅自离校；有事外出，须向首席教员请假；寒暑假中，亦不得离去任职地；由教厅规定日语讲习会、建国精神讲习会、体育讲习会、教学研究会等等，一律逐日出席，如有特别事故，必须离开任地时，须具由呈请教厅批准，方能动身；关于辞职亦有严苛之规定，呈辞后，须经三月之审查，查明去职之后，确无危害伪国之言行者，方准所请。故正式辞职，除重病者外，殆无人敢于尝试。于此周密监视之下，满籍教员不特以前之种种工作，完全停止，内部且发生分化作用。②

同时，在日系教员的蛊惑、游说之下，少数满系教员"认贼作父，完全投入日人怀中"，以致日系教员"侦察工作进行愈易"，查出了诸多所谓的可疑分子，以致"逮捕枪杀，时有所闻"③。

其次是对学校学生的监察和利用。除日系教员外，监视学生

---

① 鲍澄极：《五年来东北之奴化教育》，《教育论文摘要》，1937年第1卷第6期，第30页。
② 鲍澄极：《五年来东北之奴化教育》，《教育论文摘要》，1937年第1卷第6期，第30页。
③ 鲍澄极：《五年来东北之奴化教育》，《教育论文摘要》，1937年第1卷第6期，第30页。

活动的还有日本密探、便衣队、浪人等,其组织"格外深入和严紧"①。他们对学生的监视可以说到了严苛的程度,有这样的例子,据当时的学生周峰回忆:"当时是早晨大家都集合在操场上向东方遥拜,我因为发愣没有及时低头,就被学校里的指导教官长冈直接用刀往我脖子上砍去,导致我当场就昏死过去,幸好他当时拿的是木刀。"②诸如此类的事件可谓数不胜数,使得各校学生虽"深恨日人",但在汉奸密探监视之下"亦敢怒而不敢言"③。

另外,日本还通过每月供给金票 80 元"以为诱饵"收买亲日学生④,作为其监视其他学生的帮凶。一些学生在此利诱之下成为汉奸,他们"充满各校",使得学生在教室、宿舍"均不能随便谈话",其"思想稍有过激"⑤,即会被此种汉奸向日人告密,使其受到严厉处罚。

三、大力推行奴化式的社会教育

由于学校教育"对于社会上一般无知之成人,影响尚少",日本为了在伪满洲国全面推行奴化教育,"复用种种方法,造谣宣传"⑥,

---

① 宗亮东:《三年来日本在东北之文化侵略与奴化教育》,《文化与教育》,1934 年第 31 期,第14 页。

② 齐红深:《日本对华教育侵略》,北京:昆仑出版社 2005 年版,第 148 页。

③ 宗亮东:《三年来日本在东北之文化侵略与奴化教育》,《文化与教育》,1934 年第 31 期,第14 页。

④ 宗亮东:《三年来日本在东北之文化侵略与奴化教育》,《文化与教育》,1934 年第 31 期,第14 页。

⑤ 宗亮东:《三年来日本在东北之文化侵略与奴化教育》,《文化与教育》,1934 年第 31 期,第14 页。

⑥ 应麟:《暴日操纵下的东北奴化教育》,《康藏前锋》,1934 年第 12 期,第14 页。

尤其"对于社会文化的设施特别注意"①，即极力推行社会奴化教育，以"愚拢一般民众"②。

　　1934年5月20日至21日，伪满洲国于辽宁锦州召开所谓的"全满社会教育指导者讲习会"第一次会议，参加者为"全省县立各学校的校长、各县社会教育指导者及各文化团体代表百余名"，讲习"社会教育理论及其方策""王道精神之究竟"，并探讨思想善导、生活改善、产业开发、公民生活之意义等其他社会教育问题③。此次讲习会形成了3项"成果"：一是将召开各方面的讲习会，以"中心指导者之伪文教部从事于纵的联络，指导者与各文化团体相互间作横的联络，给所谓整个的社会教育网以全力注意地方社会教育运动"④；二是制定所谓的《社会教育十大纲要》；三是添设各地方民众学校，这基本上是伪满洲国社会奴化教育的全部内容。

　　1934年夏季，伪文教部颁布《社会教育十大纲要》，以法令的形式将之公布于众，其内容为：

　　　　一、电影教育：施行地方巡回演映，完成自目注入的教育；二、印刷品教育：刊行图书、小册子、传单等，推荐优良图书，使国民各阶级均按各该阶级之印刷品得到修养；三、观摩教育：开产业展览会，以图农工业者之知识及生活之向上；四、礼仪教育：敬老事业，孝子节妇之表彰，揭扬国旗以陶冶情操，贯彻

①　张佐华：《日本对我国东北民众的奴化教育政策》，《新亚细亚》，1935年第9卷第5期，第47页。

②　应麟：《暴日操纵下的东北奴化教育》，《康藏前锋》，1934年第12期，第14页。

③　张佐华：《日本对我国东北民众的奴化教育政策》，《新亚细亚》，1935年第9卷第5期，第47—48页。

④　张佐华：《日本对我国东北民众的奴化教育政策》，《新亚细亚》，1935年第9卷第5期，第48页。

王道国家之国家精神；五、娱乐教育：认识各娱乐中的道德观念，并图知识的向上，图书、博物馆之扩充，除官立图书、博物馆外，关于地方乡土、历史、产业、文化之小图书馆、博物馆、文库等，亦将陆续成立；六、青年教育：为振兴职业教育、公民教育，增设各种教育机关；七、成人教育：成人讲座、大典纪念讲演会之召集，民众教育之充实及普及，指导国民生活之内容，置于国民知识之水准上，设施国民生活之密接教育；八、体育指导教育：各学校均与全国体育协会相通达，共谋体育向上，同时并涵养卫生、思想，充实各种体育设施；九、社会教育指导机关的扩充，教育中心指导者之养成；十、文教部指导者与各文化教育团体，取得严密联络，以期完成社会教育网。①

基于此纲要，学校、娱乐场所、礼堂及客厅等处"禁止挂中国之党、国旗及总理遗像"，一律需"悬所谓'满洲国'、日本国旗及日本天皇之敕语"，且见到它们"国人"必须致敬，以图"改变一般民众之观念"②。同时，在街头巷口大贴所谓"日满亲善""共存共荣"以及"满洲国王道乐土"等一类肉麻之文字，可见其"对于民众之威迫利诱，愚弄蒙蔽，无所不至"，用意"无非欲使我有知无知之同胞，忘掉祖国之观念，以供其牛马而已"③。

在集合庆祝时，"国人"必须唱"国歌"，不唱或不会唱，日人"则横加干涉"，并将"国歌"制成唱片，各教育机关、学校"均为必备品"④，以期民众对伪满洲国的认同。同时，将"王道主义"，编撰事

---

① 张佐华：《日本对我国东北民众的奴化教育政策》，《新亚细亚》，1935 年第 9 卷第 5 期，第 48 页。
② 应麟：《暴日操纵下的东北奴化教育》，《康藏前锋》，1934 年第 12 期，第 14 页。
③ 应麟：《暴日操纵下的东北奴化教育》，《康藏前锋》，1934 年第 12 期，第 14 页。
④ 应麟：《暴日操纵下的东北奴化教育》，《康藏前锋》，1934 年第 12 期，第 14 页。

实,以二簧声调制成唱盘,还有郑孝胥讲演的"王道主义",其"亦为
唱盘之一种"①。组织公开演讲也是推行社会奴化教育的重要形
式,在各戏院、俱乐部等地方召开民众大会或市民大会,其间"强嗾
奴膝婢性之卖国汉奸,或惩恿知识幼稚之中学生"②,登台演说,以
宣传日"满"应如何亲善、如何扶助等"日满一体"思想。

　　禁止具有所谓"反动"思想的中国书报入境,也是推行此种教
育的重要手段。当时中国思想比较活跃的报纸,诸如《大公报》《益
世报》《申报》《时报》《世界日报》《晨报》等,以及中国各书店之新思
潮书籍"均在禁止之列"③。同时,对东北地区固有的三民主义课本
及"反动"思想之书籍,全部销毁。据统计,伪法院、伪文教部在
1934 年 3 月至 7 月短短 5 个月时间,就烧毁该类书籍 650 万册④。

　　民众学校作为"愚弄民众,奴化民众的场所",自然是日本推行
社会奴化教育必不可少之手段,以 1934 年为例,其学校设立状况,
如表 4－30 所示:

表 4－30　1934 年春伪满洲国民众学校数目和学生人数统计

地区(伪)	校数(所)	学生数(人)
辽宁	207	24 237
吉林	115	13 252
黑龙江	81	5 673
热河	51	1 675

　　资料来源:张佐华:《日本对我国东北民众的奴化教育政策》,《新亚细亚》,1935 年
第 9 卷第 5 期,第 49 页。

———————————

① 应麟:《暴日操纵下的东北奴化教育》,《康藏前锋》,1934 年第 12 期,第 14 页。
② 应麟:《暴日操纵下的东北奴化教育》,《康藏前锋》,1934 年第 12 期,第 14 页。
③ 应麟:《暴日操纵下的东北奴化教育》,《康藏前锋》,1934 年第 12 期,第 14 页。
④ 应麟:《暴日操纵下的东北奴化教育》,《康藏前锋》,1934 年第 12 期,第 14 页。

由上表可知,1934 年伪满洲国的民众学校以辽宁为最,吉林次之,黑龙江及热河分别居于第三、四位,学生数也与其呈正相关分布。从数量来看,学校数可谓不少,且"入学者极多",这主要是因为入民众学校读书者"既不出任何费用",更"可得日人之保护"①。从讲授内容看,学生所习内容"不在知识的训练",而在于"王道政治""日满亲善"的宣传,且课程"以日语为主",国文、算术"反不甚注意"②,其奴化教育之意图显而易见。

另外,由于伪满洲国自我定性以王道立"国",因此发扬东方道德"乃为王道政治之第一要义"③,基于此,在社会奴化教育上必然极力提倡节孝,并以伪文教部令第一号的形式颁布《关于表彰孝子节妇之暂行规程》,明确对孝子节妇予以表彰。1933 年 9 月,伪文教部组织各伪省呈报孝子节妇事迹,从中筛选表彰人员,结果各伪省呈报共计 541 人,经核准予以表彰孝子 14 名,节妇 48 名,各颁给证书一纸、银盾一座,匾额一悬④,其中的节妇是"缠足的妇女、守寡数十年者,多在得奖金及建设节烈牌坊之列",孝子"亦皆由穷乡僻壤中选出"⑤。从本质上讲,对节妇孝子的表彰嘉奖,是宣扬所谓"王道主义"的重要方式,也是拉拢东北下层民众的重要手段。

总体看来,日本对中国东北地区的教育统治经历了"由消极而

---

① 张佐华:《日本对我国东北民众的奴化教育政策》,《新亚细亚》,1935 年第 9 卷第 5 期,第 49 页。

② 张佐华:《日本对我国东北民众的奴化教育政策》,《新亚细亚》,1935 年第 9 卷第 5 期,第 49 页。

③ 伪国务院文教部编纂:《满洲国文教年鉴》第 4 编"社会教育",长春:新京朝日通印刷所 1934 年印,第 746 页。

④ 伪国务院文教部编纂:《满洲国文教年鉴》第 4 编"社会教育",长春:新京朝日通印刷所 1934 年印,第 746 页。

⑤ 应麟:《暴日操纵下的东北奴化教育》,《康藏前锋》,1934 年第 12 期,第 14 页。

趋于积极,由无形而趋于具体,由笼络而趋于强迫矣"[1]的过程,而且事无巨细,从师资之讲习、教科之编审,到体育之振兴、民族协和之指导,再到史迹名胜之保存、留学生之派遣均有之,可谓"兼筹并顾,期无偏废"[2]。投入经费也逐渐增加,如 1934 年之前,每年投入经费为 93 万元[3];自 1934 年始经常费与临时费合计为 6 104 618 元,增加 6 倍以上,"可谓巨数"[4],主要用于设立高等师范学校、农业专修学校、充实教员讲习所、留学费、社会教育、编印小学教科书等。这样,日本一步步地将中国东北地区教育纳入其文化殖民轨道,利用此种"可惧殊甚"的侵略方式,以期达"使我东北三千万同胞,忘掉祖国观念与民族意识,我东北数百万儿童,根本不知有中国,藉以消抗日之情绪,并造成亲日之忠实奴隶耳"[5]的目的。但随着东北抗日救亡运动的兴起,民众的爱国意识被激发,日本的如意算盘并未达成。

_____

① 应麟:《暴日操纵下的东北奴化教育》,《康藏前锋》,1934 年第 12 期,第 13 页。
② 魏象贤:《满洲国教育之概况及今后之努力》,《文教月刊》,1933 年第 1 期,第 56 页。
③《日谋整个奴化东北教育》,《申报》,1934 年 9 月 28 日。
④《日谋整个奴化东北教育》,《申报》,1934 年 9 月 28 日。
⑤ 应麟:《暴日操纵下的东北奴化教育》,《康藏前锋》,1934 年第 12 期,第 12 页。

第五章　日本对中国东北地区的新闻出版统治

新闻出版物作为"精神食粮的一种",是"大众教科书和社会教育的锐利工具"①,更被侵略者视为"宣传之利器,而侵略之急先锋也"②。基于此,日本从"染指"中国东北地区开始,极其重视报刊的"急先锋"作用,积极发展日属新闻出版业,以加强对该地区人民的思想控制,为进一步侵华做准备。早在九一八事变前,日本在中国东北地区的新闻出版界已处于主导地位。新闻出版统治是日本文化侵略的重要组成部分,近年来备受学界关注,并形成了一些学术成果,它们或把目光聚焦在伪满洲国建立前的新闻侵治③,或从法律的视角探讨日本的新闻统治④,也有分阶段的整体论述⑤。但日本在早已主导中国东北地区新闻出版业的背景下缘何在伪满时期

---

① 赵新言:《倭寇对东北的新闻侵略》,沈阳:东北问题研究社 1940 年版,第 7 页。

② 高伯时:《日本侵略东三省之实况》,上海:上海文艺书局 1932 年版。

③ 如王翠荣的《伪满洲国成立前日本对东北的新闻侵略及东北新闻界的抵制》(《民国档案》,2010 年第 3 期)等。

④ 如蒋蕾等的《以法律之名制造的"新闻樊篱"——对伪满新闻统制的历史考察》(《社会科学战线》,2016 年第 6 期)等。

⑤ 如何兰的《日本对伪满洲国新闻业的垄断》(《现代传播》,2005 年第 3 期)、张贵的《东北沦陷 14 年日伪的新闻事业》(《新闻与传播研究》,1993 年第 1 期)等。

还要攫取统治权，又是如何攫得的？其实质是什么？已有成果均未给出全面系统的阐释。因此，本章试图从上述几个方面进行深入考察，以揭露日本文化侵略之本质。

第一节　主导新闻出版背景下日本攫取统治权的必要性

日本全国上下"皆视新闻纸为侵略满蒙无上劲旅"，因而"拥护、维持不遗余力"①。日本帝国主义自"染指"中国东北地区以来，"是认识报纸作用的"，所以在日俄战后，其"马上即以其较前进的优势报纸，负着宣传吞并满蒙的任务"②。直至伪满洲国建立前，在相关机构的积极经营下，日本已然主导了中国东北地区的新闻出版业。但在伪满洲国建立后，日本仍采取种种措施，甚至不惜动用武力，以攫取该领域的统治权。究此举的必要性，除新闻出版本身具有的理论作用外，更重要的是应对中国新闻界的抵制。

一、伪满之前日本新闻出版主导之势的形成

日俄战争之后，日本势力在中国东北地区实力大增，沙俄虽退居北部，但实力仍不可小觑，中国由于自处本土自然有一定的根基，整个东北地区形成了"中国、日本、帝俄割据文化"，所发行的报刊也就"有华文、日文、俄文之分"，分别以奉天、大连、哈尔滨为据点。各类报刊"依其本国之要求，从事文化、政治、经济等等之宣传"，此"乃中、日、俄三国自由发展时代"③。

---

① 高伯时：《日本侵略东三省之实况》，上海：上海文艺书局 1932 年版。
② 赵新言：《倭寇对东北的新闻侵略》，沈阳：东北问题研究社 1940 年版，第 7 页。
③ 穆儒丐：《满洲新闻小史》，《青年文化》（吉林），1945 年第 2 卷第 1 期，第 35 页。

　　随着侵略势力的扩张,日本断不能容忍此种状况的长期存在,
开始着力经营为自身侵略服务的新闻出版事业,从 1905 年创办
《满洲日报》开始,其报刊势力逐步增强。据赵新言的《倭寇对东北
的新闻侵略》一书统计,1927 年,日本在中国东北地区已有报纸 70
种,杂志 154 种,还出现了 10 余家通信社[①],至 1931 年,各类报刊
已达到 260 种[②]。而九一八事变前,国人报纸仅有 29 种,杂志 27
种[③],日人报刊数量竟是国人报刊的近 5 倍,其势力之大显而易见。

　　在所有日属报刊中,影响力较大的有 40 种,由报纸 28 种和月
刊 12 种构成。具体状况,如表 5 - 1 所示:

表 5 - 1　伪满洲国建立前日本在中国东北地区的重要报刊

类型	名称	发行地点	创刊时间	发行人
报纸	满洲日报	大连市东公园町	1905 年 10 月	铃木昇
	泰东日报	大连市奥町	1908 年 10 月	阿部真言
	大连新闻	大连市飞弹町	1920 年 3 月	宝性确成
	电通	大连市大山通	1920 年 8 月	光永星郎
	日满通信	大连市佐渡町	1921 年 4 月	津上善七
	满州报	大连市山县通	1922 年 7 月	西片朝三
	联合通信	大连市纪伊町	1923 年 10 月	川岛信太郎
	帝国通信	大连市山县通	1924 年 3 月	中松国彦
	关东报	大连市久寿街	1919 年 11 月	市川年房
	满洲新报	营口南大街	1923 年 11 月	小川义和

---

① 赵新言:《倭寇对东北的新闻侵略》,沈阳:东北问题研究社 1940 年版,第 18—19 页。
② 王翠荣:《伪满洲国成立前日本对东北的新闻侵略及东北新闻界的抵制》,《民国档
　　案》,2010 年第 3 期,第 108 页。
③ 赵新言:《倭寇对东北的新闻侵略》,沈阳:东北问题研究社 1940 年版,第 24—28 页。

续表

类型	名称	发行地点	创刊时间	发行人
报纸	盛京时报	辽宁隅田町	1906 年 10	佐原笃介
	奉天日日新闻	辽宁住吉町	1921 年 9 月	难波胜治
	商业通信	辽宁加茂町	1921 年 12 月	山本滋雄
	奉天电报通信	辽宁霞町	1922 年 6 月	渡边义一
	奉天新闻	辽宁信依町	1924 年 7 月	内山石松
	日本电报	辽宁浪速通	1925 年 3 月	早川专一
	满洲通信	辽宁信依町	1927 年 5 月	武内宗次郎
	联合通信	辽宁淀町	1929 年 7 月	结束武二郎
	抚顺新报	抚顺东三番町	1921 年 2 月	漥田利平
	长春实业新闻	长春永乐街	1920 年 4 月	十河荣忠
	北满日报	长春中央通	1920 年 4 月	箱田琢磨
	四洮新闻	四平街仁寿街	1920 年 8 月	樱井救辅
	安奉每日新闻	本溪湖永利町	1926 年 8 月	伊藤唯雄
	安东新报	安东五番通	1923 年 11 月	川保笃
	安东时事新报	安东五番通	1927 年 11 月	中野初太郎
	哈尔滨日日新闻	哈尔滨道里	1922 年 1 月	佐藤四郎
	哈尔滨通信	哈尔滨道里	1921 年 1 月	大河原厚仁
	露西亚通信	哈尔滨道里	1926 年 2 月	近藤义晴
月刊	响	大连市雾岛町	1915 年 7 月	木村庄十
	满蒙	大连市纪伊町	1916 年 8 月	石田贞藏
	新天地	大连市楠町	1921 年 1 月	中村芳法
	满洲公论	大连市纪伊町	1922 年 7 月	早川已之利
	满蒙事情	大连市东公园町	1925 年 7 月	磯部信一
	满蒙时报	大连市春日町	1927 年 10 月	后藤英佑
	满蒙研究	大连市敷岛町	1929 年 8 月	宝性确成
	大连时报	大连市松山町	1922 年 7 月	齐藤光广

续表

类型	名称	发行地点	创刊时间	发行人
月刊	大陆	大连市西公园町	1913 年 3 月	森宣次郎
	满蒙写真	大连市荣町	1928 年 2 月	饭盛信一
	日华	辽宁江岛町	1929 年 8 月	末光源藏
	露亚时报	哈尔滨道里	1919 年 9 月	哈尔滨商品陈列馆

资料来源：赵惜梦：《由日本在东省的新闻说起》，《中华民国二十年〈国际协报〉新年特刊》，1931 年特刊，第 46 页。

上述日属报刊几乎控制着整个东北地区的新闻出版业，而国人创办的影响力较大的报刊仅有 10 余家，主要包括《醒时报》《大亚公报》《民报》《民声晚报》《奉天公报》《东边日报》《营商日报》《奉天日报》《哈尔滨公报》《黑龙江民报》《国际协报》等①。即使是中文报纸，"资格最老，资体雄厚"的反而"为日本及俄人所经营"②，如《盛京时报》等。国人报刊根本无法与日属报刊相抗衡，从报刊发行量、地域分布即可看出。

就发行量而言，1921 年，《远东新报》的日销量为 37 000 余份，《盛京时报》为 25 000 余份，《泰东日报》也有 8 700 余份③；到 1931 年，日本兴办的报刊每期的发行总数已达 77 446 份，远远多于国人报刊④，而且所有国人报纸加在一起"恐怕也不能与《盛京时报》《满洲报》《泰东日报》三社相抗衡"⑤。就地域分布而言，日本的报刊势

---

① 穆儒丐：《满洲新闻小史》，《青年文化》（吉林），1945 年第 2 卷第 1 期，第 35 页。

② 穆儒丐：《满洲新闻小史》，《青年文化》（吉林），1945 年第 2 卷第 1 期，第 35 页。

③ 赵新言：《倭寇对东北的新闻侵略》，沈阳：东北问题研究社 1940 年版，第 13 页。

④ 王翠荣：《伪满洲国成立前日本对东北的新闻侵略及东北新闻界的抵制》，《民国档案》，2010 年第 3 期，第 108 页。

⑤《吉林时报》，1930 年 12 月 3 日。

力已渗透到中国东北地区的各省、市、县、镇,甚至是农村,东北几乎成为"汉字洋报魔销之区"①。国人报刊则局限于长春、大连、哈尔滨等城市,虽有传播到关外的平、津、沪等地的关内报纸,其分布也"仅限于几个大城市",其余之地"仍为敌人报纸据有"②。可见,国人报刊的影响力远逊于日属报刊。

究其原因,主要有两个方面。一是资金问题。当时日本在中国东北地区南有南满铁路,北有中东铁路,两大铁路公司"既雄于财",则"其所办文化机关",发展速度之快,影响力之大自然非"寻常小资本可望其肩背"③。而中国虽也有北京至奉天之京奉铁路及其他铁路,其收入"殊不劣于南满、中东",且"无建设可言",只是"饱军阀、政客之私囊"④罢了,致使国人报刊业或勉强维持而原地踏步,或由于资金短缺而被迫关闭。

二是在所谓的"行业竞争"中,日属报刊凭借雄厚实力市场对国人报刊进行打压、排挤。日本对中国东北地区新闻出版业的垄断,以及对中国报人的残害,其罪行可谓罄竹难书。在所有的报刊中,以 1906 年由日本创办的中文报纸《盛京时报》最为典型。该报自创办伊始就时有不实报道出现,"敲诈诬造,无所不为",因受"日本保护之力,不受我官署取缔",甚至出现"官署无论如何被敲被骂,均隐忍吞声,敢怒而不敢言"⑤的现象。《大北新报》等日本兴办报纸亦是运用如此恶辣手段摧残国人报纸,可谓"《盛京时报》第

---

① 马光仁:《我国早期的新闻界团体》,《新闻研究资料》,1988 年第 1 期,第 70 页。
② 赵新言:《倭寇对东北的新闻侵略》,沈阳:东北问题研究社 1940 年版,第 22 页。
③ 穆儒丐:《满洲新闻小史》,《青年文化》(吉林),1945 年第 2 卷第 1 期,第 35 页。
④ 穆儒丐:《满洲新闻小史》,《青年文化》(吉林),1945 年第 2 卷第 1 期,第 35 页。
⑤ 黑龙江省档案馆编:《黑龙江报刊》,1985 年印,第 247 页。

二"①。中国人创办的报刊"不得不暂时退却,而未退却的,也不得不潜伏了"②。

可见,无论是报刊种类,还是发行数量,抑或影响力,日本报刊在九一八事变前都具有压倒性的优势,处于主导地位。可以说整个东北地区已"完全处于日本言论势力笼罩之下"③,作为"亡中国、灭种族之工具"④,其影响力"实可左右一切政治潮汐的消长"⑤。总之,九一八事变前,中国东北报刊业经历了"自由发展时代"到日本报刊主导之势形成的转变。

二、中国新闻界的揭露与抵制是日本决心攫取统治权的关键

面对日本对中国东北地区侵略的狼子野心逐渐暴露,国人报纸为唤醒国人,纷纷报道日本的侵略行径,并揭露其本质。同时,面对日本报刊业对国人报刊业的冲击与打压,中国新闻界也积极设法抵制。如此情势下,日本只有攫得报刊统治权,才能从理论与实践上消除来自中国方面的阻碍。

其一,多地组成新闻界团体进行联合抵制,这是中国新闻界觉醒的表现,也是反对日本报刊主导的重要力量,更是日本决心攫取报刊统治权并铲除"异己"的重要促使因素。面对日本报刊的主导之势,诸多国人创办的新闻机构开始"举起新闻迎战的烽火,向多年进攻的、敌人的新闻阵营里冲去"⑥,并逐渐达成规模、形成组

---

① 黑龙江省档案馆编:《黑龙江报刊》,1985 年印,第 247 页。

② 赵新言:《倭寇对东北的新闻侵略》,沈阳:东北问题研究社 1940 年版,第 33 页。

③《吉林时报》,1930 年 12 月 3 日。

④ 马光仁:《我国早期的新闻界团体》,《新闻研究资料》,1988 年第 1 期,第 70 页。

⑤ 李震瀛:《东三省实情分析》,《向导》,1924 年 1 月 20 日。

⑥ 赵新言:《倭寇对东北的新闻侵略》,沈阳:东北问题研究社 1940 年版,第 23—24 页。

织。加之全国形势的感召，新闻工作者联合起来是必然之事，主要表现为中国东北地区新闻团体纷纷出现。如 1930 年 8 月 23 日在沈阳成立的辽宁省报界联合会，该会"所负之使命，首在团结新闻固有之精神，企图发展社会之文化，促进民众之觉悟，抵御外人之侵略"①。

抚顺新闻工作者基于"设不团结自振，共同奋斗，若使一切气裰乘隙而入，不仅是新闻界之耻辱，亦为文化上之污点"的共识，于 1930 年 9 月 21 日成立抚顺记者联合会，他们"抱定坚定之势力与心理，贯彻固有之精神"，目的是"为抚顺立一正确立论之价值及地位"②。

哈尔滨报界公会也是在哈尔滨新闻工作者认识到"外人在哈埠发行之汉文洋报，确为亡中国灭种族之工具"③而成立的。作为中国东北地区新闻出版的重镇，哈尔滨更是"汉字洋报魔销之区"，欲改变此种状况，必须尽快铲除汉字洋报之流毒，否则后果不堪设想。于是该会建议哈尔滨商会"登高一呼，按照辽宁办法仿效办理，积极进行，以期彻底肃清汉字洋报"，哈尔滨商人也都积极响应，以"停阅洋报"④加以抵制。

在新闻界团体的号召下，以"停阅洋报"为主要形式的抵制活动在中国东北各地纷纷展开，在新闻战线上，不但"收复了许多失地"，并且具有"直接毁灭敌人的新闻兵力"⑤的效果，虽"没有完全

---

① 马光仁:《我国早期的新闻界团体》,《新闻研究资料》,1988 年第 1 期,第 70 页。
② 马光仁:《我国早期的新闻界团体》,《新闻研究资料》,1988 年第 1 期,第 70 页。
③ 马光仁:《我国早期的新闻界团体》,《新闻研究资料》,1988 年第 1 期,第 70 页。
④ 马光仁:《我国早期的新闻界团体》,《新闻研究资料》,1988 年第 1 期,第 70 页。
⑤ 赵新言:《倭寇对东北的新闻侵略》,沈阳:东北问题研究社 1940 年版,第 24 页。

摧毁顽敌"①,但"敌势却因之大减"②。这是中国东北新闻界力量的充分"暴露",日本自然会视为"异己",必铲之而后快,攫得报刊统治权就显得尤为重要。

其二,坚守新闻阵地,揭露日本侵略本质,这是撕开日本虚假面目的直接手段,也是唤醒中国东北民众的重要途径,不过这与日本积极经营报刊业的目的背道而驰,成为日本决心攫取报刊统治权并控制言论的重要刺激因素。面对日本报刊美化侵略的不实报道,东北爱国报刊不惧强敌,坚守新闻阵地,皆以揭露日本的侵略罪行为己任,其中,以《国际协报》《东北民众报》的表现最为典型。

《国际协报》是哈尔滨"排日倾向强烈"③的国人报纸,其创办人张复生有着丰富的办报、办刊经历。1910 年,张复生在北京"任上海各报通讯事务"④;1912 年辗转东北,先在沈垣主办《简报》《亚洲报》等,继而又"改任日人主办之《盛京时报》及《泰东日报》总编辑"⑤;1916 年"因愤日本之压迫我国,乃离《泰东日报》,而北赴长春"⑥;之后,鉴于"日俄在东北势力日张",而且认为"《泰东日报》不足有为",于是"自办《国际协报》"⑦。

《国际协报》创办后,影响力逐渐增强,从其报纸销量即可看出。1918—1919 年社址在长春,当时的销量"仅七八百份"⑧;1919

---

① 赵新言:《倭寇对东北的新闻侵略》,沈阳:东北问题研究社 1940 年版,第 23 页。

② 赵新言:《倭寇对东北的新闻侵略》,沈阳:东北问题研究社 1940 年版,第 24 页。

③《左翼文人与〈国际协报〉》,张福山、周淑珍:《哈尔滨革命旧地史话》,哈尔滨:黑龙江人民出版社 2001 年版,第 210 页。

④ 星岷:《本报之略史:自出版至现在》,《国际协报》新年特刊,1931 年特刊,第 49 页。

⑤ 星岷:《本报之略史:自出版至现在》,《国际协报》新年特刊,1931 年特刊,第 49 页。

⑥ 星岷:《本报之略史:自出版至现在》,《国际协报》新年特刊,1931 年特刊,第 49 页。

⑦ 星岷:《本报之略史:自出版至现在》,《国际协报》新年特刊,1931 年特刊,第 49 页。

⑧ 星岷:《本报之略史:自出版至现在》,《国际协报》新年特刊,1931 年特刊,第 49 页。

年迁至哈尔滨,正式开启哈尔滨时代,1919—1921 年销量"渐由七八百份增至一千二三百份",但由于刚刚迁址,其营业"依然不振",主要依靠"一般热心社会事业者之援助"①度日。1921—1927 年进入"革进时期",该报营业"亦渐发达",报纸销量"渐由一千二三百份增至两千四五百份",于社会上之声誉"亦逐步增进"②,但"不过仅仅维持",不至"再如从前之恐慌而已",最终也"未臻十分稳固之境也"③。1927—1931 年,该报纸进入"基础渐臻稳固之时期",营业"益有进步",销量"突由两千四五百份增至七千五百余份之多"④。在当时,整个哈尔滨"是以《国际协报》为首脑,领导北满的新闻兵力,冲锋陷阵"⑤,其在报刊业的重要地位显而易见。

日本对中国东北地区进行侵略后,该报纸也时常受到侵害,甚至"有被人捣毁之事发生"⑥。鉴于此种形势,该报随即表明报社的态度,所谓:

> 本报同人所自勉者,当外侮之来,除于不能安然忍受之际,略作自卫的消极抵抗外,事过境迁之后,只有自己省察本身之过失,继续努力,期为事业作进一步之奋斗,绝不怨天尤人,为报复之准备;以故过去事实,同人等不第不愿再说,甚且脑海中亦绝对不欲再留一点不平之印象,此固为本报同人所自信,要亦为社会人士所共见共闻者也。⑦

---

① 星岷:《本报之略史:自出版至现在》,《国际协报》新年特刊,1931 年特刊,第 49 页。
② 星岷:《本报之略史:自出版至现在》,《国际协报》新年特刊,1931 年特刊,第 49 页。
③ 星岷:《本报之略史:自出版至现在》,《国际协报》新年特刊,1931 年特刊,第 49 页。
④ 星岷:《本报之略史:自出版至现在》,《国际协报》新年特刊,1931 年特刊,第 50 页。
⑤ 赵新言:《倭寇对东北的新闻侵略》,沈阳:东北问题研究社 1940 年版,第 24 页。
⑥ 星岷:《本报之略史:自出版至现在》,《国际协报》新年特刊,1931 年特刊,第 50 页。
⑦ 星岷:《本报之略史:自出版至现在》,《国际协报》新年特刊,1931 年特刊,第 50 页。

同时,阐明报纸立场:

> 至本报之立场,纯粹为超然的,唯一宗旨,即"绝不肯为任何一方所利用",虽年来日本方面目本报为排日(日文报常有此种记载),苏俄方面目本报为白俄机关报,破坏本报者诬本报与某方面有关,或谓带有某种色彩,但本报同人均夷然处之,不以为怪;盖事实具在,决不能因不满于本报者之信口雌黄,便可强移社会多数人士之听闻也。①

《国际协报》也把这样的态度和立场付诸实际行动之中,"万宝山事件"发生后,该报纸发表《请看日本强国维持治安之能力》一文,剖析该事件发生的原因,即"设日警不横加干涉,断不至此。若宁汉事件,皆起因于外兵强横之反动"②;进而刊文《为鲜人排华事件所望于朝鲜爱国志士者》对日本侵略者的面目进行披露,所谓"盖朝鲜自被日本吞并以后,其人民久已失去集会结社及一切活动之自由,今一旦集众万人,持械游行,高喊口号,公然屠杀,甚且放火抢劫,显然为有组织之行动,设非背景中有人激之纵之,暗示以不加制止之意,则蜷伏于日人铁蹄下之韩人,又安敢夷然出之,而不以为意? 是故有识之士,对于此次惨案,无不认主动者之某国为唯一敌人,对于韩人,则曲原之"③。

由于日本间谍活动所引发的"中村大尉事件",为披露其真相,《国际协报》连续刊载 4 篇题为《中村大尉事件真相究如何?》的社评,连续发问:"朝鲜华侨惨死伤亡者达二百人,较诸中村大尉当如

---

① 星岷:《本报之略史:自出版至现在》,《国际协报》新年特刊,1931 年特刊,第 50 页。
② 仲铭:《请看日本强国维持治安之能力》,《国际协报》,1931 年 7 月 9 日。
③ 仲铭:《为鲜人排华事件所望于朝鲜爱国志士者》,《国际协报》,1931 年 7 月 28 日。

何？旅朝侨胞皆多年取得安分营业之资格，比诸中村之无身份相当护照，乔装微行，深入禁止游历之地‘十八年有案禁人游历与安屯垦区’者又如何？"并希望"日本有识阶级深切自省，勿徒陷于夸大狂的病态也"①。

另外，《东北民众报》也有类似的举动，如在九一八事变爆发、东北军迟迟未采取抵抗行动的情况下，《东北民众报》随即发表社论分析不抵抗日本军事行动的严重后果，即"东北地处边陲，为中国北方之屏藩，现强邻虎视眈眈觊觎已久，大有防不胜防之势，一旦东北健儿挥戈入关，逐鹿中原，实给强邻以可乘之机，后患不堪设想，如失之东北，必波及整个中国"②。虽然该报社最终被日本军队查抄，但其所表露的反日立场是异常鲜明的，披露日本侵略者嘴脸和野心的态度是坚决的。

总之，在九一八事变前形成的主导态势下，《盛京时报》《大北新报》等日属报刊不实报道频仍，且时常打压、排挤国人报刊。面对如此窘境，中国新闻界对其进行了坚决的抵制，掣肘了日本对中国东北地区的文化侵略，特别是对日本侵略本质的揭露，使诸多国人幡然醒悟。此种抵制与揭露使日本认识到，主导之势只是现实局面，而非对中国报刊及报人有实质的控制之权，"万不能融其长此存在"③，因此认为在时机成熟的条件下掌握新闻出版统治权是十分必要的。

---

① 张复生：《中村大尉事件真相究如何？（三）》，《国际协报》，1931 年 9 月 17 日。
② 沈阳市人民政府地方志编纂办公室：《沈阳市志》十三，沈阳：沈阳出版社 1990 年版，第 128 页。
③ 穆儒丐：《满洲新闻小史》，《青年文化》（吉林），1945 年第 2 卷第 1 期，第 35 页。

第二节 专门统治机构设定与"合法化"保障

伪满洲国建立后,为控制中国东北地区的舆论宣传,加强对该地区民众的思想教育,泯灭其反抗热情,必须改变该地区"向来毫无规制之新闻事业"①,日本首先设置了相应的统治机构,进行专门化管理,并根据形势变化进行调整。同时,于长久计,制定了相关的法令与政策,如《出版法》及"弘报三法",这样既可以为日本所力求的新闻出版统治权"合法化"提供保障,还能够为行使此种权力保驾护航。

一、日本统治中国东北地区新闻出版的机构流变

1932 年伪满洲国建立之初,日本就在伪国务院资政局中设立了专门的思想文化统治机构——弘法处,掌管"关于宣传建国及施政精神事项、关于涵养民力及引导民心向善事项、关于普及自治思想事项"②。弘法处的具体活动就是围绕上述三项职能展开的,一方面设立训练所,培养相关人才,为完成机构任务奠定人才基础;另一方面进行"建国并施政之精神"的欺骗性宣传,企图以"文治征服民心"③。为了进一步加强思想控制、减弱中国东北人民的反抗情绪,伪满洲国政府对思想文化统治机构进行了数次机构改革,其中重要的一项调整就是 1933 年撤销伪资政局,在伪国务院总务厅中设情报处。

---

① 穆儒丐:《满洲新闻小史》,《青年文化》(吉林),1945 年第 2 卷第 1 期,第 35 页。

②《资政局官制》,《满洲国法令辑览》,长春:伪满洲国法制局 1933 年版,第 81 页。

③[日]"满洲国史"刊行会编:《满洲国史》(总论),哈尔滨:黑龙江省社会科学院历史研究所 1990 年编印,第 99 页。

　　1935 年伪满洲国政府在"一个国家,一个通讯社"统治思想的指导下,成立了以关东军报道班为主的弘报协会。弘报协会职权较大,中国东北地区的报纸"无问其为日文、华文,均行以统制",并以地域与人口为依据,使"散在各地及菌集一地区域或一大都市之报纸,试行收买或统合办法","直隶于弘报协会监督之下"。至此该地区的舆论宣传"有所统属矣"①。至 1937 年,满洲弘报协会加盟成员达 29 家,报刊发行量占全伪满洲国总额的 90%②。

　　1937 年由于全面侵华的需要,日本又改情报处为弘报处,设监理科、情报科和宣传科,统辖整个伪满洲国的新闻、出版、广播、文艺等文化宣传事务,在思想文化上实行法西斯统治。为应对世界范围内复杂的战争局势,1940 年伪满洲国政府又进行了大范围的行政机构改革,在各级伪政府中增设"弘报"人员,弘报处成为全面操控伪满洲国舆论宣传的中枢机构,主要负责"关于治安部负责的电影、报纸、出版的审查;关于交通部负责的对广播、新闻通信的审查,以及海外短波广播监听及其情报向政府内部及重要机关的传达;关于由民生部负责的文艺、美术、音乐、电影、唱片、戏剧等等动态的文化行政事务;外务局的对外宣传"③。

二、日本对中国东北地区新闻出版的统治法令

　　日本对中国东北地区舆论宣传的统治政策主要是通过颁布相

---

① 穆儒丐:《满洲新闻小史》,《青年文化》(吉林),1945 年第 2 卷第 1 期,第 35 页。

② [日]森田久:《满洲新闻是如何统制的》,1940 年 8 月 10 日。转引自谢学诗:《日伪时期的文化统治政策》,冯为群等编:《东北沦陷时期文学国际学术研讨会论文集》,沈阳:沈阳出版社 1992 年版,第 189 页。

③ [日]"满洲国史"刊行会编:《满洲国史》(总论),哈尔滨:黑龙江省社会科学院历史研究所 1990 年编印,第 108 页。

关法律法规的形式得以公布于众的,力求做到各项政策皆"有法可依"。

(一)《治安警察法》及《出版法》对新闻出版的"规范"

最早体现舆论宣传统治政策的法令是伪满洲国政府于 1932 年 9 月 12 日颁布的《治安警察法》,该法令共有 24 条规定,其中牵强附会了诸多"扰乱秩序"的罪名,比如在街道及公共场所张贴标语、传单、图画或散布、朗读其他读物①,这反映出对中国东北人民言论控制的严苛性;同时,还规定警察有权力对各地的出版物随时进行检查和取缔②,其中的随意性显而易见。

1932 年 10 月 24 日伪满洲国政府颁布《出版法》,该法令"揉合日本新闻管理法、大清报律、戒严时新闻检查法以及中国出版条例等而成",对新闻出版"采取事先许可主义"③,内容涉及全面,有行政处分、违规处罚等的规定共 45 条。特别应该注意的是其对报纸、杂志和图书出版物内容的限制,规定不得涉及以下内容:"一、不法变革国家组织大纲或危害国家存立之基础事项;二、关于外交或军事之机密事项;三、恐有波及国交上重大影响之事项;四、煽动曲庇犯罪或赏恤陷害刑事被告人或犯人之事项;五、不公开之诉讼辩论;六、恐有惑乱民心扰乱财界之事项;七、由检察官或执行警察职务人员所禁止之事项;八、其他混淆安宁秩序或败坏风俗之事项。"④

---

① 《治安警察法》(教令第 86 号),"满洲国"国务院总务厅:《满洲国政府公报》第 44 号,沈阳:辽沈书社 1990 年版,第 1—2 页。

② 《治安警察法》(教令第 86 号),"满洲国"国务院总务厅:《满洲国政府公报》第 44 号,沈阳:辽沈书社 1990 年版,第 3 页。

③ 赵新言:《倭寇对东北的新闻侵略》,沈阳:东北问题研究社 1940 年版,第 36 页。

④ 《出版法》(教令第 86 号),"满洲国"国务院总务厅:《满洲国政府公报》第 44 号,沈阳:辽沈书社 1990 年版,第 14 页。

同时,伪满洲国政府还有严格的书报审查制度,包括预审制和后罚制。就预审制而言,伪满洲国建立后,无论是报刊,还是书籍,在付梓之前,必须把清样移交至伪新京首都警察厅特高科检查,并加盖"检阅济"印章,方可印刷出版。书籍出版前的预审,相当严格,必须"先将出版物的内容呈请当地警察当局检阅,批准后,始能印刷出版。权在警察当局"①,即使是诗集也不例外。

报纸的付梓版亦是如此。据时人回忆:"伪警察局要进行严格审查,有时盖章之后打成纸型又临时通知撤销某篇文章,报社不得不在纸型上'开天窗'或刮铅板。"②甚至有时达到可笑的程度,有这样一则回忆:"那时报道管制森严,对军方稍有反抗立时就会被停刊。可是连初雪的报道也禁止发表,也太厉害了,简直是杀气腾腾……一向不服软的分社长,疲惫不堪地回来了,军方说,可能让苏联了解北满气象的新闻报道,一律禁止。怎么争取也没用……国境线上的黑龙江和松花江冬季冰冻,用雪橇可以自由出入。对这一气象情况,苏联不会幼稚到要看日本的报纸才知道吧。我又是生气,又是吃惊——日本军队竟有如此超乎想象的弱点。"③

就后罚制而言,顾名思义就是把时人已经出版或发表的作品严格审查,一旦发现有所谓的"问题",即会受到严厉的惩罚,这一审查主要是由日本宪兵队、特务来完成。据时人回忆:"太平洋战争爆发后,敌伪警宪早已疯狂捕人了,其中文艺界被捕入狱的人已时有所闻。他们甚至派遣特务到报社充当记者,监视每人的言行。

---

① 《问题/质疑解答》,《大同报》,1942 年 7 月 23 日,第 4 版。

② 林穆:《被囚禁的新闻》,孙邦主编:《伪满文化》,长春:吉林人民出版社 1993 年版,第 316 页。

③ 〔美〕法兰克·吉伯尼编著,尚蔚、史禾译:《战争:日本人记忆中的二战》,北京:中央编译出版社 2003 年版,第 19—20 页。

当时印刷厂的一名徒工就曾告诉我，每当夜班印刷工人还未走尽，便有身份不明的日本人到编辑部把我已经锁好的办公桌用同样的钥匙打开，翻看文稿和书信。"①这样的审查可谓几近惊悚，人人自危。

（二）"弘报三法"对新闻出版的归拢

1940 年 8 月，伪满洲国政府颁布意欲垄断伪满新闻出版的"弘报三法"，即《满洲国通信社法》《新闻法》《记者法》，进一步加强对舆论宣传的管制。

其一，就《满洲国通信社法》而言，该法令首先明确设立伪满洲国通信社的目的与宗旨，即"统制确立依电信、电话或其他通信方法搜集及供给信报之事业，以资渗透国政并发扬国威特令"②；其次规定伪满洲国通信社之经营事业，即搜集"国"内外情报，并将其供应给"国"内外新闻社、通信社及放送局；同时，也有处罚条款，如第二十三条规定伪满洲国通信社符合下列各款之一时理事长及理事处 1 000 元以下之罚款：一、应受伪国务总理大臣之认可而不受其认可时；二、不从伪国务总理大臣之命令时；三、不为伪国务总理大臣所命之报告或为虚伪之报告或妨碍检查时；四、怠为本法所定之登记时③。

另外，该法令还赋予了伪国务总理大臣极大的权力，如规定伪国务总理大臣有权决定伪满洲国通信社的信报是否供给其指定之

---

① 王秋莹：《我所知道的东北沦陷时期沈阳文学》，刘晓丽、[日]大久保明男编著：《东北文学研究史料》第 6 辑，哈尔滨：黑龙江省社会科学院研究所 1987 年版，第 41 页。

②《满洲国通信社法》(1941 年 8 月 25 日)，刘晓丽、[日]大久保明男编著：《伪满时期文学资料整理与研究·史料卷》，哈尔滨：北方文艺出版社 2017 年版，第 428 页。

③《满洲国通信社法》(1941 年 8 月 25 日)，刘晓丽、[日]大久保明男编著：《伪满时期文学资料整理与研究·史料卷》，哈尔滨：北方文艺出版社 2017 年版，第 429—430 页。

弘报机关；伪满洲国通信社之业务得为伪国务总理大臣监督上或公益上所必要之命令；伪国务总理大臣有权决定伪满洲国通信社的理事长及常务理事能否从事其他业务，如认为其有违反法令、定款或依本法之命令或有害公益的行为时，得解任之；伪满洲国通信社非经伪国务总理大臣之认可，不得处分其重要财产；伪满洲国通信社应于每事业年度拟定事业计划，提出于伪国务总理大臣受其认可，拟变更时亦同；伪满洲国通信社应于每事业年度终了后两月以内作成财务目录、贷借对照表、损益计算书及事业报告书，并添付理事之意见书，提出于伪国务总理大臣受其承认；伪满洲国通信社应于前条规定之期间内作成剩余金处分案，提出于伪国务总理大臣受其认可；伪满洲国通信社定款之变更或剩余金之处分非经伪国务总理大臣认可不发生其效力；伪国务总理大臣可随时派员直接检查伪满洲国通信社的金库账簿或其他各种文书，或责令其报告业务或财产状况[1]。可见，伪满洲国通信社的所有业务都受到伪国务总理大臣的监管和掌控。

其二，就《新闻法》而言，该法令有正法 37 条，附则 4 条，共计41 款。首先规定了新闻社设立的目的和宗旨，即"发行新闻纸关于时事及其他事项为公正之报道及恳切之解说而谋国政之渗透并文化之向上"[2]；其次是新闻社主要从事新闻纸的发行及其附带之业务。同时，也有处罚条款，如第三十七条规定，一是新闻社符合下列各款之一时，理事长及理事或清算人处 1 000 元以下罚款：应受国务总理大臣之认可而不受其认可时；不从国务总理大臣之命令

---

[1]《满洲国通信社法》(1941 年 8 月 25 日)，刘晓丽、[日]大久保明男编著：《伪满时期文学资料整理与研究·史料卷》，哈尔滨：北方文艺出版社 2017 年版，第 428—429 页。

[2]《新闻社法》(1941 年 8 月 25 日)，刘晓丽、[日]大久保明男编著：《伪满时期文学资料整理与研究·史料卷》，哈尔滨：北方文艺出版社 2017 年版，第 431 页。

时;不为国务总理大臣所命之报告或为虚伪之报告或妨碍检查时;怠为本法所定之登记时。二是清算人符合下列各款之一时亦与前项同:怠为在第三十四条规定准用之民法第八十二条所定之登记时;怠为在第三十四条规定准用之民法第八十五条或第九十条所定之公告或为不正之公告时①。

　　另外,该法令同样赋予了伪国务总理大臣极大的权力,如规定伪新闻社理事长、理事、监事之任命与解任均需听从伪国务总理大臣的命令,且非经其许可不得从事他项事务;准备金除充填补资本之缺损者外,非经伪国务总理大臣认可不得使用;合并契约约定其合并至条件及其他关于合并所必要之事项受伪国务总理大臣之认可;伪国务总理大臣认为公益上有必要时对伪新闻社得命合并或解散,可合并和解散,或设置支社;伪国务总理大臣对伪新闻社得为监督上或公益上所必要之命令;伪新闻社须依伪国务总理大臣之命将其指定事项揭载或不揭载于新闻纸。伪新闻社非经伪国务总理大臣之认可不得处分其重要财产和定款之变更或剩余金之处分;伪新闻社应于每事业年度拟定事业计划提出和拟变更需伪国务总理大臣认可;伪国务总理大臣可随时派员直接检查伪新闻社的金库账簿或其他各种文书,或责令其报告业务或财产状况②。

　　其三,就《记者法》而言,该法令有正法 15 条,附则 2 条,共计17 款。首先明确记者指"于满洲国通信社或新闻社勤务依文章、通信或图书从事于信报或新闻纸内容之作成者"而言,以"对国家之

① 《新闻社法》(1941 年 8 月 25 日),刘晓丽、[日]大久保明男编著:《伪满时期文学资料整理与研究·史料卷》,哈尔滨:北方文艺出版社 2017 年版,第 434 页。
② 《新闻社法》(1941 年 8 月 25 日),刘晓丽、[日]大久保明男编著:《伪满时期文学资料整理与研究·史料卷》,哈尔滨:北方文艺出版社 2017 年版,第 431—434 页。

使命谋其资质之向上"①为目的;其次对记者本身提出具体要求,如记者必须"体建国精神","依公正之判断","保持品位以诚实廉直","不得无故泄露其职务上得知之秘密"②;再次对是否有记者资格也有明确规定,具有记者资格的需"及格于记者考试",或经伪国务总理大臣之认定,可不参加资格考试,而"禁治产人或准禁治产人"以及"被处禁锢以上之刑者"不具备记者资格③;另外是有关记录簿的规定,记者考试合格后,必须"于记者登录簿受其登录",当遇到记者"丧失国籍、依惩戒处分被褫夺其资格、有取消登录之申请、记者死亡、所属之新闻社解散"等情况时,国务总理大臣应取消记者登录簿之登录④。

同时,在该法令中,伪国务总理大臣仍然具有较大的权力。比如伪国务总理大臣主持记者考试及认定事项,处理记者登录簿的申请及相关规定,有权"对于满洲国通信社或新闻社之理事长得为关于其所属记者之监督、教育、福祉及给与所必要之命令"⑤。另外还有关于惩戒的规定,对于违反记者相关规定者,情节严重的有权直接褫夺记者资格,情节较轻者可在新闻社理事长中任命 2 人或记者中任命 3 人进行惩戒;对于惩戒方式为谴责、减俸、停止职务

①《记者法》(1941 年 8 月 25 日),刘晓丽、[日]大久保明男编著:《伪满时期文学资料整理与研究·史料卷》,哈尔滨:北方文艺出版社 2017 年版,第 435 页。

②《记者法》(1941 年 8 月 25 日),刘晓丽、[日]大久保明男编著:《伪满时期文学资料整理与研究·史料卷》,哈尔滨:北方文艺出版社 2017 年版,第 435 页。

③《记者法》(1941 年 8 月 25 日),刘晓丽、[日]大久保明男编著:《伪满时期文学资料整理与研究·史料卷》,哈尔滨:北方文艺出版社 2017 年版,第 435 页。

④《记者法》(1941 年 8 月 25 日),刘晓丽、[日]大久保明男编著:《伪满时期文学资料整理与研究·史料卷》,哈尔滨:北方文艺出版社 2017 年版,第 436 页。

⑤《记者法》(1941 年 8 月 25 日),刘晓丽、[日]大久保明男编著:《伪满时期文学资料整理与研究·史料卷》,哈尔滨:北方文艺出版社 2017 年版,第 436 页。

的,由"记者所属之满洲国通信社或新闻社之理事长行之"①。

　　总之,在新闻战线上,报社和通信社被视为"最重要的堡垒",两者之间的关系是"通信社供给新闻原料于报社,报社用以制成报纸,再献给读者"②。报纸的作用是双重的,一方面它不但能"暴露社会的黑暗",并且也能"指引人们一条前进的路程",进而"引人走向光明的坦途"③;另一方面,若被别有用心的人或团体利用,则"可以引人步入罪恶的渊薮"④。因此,文化进步的国家"都极力保护它自己的新闻业",而帝国主义国家"更莫不以报纸为它侵略弱小民族的急先锋"⑤。在上述机构与相关法令的保障下,日本开始了对中国东北地区新闻出版事业的统治。

第三节　日本对中国东北地区新闻出版业的摧残与统治

　　伪满洲国建立前,中国东北地区的新闻事业虽已在日本的主导之下,但仍有中国人和俄国人兴办的报刊与之相抵牾。面对此种复杂的形势,九一八事变爆发后的第二日,日本就急于扩大其在中国东北地区的影响力,可谓无所不用其极,占据该地区新闻战线的制高点即是其主要方式之一。伪满洲国建立后,日本随即开始对中国东北地区的新闻出版业进行摧残与统治。

---

① 《记者法》(1941 年 8 月 25 日),刘晓丽、[日]大久保明男编著:《伪满时期文学资料整理与研究·史料卷》,哈尔滨:北方文艺出版社 2017 年版,第 436 页。
② 赵新言:《倭寇对东北的新闻侵略》,沈阳:东北问题研究社 1940 年版,第 7 页。
③ 赵新言:《倭寇对东北的新闻侵略》,沈阳:东北问题研究社 1940 年版,第 7 页。
④ 赵新言:《倭寇对东北的新闻侵略》,沈阳:东北问题研究社 1940 年版,第 7 页。
⑤ 赵新言:《倭寇对东北的新闻侵略》,沈阳:东北问题研究社 1940 年版,第 7 页。

一、利用强制手段打压是新闻出版统治的急先锋

九一八事变前，日本依靠强大的经济实力在中国东北地区取得了报刊主导地位，其方式较为缓和，甚至诸多行动还只是幕后的、较为隐蔽的。但事变后，日本攫取东北报刊统治权的方式是激进的，开始明目张胆，并走向了前台，最重要的体现就是利用强制手段对国人报刊进行打压。

其一，武力查封影响力较大的报纸。沈阳是九一八事变前东北国人报业最发达的地区，有报馆 13 家，如《东三省民报》即是"以较完备的近代中国报纸的形式"出现在东北新闻战场上的，且"隐然负有领导群伦的使命"[①]，带动了《新民晚报》《东北民众报》等报纸的改观，使得整个东北地区新闻事业出现"精力充沛，活泼国健"[②]的骤然一新局面，成为抵制日本报刊的有生力量。如此有影响力的报纸，自然是日本为攫得报刊统治权而重点打击的对象。事变后的第二天，日本即派兵侵占了《东三省民报》《新民晚报》等 6 家报馆，强行改由其"爪牙"经营。哈尔滨的《国际协报》《东三省商报》《午报》《晨光报》等具有影响力的报纸，由于事变后仍刊登反帝反侵略的言论，特别是刊登揭露九一八事变真相的相关文章，也未逃脱武力迫其停刊的命运。同时，长春、吉林等其他东北城市的报刊业也遭受了此种浩劫，或易转经营权，或被迫停刊。这样，中国东北地区一半以上影响力较大的国人报刊遭到武力查封，排除了日本报刊的主要掣肘者，这是日本攫得报刊统治权的关键。

其二，监视、改造国人报刊以为麻醉工具。武力查封毕竟是非

[①] 赵新言：《倭寇对东北的新闻侵略》，沈阳：东北问题研究社 1940 年版，第 23 页。

[②] 赵新言：《倭寇对东北的新闻侵略》，沈阳：东北问题研究社 1940 年版，第 24 页。

常手段,为掩人耳目,日本保留了部分国人报刊,但对其进行严密监视,并适时改造,以为其文化侵略服务。警告是监视的前期准备,九一八事变后,日本即以兵力挟持《东三省公报》《醒时报》《东北日报》等国人报刊的主要负责人进行恐吓,警告他们不得发表反日言论,否则将予以取缔。严密监视才是控制国人报刊的主要手段,对刊载内容,除广告外,一律进行严格审查,其中不能出现"中国"字样,但如若是关于中国"内战"和"民生涂炭"的方面,则会被要求扩大刊载,以使中国东北民众对祖国失望,进而"造成倾向日伪的情绪"①。同时,必须称日军为"友军"或"皇军",称义勇军为"匪敌",这样的称呼也极具迷惑性。

另外,日本还通过强购等手段改造国人报纸为完全服务于自己的"伪报",事实上是要消除这些国人报纸于无形,如伪满洲国政府的机关报《大同报》,即是扩充原有的《大东报》而成;伪吉林省府的机关报《吉林日报》,是由《吉长日报》改组而成;伪黑龙江省府的机关报《黑龙江民报》,是复刊旧黑龙江《民报》而成;还有《东三省公报》改组成《大亚公报》,附庸于《大同报》。在这样的监视与改造下,部分国人报刊虽免遭查封,但事实上已成为"伪报"的重要组成部分,充任日本麻醉中国东北民众的工具。

可以说,无论是武力查封,还是监视、改造,都是日本强制消除国人报刊的重要手段,使得中国东北地区的爱国报人"不得不暂时退却,而未退却的,也不得不潜伏了"②,这就为日本统治新闻出版扫除了障碍。

---

① 赵新言:《倭寇对东北的新闻侵略》,沈阳:东北问题研究社 1940 年版,第 34 页。
② 赵新言:《倭寇对东北的新闻侵略》,沈阳:东北问题研究社 1940 年版,第 33 页。

二、专门管理机构的归拢是新闻出版统治的"合法化"手段

其一，弘报协会的归拢。1935 年弘报协会设立之后，就开始对中文、日文、俄文报纸加以归拢。就归拢范围而言，弘报协会"无问其为日文、华文，均行以统制"[①]；就归拢办法而言，试行"收买或统合办法"[②]；就归拢目的而言，按照地域及人口之比率，使分散在各地的报纸均"萌集一地区域或一大都市"[③]，而"须直隶于弘报协会监督之下"，以便于统治。可以说，弘报协会的设立使得"向来毫无规制"的新闻事业"有所统属矣"[④]。

弘报协会按照上述范围、办法及目的对中国东北地区报刊进行了归拢，奉天仅存留两种报纸，即《盛京时报》与《醒时报》，其他的报刊，如《大亚公报》等"均行停刊"[⑤]。大连、长春也仅存留一刊，分别为《泰东日报》《大同报》。哈尔滨沦陷前的 13 家国人报纸，经弘报协会归拢，《哈尔滨新报》《国际协报》《华北新报》《晨光报》《国民公报》等 7 家相继停刊，且不准再行复刊；虽有 6 家报刊得以存留，但不得不"拥日"[⑥]。同时，日本人兴办的中文报纸《大北新报》、日文报纸《哈尔滨日日新闻》等成为"至今（指伪满时期——引者注）存在者也"，主要是因为在此次统治过程中，这些报刊都被认为是有利于日本殖民宣传的"有力报道机关"[⑦]。

---

① 穆儒丐：《满洲新闻小史》，《青年文化》（吉林），1945 年第 2 卷第 1 期，第 35 页。

② 穆儒丐：《满洲新闻小史》，《青年文化》（吉林），1945 年第 2 卷第 1 期，第 35 页。

③ 穆儒丐：《满洲新闻小史》，《青年文化》（吉林），1945 年第 2 卷第 1 期，第 35 页。

④ 穆儒丐：《满洲新闻小史》，《青年文化》（吉林），1945 年第 2 卷第 1 期，第 35 页。

⑤ 穆儒丐：《满洲新闻小史》，《青年文化》（吉林），1945 年第 2 卷第 1 期，第 35 页。

⑥ 黑龙江日报社新闻志编辑室编著：《东北新闻史》，哈尔滨：黑龙江人民出版社 2001 年版，第 235 页。

⑦ 穆儒丐：《满洲新闻小史》，《青年文化》（吉林），1945 年第 2 卷第 1 期，第 35 页。

其二,弘报处的进一步归拢。七七事变之后,日本为了全面侵华的需要,益加重视报刊的作用,并对其进行进一步归拢,以加强中国东北地区民众的思想控制,在伪国务院中置弘报处"俾掌理弘报事务"①,就是提高报刊统治机构地位的重要体现。不仅如此,在1940 年第二次新闻统治中,其权能也得到进一步强化,于"新京"设立了社团法人康德新闻社,使得"现存之汉字纸皆置于康德新闻社直接经营之下"②。

就地域而言,康德新闻社把中国东北分成三大地区,即"中央地区,南满地区,北满地区"③;就办法而言,在弘报协会归拢东北报刊的基础上,各地区"以资格最深之报纸为之首",而"监督本地区之业务"④;就目标而言,本次归拢"务使达成一省一纸之盛况",且各报刊"皆使直隶于康德新闻本社"⑤。按照上述范围、办法及目的的规定,康德新闻社设支社 30 余个,"星罗棋布于'国'内外",发行报刊 20 余种之多⑥,诸如"中央"的《康德新闻》、"南满"的《盛京时报》、"北满"的《大北新报》,皆为大型报纸;其他各"省",依照现实状况,"使发行中型纸及小型纸"⑦。日本在中国东北地区的新闻事业"至是遂完全为有活用之大新闻事业矣"⑧。

---

① 穆儒丐:《满洲新闻小史》,《青年文化》(吉林),1945 年第 2 卷第 1 期,第 35 页。
② 穆儒丐:《满洲新闻小史》,《青年文化》(吉林),1945 年第 2 卷第 1 期,第 35 页。
③ 穆儒丐:《满洲新闻小史》,《青年文化》(吉林),1945 年第 2 卷第 1 期,第 35 页。
④ 穆儒丐:《满洲新闻小史》,《青年文化》(吉林),1945 年第 2 卷第 1 期,第 35 页。
⑤ 穆儒丐:《满洲新闻小史》,《青年文化》(吉林),1945 年第 2 卷第 1 期,第 35 页。
⑥ 穆儒丐:《满洲新闻小史》,《青年文化》(吉林),1945 年第 2 卷第 1 期,第 35 页。
⑦ 穆儒丐:《满洲新闻小史》,《青年文化》(吉林),1945 年第 2 卷第 1 期,第 35 页。
⑧ 穆儒丐:《满洲新闻小史》,《青年文化》(吉林),1945 年第 2 卷第 1 期,第 35 页。

三、日本对中国东北新闻出版统治的实质

伪满洲国建立前,特别是在日俄战争后,日本在中国东北地区已经具有一定的实力。为了"调查东北及蒙古的一切情形,向本国宣传",进而"为政府谋开展侵略的门径",并"鼓励其本国国民,向东北来经营"①,日本着手大力发行日文报纸、杂志。同时,为了"挑拨中国的内乱",并"麻醉中国人民的思想,以掩饰他们侵略的野心,造成为他们作奴隶的根性"②,日本专门为中国人创办了日文、中文杂志与报纸,并对华人的报刊进行打压。通过此种方式控制中国东北民众的思想,其行为"真是最毒辣不过"③了。

伪满洲国建立后,日本对中国东北新闻出版业的垄断"是有政策的,是有系统的,是和政府与人民打成一片的,是整齐的,是急进的,是和政治、军事、经济与文化携手向我们进攻的"④,其新闻事业不仅"为单纯的报道机关",同时"亦为启迪机关",该地区民众"受报纸之启发诱掖者不一而足"⑤。从本质上讲,此种垄断是日本利用新闻机构的舆论宣传作用,麻醉中国人民,控制他们的思想,为侵略战争服务。具体而言,被日本严格控制的伪满洲国新闻机构有五大作用:

一是"日本政府的密探员"⑥。新闻机构中的工作人员,如记者等,深入中国东北各地区进行调查、暗访,以了解"东北及蒙古的一

---

① 赵新言:《倭寇对东北的新闻侵略》,沈阳:东北问题研究社 1940 年版,第 8 页。
② 赵新言:《倭寇对东北的新闻侵略》,沈阳:东北问题研究社 1940 年版,第 8 页。
③ 赵新言:《倭寇对东北的新闻侵略》,沈阳:东北问题研究社 1940 年版,第 8 页。
④ 赵惜梦:《由日本在东省的新闻说起》,《国际协报》新年特刊,1931 年特刊,第 46 页。
⑤ 穆儒丏:《满洲新闻小史》,《青年文化》(吉林),1945 年第 2 卷第 1 期,第 35 页。
⑥ 赵惜梦:《由日本在东省的新闻说起》,《国际协报》新年特刊,1931 年特刊,第 45 页。

切情形",诸如政治、经济、文化、民众心理、社会团体、社会群体等
诸多方面的"内情",并"向本国宣传",为日本制定有针对性的侵略
政策提供一定的依据,进而为"政府谋开展侵略的门径"①。

二是"一切侵略的先锋队"②,这是新闻所固有的职能。伪满时
期,日本对中国东北地区的侵略是全方位的,诸如政治侵略、军事
侵略、经济侵略、文化侵略等,但无论是何种侵略,其"都是以新闻
作他们前进的先锋",因为这样一方面"作有利的宣传",美化侵略;
另一方面也能"作有利的掩护",掩盖侵略罪行,新闻侵略可谓是
"无上的劲旅"③。

三是"统率日侨的司令塔"④。在中国东北地区的日侨大致可
分为两部分:一是在日本政府大力宣传中国东北地区地大物博、物
产丰富的情况下,诸多并不了解"自己已经充当政府侵略中国工
具"实情的日本民众,在政府的号召下来到中国东北地区谋生,这
部分人是来到东北以后才真正了解实际情况的,他们正是日本政
府拉拢的对象;二是了解实情,积极为日本侵华服务的日本人。日
本通过其管控的新闻机构的大力宣传,一方面起到了"鼓励其本国
国民,向东北来经营"⑤的作用,来中国东北地区谋生的日本民众越
来越多;另一方面可使上述两部分日侨趋于"连同一气",进而"对
于中国人的战线都归于齐整"⑥。

① 赵新言:《倭寇对东北的新闻侵略》,沈阳:东北问题研究社1940年版,第8页。
② 赵惜梦:《由日本在东省的新闻说起》,《国际协报》新年特刊,1931年特刊,第45页。
③ 赵惜梦:《由日本在东省的新闻说起》,《国际协报》新年特刊,1931年特刊,第45页。
④ 赵惜梦:《由日本在东省的新闻说起》,《国际协报》新年特刊,1931年特刊,第45页。
⑤ 赵新言:《倭寇对东北的新闻侵略》,沈阳:东北问题研究社1940年版,第8页。
⑥ 赵惜梦:《由日本在东省的新闻说起》,《国际协报》新年特刊,1931年特刊,第45页。

四是"东省政治的泻肚散"①。报纸作为一种宣传工具，为政治服务是当时日本侵华的第一要律，因此其言论与记载"均与其国之外交方策息息相关，亦步亦趋，丝毫不乱"②。日本借助报纸等宣传工具，大肆美化侵略，诋毁中国政府和民众，他们的目的不只"使中国人对于中国人隔膜或仇视"③，从而"挑拨中国的内乱"④，并且还要"使他国人对于中国人有同样的隔膜或仇视"⑤。报刊的"泻肚散"作用显而易见，即"藉外交之后盾，为离间我国人之手段"⑥。

五是"东省同胞的麻醉剂"⑦。日本利用在中国东北地区兴办的中文报纸，即所谓的"汉字洋报"美化侵略，以"中国人民的思想，以掩饰他们侵略的野心，造成为他们作奴隶的根性，这真是最毒辣不过"⑧。如《盛京时报》"乃日本机关报，人人皆知"⑨，其对九一八事变的报道即是如此，明明是"澈（彻）夜而闻枪炮轰轰隆隆"，却宣称"市民未感受若何恐慌"⑩；明明是"近千暴民哄抢面粉，日军警备队开枪驱散"，另一边却报道称"居民工人等多往街上观看情况，犹为（如）年节放假"⑪。这种虚假报道在大连的《满洲报》中也时常出现，日本就是这样利用报纸充当"麻醉剂"去"麻醉可怜的东省同

① 赵惜梦：《由日本在东省的新闻说起》，《国际协报》新年特刊，1931 年特刊，第 45 页。

② 戈公振：《中国报学史》，上海：生活·读书·新知三联书店 1956 年版，第 110 页。

③ 赵惜梦：《由日本在东省的新闻说起》，《国际协报》新年特刊，1931 年特刊，第 45 页。

④ 赵新言：《倭寇对东北的新闻侵略》，沈阳：东北问题研究社 1940 年版，第 8 页。

⑤ 赵惜梦：《由日本在东省的新闻说起》，《国际协报》新年特刊，1931 年特刊，第 45 页。

⑥ 戈公振：《中国报学史》，上海：生活·读书·新知三联书店 1956 年版，第 110 页。

⑦ 赵惜梦：《由日本在东省的新闻说起》，《国际协报》新年特刊，1931 年特刊，第 46 页。

⑧ 赵新言：《倭寇对东北的新闻侵略》，沈阳：东北问题研究社 1940 年版，第 8 页。

⑨ 黑龙江省档案馆编：《黑龙江报刊》，1985 年印，第 247 页。

⑩ 《盛京时报》，1931 年 9 月 20 日。

⑪ 《盛京时报》，1931 年 9 月 20 日。

胞"①的。

综上所述，新闻出版在舆论宣传中的重要作用，使其具有了工具性的职能。日本当然不会放过这一侵略工具，为了侵华的需要，极力加强对中国东北地区新闻出版的统治，"敲诈诬造，无所不为"②。从本质上讲，军事强制是摧残东北国人报业的主要手段，是其侵略性的最重要体现；制定法令与政策使日本的打压"合法化"，以掩盖其侵略行径；创办中、日文报纸是对国人报刊的间接打压，以实现对中国东北地区新闻出版的全面统治。

面对日本的疯狂侵略，中国东北新闻界展开了艰苦卓绝的抵制，虽然这些报社最终大都被日军查抄，但其所表露的反日立场是异常鲜明的，披露日本侵略者嘴脸和野心的态度是坚决的。我们也应该清楚的是，虽然国人报刊为抵制日本侵略做出了艰苦卓绝的努力，但随着中国东北地区的全部沦陷，这样的努力也付诸东流，然而无论如何，东北新闻界的努力不会白费，最重要的是其表明了中国人反抗侵略的意志。从某种意义上讲，这对日本侵略者也是一种警醒。因此，考察日本对中国东北地区的新闻出版统治，是研究日本侵华的又一视角。

---

① 赵惜梦：《由日本在东省的新闻说起》，《国际协报》新年特刊，1931年特刊，第46页。
② 黑龙江省档案馆编：《黑龙江报刊》，1985年印，第247页。

第六章　日本对中国东北地区的视听界统治

视听事业包括电影业和电信业两大类,与新闻出版一样,是舆论宣传的重要组成部分,因此必然成为侵略者进行思想渗透的工具。伪满洲国建立后,日本极其重视对中国东北地区视听界的统治,就电影业而言,成立"株式会社满洲映画协会",制作殖民电影,进行思想渗透以训导该地区民众;就电信业而言,设置"满洲电信电话株式会社",专门管理中国东北地区的电报事业、电话事业及广播事业,以期在思想战中取得胜利。

第一节　日本对中国东北地区视听界的统治机构及法令

为控制中国东北地区的舆论宣传,泯灭该地区民众的反抗热情,加大对他们的思想控制,日本设置了"株式会社满洲映画协会"及"满洲电信电话株式会社",对电影及电信事业进行统一管理,以改变该地区此种事业"经营缺乏统一性"[①]的状况。同时,日本还制

[①] 东北物资调节委员会研究组编:《东北经济小丛书·电信》,北京:京华印书局1948年版,第1页。

定相应的统治政策,如颁布《映画法》、签订《日满电信电话协议》,以使其统治"合法化"。

一、"株式会社满洲映画协会"的设立与《映画法》的颁布

伪满洲国建立之初,中国东北地区"并没有电影方面的权威机构",电影制作机构五花八门,包括伪满洲国政府各部、协和会及满铁等,其中以"满洲国情报部影片班、满铁影片制作所、关东局之影片班等为主体"①。而且当时该地区电影业的保护、奖励制度以及相关法律条令"颇不健全、不统一"②。因此,日本为完成对伪满洲国的电影统治,必须建立统一的管理机构并颁布相应的法律法规,"株式会社满洲映画协会"与《映画法》应运而生。

(一)"株式会社满洲映画协会"的设立

1933 年,全日本电影教育研究会在伪都长春发起"电影教育讲习会",提出"满洲国文化之向上由电影起"③的发展理念。一直有建立伪满电影统治机构设想的日本关东军参谋小林少佐,乘此契机,联合伪满警察部门成立"满洲电影国策研究会",这是成立伪满电影统治机构的酝酿组织。为顺利设立电影统治机构,1933—1936 年间,该研究会不定期召开电影放映技术讲习会,同时每月举行一次"恳谈会",对"电影输出输入、其他国家教育电影状况及对电影企业减免税等法律,都进行了研究"④。

1936 年 7 月,在条件相对成熟的条件下,该研究会提出《满洲电影对策树立案》,针对伪满洲国的电影业现状,阐释了设立电影

①《泰东日报》,1936 年 12 月 4 日。

②《满洲映画史》,《宣抚月报》第 4 卷,第 54 页。

③ 胡昶、古泉:《满映——国策电影面面观》,北京:中华书局 1990 年版,第 22 页。

④ 胡昶、古泉:《满映——国策电影面面观》,北京:中华书局 1990 年版,第 23 页。

统治机构的理由：就电影内容而言，伪满洲国已有之电影机构"以从事各种时事纪录、教化、报告用影片之制作"①，但日伪当局还是认为当时"几乎没有一部电影适宜于指导教化满洲国民的，上映最多的美国、上海以及日本影片中许多是不利于满洲国的治安工作以及国民思想教育的"②，且分析称这主要是由于"无其他影片代替而造成的"③，因此欲迅速改变此种状况，必须抓紧制作符合日本奴化宣传为主题的电影。就机构与政策而言，当时中国东北地区电影的制作与管理机构、法律条令的不健全，不仅"导致有限的经费分散使用，造成设备、机械、劳务和旅差等项费用重复支出"，于"经济上很不合适"，而且"也只能摄制出一些幼稚、低级的影片"④，有必要"尽快成立国策电影机构"⑤，并制定相关的法律条令。

因此，为解决以上诸种问题，日伪当局首先成立了审议委员会和准备委员会，作为与弘报协会一样的特别机构，审议"所有机构及其所属部门资金支出情况、企业的预算问题"，并"进行电影法案的研究审议"⑥。1936年底，伪满电影统治机构的设立方案已告成熟，标志着两个委员会的使命基本完成。1937年8月14日，日伪当局颁布《株式会社满洲映画协会法》(26条)，确定成立"株式会社满洲映画协会"，以"俾映画事业健全发展"⑦。同年8月21日，被定性为伪满洲国"国策会社"的"株式会社满洲映画协会"(简称"满

---

① 《泰东日报》，1936年12月4日。
② 《满洲映画史》，《宣抚月报》第4卷，第53页。
③ 《满洲映画史》，《宣抚月报》第4卷，第53页。
④ 《满洲映画史》，《宣抚月报》第4卷，第54页。
⑤ 《满洲映画史》，《宣抚月报》第4卷，第53页。
⑥ 《满洲映画史》，《宣抚月报》第4卷，第54页。
⑦ 《株式会社满洲映画协会法》，《盛京时报》，1937年8月14日。

映")正式成立。"满映"本着所谓"日满一德一心的正义,本着东亚和平思想的真精神"①,主要经营"映画之制作、输出入、配给,以及经国务总理大臣认可,可经营前项事业之附带业务"②。至此,日本有了对中国东北地区电影业进行统治的专门机构。

　　"满映"的设立是带有特殊使命的,即通过对伪满洲国电影业的运营,一是向"国民"彻底普及所谓"建国精神",促进"国民精神"与"国民思想"建设,以"教育人民有王道乐土的世界观;打破向来之陋习,并使人民具有积极参加五族协和新兴国家建设之心理;施与建设新国家所需要的勇敢及豪强之精神"③。二是向日本、中国等国家充分介绍伪满洲国的"实在情形",以"使他们充分的认识"④。三是"对于学术、技艺等向上的贡献"⑤。四是借助电影"用整个的力量,实行对内对外的思想战!宣传战!以协力于'国策'的贡献"⑥。

　　(二)《映画法》及《映画法施行令》的颁布

　　1937 年 10 月,伪满洲国相继颁布《映画法》与《映画法施行令》两部法令,《映画法》是伪满时期"规范"中国东北地区电影业的基础法律,《映画法施行令》是《映画法》的补充与解释法令,它们为日本统治中国东北地区电影业提供了"合法化"保障,有利于奴化宣传活动的推行。两者可结合起来进行解释,以充分了解伪满时期的电影法规,揭示其本质。

----

① 《满洲映画协会案内》,1938 年 12 月 15 日发行。

② 《株式会社满洲映画协会法》,《盛京时报》,1937 年 8 月 14 日。

③ 《弘宣》,半月刊第 31 号,第 16 页。

④ 《满洲映画协会案内》,1938 年 12 月 15 日发行。

⑤ 《满洲映画协会案内》,1938 年 12 月 15 日发行。

⑥ 《满洲映画协会案内》,1938 年 12 月 15 日发行。

就电影本身而言,《映画法》规定电影"系供人们观赏的活动照像",同时,电影摄制者的"住址、姓名,生产计划,制片厂的所在地及其设备构造"①,须"经国务总理大臣认可"②。就电影进出口及发行而言,电影进出口不仅包括引进和输出,还包括"转运、退回、重新装运以及仅以通过帝国为目的而运送的场合",发行是指"以营业或赢利为目的卖出、租借以及转让而言"③,以上所有事宜"非国务总理大臣指定之官员不得涉及"④。

就电影检查而言,出口的影片如果在伪满洲国上映,必须经过伪治安部大臣指定的机构检查;对于未冲洗的底片,正常情况下不得出口,但如事先已得到检查机构的许可,则可以出口。就奖励与惩处而言,影片必须"有益于加强国家观念、启发国民德智及其他公益",对于特别优秀影片的摄制人员予以奖励。同时,只要是违反《映画法》规定的,均会受到不同程度的惩处。

就特殊情况而言,伪满电影的殖民宣传性,决定了必然会有指定内容的电影出现。所谓"国务总理大臣认为特别有必要时,可对映画制作业者指定内容,令其拍摄影片,并许可对经营放映业者指定影片,令其上映"⑤,摄影者必须按照"制作完成日期、内

①《映画法施行令》(1937 年 10 月 17 日),刘晓丽、〔日〕大久保明男编著:《伪满时期文学资料整理与研究·史料卷》,哈尔滨:北方文艺出版社 2017 年版,第 463 页。

②《映画法》(1937 年 10 月 7 日),刘晓丽、〔日〕大久保明男编著:《伪满时期文学资料整理与研究·史料卷》,哈尔滨:北方文艺出版社 2017 年版,第 462 页。

③《映画法施行令》(1937 年 10 月 17 日),刘晓丽、〔日〕大久保明男编著:《伪满时期文学资料整理与研究·史料卷》,哈尔滨:北方文艺出版社 2017 年版,第 464 页。

④《映画法》(1937 年 10 月 7 日),刘晓丽、〔日〕大久保明男编著:《伪满时期文学资料整理与研究·史料卷》,哈尔滨:北方文艺出版社 2017 年版,第 462 页。

⑤《映画法》(1937 年 10 月 7 日),刘晓丽、〔日〕大久保明男编著:《伪满时期文学资料整理与研究·史料卷》,哈尔滨:北方文艺出版社 2017 年版,第 462 页。

容及内容中特别需要强调的地方"进行拍摄,并将拍摄明细提交伪国务总理,包括"映画制作业者的住址及姓名、影片制作直接责任者的姓名、影片制作所需费用的明细账目、在国内制片厂所拍摄的'布景'的场景数、支付国内人员及居住国内者的费用、影片制作所需要的时间"①。同时,对影片放映也有规定,在得到放映命令时,映画放映者必须明确"应该放映影片的片名、上映日期、上映时间"②。

二、"满洲电信电话株式会社"的设立

九一八事变前,东北地区的电信事业经营形态大致有"官营、公营、民营"三种,"关东州"及满铁附属地方面"由关东厅递信局经营",其他方面"完全归伪满洲国机关经营"③。可见,这一时期整个东北地区的电信事业"经营缺乏统一性"④,呈现出"营业上之竞争、设施运用上之不一致"的态势,可谓"无何可观"⑤。

鉴于上述状况,伪满洲国建立后,为统治中国东北地区的电信事业,日伪政府于1933年9月1日设立了专门的管理经营机

---

① 《映画法施行令》(1937年10月17日),刘晓丽、[日]大久保明男编著:《伪满时期文学资料整理与研究·史料卷》,哈尔滨:北方文艺出版社2017年版,第464页。

② 《映画法施行令》(1937年10月17日),刘晓丽、[日]大久保明男编著:《伪满时期文学资料整理与研究·史料卷》,哈尔滨:北方文艺出版社2017年版,第464页。

③ 东北物资调节委员会研究组编:《东北经济小丛书·电信》,北京:京华印书局1948年版,第2页。

④ 东北物资调节委员会研究组编:《东北经济小丛书·电信》,北京:京华印书局1948年版,第1页。

⑤ 东北物资调节委员会研究组编:《东北经济小丛书·电信》,北京:京华印书局1948年版,第1页。

构——"满洲电信电话株式会社",简称"满洲电电会社"。该株式会社名义上是日本与伪满洲国合办,双方还签订了规定权利与义务的协议,具体内容:

甲、权利:1. 公司之财产所得、营业契约、登录以及其他事业上必要之物件,得以免除租税及一切杂捐。2. 享有关于电气通信设施上所需要土地之收买权、业务必要时交通机关之利用及其营业上所必要之一切特权。3. 对铁道及航空事业附属的通信设施以及警备专用的电气通信设施,如需利用时,须向监督官所申请许可。4. 公司发生意外解散时,政府当以相当的代价收买。

乙、义务:1. 公司制度的变更,董事及监事选任及解任、公司债务的募集、电报电话费的决定及变更、利益金的处理、每年度事业计划、各种协定的签订、设备物件的让渡等等,均需得到两国政府监督官所的许可。2. 对两国的军事通信,应采取军事上必要的措施,必须认真执行。3. 公司对两国政府铁道、航空、警备厅必要的通信,须无条件的供应。4. 在两国政府免费处理范围内之电信业务,今后仍继续有效,及予免费处理。5. 两国政府对公司的设备业务,以及财产状况,工事施行状况的报告,依据命令提交两国政府监督官所检察。6. 公司在接收西国政府出资电气通信设施的同时,根据电气通信设施及业务,以及各种设施需要的工作人员,一并接收。

丙、其他:1. 股东及董事限日满两国政府的公职人员或私人。2. 民间股份股息按年分配利润,政府股份不发给利息。3. 每年利益金的分配不得超过一分。4. 对"满洲国"政府公民或法人分得股票,在每次交纳股。款或支付利息时,均以

"满洲国"通货为基准。5. 不得以公司的电气通信设施,或附属的设备物件等作为担保品,或作价处分等。①

从实质上讲,"满洲电电会社"完全由日本包办,是日本统治中国东北地区电信事业的工具,从协议中"义务"一节的相关内容即可看出,如对两国的军事通信"应采取军事上必要的措施,必须认真执行",且公司"对两国政府铁道、航空、警备厅必要的通信,须无条件的供应"②。可见,在该机构的统治下,中国东北地区的电信事业必须无条件服务于日本的侵略战争,其工具性显而易见,因此日本称之为"国策公司"。

"满洲电电会社"设立后,按照日本的"旨意",从事的主要业务有:"一、装置长春无线电台之国际通信;二、开通日满无线电话;三、开始长春百启罗无线电播音;四、接收中东路沿线之通信设施;五、开始东北与关内电信电话之联络;六、收回延边一带朝鲜总督府所管之通信设施;七、收买东北境内之地方电话。"③可以看出,该会社就要把中国东北地区的电信事业,包括国营、县营、民营或县民合办的,统统收归起来,交由日本人包办,进行一元化经营。至1939年,日本"统一东北电信事业之工作告成",之前所有的官、公、民营事业"均收归统制之下矣"④。

---

① 王家栋:《伪满"满洲电信电话股份有限公司"始末记》,孙邦主编:《伪满文化》,长春:吉林人民出版社1993年版,第359—360页。
② 王家栋:《伪满"满洲电信电话股份有限公司"始末记》,孙邦主编:《伪满文化》,长春:吉林人民出版社1993年版,第359页。
③ 诸:《日人统制下之东北电信事业》,《国际汇刊》,1936年第3卷第10期,第70页。
④ 东北物资调节委员会研究组编:《东北经济小丛书·电信》,北京:京华印书局1948年版,第2页。

第二节 日本对中国东北地区电影业的统治

电影由于具有形象性、直观性、生动性的特征，深受舆论宣传主导者的欢迎和喜爱。日本为了打赢思想战，控制中国东北民众的思想，泯灭他们的反抗意识，当然不会放过这一有力工具。伪满洲国建立后，日本设立"满映"，以电影为宣传工具，对中国东北民众灌输殖民理念，以维护自身的殖民统治。

一、"满映"设立前日本电影业在中国东北地区的"主而不导"

中国东北地区最早放映电影是在 1902 年的大连，在近藤伊与吉的《满洲电影成长经历》中有这样的记载："满洲地区最早上演电影的，是明治 35 年（1902 年）2 月，冈山孤儿院一行为了给该院募集资金，在大连举办了'慈善事业音乐电影放映会'。"①其他较大的城市，如哈尔滨、沈阳、长春最早的电影放映时间分别为 1902 年、1907 年、1907 年。随着城市的发展与社会的进步，中国东北地区，甚至在一些较小城市如安东、旅顺等地，开始出现诸多的电影院或具有观影职能的剧院。至 1920 年，东北地区的主要电影院已发展到 36 所，具体状况，如表 6-1 所示：

表 6-1 1920 年东北地区主要电影院及营业状况

城市名称	电影院或剧院名称	建筑面积（平方米）	营业天数（天）	观众人数（人次/年）	收入金额（元）
奉天	弼生座	410	131	9 311	7 276
	南地座	462	157	24 037	3 605
	第一奉天馆	370	359	95 207	31 776

① [日]近藤伊与吉：《满洲电影成长经历》，《艺文》，1942 年 8 月号，第 140 页。

续表

城市名称	电影院或剧院名称	建筑面积（平方米）	营业天数（天）	观众人数（人次/年）	收入金额（元）
旅顺	八岛座	495	178	31 695	15 950
	兴乐茶园	429	75	11 250	2 025
	大正馆	300	266	15 291	5 454
抚顺	公会堂	657	160	39 419	30 330
开原	兴隆茶园	446	292	127 560	28 477
大连	歌舞伎座	970	327	106 644	148 808
	日之丸座	469	286	49 133	49 607
	日之出座	366	143	21 565	8 964
	永善茶园	908	281	107 410	18 477
	同乐舞台	670	254	72 532	20 063
	高等演艺馆	346	280	147 036	59 750
	浪速馆	413	351	202 461	42 183
	花月馆	548	352	115 632	34 589
	松竹茶园	1205	45	15 312	2 831
	朝日俱乐部	356	276	41 711	12 717
瓦房店	公会堂	528	60	10 342	3 235
	永安茶园	274	46	13 800	2 300
辽阳	辽阳座	594	95	14 843	9 991
鞍山	演艺馆	528	343	67 234	20 221
本溪湖	公会堂	432	127	21 868	12 792
长春	长春座	450	200	44 500	49 200
	株式会社长春座	1073	24	4 800	10 530
四平街	三合公茶馆	363	158	3 300	4 950
公主岭	日华茶园	528	194	41 495	9 652
	公会堂	304	135	15 376	8 485

城市名称	电影院或剧院名称	建筑面积（平方米）	营业天数（天）	观众人数（人次/年）	收入金额（元）
牛庄	营口座	809	48	7 615	6 660
	裕仙茶园	673	240	75 575	18 980
	电影馆	280	168	45 000	4 655
奉天旧市街	奉天剧院	1260	211	29 062	48 998
安东	南地座	568	231	27 873	27 711
	安东剧院	937	29	9 408	13 854
	安东舞台	759	152	56 924	12 195
哈尔滨	哈尔滨座				
总计	36	20 180	6 674	1 722 222	787 256

资料来源：大连"满蒙"文化协会编：《满蒙年鉴》，大连："满州"日日新闻社1923年版，第659—660页。

　　由上表可知，1920年中国东北地区的电影院或具有观影职能的剧院达36所之多，分布于大小16座城市之中，其中大连最多，有10所；其他城市都有数量不等的1—3所。就建筑面积而言，总面积共20 180平方米，其中大连的松竹茶园面积最大，达1 205平方米；其次是长春的株式会社长春座，达1 073平方米，面积可谓不小。就营业天数而言，全年总营业日为6 674天，其中奉天的第一奉天馆营业日最多，为359天；大连的花月馆、浪速馆次之，营业分别为352天、351天，可见一年中几乎天天营业。就观众数量而言，观众总数达到1 722 222人次，其中大连的浪速馆数量最多，为202 461人次；高等演艺馆次之，有147 036人次，其他馆达10万人次的还有4所。就收入金额而言，全年总收入金额为787 256元，其中大连的歌舞伎座年收入最多，达148 808元，全年收入金额达10万元以上的仅此一所。

　　可见，该时期日本经营的电影院大部分分布在其军事实力较强的旅大地区，而且多与其他娱乐设施混杂在一起，并未专门化。其他地区虽亦有分布，但实力远不及中国人及俄国人、美国人的经营。需要特别强调的是，该时期日本开设电影院的目的主要考虑的是盈利，思想教化的成分较小。

　　伪满洲国建立时的 1932 年，东北地区拥有专门的电影院 30 余座，1935 年达 69 座[①]，至"满映"设立前的 1936 年，数量已经达到76 座[②]。具体状况，如表 6-2 所示：

表 6-2　1936 年东北地区专门电影院状况

日本人经营		中国人经营		俄国人、美国人经营	
所在地	影院数（座）	所在地	影院数（座）	所在地	影院数（座）
大连	8	长春	2	哈尔滨	10
营口	1	奉天	3	安东	1
大石桥	1	营口	1	开原	1
长春	4	吉林	2	长春	1
奉天	6	齐齐哈尔	1	大连	1
抚顺	3	哈尔滨	3		
本溪湖	1	安东	2		
开原	1	大连	1		
辽阳	1	敦化	1		
鞍山	2				
齐齐哈尔	2				
洮南	1				

①［日］木村武盛：《满洲年鉴》，大连："满洲"日日新闻社 1936 年版，第 561—562 页。
②［日］木村武盛：《满洲年鉴》，大连："满洲"日日新闻社 1937 年版，第 420—421 页。

日本人经营		中国人经营		俄国人、美国人经营	
所在地	影院数（座）	所在地	影院数（座）	所在地	影院数（座）
哈尔滨	3				
北安镇	1				
安东	3				
旅顺	2				
锦州	1				
牡丹江	1				
海拉尔	2				
图们	1				
承德	1				
总计	46		16		14

资料来源：［日］木村武盛：《满洲年鉴》，大连："满洲"日日新闻社 1936 年版，第 561—562 页；［日］木村武盛：《满洲年鉴》，大连："满洲"日日新闻社 1937 年版，第 420—421 页。

由上表可知，"满映"设立前的 1936 年，中国东北地区共有各类影院 76 座，其中，46 座由日本人经营，占影院总数的 60.5％；16座由中国人经营，占比 21.1％；14 座由俄国人、美国人经营，占比18.4％。从影院数量上看，日本人经营的影院数量最多，占据该地区影院的大多数，从这个意义上讲，日本电影业是当时中国东北地区电影业的主体。这主要是由于日本控制着整个伪满洲国，为日本人经营该行业提供了诸多便利。

但电影业的内涵不仅仅包括电影院，还包括电影内容，即影院所放映的影片，它们是传播价值观念、影响观众思想的重要因素，也是能否引导某一地区电影业的决定性因素。据统计，20 世纪 30年代，中国东北地区各大影院所放映的电影以美国片为最多，占总影片数量的 60%①；上海片次之，占比为 25%②；日本及其他影片居于第三位，占比 15%③。可见，美国片是"满映"设立前中国东北地区电影市场的"主角"，而日本影片则处于从属地位，因此在传播价值观念、影响观众思想方面，美国片比日本片的影响更大。

总之，在"满映"设立前，日本电影业虽在电影院数量上占有主体地位，但在所放映影片内容上却处于从属地位，既无法深入影响观影人的价值观念，又不能引导中国东北地区的发展方向。因此可以说该时期日本电影业处于"主而不导"的地位。鉴于此，为充分发挥电影在殖民侵略中的作用，"满映"建立后，即开始加强对影片（电影内容）的控制。

二、"满映"设立后日本对中国东北电影业的"控而导之"

专门电影摄制机构"满映"的设立及《映画法》等相关法律的颁布，充分保障了伪满洲国电影业沿着日本设定的殖民轨道发展。日本对伪满洲国电影业的归拢，主要表现在影院及影片数量大幅度增加，影片内容也完全控制在日本的殖民宣传轨道之中，伪满洲国的电影业已沦为日本殖民统治的工具。

（一）电影放映载体——影院数量的增加

伪满洲国影院的数量，据统计，1938 年 9 月 1 日达 126 座，其中日本人经营的 58 座，中国人经营的 68 座④。至 1939 年 5 月末，发展到 129 座，其中日本人经营的 62 座，中国人经营的

---

① ［日］松本於菟男：《满洲国现势》，长春：伪满洲弘协会 1937 年版，第 449 页。
② ［日］松本於菟男：《满洲国现势》，长春：伪满洲弘协会 1937 年版，第 449 页。
③ ［日］松本於菟男：《满洲国现势》，长春：伪满洲弘协会 1937 年版，第 449 页。
④《满映社报》，第 8—10 号，转引自胡昶、古泉：《满映——国策电影面面观》，北京：中华书局 1990 年版，第 64 页。

67 座①；但据日本《映画年鉴》统计，该年伪满洲国有影院 121 座，其中日本人经营的 62 座，中国人经营的 59 座②。虽然不同报刊统计数字略有出入，但总体来看，"满映"设立后，伪满洲国大致有影院 120 余座，是没有问题的，其中主要的影院状况，如表 6-3 所示：

表 6-3　"满映"设立后伪满洲国主要影院状况

中国人经营		日本人经营	
所在地	影院数量（座）	所在地	影院数量（座）
大连	8	长春	5
奉天	6	哈尔滨	8
长春	6	奉天	9
哈尔滨	6	齐齐哈尔	3
鞍山	2	吉林	2
抚顺	2	大连	2
安东	3	牡丹江	2
吉林	2	佳木斯	2
四平街	2	营口	1
公主岭	1	白城子	1
牡丹江	1	洮南	1
延吉	1	磐石	1
海拉尔	2	通化	1
齐齐哈尔	2	敦化	1
锦县	2	安东	1
龙井	1	锦州	1
图们	2	拜泉	1

---

① 《宣抚月报》，1939 年第 4 卷，第 73—75 页，转引自胡昶、古泉：《满映——国策电影面面观》，北京：中华书局 1990 年版，第 63 页。

② 日本《映画年鉴》1943 年卷，第 605 页，转引自胡昶、古泉：《满映——国策电影面面观》，北京：中华书局 1990 年版，第 64 页。

中国人经营		日本人经营	
山海关	1	嫩江	1
旅顺	1	克山	1
佳木斯	1	黑河	1
承德	1	阿城	1
本溪湖	2	鞍山	1
营口	1	海拉尔	1
通化	1	呼兰	1
敦化	1	富锦	1
		勃利	1
		本溪湖	1
		山海关	1
		绥化	1
		海伦	1
		蛟河	1
		克东	1
		扎兰屯	1
		山城镇	1
		宁安	1
		一面坡	1
		双城	1
		铁岭	1
		望奎	1
		绥化	1
		克山	1
		阜新	1
		延吉	1
总计	58	总计	68

资料来源:《满映社报》第 8—10 号,转引自胡昶、古泉:《满映——国策电影面面观》,北京:中华书局 1990 年版,第 64—70 页。

　　由上表可知,伪满洲国的影院大致有 120 余座,主要分布在中国东北地区的 37 个大小城市之中,可谓分布较为广泛,其中,以奉天、大连、长春、哈尔滨等城市为最多。作为影片放映的载体,某一区域影院的数量一定程度上能够反映出该区域电影业的发展程度。从这个意义上讲,伪满洲国电影业已经达到了较为发达的程度,这必然有利于日本通过电影媒介宣传殖民思想。

　　同时,在这些影院之中,中国人经营的有 58 座,占列表总数的 46.0%;日本人经营的有 68 座,占比为 54.0%。可见,日本影院数量多于中国影院,在伪满洲国的电影市场竞争中占有优势。同时,日本人经营的影院自然会服务于日本的侵华需要,这自不必说;至于中国人的影院,结合当时的政治因素以及相关的法律与政策可以看出,其也是在日本所划定的殖民框架内经营,必须按照日本的殖民意图放映有利于侵华及控制民众思想的影片。可以说,日本实际控制着伪满洲国的电影业。

　　(二) 引进影片的格局变化

　　《映画法》规定,对于伪满洲国进口的电影,"非国务总理大臣指定之官员不得涉及"[1],而且必须经过严格审查,影片内容凡是带有共产主义色彩等不利于殖民宣传的,一律禁止,这就极大限制了其他国家和地区的影片进入中国东北地区,对日本全面垄断伪满洲国的电影市场大有裨益。其他国家影片输入量的大幅度减少,为日本影片进入伪满洲国提供了契机,据统计,1936 年日本影片的输入量仅有 154 部,1939 年则陡增至 1 630 部[2]。

---

[1]《映画法》(1937 年 10 月 7 日),刘晓丽、[日]大久保明男编著:《伪满时期文学资料整理与研究·史料卷》,哈尔滨:北方文艺出版社 2017 年版,第 462 页。

[2][日]木村武盛:《满洲年鉴》,大连:"满洲"日日新闻社 1941 年版,第 436 页。

同时,"满映"在影片经营方面实行一元化分配制。当时伪满洲国的电影公司及支店相对复杂,如美国电影公司有 9 个办事处和支店、欧洲电影公司有 3 个办事处和支店、日本电影公司有 5 个办事处和支店、中国电影公司有 3 个办事处、其他有 5 个社[①]。为了实现"一元化","满映"采取统一分配影片的方针,即对日本电影"采取分配权转让和选择购买的办法",对西洋片和中国片"采取全部选择购买的办法"[②]。特别是对中国电影"由于取缔排日宣传之必要,对其进行严格审查",因此有的中国影片"以绝对禁止输入",其前途"处于危机之中"[③]。对于日本的电影公司,"满映"则与松竹、东映、新兴、大都分别签订了影片发行权转让合同。

面对"满映"的一元化统治,以美国为首的西洋外国电影公司纷纷持反对态度。在大势已去的情况下,美国各社联合集团"做出了美国电影不卖给满洲国的决议"[④],撤销或封闭自己在伪满洲国的电影公司及支店,其他国家也做出了类似的举动。在各国影片输入的门路被切断的情况下,"满映"的一元化统治得以实现。

除了排斥各国电影公司,"满映"还与同为"轴心国"的德国、意大利建立了影片交换关系。1938 年,在德国承认伪满洲国的前提下,二者签订了通商协议,同年末,"满映"即与德国电影公司签订

[①]《辽宁电影发行放映纪事(1906—1994)》,沈阳:辽宁省电影发行放映公司及辽宁省电影发行放映学会 1994 年编印,第 51 页。

[②]《辽宁电影发行放映纪事(1906—1994)》,沈阳:辽宁省电影发行放映公司及辽宁省电影发行放映学会 1994 年编印,第 51 页。

[③]《辽宁电影发行放映纪事(1906—1994)》,沈阳:辽宁省电影发行放映公司及辽宁省电影发行放映学会 1994 年编印,第5 页。

[④]《辽宁电影发行放映纪事(1906—1994)》,沈阳:辽宁省电影发行放映公司及辽宁省电影发行放映学会 1994 年编印,第 51 页。

了影片交换关系的条约。与德国如出一辙，1938 年"满映"与意大利电影公司也建立了时事影片方面的交换关系。

（三）"满映"自制影片主导中国东北地区电影业

"满映"成立后，在《映画法》等相关法令的保障下，其拍摄的电影主要是为侵略战争服务，或宣传殖民侵略，或掩盖侵略罪行，大致可以分为三大类：一是"娱民映画"，即故事片；二是"启民映画"，也就是教育片和纪录片；三是"时事映画"，即所谓的新闻片。

其一，"满映"存在的 8 年中，其公开拍摄的"娱民映画"（故事片）共有 108 部①，其具体状况，如表 6－4 所示：

表 6－4　"满映"拍摄"娱民映画"（故事片）统计

年份	拍摄数量	主要代表影片	导演	编剧
1938 年	9 部	《壮志烛天》	坪井与	仲贤礼
		《明星的诞生》	松本光庸	松本光庸
		《七巧图》	矢原礼三郎	裕振民
		《万里寻母》	坪井与	坪井与
		《大陆长虹》	上砂泰藏	上砂泰藏
		《蜜月快车》	重松周	上野真嗣
1939 年	8 部	《富贵春梦》	铃木重吉	荒牧芳郎等
		《冤魂复仇》	大谷俊夫	高柳春雄
		《慈母泪》	水江龙一	荒牧芳郎
		《铁血慧心》	高柳春雄	山内英三
		《真假姊妹》	长谷川浚	高原富士郎
		《国境之花》	杨正仁	水江龙一

① ［日］山口猛：《哀愁的满洲映画》，东京：三天书房 2000 年版，第 17 页。

年份	拍摄数量	主要代表影片	导演	编剧
1940 年	19 部	《黎明曙光》	三内英三	荒牧芳郎
		《情海航程》	水江龙一	熙野
		《有朋自远方来》	水江龙一	张我权
		《如花美眷》	荒牧芳郎	荒牧芳郎
		《人马平安》	高原富士郎	中村能行等
		《爱焰》	山内英三	杨叶
1941 年	26 部	《运转时来》	张我权	高原富士郎
		《患难交响曲》	张天赐	张天赐
		《幻梦曲》	周晓波	周晓波
		《明星日记》	山内英三	山内英三
		《双姝泪》	安龙齐	水江龙一
		《铁汉》	尚元度	山内英三
		《黄金梦》	安娴	大谷俊夫
		《家》	王则	王则
1942 年	19 部	《胭脂》	大谷俊夫	柴田天马
		《夜未明》	张天赐	张天赐
		《春风野草》	杨叶	水江龙一
		《黑痣美人》	佐竹陆夫	刘国权、笠井辉二
		《一顺百顺》	王心斋	王心斋
		《黄河》	周晓波	周晓波
1943 年	12 部	《碧血艳影》	丁明	刘国权
		《求婚启事》	佐竹陆夫	王心斋
		《银翼恋歌》	长烟博司	大谷俊夫
		《白马剑客》	八木宽	张天赐
		《富贵之家》	周晓波	周晓波
		《劫后鸳鸯》	朱文顺	朱文顺

续表

年份	拍摄数量	主要代表影片	导演	编剧
1944 年	11 部	《晚香玉》	姜兴	周晓波
		《好孩子》	馆冈谦之助	池田督
		《爱与仇》	熙野	笠并辉二、宽身
		《月弄花影》	原健一郎	广濑数夫
		《夜袭风》	原健一郎	广濑数夫
		《百花亭》	张天赐	张天赐
1945 年（未完成）	4 部	《苏小妹》	长烟博司等	木村庄十二
		《明星幻想曲》	大谷俊夫	大谷俊夫
		《征服天界》	王心斋	王心斋
		《紫丁香》	宋培菌	宋培菌

资料来源:胡昶、古泉:《满映——国策电影面面观》,北京:中华书局 1990 年版,第 233—245 页。

　　由上表可知,1937—1945 年,"满映"共拍摄"娱民映画"(故事片)108 部,其中,1945 年由于"满映"倒台,4 部电影均未拍摄完成。就数量而言,1938 年、1939 年处于"满映"的初级阶段,许多环节还未步入正轨,因此拍摄影片数量较少,每年仅有八九部;1941 年达到顶峰,拍摄影片数量最多,有 26 部,占总数的 24.1%;1940 年、1942 年均为 19 部,居于第二位,占比均为 17.6%;之后的年份,诸如 1943 年、1944 年及 1945 年,则处于"满映"的衰落阶段,拍摄影片数量也逐渐减少,1943 年及 1944 年有 10 余部,1945 年仅有 4 部未拍摄完成的影片。

　　就拍摄内容而言,在表中所列的 48 部主要代表影片中,由日本籍导演执导的电影有 28 部,占总数的 58.3%;日本籍编剧编写的电影 29 部,占总数的 60.4%。可见,日本人在"满映"拍摄电影的过程中,起到了关键作用,特别是导演和编剧这样的重要角色,

大部分影片都是由日本人充任,这就便于按照日本的意愿设计和
执导电影,以发挥电影的殖民宣传作用。"满映"拍摄故事片的具
体内容,也都是为日本的侵略战争鼓吹,如故事片《壮志烛天》是一
部"国策"电影,塑造了伪满洲国军的"光辉形象",主要为募兵做宣
传;故事片《北方的部队》与《守护北方》,都是为鼓励防备苏联而
拍摄。

　　其二,"满映"拍摄的"启民映画"(教育片及纪录片)共计 189
部①,具体状况,如表 6-5 所示:

表 6-5　"满映"拍摄主要"启民映画"(教育片及纪录片)统计

年份	拍摄数量	主要代表影片	编导者	委托单位
1937 年	7 部	《发展的国都》	小秋元隆邦	弘报处
		《向北满延伸的国道》	押山博治	产业局
		《光辉的乐土》	小秋元隆邦	关东军
		《黎明的华北》	藤卷良二	报道班
		《慰劳军人大会》	田中利长	关东军
		《协和青年》	小秋元隆邦	报道班
		《铁都鞍山》	押山博治	昭和制钢所
1938 年	22 部	《煤与铁工业》	滨田新吉	弘报处
		《安钦呼图访问新京》	杉浦要	弘报处兴安局
		《日满一如》	小秋元隆邦	弘报处
		《防共协约》	吉田秀雄	弘报处
		《郑孝胥国葬典礼》	高原富士郎	弘报处
		《冬之移民地》	高原富士郎	弘报处
		《康德五年植树节》	内田静一	林野局
		《秩父宫视察建国大学》	押山博治	建国大学

---

① [日]山口猛:《哀愁的满洲映画》,东京:三天书房 2000 年版,第 17 页。

续表

年份	拍摄数量	主要代表影片	编导者	委托单位
1939 年	31 部	《警民恳谈会》	内田静一	治安部
		《东满狩猎》	内田静一	林野局
		《盐与满洲》	松本光庸	专卖总局
		《火柴》	森信	专卖总局
		《反英防空大会》	大森伊八	弘报处
		《鸦片》	上砂泰藏	弘报处
		《兴安军凯旋》	杉浦要	治安部参谋局
		《战斗的国军》	高桥纪	治安部参谋局
1940 年	30 部	《本溪湖的铁与煤》	上砂泰藏	煤铁公司
		《地籍整理一览》	田中利长	地政总局
		《乐土新蒙古》	高桥纪	自作
		《我们的军队》	大谷俊夫	自作
		《全国联合协议会》	新田稔	协和会
		《皇帝狩猎》	石野诚三	自作
		《铁都》	滨田新吉	昭和制钢所
		《冬之满洲》	高原富士郎	自作
1941 年	45 部	《喇嘛宗团结成式》	岛田太一	自作
		《满洲棉花》	高森文夫	满洲棉花
		《火柴》	森信	自作
		《满洲建国史》	上砂泰藏	自作
		《本溪湖福利设施》	上砂泰藏	自作
		《满洲盐产》	森信	自作
		《本溪湖的全貌》	上砂泰藏	自作

续表

年份	拍摄数量	主要代表影片	编导者	委托单位
1942年	35部	《细菌和传染病》	高桥纪	自作
		《和尚村》	上砂泰藏	自作
		《我们的学校》	高桥纪	自作
		《满苏国境设定》	芥川光藏	自作
		《战车》	古贺正二	自作
		《建国十年》	森信	自作
		《火炮》	古贺正二	自作
		《建国十周年庆祝歌》	迁野力弥	自作
1943—1945年	19部			

资料来源：胡昶、古泉：《满映——国策电影面面观》，北京：中华书局1990年版，第58—61、129—133、203—204页。

由上表可知，"满映"拍摄的"启民映画"（教育片及纪录片）共189部，其中，1937—1939年尚处于"满映"的初级发展阶段，每年拍摄"启民映画"（教育片及纪录片）的数量虽较少，但逐年增加，且1938—1939年增长幅度较大，这是日本关东军、伪满洲国政府、协和会及"满映"详细规划的结果。他们共同制定了《满洲帝国映画大观》，包括7大板块：

建国，包括第一篇（从事变到建国）、第二篇（由建国到皇帝访日）、第三篇（由皇帝访日到现在）；国政，包括协和会篇、国军篇、警察篇、内治篇、外交篇、司法篇、财政篇、拓植篇；产业，包括农业篇、工业篇、林业篇、畜产篇、水产篇、矿产篇、电业篇、商业篇、贸易篇；交通，包括铁道篇、道路篇、航空篇、水运篇、邮政篇；社会，包括教育篇、施设篇、体育篇、卫生篇；文化，包括民情篇、宗教篇、艺术篇、科学篇、土木建设篇、观光篇、通信新闻篇；对外宣传篇。①

　　而且这一详细的拍摄计划是有专项经费保障的，因此自 1938
年开始至 1942 年，"满映"拍摄的计划内电影大幅度增加，这也是
日本宣传殖民思想、"教育"民众最疯狂的时期。1941 年该类影片
数量最多，达到 45 部，占总量的 23.8%；1942 年 35 部，居于第二
位；1943—1945 年，由于日本深陷战争图圄，"满映"也开始衰落，拍
摄影片数量急剧下降，三年时间里只拍摄了 19 部。

　　就编导者而言，"满映"拍摄"启民映画"（教育片及纪录片）的
编导者全部是日本人，这也是由该类影片的教育性决定的，日本为
达到舆论宣传的目的，绝不会把编导"启民映画"的工作拱手让于
他人。就影片内容而言，"启民映画"，顾名思义就是所谓的"启发
民智"，控制中国东北民众的思想，使他们都成为日本殖民者眼中
的"顺民"。在实际操作中，"满映"也是按照 7 大板块的既定计划
执行的，并"借着映画这种东西，实行对内对外的思想战！宣传
战！"②据统计，在 1943 年、1944 年的两年中，总观影人数竟高达
950 万人次③，可见，日本利用"启民映画"愚弄中国东北民众的计
划与实践，确实产生了一定影响。

第三节　日本对中国东北地区电信业的统治

　　电信事业与电影业一样，也是伪满时期日本控制中国东北地

---

① ［日］坪井与：《关于满洲帝国映画大观》，转引自胡昶、古泉：《满映——国策电影面面
　观》，北京：中华书局 1990 年版，第 57 页。

② 《满映案内》，1938 年 12 月 15 日。

③ ［日］木村武盛：《满洲年鉴》，大连："满洲"日日新闻社 1945 年版，第 434 页。

区舆论宣传的重要工具,包括电报事业、电话事业及广播事业,它们皆"负有重大使命",在和平时期"为一国政治、经济、外交及其他各种文化机关之神经系统"①;在非常时局"其运营之成败,对于国防有决定国家命运之作用"②。日本对中国东北地区电信事业的统治,主要是通过设置机构、制定相关政策与法令,并加强对电报事业、电话事业及广播事业的归拢得以实现的。

一、日本对中国东北地区电话与电报业的归拢

日本对中国东北地区电话与电报事业的归拢主要体现在两个方面:一是对该地区原有各类电话、电报事业的收买和接管;二是大力发展现代化电话、电报事业,以便进一步发挥其工具性职能,为侵略战争服务。

（一）大力收买和接管旧有电话、电报事业

就地方通信事业而言,旧有的地方通信事业规模大小不一,经营管理杂乱无章,处于极为混乱的状态。如在经营管理上"多半各自为政",既"无系统的管理规章制度",也"无系统的技术操作规程",而且分布较为分散,如当时中国东北地方的 117 个电话局、14 000余户电话用户"散在全东北四乡各处"③。"满洲电电会社"成立后,即开始强制接收部分地方通信事业,或者出资对县营、民营等通信机构进行收买。

---

① 东北物资调节委员会研究组编:《东北经济小丛书·电信》,北京:京华印书局 1948 年版,第 1 页。
② 东北物资调节委员会研究组编:《东北经济小丛书·电信》,北京:京华印书局 1948 年版,第 1 页。
③ 王家栋:《伪满"满洲电信电话股份有限公司"始末记》,孙邦主编:《伪满文化》,长春:吉林人民出版社 1993 年版,第 360 页。

　　就旧国营及外国控制的通信事业而言,对旧国营通信事业,如警察及公署机关事务专用的通信事业等,日本侵占东三省即意味着对这一类型通信事业的控制,因此"满洲电电会社"对它们的接收是自然接管,无需采取收买的方式。对于苏联控制的中东铁路沿线之通信事业,日本凭借其在中国东北地区的强大势力而对苏联施加压力,由伪交通部强行收买中东铁路,附带的通信设施自然也在收买之列,"满洲电电会社"顺理成章拥有了中东铁路沿线通信事业的经营与管理权。

　　另外,合并也是"满洲电电会社"归拢通信事业的重要手段。1936 年"延边一带朝鲜总督府所管之电信设施亦均委让于日满电信电话会社"①,通过合并的方式完成了满铁、东铁以及"关东州"与延吉地区通信事业的"一元化"。总之,无论是自然接管,还是强制收买,抑或合并,在"满洲电电会社"成立后,中国东北地区所有通信事业,诸如"原国营的或是旧军阀经营的以及资本家经营的","均被一网收尽",然后按照日本的指令,对它们"加以归并调整",并"建立各种企业的规章制度"②,日本所强调的"一元化"目标得以真正实现。

　　为了全面把控中国东北地区的通信事业,"满洲电电会社"的工作人员基本都是日本籍,绝大部分"是从日本国内递信省邮电部派来的",也有些"从原南满铁路沿线附属地,以及'关东州'电报局、电话局接收过来的"③。各通信机构的业务也都"由日本工作人

---

① 诸:《日人统制下之东北电信事业》,《国际汇刊》,1936 年第 3 卷第 10 期,第 68 页。

② 王家栋:《伪满"满洲电信电话股份有限公司"始末记》,孙邦主编:《伪满文化》,长春:吉林人民出版社 1993 年版,第 360 页。

③ 王家栋:《伪满"满洲电信电话股份有限公司"始末记》,孙邦主编:《伪满文化》,长春:吉林人民出版社 1993 年版,第 360 页。

员包办,把持一切",即使有中国人留用,也不过是担任"电报员、电话技术人员和线路工、送电报工、杂役等"而已,高层管理人员更是"绝无仅有的"①。在这些机构中中国人即使承担如此低层次的工作,但在其他中国人眼里"还被看做有技术的体面人"②。同时,他们也会受到日本的监视和控制,甚至是奴隶般的待遇。据当时从事报务员工作的陶冶镕回忆,中国报务员"在日本人手下,无疑就是奴隶。少干就要受斥责,怠工就要被开除没饭吃。特别是还有日本宪兵,日夜在电报局监视、守护,弄不好就很容易当做反满抗日,拷打处死"③。他们被用刑拷打是常有之事,如当时的报务员刘家崎即是如此:

> 有一个经营"三姓楼"妓馆的日本浪人,这个日本人是"中国通",在日本宪兵队当翻译,又是妓馆的老板,还很可能兼电报局什么官。这个"三姓楼",有如日本影片中的"望乡"性质,挣来的钱主要资助日本军修飞机场。有一次发来一封军用飞机即将在佳着陆的电报,由于刘家崎过度疲劳,在值夜班时睡着了而误了事。结果被那个浪人和日本宪兵,打得鼻青脸肿,辨不出面目了。④

---

① 王家栋:《伪满"满洲电信电话股份有限公司"始末记》,孙邦主编:《伪满文化》,长春:吉林人民出版社 1993 年版,第 360 页。
② 陶冶镕口述,刘天光整理:《日均侵占后的佳木斯电报局》,孙邦主编:《伪满文化》,长春:吉林人民出版社 1993 年版,第 356 页。
③ 陶冶镕口述,刘天光整理:《日均侵占后的佳木斯电报局》,孙邦主编:《伪满文化》,长春:吉林人民出版社 1993 年版,第 356 页。
④ 陶冶镕口述,刘天光整理:《日均侵占后的佳木斯电报局》,孙邦主编:《伪满文化》,长春:吉林人民出版社 1993 年版,第 356 页。

被日本折磨致死也时有发生,又据陶冶镕回忆:"报务员韩锡候得了重病,日本人硬是不准假,让他出勤,韩咬牙坚持了两天,就病倒不能上班,到第六天头就活活被折磨死了。这是我亲眼看见的日本侵略者虐待中国报务人员的罪行,今天回想起来,仍然叫人切齿痛恨。"①由此可见日本殖民者为统治通信事业所用手段之残忍程度。

(二)大力发展现代化电话、电报事业

1. 电话、电报数量的增加

1933年"满洲电电会社"成立之前,中国东北各地区拥有电报局545所,电话局315所②。"满洲电电会社"成立后,由于日本侵略战争的需要,中国东北地区的电话、电报事业得到较大幅度的发展,逐步与关系紧密的区域形成了通信网。在有线电方面,安装"长崎、佐世保二海底电线",加强了"东京、下关、京城、平壤、义州、新义州之直接联络线"③;在无线电方面,加强了"长春、图们等无线电台与北鲜、东京作无线电信联络"④;在有线电话方面"由安东通新义州可与朝鲜主要都市作通信联络"⑤。"满洲电电会社"成立前后的通信事业进行比较,即可看出其变化,如表6-6所示:

---

① 陶冶镕口述,刘天光整理:《日均侵占后的佳木斯电报局》,孙邦主编:《伪满文化》,长春:吉林人民出版社1993年版,第356页。

② 东北物资调节委员会研究组编:《东北经济小丛书·电信》,北京:京华书局1948年版,第2页。

③ 诸:《日人统制下之东北电信事业》,《国际汇刊》,1936年第3卷第10期,第67页。

④ 诸:《日人统制下之东北电信事业》,《国际汇刊》,1936年第3卷第10期,第67—68页。

⑤ 诸:《日人统制下之东北电信事业》,《国际汇刊》,1936年第3卷第10期,第68页。

表 6 - 6　"满洲电电会社"成立前后中国东北通信事业比较

种别	会社成立前数量(座)	会社成立后数量(座)	增长数量(座)	增幅
局所电报	362	553	191	52.8%
局所电话	313	443	130	41.5%
回线电信	221	272	51	23.1%
同长途电信	272	352	80	29.4%
国际电信联络	23	29	6	26.1%
国际电信电话	9	11	2	22.2%
装设电话户数	30 746	51 227	20 481	66.6%

资料来源:诸:《日人统制下之东北电信事业》,《国际汇刊》,1936 年第 3 卷第 10 期,第 68 页。

单就电报业而言,"满洲电电会社"成立后,中国东北地区各年电报总体状况,如表 6 - 7 所示:

表 6 - 7　1933—1945 年中国东北电报状况统计

年度	局所数(座)	电报件数(件)	电报费(元)
1933 年	363	10 130 000	1 220 000
1934 年	576	12 320 000	4 510 000
1935 年	650	15 500 000	4 800 000
1936 年	685	17 710 000	5 190 000
1937 年	784	20 890 000	5 770 000
1938 年	860	26 500 000	7 540 000
1939 年	934	34 110 000	9 120 000
1940 年	982	41 350 000	10 450 000
1941 年	1 050	42 570 000	10 930 000
1942 年	1 122	42 630 000	15 410 000
1943 年	1 148	43 700 000	
1944 年	1 051	46 000 000	
1945 年	1 030		

资料来源:东北物资调节委员会研究组编:《东北经济小丛书·电信》,北京:京华印书局 1948 年版,第 9 页。

　　由上表可知,1933—1945 年,在"满洲电电会社"的统一管理和
经营下,中国东北地区的电报事业得到快速发展。电报局所数量
于 1933—1943 年逐年增加,1944—1945 年虽略有下降,但仍保持
在 1 000 座以上,总体呈上升趋势,年平均增长率高达为 109.1%。
作为发送与接收电报的载体,电报局所数量的增加,也为发送及接
收电报件数与电报费的持续增长提供了前提和基础。经计算,
1933—1944 年的 12 年间,电报件数的年平均增长率为14.7%;
1933—1942 年的 10 年间,电报费的年平均增长率也达到 32.6%。

　　单就电话业而言,经"满洲电电会社"的"苦心经营",中国东北
地区各年电话用户状况,如表 6 - 8 所示:

表 6 - 8　1935—1941 年中国东北电话用户状况统计

种别 年份	普通 （户）	桌机甲种 （户）	桌机乙种 （户）	通话局所 （户）	合计 （户）
1935 年	24 506	7 611	10 992	—	43 109
1936 年	27 248	10 523	11 635	—	49 406
1937 年	28 974	13 460	12 521	—	54 955
1938 年	32 544	16 225	13 957	—	62 726
1939 年	33 958	23 930	13 958	28	71 874
1940 年	38 827	30 573	14 700	100	84 200
1941 年	42 033	39 771	14 947	96	96 847
总计	228 090	142 093	92 710	224	463 117

　　资料来源:东北物资调节委员会研究组编:《东北经济小丛书·电信》,北京:京华印
书局 1948 年版,第 75 页。

　　1933—1941 年东北各年电话用户状况,用折线图表示,如图
6 - 1 所示:

　　由表 6 - 8 中的统计数据及图 6 - 1 的折线走势图可以看出,

单位：户

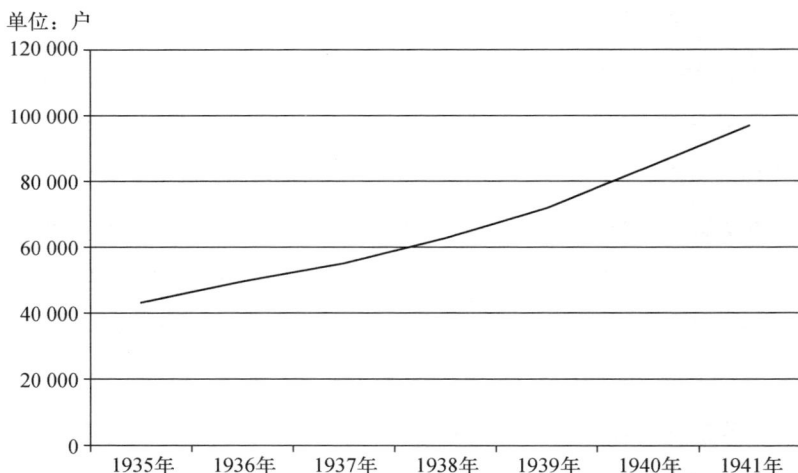

图 6‑1　1933—1941 年中国东北电话用户状况折线示意图

1935—1941 年各年的电话用户数量逐年增加，年平均增长率为 14.4%。其中，3 种类别的电话用户，以普通用户为最多，桌机乙种用户次之，桌机甲种用户居于第三位；从数量上来讲，各种类别的电话用户也是逐年增加，普通电话用户的年平均增长率为 9.4%，桌机乙种电话用户的年平均增长率为 5.3%，桌机甲种电话用户的年平均增长率为 31.7%。

就地域而言，中国东北地区各地的电话总体状况，以 1941 年为例，如表 6‑9 所示：

表 6‑9　1941 年末中国东北各主要城市电话用户状况统计

城市 ＼ 种别	普通（户）	桌机甲种（户）	桌机乙种（户）	通话局所（户）	合计（户）
大连	9 609	7 620	4 671	27	21 927
沈阳	15 999	15 438	4 552	30	36 019
长春	7 330	7 982	3 416	16	18 744

续表

城市 ＼ 种别	普通（户）	桌机甲种（户）	桌机乙种（户）	通话局所（户）	合计（户）
哈尔滨	3 335	4 237	1 488	10	9 070
牡丹江	3 090	2 642	184	7	5 923
齐齐哈尔	2 311	1 286	530	5	4 132
承德	359	566	106	1	1 032
总计	42 033	39 771	14 947	96	96 847

资料来源:东北物资调节委员会研究组编:《东北经济小丛书·电信》,北京:京华印书局 1948 年版,第 74 页。

　　1941 年末中国东北各主要城市电话用户,用折线图表示,如图 6 - 2 所示：

单位：户

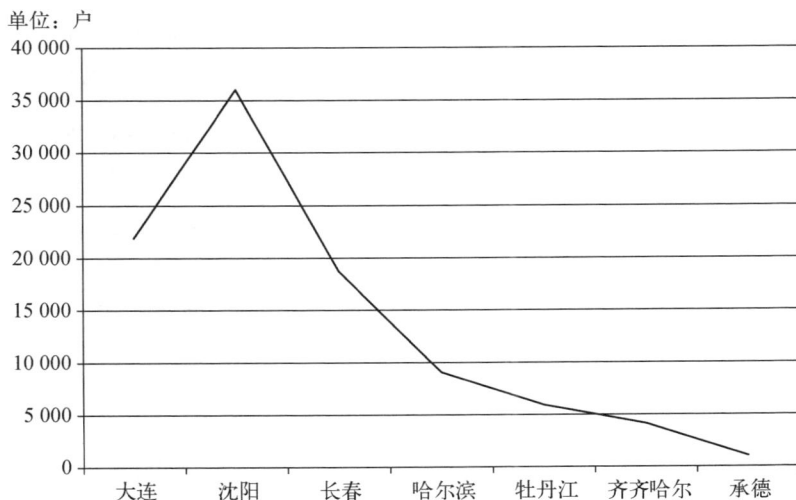

图 6 - 2　1941 年末中国东北各主要城市电话用户数量折线示意图

　　由表 6 - 9 中的统计数据及图 6 - 2 的折线走势图可以看出,沈阳电话用户最多,为 36 019 户,占总数的 37.2%;大连居于第二位,有 21 927 户,占比为 22.6%;长春也有 1 万以上的电话用户,有

18 744 户,占总数的 19.4％;哈尔滨用户也接近 1 万,有 9 070 户,占比为 9.4％。可见,4 个城市的用户总和已经占据中国东北地区主要城市电话用户的绝大多数,这主要是由于这些城市电话设施相对齐全,而且"收买各地分散之设备,更进而加以改善,并作一有系统之经营"①。

2. 电话、电报事业的技术革新

"满洲电电会社"成立后,日本为了侵略战争的需要,也加大了对中国东北地区电话、电报事业技术革新的投入,设备革新就是其重要表现。在有线电报方面,除载波电报机械外,还有写真机、模写机、印字电报机、自动快机及音响机等,由于日本认为旧式莫尔斯印字机等"不合经济",必然会逐步淘汰,遂"几全改以音响机通报"②。

在有线电话方面,长途电话设备主要有两种:一是"裸线载波设备",其"装用较先"③;二是"无装荷电缆载波设备",后又加强了"中间增音站配备",使得"通话极为清晰"④。至于载波机械,C 型"使用较早",被"日人称为旧型",其"调幅及反调幅均利用真空管"⑤;后经日本人改良,开始采用 M 型,其"调幅及反调幅系利用金属者"⑥,大大提高了通话质量。有线电话的设备状况,如表 6 - 10 所示:

---

① 东北物资调节委员会研究组编:《东北经济小丛书·电信》,北京:京华印书局 1948 年版,第 38 页。

② 嵇观:《东北电信事业之过去与现在》,《世界交通月刊》,1948 年第 1 卷第 20 期,第 23 页。

③ 嵇观:《东北电信事业之过去与现在》,《世界交通月刊》,1948 年第 1 卷第 20 期,第23 页。

④ 嵇观:《东北电信事业之过去与现在》,《世界交通月刊》,1948 年第 1 卷第 20 期,第23 页。

⑤ 嵇观:《东北电信事业之过去与现在》,《世界交通月刊》,1948 年第 1 卷第 20 期,第24 页。

⑥ 嵇观:《东北电信事业之过去与现在》,《世界交通月刊》,1948 年第 1 卷第 20 期,第24 页。

表 6-10　中国东北地区主要都市市内有线电话设备统计

类别　局别	电缆总长（米）				裸线总长（米）		电杆（根）	
	1—100	400—800	100—200	不满100	铜线	铁线	不防腐	防腐
大连	6 652	47 204	114 981	109 207	4 176 412	578 565	236	14 092
沈阳	14 924	45 093	114 322	107 372	3 848 250	1 236 863	1 431	14 744
抚顺	58	2 073	34 207	20 250	39 622	876 202	161	1 894
安东	1 551	4 173	16 433	31 411	114 956	1 102 836	436	2 886
鞍山	—	1 462	35 619	19 608	88 860	186 129	349	2 386
营口	1 122	3 922	23 237	20 085	54 826	1 022 461	2 508	529
锦州	—	1 266	15 358	14 498	18 927	798 779	35	2 667
通化	1 460	340	7 893	6 308	—	332 600	216	593
本溪湖	—	387	8 558	6 717	173 999	4 886	116	623
长春	10 605	44 753	115 869	134 590	2 537 651	1 428 997	156	11 181
吉林	958	6 844	23 650	34 852	—	1 098 108	383	2 949
四平	43	1 357	10 585	12 116	10 127	794 070	312	1 839
哈尔滨	6 111	30 698	73 022	92 306	2 279 557	451 912	4 387	3 212
牡丹江	—	7 112	28 799	51 765	247 178	2 070 017	6 097	
佳木斯	—	1 668	21 844	30 409	17 414	1 288 358	2 406	
齐齐哈尔	—	4 900	23 400	51 800	508 000	909 000	1 175	2 154
海拉尔	1 100	700	20 200	16 900	8 000	710 000	1 146	744
承德	—	62	11 516	15 089	31 776	32 368	10	801

资料来源：东北物资调节委员会研究组编：《东北经济小丛书·电信》，北京：京华印书局 1948 年版，第 57—58 页。

在无线电报电话方面，鉴于中国东北地区"地域广大，国防线极长"，日本认为"非发展无线电"，无以"收军情迅捷指挥便利之效"，因此"满洲电电会社"成立后的十余年里"积极进行"[1]。一是"国"内无线电通信，首先在满洲里漠河、山神庙、抚远、东安、绥芬

———————————

[1] 嵇观：《东北电信事业之过去与现在》，《世界交通月刊》，1948 年第 1 卷第 20 期，第 24 页。

河、春化、珲春、长白、安东等处"布置五至五十瓦小电台";其次"以
长春为中心",南以"沈阳、大连为分区重镇",北以"佳木斯、哈尔
滨、齐齐哈尔为分区重镇",并"各设强力电台,分辟电话",以"与边
境各台密切联络",从而"形成国防通信之无线电网"[1]。二是国际
无线电通信,则"以长春为枢纽,通达旧金山、巴黎、柏林、日本及南
洋各地",且"与平津、张家口等处互为呼应"[2]。无线电报、电话的
覆盖范围及机构设备的总体状况,如表6-11所示:

表 6-11 中国东北地区无线电信覆盖及设备状况

局所名称	用途	局所名称	用途
大连中央电报局	发生障碍时用	通化电报电话局	对哈尔滨
	发生障碍时用		预备用
大连社员养成所	安东、承德等地及有非常损害时用	延寿电报电话局	对哈尔滨
	大都市联络及有非常损害时用		对沈阳、图们、延吉
大连送信所	船舶、气象用	牡丹江电报电话局	有非常损害时用及对长春
	船舶、气象用		对长春、哈尔滨、佳木斯
	对上海		对东安、绥芬河、富锦
	对东京		伪满洲国通讯社用
	对大阪		有非常损害时
	对伪满洲国通讯社用	绥芬河电报电话局	对牡丹江

---

[1] 嵇观:《东北电信事业之过去与现在》,《世界交通月刊》,1948年第1卷第20期,第24页。
[2] 嵇观:《东北电信事业之过去与现在》,《世界交通月刊》,1948年第1卷第20期,第24页。

续表

局所名称	用途	局所名称	用途
大连送信所	军用	东安电报电话局	对牡丹江、宝清、绥芬河、饶河、抚远
	对沈阳	佳木斯电报电话局	对哈尔滨、牡丹江、宝清、富锦、饶河、依兰
	对长春		观象台用
	对长春		航空路用
	军用		航空路用
	伪满洲国通讯社及对烟台		中波放送用
	军用		航空路用
	对船舶用		航空路用
	对船舶用		航空路用
	对大石桥、营口		伪满洲国通讯社用
沈阳中央电报局	对锦县、阜新	富锦电报电话局	对佳木斯、宝清、哈尔滨、饶河、抚远
沈阳送信所	对大阪	依兰电报电话局	对佳木斯、哈尔滨
	对通化、安东	宝清电报电话局	对佳木斯、富锦、东安
	对延吉	饶河电报电话局	对佳木斯、富锦、东安
	对东京		对抚远
	对长春	珲春电报电话局	对春化、图们、长春
	对赤峰、林西、开鲁	春化电报电话局	对珲春、图们、长春
	对长春、哈尔滨、齐齐哈尔	安图电报电话局	对通化、图们、延吉
	对张家口	抚远电报电话局	对东安、饶河、富锦
	对大连、承德及军用	图们电报电话局	对珲春、春化、安图、长春、牡丹江
	对鞍山、本溪湖、抚顺	延吉电报电话局	对长春、沈阳、牡丹江
	军用		对安图、罗南

续表

局所名称	用途	局所名称	用途
沈阳中继统制所	有非常损害时用		对大连、沈阳
安东电报电话局	对沈阳		对黑河、孙吴、哈尔滨、嫩江、北安、山神府
	军用		航空路用
锦县电报电话局	对沈阳、承德、锦西		伪满洲国通讯社用
长白电报电话局	对通化		满洲里、海拉尔、阿尔山
通化电报电话局	对长白、安图		长春
	对沈阳、长春		观象台
	军用	齐齐哈尔送信所	航空路用
阜新电报电话局	对沈阳、林西、开鲁		航空路用
鞍山电报电话局	对沈阳、长春		航空路用
	预备用（分散设备）		预备设施
抚顺电报电话局	对沈阳		观象台用
本溪湖电报电话局	对沈阳		航空路用
营口电报电话局	对沈阳		有非常损害时用

续表

局所名称	用途	局所名称	用途
大石桥电报电话局	对沈阳	海拉尔电报电话局	对满洲里、奈勒穆图
锦西电报电话局	对锦县		对齐齐哈尔、长春
长春中央电报局	非常时用		伪满洲国通讯社用
长春无线技术局	对欧洲		有非常损害时用
	伪满洲国通讯社用	满洲里电报电话局	对海拉尔
	修理中	孙吴电报电话局	对齐齐哈尔、哈尔滨
	改造中,对暹罗	漠河电报电话局	对黑河
	标准电波用	黑河电报电话局	对哈尔滨、齐齐哈尔
	伪满洲国通讯社用(对外)		对漠河
	改造中,对东京	奈琴穆图电报电话局	对长春
	对北平	嫩江电报电话局	对齐齐哈尔
	伪满洲国通讯社用(东北境内)	阿尔山电报电话局	对齐齐哈尔
	伪满洲国通讯社用(对外)	北安电报电话局	对齐齐哈尔
	对鞍山、齐齐哈尔、哈尔滨		伪满洲国通讯社用
	对沈阳、开鲁	山神府电报电话局	对齐齐哈尔、长春
	改造电话机	承德送信所	对长春、沈阳、开鲁
	伪满洲国通讯社用(东北境内)		对林西、赤峰、锦县
	观象台		军用
	监视局		对丰宁、古北口、兴隆、青龙
	对张家口		航空用
	对大阪		航空用
	对林西、承德及定时联络		观象台用

续表

局所名称	用途	局所名称	用途
长春无线技术局	对延吉、鞍山	赤峰电报电话局	对沈阳、林西
	对海拉尔、大连		对承德
	对暹罗	古北口电报电话局	对承德
	伪满洲国通讯社用,对哈尔滨、齐齐哈尔	丰宁电报电话局	对承德
	伪满洲国通讯社用		对承德
	对大连	青龙电报电话局	对承德
长春职业练习所	有非常损害时及伪满洲国通讯社用	兴隆电报电话局	对承德
	有非常损害时及对东京	林西电报电话局	对承德、开鲁、长春
敦化电报电话局	对长春		对赤峰、沈阳、阜新
开鲁电报电话局	对长春、沈阳	哈尔滨中央电报局	非常时用及对大都市联络
	对林西、承德、阜新		
哈尔滨送信所	对大阪		
	对牡丹江、大连、齐齐哈尔		
	对沈阳、长春		
	对黑河、延寿、孙吴		
	对富锦、佳木斯		
	航路局用		
	对通河、依兰		
	伪满洲通讯社用		
	对空中及大阪用		
	非常时用		
	有非常损害时用		

资料来源:东北物资调节委员会研究组编:《东北经济小丛书·电信》,北京:京华印书局1948年版,第22—32页。

由上表可知,伪满洲国"中央"和"地方"共有大小无线电报、电话机构 168 座。覆盖范围相当广泛,主要有 3 个方向:一是基本覆盖整个东北地区,长春、沈阳、哈尔滨、大连等较大城市自不必说,赤峰、阜新等小城市也在覆盖之列,而且城市与城市之间基本形成了一对一的对接关系;二是与关外军事联系紧密的城市也有对接关系,比如上海、北平及张家口等;三是同时也覆盖了国外的一些城市,包括东京、大阪以及部分欧洲国家。可见,当时的中国东北地区已经形成了联系紧密的无线电报、电话网。

就职能而言,上表中的大小无线电报、电话机构方便了中国东北地区与关内主要城市及国外部分城市的生活联络,这只是可忽略不计的职能,最主要的是其发挥军事联络的职能。这些机构中有专门的军用无线电报、电话机构,如大连送信所、沈阳送信所、安东电报电话局、通化电报电话局、承德送信所等,它们都设有专门的军用线路;也有专门为气象、航空服务的线路,这在中国东北各地区均有分布;还有专门为伪满洲国通讯社服务的,如大连送信所、沈阳送信所等。

二、日本对中国东北地区广播事业的控制

其一,加大广播事业载体的兴建。就广播机构而言,"满洲电电会社"成立后,中国东北地区设立的广播机构分为"中央"和"地方"两种。"中央"放送局 4 个,分别为长春中央放送局、奉天中央放送局、大连中央放送局及哈尔滨中央放送局,长春中央放送局是上述 4 个中央放送局的中心。"地方"放送局若干,诸如安东放送局、营口放送局、锦州放送局、承德放送局、海拉尔放送局、齐齐哈尔放送局、北安放送局、佳木斯放送局、吉林放送局、通化放送局、

牡丹江放送局、抚顺放送局、鞍山放送局等。可见,这些放送局分布在整个东北地区的各个角落,形成了以长春为中心的四向放射的广播网,可以说,"各种重要城市,莫不有广播设备,且随时利用有线无线各种电路,以达到其对内对外之宣传,其规模布置,相当完密"①。随之而来的是收音机用户大大增加,"满洲电电会社"成立前有 5 896 户,成立后增长至 17 704 户,增长 11 808 户,增幅为200.2%②。可见,中国东北地区广播事业的影响力大大增强。

其二,更新广播机构的设备。日本为加强中国东北地区广播事业舆论宣传的工具性作用,加大力度更新各广播机构的设备,以达"均为最新式者"③的目的。具体状况,如表 6‑12 所示:

表 6‑12　1945 年 2 月中国东北地区广播设备统计

局名 \ 项目	呼号	频率(千赫兹)	天线输入功率(千瓦)	装置方式	设置时间
大连中央	第一部广播 JQAK	760	1.00	水晶低电力变调	1925 年 8 月
	第二部广播 JQAK	1 065	1.00	水晶低电力变调	1937 年 11 月
	海外广播 JDY、JDZ	5 925	—	—	1936 年 12 月
		5 710			
	预备机	—	0.05	—	
	预备机	—	0.01	—	

---

① 嵇观:《东北电信事业之过去与现在》,《世界交通月刊》,1948 年第 1 卷第 20 期,第24 页。

② 诸:《日人统制下之东北电信事业》,《国际汇刊》,1936 年第 3 卷第 10 期,第 68 页。

③ 东北物资调节委员会研究组编:《东北经济小丛书·电信》,北京:京华印书局 1948 年版,第 108 页。

续表

项目 局名	呼号	周波数 （千赫兹）	天线 入力 （千瓦）	装置方式	设置时间
沈阳 中央	第一部广播 MTBY	885	1.00	水晶低电力变调	1938 年 10 月
	第二部广播 MTBY	1 250	1.00	自动式变调	1928 年 10 月
	预备机		0.50		
	预备机		0.10		
	预备机		0.01		
长春 中央	第一部广播 MTCY	560	10.00	水晶低电力变调	1936 年 11 月
	第二部广播 MTCY	180	100.00	水晶低电力变调	1924 年 11 月
	预备机		0.50		
	预备机		0.50		
	预备机		0.50		
	预备机		0.05		
	预备机		0.05		
	预备机		0.01		
	海外广播 MTCY	11 775 15 200	20.00	水晶低电力变调	1939 年 7 月
		6 125 9 545	20.00	水晶低电力变调	1940 年
		9 035			
	短波预备机		5.00		
	短波预备机		1.00		
哈尔 滨中 央	第一部广播 MTFY	674	1.00	水晶低电力变调	1927 年 10 月
	第二部广播 MTFY	805	3.00	水晶低电力变调	1940 年 7 月
	第三部广播 MTFY	1 280	1.00	水晶低电力变调	1943 年
	预备机		0.50		
	预备机		0.25		
	预备机		0.01		

项目\局名	呼号	周波数（千赫兹）	天线入力（千瓦）	装置方式	设置时间
安东	第一部广播 JQBK	805	0.05	水晶低电力变调	1937 年 10 月
	第二部广播 JQBK	1 260	0.05	水晶低电力变调	1939 年 12 月
营口	第一部广播 MTPY	725	0.05	水晶低电力变调	1939 年 2 月
	第二部广播 MTPY	1 100	0.05	水晶低电力变调	1939 年 2 月
锦县	第一部广播 MTOY	575	0.10	水晶低电力变调	1939 年 4 月
	第二部广播 MTOY	955	0.10	水晶低电力变调	1939 年 4 月
通化	第一部广播 MTTY	805	0.05	水晶低电力变调	1937 年 10 月
	第二部广播 MTTY	1 260	0.05	水晶低电力变调	1939 年 12 月
鞍山	第一部广播 MTJY	725	0.05		1944 年 11 月
	第二部广播 MTJY	1 160	0.05		1944 年 11 月
抚顺	MTIY	725	0.01		1944 年 11 月
本溪湖	MTMY	725	0.01		1944 年 11 月
承德	第一部广播 MTHY	915	0.05	自动式变调	1944 年 11 月
	第二部广播 MTHY	1 270	1.00	终缓变调	1941 年 12 月
	预备机		0.01		
	预备机		0.01		
赤峰	第一部广播 MTEY	725	0.01	终缓变调	1943 年
	第二部广播 MTEY	1 260	0.05		1943 年
吉林	第一部广播 MTWY	725	0.05	终缓变调	1944 年 11 月
	第二部广播 MTWY	1 160	0.05		1944 年 11 月
间岛	第一部广播 MTKY	785	0.05	水晶低电力变调	1938 年 4 月
	第二部广播 MTKY	1 270	0.20		1942 年 11 月
黑河	第一部广播 MTSY	795	0.01	水晶低电力变调	1938 年 11 月
	第二部广播 MTSY	1 100	0.01		1942 年 4 月

续表

项目\局名	呼号	周波数（千赫兹）	天线入力（千瓦）	装置方式	设置时间
北安	第一部广播 MTUY	725	0.01		1941 年 2 月
	第二部广播 MTUY	1 025	0.01		1941 年 2 月
	预备机		0.01		
孙吴	第一部广播 MTOY	725	0.01		1943 月
	第二部广播 MTOY		0.01		1943 月
牡丹江	第一部广播 MTGY	745	1.00	水晶低电力变调	1937 年 6 月
	第二部广播 MTGY	1 100	1.00	水晶低电力变调	1941 年 12 月
佳木斯	第一部广播 MTNY	615	0.50	水晶低电力变调	1938 年 2 月
	第二部广播 MTNY	845	0.05	水晶低电力变调	1942 年 3 月
密山	第一部广播 MTVY	725	0.05		1942 年 3 月
	第二部广播 MTTY	1 270	0.05		1942 年 3 月
富锦	MTQY	725	0.05	水晶低电力变调	1938 年 10 月
	预备机		0.05		
齐齐哈尔	第一部广播 MTLY	835	0.50	水晶低电力变调	1938 年 4 月
	第二部广播 MTLY	1 075	0.50	水晶低电力变调	1939 年 6 月
	预备机		0.01		
海拉尔	第一部广播 MTRY	839	0.50	水晶低电力变调	1938 年 12 月
	第二部广播 MTRY	1 260	0.50	水晶低电力变调	1939 年 7 月
	预备机		0.01		
	第一部广播 MTXY	725	0.05		1944 年 5 月
	第二部广播 MTXY	1 100	0.01		1944 年 5 月
			0.05		

　　资料来源：东北物资调节委员会研究组编：《东北经济小丛书·电信》，北京：京华印书局 1948 年版，第 109—113 页。

　　其三,加大对广播事业的监视和管理。就广播内容与方式而言,"满洲电电会社"控制下的广播事业主要通过报道放送、教养放送和慰安放送3种方式进行播报。广播内容必须按照伪满洲国所谓的"国策"编排,比如报道放送的新闻报道、经济行情等内容,基本都是宣扬伪满洲国战争、经济等方面的大好形势,以迷惑中国东北民众;教养放送蕴含教育意义,正好是日本宣扬"王道""日满一德一心"等思想的重要工具,主要有讲演、学校放送、儿童时间等形式;慰安放送主要是通过京剧、歌曲、相声、大鼓等娱乐节目的方式进行广播,其中多蕴含"大东亚共荣圈""日满协和"等思想,用以加强思想渗透。

　　监管是日本控制中国东北地区广播事业的重要手段。为严密监视该地区广播事业,伪交通部在各地邮政管理局中设置了专门的监管机构——电政科,由日本人负责,为了防止放送局与电政科的矛盾,伪国务院弘报处也时常干预广播内容的审查。电政科规定"凡一切广播稿件,事先必须送到电政科审查,不然是不能广播的"①,如果其提出修改意见,相关工作人员也必须一一进行修改,否则会被敕令停播。据时人回忆:

　　　　大概在1943年春季的某月份里,在广播节目中添了一项趣味讲话,譬如讲些集邮、联话等有趣的故事,某次哈尔滨局担当的趣味讲话是《南船北马》,内容不过是说些船马的故事。可是电政科竟认为这个题材不对头,有违国情,届时打来电话通知禁止广播,当时广播员与之争执多次未下,最后终于不顾电政科的拦阻广播出去了。第二天,日本宪兵队打来电话,找

---

① 赵家斌:《日伪统治下的东北广播》,孙邦主编:《伪满文化》,长春:吉林人民出版社1993年版,第268页。

广播此稿的主持人询问情节。①

可见，在中国东北地区的广播事业中，虽有部分中国人对电政科进行抵制，但并不奏效。另外，京剧《苏武牧羊》由于"降低皇家尊严"而禁播，歌曲《大路歌》《开路先锋》由于"为劳动人民讴歌"而不能播放，其监视的严密程度显而易见。除了日常审查，每年日伪还会组织两次大检举活动，时间定在春、秋两季。此项活动虽不是专门针对广播事业，但于各地放送局工作的中国人也是其重要审查对象，诸如长春中央局的崔国治、张万喜、杨文元，哈尔滨中央局的赵文选等都是以所谓"思想犯"的罪名被逮捕的，他们面临的处罚自然是关押、严刑拷问。

_____

① 赵家斌：《日伪统治下的东北广播》，孙邦主编：《伪满文化》，长春：吉林人民出版社1993年版，第268—269页。

结　语

一、制度与实践：日本对中国东北地区殖民统治的"理路"

对于殖民者而言，其对外扩张的实践大致可分为两个阶段：一是侵略实践阶段，二是殖民实践阶段。侵略实践阶段发生在未获得殖民地之前，他们一般都会通过各种各样的借口，对垂涎已久的国家或地区进行武力攻击，这一阶段是无所谓制度而言的，有的只是不合理，更不合法的武装侵略。一旦进入殖民实践阶段，殖民者则开始制定政治、经济、军事以及文化等诸多方面的法律、法规与政策，以为殖民统治的依据，并借以向世人宣称其殖民实践的"合理性"与"合法性"，因此，一定程度上讲，制度是殖民者掩盖侵略的"遮羞布"。

日本殖民者在中国东北地区的扩张即是遵循这一路径。具体而言，日本自通过朝鲜开始染指中国东北地区，到日俄战争中由于战胜沙俄而在该地区之势力大增，再到九一八事变吞并东三省，整个过程处于侵略实践阶段，即凭借较为强大的军事实力，找寻诸如"解救东北人民""保护日本侨民利益""中国危及其既得权利"[①]等

---

① 饶庸君：《国联调查团之工作》，《时事月报》，1932 年第 7 卷第 2 期，第 65 页。

各种借口,进行武力征服,以辟中国东北地区为其殖民地,这当然是赤裸裸的侵略。东三省的全部沦陷使得日本达到了获取殖民地的目的,也就完成了其对外扩张中侵略实践阶段的任务。

九一八事变后,中国东北地区成为日本事实上的殖民地,其对外扩张也进入殖民实践阶段,开启了长达十四年的殖民统治。那么在这一阶段中,日本的统治"理路"是什么? 可分解为以下两个问题:一是日本为什么不设立机关直接进行殖民统治,而要假借伪满洲国之手;二是日本如何一步步地把中国东北地区的政治、经济、军事、文化纳入其殖民轨道,变间接统治为直接统治的。

(一)针对第一个问题:日本为何不直接统治,而是假借伪满洲国之手

日本侵占中国东北地区后,有两条殖民统治路径供其选择:一是设置由日本人组成的侵略机关,直接进行殖民统治;二是扶植傀儡政权,进行代理殖民统治。显然,日本选择的是第二条路径,1932年伪满洲国建立即是例证。那么就会有这样的疑问,日本组成自己的侵略机关进行殖民统治岂不更方便快捷,似乎更容易达到殖民目的,而通过傀儡政权,即使其听命于日本,但从表面看毕竟隔着一层,代理人对日本命令的理解可能会有出入,执行效果也可能达不到预期。笔者认为针对这一疑问,可从以下几方面加以理解:

其一,选择第二条路径可掩国际社会之耳目。九一八事变的爆发引起了中国国内,甚至是世界范围内的震动,国民政府数次以"日人不宣而战,武力侵占辽吉"向国联申请"根据条约制止日本暴行,尤坚持先行撤退南满线外之日军,然后进行中日交涉"①。对此

_____

① 饶庸君:《国联调查团之工作》,《时事月报》,1932年第7卷第2期,第65页。

国联理事会虽先后形成五次决议案处理此事件,但终因日本反对而全无效力,正如国联主席白里安所言:这些决议案均"被抛弃在桌上"①。国联调查团之赴中国东北,并形成《国联调查团报告书》,将日本于东三省的侵略罪行公之于世界,多数国家纷纷对日本予以谴责。

在此种国际舆论下,日本若选择第一条路径,设立日本人组成的侵略机关直接进行殖民统治,势必会在世界范围内造成更大的负面影响,引起世界各国的不满,这对其实施进一步的侵略计划无益。而选择第二条路径,制造所谓"民族自决"的伪满洲国进行表面的间接殖民统治,一方面可以"为彼侵略东北,加一有利之诠释"②,意即中国内乱,民不聊生,中国东北民众要求脱离国民政府而独立;另一方面也可以掩国际社会之耳目,避开舆论谴责之锋芒,所谓"借伪造之民意,供侵略之应声"③。总之,对日本而言,第一条路径虽本身有其优势之处,但在国际社会制约下,此种优势无法正常发挥;而第二条路径既可掩人耳目,又可避免与国际舆论之正面冲突,是当时情况下最优的殖民路径。

其二,第二条路径相较第一条更不易激起中国东北民众的反抗。日军进占中国东北后,整个地区陷入恐慌之中,他们"强收各交通机关,施行严厉之检查",以致"行旅困难,消息隔绝"④。对于稍有国家思想者,日人"咸目为贼匪而杀戮之"⑤,甚至到了"稍涉嫌疑,即遭捕杀"的地步,其中,地方知名民族主义者有之,不知姓名

① 丁薇茵:《国联调查团与中日》,《新亚细亚》,1932 年第 4 卷第 2 期,第 75 页。
② 饶庸君:《国联调查团之工作》,《时事月报》,1932 年第 7 卷第 2 期,第 66 页。
③ 饶庸君:《国联调查团之工作》,《时事月报》,1932 年第 7 卷第 2 期,第 66 页。
④《丁超李杜致国联调查团电》,《中央周报》,1932 年第 204 期,第 11 页。
⑤《东北民众团体电致国联调查团》,《战地摄影》,1932 年第 1 期,第 24 页。

者"更时有所闻"①；对于一般中国东北民众而言，日本更是通过宣称所谓"自卫行动"，利用所谓"自卫方法"而否认该地区民众之生存权，即"日人加于满洲之欺人手段，使吾国千万民众流离失所，以致于死亡"②，而居住在战地的中国东北民众更是"庐舍为墟，妻子离散，辗转沟壑，血殷原野"③。

同时，由于中国东北各地受到日本暴力扰乱，农村经济"已实行破产"，商业"为之凋敝"，财源"因之枯竭"，经济为社会之动力，这样的经济窘迫状况，使得"社会愈呈不安"，整体而言"农者不得耕其田，贾者不得营其业，一切停顿，危机立至"④。越是在此种情况下，日本却继续制造土匪，恐吓百姓，"藉以强迫民众请求保护"⑤，进而归顺其殖民统治。因此，中国东北民众在致电国联调查团时，曾宣誓："吾人之乡土东三省与吾人自身，必永久一致为中国之一部，与中国之命运相始终。"⑥

上述状况日本自然心知肚明，因此如若选择第一条路径，则必然会引起更大的民怨，更不利于接下来的殖民统治；而选择第二条路径，把东北地区独立于中国之外，虽有悖于大部分东北民众的民族情节，但表面上伪满洲国是一个"独立国家"，他们并不是被殖民者，其赖以生存的土地也不是殖民地，这使其更易于接受。

另外，日本选择第二条路径而非第一条路径，还有一个重要原因是其认为凭借自身在中国东北地区的军事实力，有变表面间接

---

① 《丁超李杜致国联调查团电》，《中央周报》，1932 年第 204 期，第 11 页。
② 《东北民众团体电致国联调查团》，《战地摄影》，1932 年第 1 期，第 24 页。
③ 《丁超李杜致国联调查团电》，《中央周报》，1932 年第 204 期，第 11 页。
④ 《丁超李杜致国联调查团电》，《中央周报》，1932 年第 204 期，第 11 页。
⑤ 《东北民众团体电致国联调查团》，《战地摄影》，1932 年第 1 期，第 24 页。
⑥ 《东北民众团体电致国联调查团》，《战地摄影》，1932 年第 1 期，第 24 页。

统治为实际直接统治的可能性。事实上，日本也做着这方面的尝试，在伪满洲国建立后，日籍顾问制度的实施，使得从"中央"到"地方"的各机关以及政治、经济、军事、文化等各领域"全是日本军人之傀儡，为达到分割中国实行并吞之阴谋"[1]。

（二）针对第二个问题：日本如何把伪满洲国各子系统纳入殖民轨道

日本既已通过武力占领中国东北地区，并扶植溥仪制造伪满洲国，接下来的任务就是如何有效地控制伪满洲国，变间接统治为直接统治，以实现真正的殖民统治。换句话说，就是如何把伪满洲国的政治、军事、经济以及文化等各子系统纳入日本的殖民轨道之中，为其殖民统治服务，更为进一步侵华服务。总体而言，日本把伪满洲国各子系统纳入其殖民轨道是通过制度设定与侵略实践并行来实现的。具体说来，设定体现殖民者意志的制度以攫取统治权，进而控制"中央"到"地方"的执行机关以切实进行殖民实践；制度设定以为侵略实践提供"合理性"与"合法化"保障为目的，侵略实践以制度性的法律、法规与政策为依据。

日本首先制造伪满洲国，并向世界宣称其为"独立国家"，呼吁国际社会承认，这当然是迫于国际国内社会压力，掩盖侵略罪行的权宜之计；之后"两国"又签订《日满议定书》及其附件，规定日本在伪满洲国的政治、经济、军事等领域所享有的特权，进而利用"日满一体""日满一德一心"等加以粉饰，借以表明日本与伪满洲国是亲密"友邦"，甚至两者为一个整体。这些都为日本殖民统治中国东北地区提供了"合法化"依据，也是将伪满洲国各子系统纳入殖民轨道的基础。

---

[1]《东北民众团体电致国联调查团》，《战地摄影》，1932年第1期，第24页。

就政治统治而言,实行国务顾问制度、"总务厅第一主义"等制度,"中央"到"地方"的执行机关,表面上看是"由许多汉奸作首脑",实际上"都由日本的总务厅、总务科支配着"①。具体而言,国务顾问"把持伪国全局政务",若不经其同意,伪国务总理大臣之印章"不能附属一国之政务"②;伪省级以上行政机关设有总务厅"以把持伪国行政全部之事务"③;地方行政机关"均设参事官",把持地方行政,各项事宜"均由参事官措施"④,政府长官"不过木偶而已"⑤。这样日本牢牢把控着伪满洲国"中央"到"地方"的行政机关,可以通过伪满洲国各机关颁布体现其殖民意志的各领域法律、法规,以"合法"地进行殖民实践。

就军事统治而言,实行日"满"共同防卫政策、践行军事顾问团制度是日本把伪满洲国军事纳入其殖民轨道的关键。《日满议定书》规定"两国相约共同担负国家防卫之责,为此,应以所要之日军驻屯于满洲国内"⑥,在有正义力量反抗伪满洲国"政权"的情况下,此项规定就使得日本顺理成章地获得了干预伪满洲国军事的权力。《日满军事守势协定》《防卫法》更是从法律上确立了在日"满"共同防卫中日军的统帅地位,以及伪满军为日本殖民统治及侵略战争服务的事实。军事顾问团制度的践行,要求伪满洲国的各级军队中均需有日系顾问、军官及指导官,以便构成严密的管控、监

---

① 《伪组织之现状(调查)》,《反攻》,1940 年第 9 卷第 2 期,第 40 页。

② 《日本:日人统治下之伪组织现状》,《每周情报》,1934 年第 41 期,第 22 页。

③ 《日本:日人统治下之伪组织现状》,《每周情报》,1934 年第 41 期,第 22 页。

④ 《日本:日人统治下之伪组织现状》,《每周情报》,1934 年第 41 期,第 22 页。

⑤ 《伪组织之现状(调查)》,《反攻》,1940 年第 9 卷第 2 期,第 40 页。

⑥ 《日满议定书》(1932 年 9 月 15 日),复旦大学历史系日本史组编译:《日本帝国主义对外侵略史料选辑(1931—1945)》,上海:上海人民出版社 1975 年版,第 68 页。

视体系,进而使伪满军的一切指挥权"悉操于关东军之手"①。

　　就经济统治而言,日本是在强大军事力量支持下,主要通过颁布经济法规、制定经济计划以及根据时局调整经济政策来实现的。首先日本通过伪满洲国之手颁布《满洲国经济建设纲要》《重要产业统制法》《钢铁类统制法》《粮谷管理法》《特产物专管法》《物价及物资统制法》《价格等临时措置法》等多项经济法规,这是在"准战时经济体制"与"战时经济体制"下,把伪满洲国经济纳入殖民轨道的纲领性文件,也是日本统治中国东北经济"合法化"的重要步骤。它们的实施使得日本资本在重工业和基础工业领域占据支配地位,各地工厂"概归日人把持"②;金融、关税、贸易为日本左右,所谓"东北业已为日本独有之市场,各地日货充斥,偶有西洋货或俄国花标布、煤油等,亦以税重而价贵,不能与日货竞争……中国人在东北之大商号纷纷倒闭,故向日之繁荣大埠亦渐萧条,仅烟馆、娼家、小饭馆尚称发达,三者外则无商业之可言矣"③;石油、火柴、盐等实行专卖,这就达到了伪满洲国经济服务于日本殖民需要的目的。

　　就文化统治而言,文化统治是一种长效机制,殖民者试图营造殖民文化氛围、制定愚民政策等手段,施之于教育、新闻出版、电影、广播等方面,使中国东北民众从心理上认同所谓被殖民者的身份,"以期忘我三千万同胞之国民性"④。在教育方面,颁布教育法令多达120余件⑤,规定了从学校、教师、学生到课程、督导等方方

① 异声:《日本统治伪满军真相》,《国际汇刊》,1937年第5卷第1期,第54页。

②《日本:日人统治下之伪组织现状》,《每周情报》,1934年第41期,第23页。

③《日本:日人统治下之伪组织现状》,载《每周情报》,1934年第41期,第23页。

④《日本:日人统治下之伪组织现状》,《每周情报》,1934年第41期,第23页。

⑤ 齐红深:《日本侵华教育史》,北京:人民教育出版社2002年版,第244页。

面面的内容,以做到教育统治的"合法化"。同时,将日本因素贯穿于伪满洲国教育体系的始终,以致中国东北各级各类学校"均满布日人教员,且多日人校长,课材注重日语,更掺杂其所谓'王道主义'及日本之光荣史实等"①,以拉近日本与伪满洲国的关系,进而增强中国东北民众对日本的认同。在新闻出版方面,颁布"弘报三法",即《满洲国通信社法》《新闻法》《记者法》,作为日本新闻出版统治的法律依据,并通过军事打压国人报刊业,使伪满洲国的新闻出版业完全沦为日本鼓吹侵略的工具。在电影方面,专门成立"株式会社满洲映画协会"并颁布《映画法》,使得日本统治伪满洲国电影业更加"专门化""合法化"。

另外,需要特别强调的是,在日本殖民统治中,各子系统间不是孤立的,而是相互影响、相互作用的关系,所谓"日帝国主义者对于东北所施的加紧的、殖民地式的侵略,它总是整个的、一贯的。所谓政治的、经济的、军事的或其他种种方面的侵略,只是一条锁链的几环,或是一个事物的几面。它们之间是有互为因果、相互为用而密切地互相影响的作用存在着"②。总体而言,日本统治中国东北各子系统的关系与逻辑表现为军事主导下的其他各子系统各行其是,军事统治是日本殖民统治的基础,为政治、经济、文化统治开辟了路径;政治统治为经济、文化统治提供了保障;经济、文化统治又对军事、政治统治有巩固作用;总之,军事是后盾,也是其他各子系统的"归宿",即军事化。

二、生存与爱国:中国东北民众忍辱屈从与反抗斗争的实质

在殖民时代,殖民者凭借强大的军事实力,采取各种掩盖侵略

---

① 《日本:日人统治下之伪组织现状》,《每周情报》,1934 年第 41 期,第 23 页。
② 方声:《九一八以后的东北经济(续)》,《新创造》,1932 年第 1 卷第 4 期,第 12 页。

罪行的措施,对殖民地及其民众进行殖民统治。被殖民者,特别是普通民众则由于没有反抗能力,为了生存而在此过程中不得不忍辱屈从;当然也有一部分人心怀强烈的爱国之心,而自始至终对殖民者进行着殊死抵抗。在日本殖民中国东北时期,日本殖民者与中国东北民众被殖民者的情况大抵如此,表现为日本通过制造伪满洲国而进行殖民统治,中国东北民众则或为了生存而忍辱屈从,或因为爱国而进行反抗斗争。

　　九一八事变前,中国东北民众大致可分为军人、爱国志士及普通民众三大类。九一八事变后,他们的道路选择情况如下:就军人而言,一是部分东北军转移到关内,仍是国民政府军队的重要组成部分;二是马占山、苏炳文等爱国将领所率领的军队虽有短暂"变节",但很快就与日本决裂,进行反抗斗争,因为骗取弹药、补充实力等是他们诈降的重要目的;三是部分军人投靠日本,而后以其为班底组成伪满洲国军。就爱国志士而言,他们一直进行着反日斗争活动,是激发普通民众民族意识与爱国情怀的重要力量。就普通民众而言,由于手无寸铁,大部分为了生存而忍辱屈从于日本的殖民统治,成为伪满洲国的"国民"。也就是说,因爱国而进行反抗斗争者包括原东北军爱国将领及其部属、爱国志士两类;为生存而忍辱屈从者包括伪满洲国军士兵、普通民众两类;原东北军部分将领,如张景惠、熙恰之流,则是为保持自己的高官厚禄而主动献媚日本的,不属于前两者任何一类,且与本部分所探讨的"生存与爱国"主题无关。那么忍辱屈从是不是意味着不爱国? 在生存与爱国之间、忍辱屈从与反抗斗争之间,如何评判中国东北民众的道路选择? 针对这些问题,有必要进行说明。

　　因爱国而进行反抗斗争的两类人具有强烈的民族意识和爱国情怀,深知"皮之不存毛将焉附"的道理,因此他们将此种对国家的热爱与责任化为了实际行动,如原东北军爱国将领及其部属组成抗日义军与日本周旋,并宣誓日本若霸占东三省不还"我必强力取回之,不拘年限,不得不止"①。爱国志士也为了抗日救国而积极奔走,组织工人运动、农民运动、学生运动以及救国会性质的联合运动。他们的抗争虽在日本强大军事压制与严密监视下,处处受阻,但其所表现出来的救国决心及斗争精神,必然造成日本殖民者的心理忌惮,欲真正做到亡国灭种谈何容易,且对其他被殖民者也是一种鼓舞。从某种程度上讲,他们爱国的目的也是为了生存,但此种生存是有尊严的生存,更是在祖国怀抱中的生存,而非被压迫、被奴役的殖民性质的生存。因此,在殖民时代,爱国与生存是不矛盾的,爱国是为了更好地生存,生存是爱国的目的之一。

　　为生存而忍辱屈从的两类人并不意味着不爱国,主要有两方面原因:一是他们选择忍辱屈从是无奈之举,目的是活着。就普通民众而言,他们手无寸铁,如何能与日军的机枪刺刀相抗衡?爱国将领李杜等在《致国联调查团电》中有这样的陈述:"现可断言,贵团一旦出关必所至遇欢迎,而欢迎队中必有我丧失保护的同胞,持日本直接间接所颁发之标语。倘问其人曰:'君等愿独立乎,脱离中国为本心乎?'则其人者,必将嗫嚅以答曰'愿在日军组织之下',凡在公式机会上晤见之中国人,将一致的答复曰'愿脱离中国'",为什么普通民众会有如此的违心之语,究其原因,"苟语违犯,灭家亡身之祸立至矣。"②这大概是他们忍辱屈从的重要原因。就原东北军将士而言,因张景惠、熙恰等为高官厚禄而变节,他们自然被带入了"变节"的行列,为从属者而非主动者。

---

① 《丁超李杜致国联调查团电》,《中央周报》,1932 年第 204 期,第 12 页。
② 《丁超李杜致国联调查团电》,《中央周报》,1932 年第 204 期,第 12 页。

　　二是作为所谓的"顺民",作为被殖民者,他们时时进行着反抗,表露着爱国之心。以伪满洲国军为例,他们中很少是情愿作敌人爪牙的,下级军官"真心想为虎作伥的,那已是例外了",不可能甘心降敌和附逆;一般兵士也"大多为破产之农民,由于饥寒所迫而充兵役"①,所谓"一时为生计所迫,而暂时就范"②。虽然日本对伪满洲国军进行了改组和多次清除,欲使其"逐渐成为日本帝国主义之驯顺工具"③,以"靠伪军助己,消灭义勇军"④,但伪军中不乏爱国之士,结果"能否即可满足日人之愿望,正属疑问也",其"尚非日军之可靠工具"⑤。因此无论"日贼用什么方法喂养他们,这些'满军警'总是对于日贼离心离德的"⑥,且"大半仍蕴藏着反日情绪",故"时有逃亡及投降义军情形"⑦,以致"反而增加东北抗日势力之来源,徒供给彼等之人员与枪械"⑧。这主要是由于东北义军反日运动高涨,加之"吉黑各部队复掀起暴动叛乱风潮",使得东北反日运动风潮到来,激活了埋藏于伪满洲国军将士心底的民族意识与爱国情感,于是在他们之中"迅速引起相当之反应"⑨,哗变反正频仍,反正部队成为反抗日本殖民的重要力量。

　　总之,大部分中国东北民众是心怀民族意识与爱国情感的,但

---

① 异声:《日本统治伪满军真相》,《国际汇刊》,1937 年第 5 卷第 1 期,第 54 页。

② 叔尼:《过去一年东北伪军的反正潮》,《北方公论》,1935 年第 89 期,第 10 页。

③ 异声:《日本统治伪满军真相》,《国际汇刊》,1937 年第 5 卷第 1 期,第 59 页。

④ 异声:《日本统治伪满军真相》,《国际汇刊》,1937 年第 5 卷第 1 期,第 54 页。

⑤ 异声:《日本统治伪满军真相》,《国际汇刊》,1937 年第 5 卷第 1 期,第 59 页。

⑥《周保中给张镇华等人的信》(1939 年 9 月),中央档案馆等合编:《东北地区革命历史文件汇集》甲,第 56 辑,1991 年印,第 212 页。

⑦ 异声:《日本统治伪满军真相》,《国际汇刊》,1937 年第 5 卷第 1 期,第 59 页。

⑧ 异声:《日本统治伪满军真相》,《国际汇刊》,1937 年第 5 卷第 1 期,第 54 页。

⑨ 异声:《日本统治伪满军真相》,《国际汇刊》,1937 年第 5 卷第 1 期,第 54 页。

由于所处境遇不同,面对日本殖民中国东北时,他们的选择也不尽相同,或在爱国心的驱使下,为了反对殖民而奋起反抗;或出于无奈、被迫,为了生存而忍辱屈从。我们无论对哪一种选择进行评判,都要结合选择后他们的表现。历史证明,伪满时期在日本的奴役、压迫之下,中国东北民众中有爱国将士的殊死抵抗,也有仁人志士的积极奔走,更有普通民众对抗日斗争的参与和支持,他们是爱国的,并用实际行动担负起了民族责任。需要特别说明的是,对于部分普通民众而言,他们的民族意识与爱国情感在受侵略之初是埋藏于心底的,并在抗日救亡运动的风潮中被激发,这也是他们起初看似做出了落后的选择,最终却能够成为革命力量的重要原因。

三、主观目的与客观效果：正确认识日本对中国东北地区的殖民统治

日本的殖民侵略给中国东北人民带来了深重的灾难,这是不争的事实,但一直以来部分日本学者不断抛出"东北开发论"的荒谬观点,为日本侵略罪行辩护。那么如何正确认识日本对中国东北地区的殖民统治,以及其在政治、军事、经济、文化等领域的活动？本研究认为应从主观目的与客观效果的角度加以分析,这样既可以有力驳斥日本学者的谬论,又是尊重历史客观性的表现。

就主观目的而言,日本对中国东北地区的统治带有明显的侵略性、殖民性,主要表现在以下 3 个方面：

第一,日本对中国东北地区的殖民统治完全是为日本国内发展服务、为侵略战争服务的。伪满时期,在日本统治中国东北地区的各子系统中,经济统治与军事统治最符合日本侵略战争的直接实际需要,也是最能体现日本殖民主观意图的方面。日本对中国

东北地区的军事统治主要体现在对伪满洲国军的控制上,伪满洲国军的作用为"自日军指挥御用之下,干些围剿义勇军及其他辅佐工作"①,减少关东军的后顾之忧,必要时也可命其为侵略战争献身。

日本统治中国东北地区经济的目的是使其殖民地化,完全服务于殖民地统治者和殖民地母国,意即它们是殖民地经济活动的主体和中心,一切经济活动由它们主导,并围绕它们展开。具体而言,可从 3 个方面加以剖析:一是日本在中国东北地区主导的一切经济活动"不是以殖民地本身的利益为依归,而是以殖民地统治者的利益为依归",且在殖民地利益与殖民地统治者利益不能两全的情况下,"照例总是牺牲前者的利益,以成全后者的利益"②,这一状况在日本统治中国东北地区工业、金融、农业方面表现得淋漓尽致。二是日本殖民者虽明知为了殖民地人民的利益考虑,"必须发展工商业,以促进其经济生活的向上"③,但是为了其侵略战争,又采取了种种殖民政策,完全垄断经济领域的各行业,如日本在工业统治中,利用雄厚的资本和必要的军事手段极力排挤、打压中国民族工业,以垄断各个行业,即是上述意图的具体践行。三是日本在中国东北地区的经济活动既可"补充其经济机能上的缺陷"④,又能逐步形成中国东北经济对日本资金和技术上的依赖,这正是日本动辄扬言的"不可分性"在现实层面的具体体现。

第二,日本对中国东北地区的殖民统治完全不考虑该地区民

① 逆民:《伪满军反正问题的透视及展望》,《民族公论》,1939 年第 1 卷第 5 期,第 12 页。
② 王渔邨:《东北经济之殖民地化》,《新中华》,1936 年第 4 卷第 13 期,第 99 页。
③ 王渔邨:《东北经济之殖民地化》,《新中华》,1936 年第 4 卷第 13 期,第 99 页。
④ 王渔邨:《东北经济之殖民地化》,《新中华》,1936 年第 4 卷第 13 期,第 99 页。

众的生产与生活。日本为了顺利实行殖民统治,在中国东北地区制造社会恐怖,已达人人自危而忍辱屈服的目的,有这样的描述:"自日军占领东北之后,强收各交通机关,施行严厉之检查,行旅困难,消息隔绝,稍涉嫌疑,即遭捕杀,在吉林九龙口锯杀之商农会长盖文华等十三人,即均被诬为匪者也。至于随地捕杀不知姓名者,更时有所闻,其不幸而居战地者,则庐舍为墟,妻子离散,辗转沟壑,血殷原野。"①可见,日人的行为达到了极其残暴的程度,已完全不顾中国东北民众的正常生活,甚至严重威胁其生命安全。

对于中国东北民众的生产,日本也全然不予考虑,甚至剥夺他们的谋生手段。这在农村农民方面体现得最为明显,日本做法为"收买胡匪,扰乱农村,使人民不得安居乐业,然后出而收买其土地,则人民为目前生活计,自不得不入其彀中",以致奉天西揽军屯之农村"现已化为昭和农场矣",辽阳三里庄之沃土"多半变为日本之稻田矣"②。其他地方也多有类似情况发生,这直接造成农村经济的破产和社会的不安,所谓"乃自九一八以还,东北各地受日暴力之扰乱,农村经济已实行破产,商业为之凋敝,财源因之枯竭,经济为社会之动力,经济告窘,社会愈呈不安,此皆日本使之然也。况今春耕期至,而暴力之压迫未除,农者不得耕其田,贾者不得营其业,一切停顿,危机立至,则此危机必由东北而波及远东以至全世界,故此尚不仅为东北民众之痛苦与不幸也"③。因此顾维钧在跟随国联调查团于东北地区调查之后,曾向记者发表感慨:"东北

---

① 《丁超李杜致国联调查团电》,《中央周报》,1932 年第 204 期,第 11 页。

② 《东北民众请愿团送达调查团之东北民众请愿书》,《九一八周报》,1932 年第 1 卷第 10 期,第 149 页。

③ 《丁超李杜致国联调查团电》,《中央周报》,1932 年第 204 期,第 11 页。

三省人民的痛苦,绝非关内人民意想得到,此种痛苦完全在压迫之下。"①

　　第三,日本对中国东北地区的殖民统治以牺牲该区域的资源与环境为代价。在此方面,日本对中国东北地区的经济统治表现最为明显。日本自染指中国东北地区,对该区域的资源垂涎已久,如在《田中奏折》中田中义一就表露了其对满蒙森林等资源的野心,所谓"在敦化方面之木材产额,依我参谋部与南满铁道之调查,确有 2 亿吨之数,每年按采伐 100 万吨,由吉会(路)输入我国,则200 年之间继续伐之,亦不会采尽。此广大之森林,是可救我日本200 年间不受木材饥馑之危……而每吨得利 5 元而论,则吉会路之建成,我国可不劳而得 10 亿元之森林利权"②。

　　九一八事变后,日本堂而皇之地大肆掠夺中国东北地区的煤、铁、石油、森林等资源,以促进国内经济发展和满足侵略战争需求,如日本的制纸业"在昔已攫得各地之森林颇多,今后更将易予取予求,比饱尝其欲壑,各种制纸原料,及建筑之木材,均可取给于东北所产"③。而且日本对中国东北各种资源的所谓"开发",是竭泽而渔式的,根本不考虑资源的再生性和经济的可持续发展,以致在当时就出现了诸多社会与环境问题。

　　如日本滥伐森林,直接造成中国东北地区"木材之饥馑,即物质的、精神的种种不幸将不期而来"④。奉天省出现"山多童秃,市

---

① 丁薇茵:《国联调查团与中日(续上期)》,《新亚细亚》,1932 年第 4 卷第 3 期,第109 页。

② 国难资料编辑社:《日本大陆政策的真面目》,上海:生活书店 1937 年版,第 30—31 页。

③ 柳亚之:《暴日最近之侵略与东北》,上海:上海东北研究社 1935 年版,第 143 页。

④ [日]藤山一雄:《满洲森林与文化》,长春:满洲图书株式会社 1938 年版,第 1 页。

缺薪材"①的现象,而且"春夏之季大雨实行,平原变为泽国,禾稼易为摧毁"②,由此必然造成不小的经济损失。同时,日本的此种行为对东北地区的环境也有较大影响,各地环境问题频出。相较森林缺乏之地,森林茂密的区域"能使雨水常多,寒暑调和,是森林可以增加雨量,转移气候"③,但森林一旦被不计后果地滥砍滥伐,那么"缺乏森林之庇护,阳光直射,一旦遇雨,使之骤然膨胀,则结合力失去,再加上最大之打击,最猛之冲刷,于是始而沙土泥砾,随雨下注,继而岩骨土阜,亦偕雨俱往。河底以之填塞增高,河水自必盈溢泛滥",以致"此凡无森林之地,其现象罔不如是也"④。在奉天省"乱伐之山腹,受雨之洗涤,土砂下落,致将柔软土壤、裂成深邃地隙,其结果,下方广大土地,陷于不能耕作,由秃山流出之水,又成水灾,难以数计之人命,皆没于独流而去"⑤。

就客观效果而言,日本殖民中国东北地区的过程中,有时"为了输出过剩资本,或对于其剩余资金找到更有利用途",而"在交通、工业、矿业或农业方面'曲尽绵薄'"⑥,如修筑铁路、公路,在市政方面也进行了大规模的建设,这些在日本战败后作为侵略"遗产"保留了下来,但"终究其实际不过为了便于达成其销售制品和获取原料之任务而已"⑦,相较于侵略的破坏性可谓九牛一毛。

① 凌道扬:《论近日各省水灾之剧烈缺乏森林实力为一大原因》,《东方杂志》,1917 年第 14 卷第 11 号,第 184 页。
② 明志阁:《满洲实业案》,上海:广智书局 1908 年版,第 58 页。
③ 凌道扬:《森林与国家之关系》,《东方杂志》,1916 年第 13 卷第 11 号,第 20 页。
④ 凌道扬:《论近日各省水灾之剧烈缺乏森林实力为一大原因》,《东方杂志》,1917 年第 14 卷第 11 号,第 184 页。
⑤ [日]藤山一雄:《满洲森林与文化》,长春:满洲图书株式会社 1938 年版,第 2 页。
⑥ 王渔邨:《东北经济之殖民地化》,《新中华》,1936 年第 4 卷第 13 期,第 99 页。
⑦ 王渔邨:《东北经济之殖民地化》,《新中华》,1936 年第 4 卷第 13 期,第 99 页。

对此作一个形象的比喻似乎更容易理解：一伙强盗要去抢劫某一大户家的东西，由于值钱东西太多，需要用卡车拉走，但该家门前泥泞不堪、狭窄崎岖，只能步行，车辆根本无法进出。强盗们为了抢劫方便，把门前的路加宽修整，并杀了大户人家的几个家人，以起到震慑作用，其他人不敢反抗且被控制了起来，一些奴仆为了讨好强盗，还帮助他们往车上运送东西。很短时间内强盗们就把该大户人家的东西抢劫殆尽。结局是强盗们被抓，修好的路保留了下来，该大户人家遭此浩劫，但在之后的生活中，因门前的路被强盗们修好，出行似乎方便了许多。故事到此结束，试问是不是因为强盗们整修了门前的路，使大户人家被偷盗后出行有所方便，就可以改变强盗们抢劫、杀人的罪恶性质？当然不可以，强盗们的主观目的是抢劫财物，这本身就是犯罪，且为了抢劫财物而杀人、限制人身自由，更是罪加一等；门前的路在强盗们被逮捕之后存留下来，客观上方便了大户人家的出行，但这并不能掩盖强盗们主观目的的罪恶，依然要接受法律的制裁。

日本对中国东北地区的殖民统治，与此种由强盗、大户人家、路、财物、杀人、限制自由、奴仆讨好等关键字眼串联起来的故事如出一辙，反映了主观目的与客观效果的逻辑关系。面对殖民统治，主观目的是判断统治性质的主要依据，客观效果只是主观目的的"附属品"而不具备延伸性，绝不能反映主观目的，更不能影响对统治性质的判断。日本对中国东北地区各子系统统治的主观目的是为日本国内经济发展和侵略战争服务，是集侵略性与殖民性于一身的，因此日本学者抛出的"东北开发论"是极其荒谬的，根本站不住脚。

另外，日本对中国东北地区的殖民统治除了在当时有较大负面影响外，也对当今社会产生了遗存性影响。在经济方面，日本对中国东北地区的经济掠夺与行业垄断，直接造成了民族工业的停滞以及中国东北民众生活的困苦；对中国东北地区资源竭泽而渔式的开发，不仅造成环境问题丛生，而且资源大量流失直接影响中华人民共和国建立后东北地区工商业的发展，也减弱了发展后劲。在文化方面，日本实行文化专制，切断了中国东北本土文化的发展路径，多元文化交融局面被打破，代之而起的是声色犬马、感官享受等庸俗文化。这种庸俗文化侵蚀、麻醉着中国东北民众的灵魂，使东北文化呈衰落之势，影响是深远的。后人只有尊重历史事实，客观评判历史，承担历史责任，人类社会才能避免重蹈覆辙。

参考文献

一、资料汇编

1. 满铁地方部商工课编:《满洲主要都市商工便览》,大连:满铁地方部商工课 1935 年编印。

2. 满铁地方部商工课编:《满洲商工事情概要》,大连:满铁地方部商工课 1932 年编印。

3. 满铁地方部庶务课编:《地方经营梗概》,大连:满铁地方部庶务课 1938 年编印。

4. 满铁总务部庶务课编:《满洲概观》,大连:满铁总务部庶务课 1936 年编印。

5. 南满洲中等教育研究会编:《满洲事情》,东京:株式会社三省堂 1936 年版。

6. 东亚经济调查局:《满蒙政治经济提要》,东京:改连社 1932 年版。

7. 日本产业调查会满洲总局编:《满洲产业经济大观》,东京:日本产业调查会满洲总局 1943 年编印。

8. 日本关东局编:《关东局施政三十年史》,大连:"满洲"日日新闻社 1936 年版。

9. 宋再厉辑:《满洲帝国建国精神要览》,长春:益知书店 1937 年版。

10. 吴英华：《二十年来的南满洲铁道株式会社》，上海：商务印书馆 1930 年版。

11. 彭述先编辑：《郑总理大臣王道讲演集》，长春：福文盛印书局 1934 年版。

12. 陈叔达编辑：《满洲帝国文教关系法规辑览》（1937 年度），长春：伪满洲帝国教育会 1937 年版。

13. 伪国务院总务厅情报处编：《满洲帝国概览》，大连：明文社 1937 年版。

14. 伪新京特别市市长官房庶务科编：《国都新京》，长春：满洲事情案内所 1940 年版。

15. 伪国务院法制局编纂：《满洲国法令辑览》第 2 卷，长春：满洲行政学会 1938 年版。

16. 伪产业部大臣官房资料科编：《满洲国产业概观》，长春：满洲事情案内所 1939 年版。

17. 伪满洲国政府编：《满洲建国十年史》，东京：原书房 1969 年版。

18. 伪满洲国时期资料重刊编委会：《伪满洲国政府公报》（影印本），沈阳：辽沈书社 1990 年版。

19. 伪满洲帝国教育会编：《满洲帝国文教关系法规辑览》（上、下），长春：伪满洲帝国教育会 1938 年编印。

20. 伪满洲帝国教育会编：《满洲帝国文教关系法规辑览》（附录），长春：伪满洲帝国教育会 1938 年编印。

21. 伪国务院总务厅情报处编：《省政汇览》，长春：伪国务院总务厅情报处 1936 年编印。

22. 伪国务院总务厅情报处：《满洲建国五年小史》，长春：伪国务院总务厅情报处 1937 年编印。

23. 伪国务院总务厅秘书处文书科：《满洲国政府公报》，长春：伪国务院总务厅秘书处 1933 年编印。

24. 伪经济部工务司编：《满洲国工场名簿》（1940—1941 年），长春：伪经济部工务司 1941 年编印。

25. 伪民政部警务司编:《保甲制度特别工作概况(1935 年度)》,长春:伪
民政部警务司 1936 年编印。

26. 伪民生部厚生司教化科编:《教化团体概要》,长春:伪民生部厚生司
教化科 1942 年编印。

27. 伪铁道总局弘报课编:《满洲宗教志》,大连:满铁社员会 1940 年版。

28. 伪民生部教育司编:《满洲帝国学事要览》,长春:伪民生部教育司
1935 年、1936 年、1937 年、1938 年、1939 年、1940 年、1941 年、1943 年编印。

29. 伪民生部厚生司教化科编:《宗教调查资料》第 2—9 辑,长春:伪民生
部厚生司教化科 1937 年、1938 年、1939 年、1940 年、1941 年 1942 年编印。

30. 〔日〕青木实:《满洲帝国经济全集》(金融篇),长春:东光书苑 1938
年版。

31. 〔日〕五十子卷三:《满洲帝国经济全集》(农政篇),长春:伪满洲国通
信社出版部 1939 年版。

32. 〔日〕木村正道等:《满洲帝国经济全集》(消费组合篇),长春:伪满洲
国通信社出版部 1940 年版。

33. 〔日〕里见甫编:《满洲国现势》,长春:伪满洲国通信社出版部 1936
年版。

34. 〔日〕野间清治编:《新满洲国写真大观》,东京:大日本雄辩会讲谈社
1932 年版。

35. 日本外事协会编:《满洲帝国总览》,东京:三省堂 1933 年版。

36. 〔日〕松本於菟男编:《满洲国现势》,长春:满洲弘报协会 1937 年版。

37. 〔日〕濑沼三郎编:《满洲国现势》,长春:伪满洲国通信社出版部 1938
年版。

38. 〔日〕织田五郎编:《满洲国现势》,长春:伪满洲国通信社出版部 1939
年版。

39. 〔日〕长泽千代造、加藤六藏:《满洲国现势》,长春:伪满洲国通信社出
版部 1940 年版。

40. ［日］柏崎才吉编：《满洲国现势》，长春：伪满洲国通信社出版部 1941 年版。

41. ［日］织田五郎、里见甫编：《满洲国现势》，长春：伪满洲国通信社出版部 1942 年版。

42. ［日］池田秀雄：《满洲统治论》，东京：日本评论社 1943 年版

43. ［日］秋田忠义：《图解满洲产业大系》第 3 卷，东京：新知社 1933 年版。

44. ［日］佐藤安定编：《最新满洲帝国大观》，东京：诚文堂新光社 1937 年版。

45. ［日］河村清编：《满洲帝国概览》，长春：满洲事情案内所 1938 年版。

46. ［日］河村清编：《满洲帝国概览》，长春：满洲事情案内所 1939 年版。

47. ［日］丰田要之编：《满洲帝国概览》，长春：满洲事情案内所 1940 年版。

48. ［日］丰田要之编：《满洲帝国概览》，长春：满洲事情案内所 1942 年版。

49. ［日］冈崎雄四郎编：《满洲帝国概览》(改订版)，长春：满洲事情案内所 1944 年版。

50. ［日］松本丰三：《满铁调查机关要览(1935 年度)》，大连：满铁总务部资料课 1936 年版。

51. ［日］《现代史资料·7·满洲事变》，みすず书房，1976 年。

52. 复旦大学历史系日本史组编译：《日本帝国主义对外侵略史料选编(1931—1945)》，上海：上海人民出版社 1975 年版。

53. 《辽宁电影发行放映纪事(1906—1994)》，沈阳：辽宁省电影发行放映公司、辽宁省电影发行放映学会 1994 年编印。

54. 《黑龙江报刊》，黑龙江省档案馆 1985 年编印。

55. 辽宁省档案馆编：《满铁调查报告》第 3 辑第 1 册，桂林：广西师范大学出版社 2008 年版。

56. 吉林省图书馆伪满洲国史料编委会编：《伪满洲国史料》(33 册)，北

京：全国图书馆文献缩微复印中心 2002 年版。

57. 中央档案馆、中国第二历史档案馆、吉林省社会科学院合编：《日本帝国主义侵华档案资料选编·东北"大讨伐"》，北京：中华书局 1991 年版。

58. 中央档案馆、中国第二历史档案馆、吉林省社会科学院合编：《日本帝国主义侵华档案资料选编·东北经济侵略》，北京：中华书局 1991 年版。

59. 中央档案馆、中国第二历史档案馆、吉林省社会科学院合编：《"九一八"事变》，北京：中华书局 1988 年版。

60. 中央档案馆等合编：《东北地区革命历史文件汇集》甲种第 22、55、56、63、65、66 辑，1989 年版。

61. 中国人民解放军东北军区司令部编：《东北抗日联军历史资料》第 3集，1955 年版。

62. 东北抗日联军史料编写组：《东北抗日联军史料》，北京：中共党史资料出版社 1987 年版。

63. 武强主编：《东北沦陷十四年教育史料》第 1 辑，长春：吉林教育出版社 1989 年版。

64. 武强主编：《东北沦陷十四年教育史料》第 2 辑，长春：吉林教育出版社 1993 年版。

65. 辽宁教育史志编集委员会：《辽宁教育史志资料》第 3 辑，沈阳：辽宁大学出版社 1993 年版。

66. 璩鑫圭、唐良炎编：《中国近代教育史资料汇编·学制演变》，上海：上海教育出版社 1991 年版。

67. 中央档案馆编：《伪满洲国的统治与内幕：伪满官员供述》，北京：中华书局 2000 年版。

68. 柱春和、耿来金编：《日本侵我满蒙供状》，中国老年历史研究文库第 2种第 9 卷第 1 辑，北京：中国老年历史研究会 1985 年版。

69. 中国社会科学院近代史研究所近代史资料编辑部编：《近代史资料》（总 112 号），北京：中国社会科学出版社 2006 年版。

70. 王铁崖编：《中外旧约章汇编》第 1 册，北京：生活·读书·新知三联书店 1957 年版。

　　71. 王铁崖编:《中外旧约章汇编》第 2 册,北京:生活·读书·新知三联书店 1959 年版。

　　72. 东北物资调节委员会研究组编:《东北经济小丛书·资源及产业》,沈阳:中国文化服务社 1947 年版。

　　73. 东北物资调节委员会研究组编:《东北经济小丛书·人文地理》,北京:京华印书局 1948 年版。

　　74. 东北物资调节委员会研究组编:《东北经济小丛书·农产(生产篇)》,北京:京华印书局 1948 年版。

　　75. 东北物资调节委员会研究组编:《东北经济小丛书·农产(加工篇)》,北京:京华印书局 1948 年版。

　　76. 东北物资调节委员会研究组编:《东北经济小丛书·农产(流通篇)》,沈阳:中国文化服务社 1948 年版。

　　77. 东北物资调节委员会研究组编:《东北经济小丛书·农产(合作社篇)》,沈阳:中国文化服务社 1948 年版。

　　78. 东北物资调节委员会研究组编:《东北经济小丛书·林产》,沈阳:中国文化服务社 1948 年版。

　　79. 东北物资调节委员会研究组编:《东北经济小丛书·畜产》,沈阳:中国文化服务社 1948 年版。

　　80. 东北物资调节委员会研究组编:《东北经济小丛书·水产》,沈阳:中国文化服务社 1948 年版。

　　81. 东北物资调节委员会研究组编:《东北经济小丛书·矿产》,北京:京华印书局 1948 年版。

　　82. 东北物资调节委员会研究组编:《东北经济小丛书·煤炭》,北京:京华印书局 1948 年版。

　　83. 东北物资调节委员会研究组编:《东北经济小丛书·钢铁》,北京:京华印书局 1948 年版。

　　84. 东北物资调节委员会研究组编:《东北经济小丛书·机械》,北京:京华印书局 1948 年版。

85. 东北物资调节委员会研究组编:《东北经济小丛书·化学工业》,沈阳:中国文化服务社 1948 年版。

86. 东北物资调节委员会研究组编:《东北经济小丛书·水泥》,沈阳:中国文化服务社 1947 年版。

87. 东北物资调节委员会研究组编:《东北经济小丛书·纸及纸浆》,沈阳:中国文化服务社 1947 年版。

88. 东北物资调节委员会研究组编:《东北经济小丛书·纤维工业》,沈阳:中国文化服务社 1948 年版。

89. 东北物资调节委员会研究组编:《东北经济小丛书·运输》,沈阳:中国文化服务社 1948 年版。

90. 东北物资调节委员会研究组编:《东北经济小丛书·电信》,北京:京华印书局 1948 年版。

91. 东北物资调节委员会研究组编:《东北经济小丛书·电力》,沈阳:东北物资调节委员会 1948 年版。

92. 东北物资调节委员会研究组编:《东北经济小丛书·农田水利》,沈阳:中国文化服务社 1947 年版。

93. 东北物资调节委员会研究组编:《东北经济小丛书·金融》,沈阳:中国文化服务社 1948 年版。

94. 东北物资调节委员会研究组编:《东北经济小丛书·贸易》,北京:京华印书局 1948 年版。

二、报刊资料

1.《战时政治》

2.《黑白》

3.《尚志》

4.《民治评论》

5.《抗争·外交评论》

6.《国论》

7.《新闻报》

8.《双城县县政月刊》

9.《北方文化》

10.《民政年报》

11.《京津泰晤士报》

12.《民族公论》

13.《国际汇刊》

14.《兴华》

15.《蒙藏旬报》

16.《时报》

17.《新闻报》

18.《民报》

19.《世界晨报》

20.《中央日报》

21.《国际协报》

22.《上海商报（1932—1937）》

23.《救国通讯》

24.《扫荡》

25.《时代日报》

26.《边事研究》

27.《上海报》

28.《佛教日报》

29.《崇民报》

30.《中央周报》

31.《锡报》

32.《申报》

33.《大同报》

34.《盛京时报》

35.《满洲报》

36.《泰东日报》

37.《大连满洲报》

38.《军事杂志》(南京)

39.《钱业月报》

40.《神道宗教》

41.《满洲公教月刊》

42.《今日东北》

43.《东北》

44.《中国世界经济情报》

45.《军事与政治》

46.《反攻》

47.《日本评论》

48.《新中华》

49.《通俗文化:政治·经济·科学·工程半月刊》

50.《新华日报论评集》(1938 年)

51.《长沙镇乡周报》

52.《新创造》

53.《警醒》

54.《新北方》

55.《时事类编》

56.《艺文》

57.《康藏前锋》

58.《时代教育》(北平)

59.《文教月刊》

60.《今日东北》

61.《民生》

62.《公教周刊》

63.《教育论文摘要》

64.《新亚细亚》

65.《宣抚月报》

66.《露亚时报》

67.《弘宣》

68.《教育建设》(南京)

69.《新中华画报》

70.《文化与教育》

71.《大西洋国》

72.《青年文化》(吉林)

73.《国际问题研究会通讯》

74.《外交月报》

三、古籍、年鉴及文史资料

1.（清）徐世昌辑:《东三省政略》,清宣统三年(1911年)排印本。

2.（清）徐珂:《清稗类钞》,商务印书馆1917年排印本。

3. 白眉初等:《中华民国省区全志》第2册,北京:北京师范大学史地系1924年版。

4. 东北文化社:《东北年鉴》,沈阳:东北印刷局1931年版。

5. 金毓绂主编:《辽海丛书》,沈阳:辽海书社排印本1931—1934年版。

6. 大连"满蒙"文化协会编:《满蒙年鉴》,大连:"满州"日日新闻社1936年版。

7. "满蒙"产业经济调查会编:《满洲经济年鉴》,沈阳:振兴排印局1934年版。

8. "满洲"电信电话株式会社编纂:《满洲放送年鉴》2卷,长春:"满洲"电信电话株式会社1939—1940年版。

9. 伪国务院文教部编:《满洲国文教年鉴》,长春:伪国务院文教部编1934

年编印。

10. 伪民生部编纂:《满洲民生年鉴》6 卷,沈阳:共同印刷株式会社 1938—1943 年版。

11. "满洲"通讯社编纂:《满洲开拓年鉴》5 卷,大连:"满洲"日日新闻社, 1940—1944 年版。

12. "满洲"空务协会编纂:《满洲空务年鉴》,长春:大同印刷所 1941 年印。

13. 大连大陆商工新闻社编纂:《大陆商工年鉴》,大连:"满洲"日日新闻 社 1943 年版。

14. 伪永吉县署编:《永吉县乡土资料》,1938 年打字油印本。

15. 郭熙楞编:《吉林汇征》,大连:旅大图书馆油印本 1960 年版。

16.《吉林市文史资料》第 6 辑,吉林市政协文史资料研究委员会 1987 年 编印。

17.《长春文史资料》1988 年第 4 辑,长春市政协文史资料研究委员会 1988 年编印。

18.《长春文史资料》第 3 辑,长春市政协文史资料研究委员会 1990 年版。

19.《黑龙江党史资料》第 9 辑,中共黑龙江省委党史工作委员会资料编 辑室 1987 年编印。

20. 吉林省地方志编纂委员会编:《吉林省志·宗教志》,长春:吉林人民 出版社 2000 年版。

21. 王树楠、吴廷燮、金毓黻等纂,东北文史丛书编辑委员会点校:《奉天 通志》,1983 年印。

22. 马维权主编:《黑龙江宗教界忆往》,哈尔滨:黑龙江人民出版社 1992 年版。

23.《辽阳文史资料》第 1 辑,辽阳市政协文史资料研究委员会 1985 年 编印。

24.《辽宁省地方志资料丛刊》第 12 辑,辽宁省地方志办公室 1987 年编印。

25. 辽宁省地方志编纂委员会编:《辽宁省志·宗教志》,沈阳:辽宁民族出版社 2002 年版。

26. 沈阳市人民政府地方志编纂办公室编:《沈阳市志》(十三),沈阳:沈阳出版社 1990 年版。

四、专著

1. 陈翊林:《最近三十年中国教育史》,上海:太平洋书店 1930 年版。

2. 侯树彤编著:《东三省金融概论》,上海:太平洋国际学会 1931 年印行。

3. 何孝怡:《东北的金融》,上海:中华书局 1932 年版。

4. 高伯时:《日本侵略东三省之实况》,上海:上海文艺书局 1932 年版。

5. 宋斐如:《日本铁蹄下的东北》,上海:战时读物编译社 1938 年版。

6. 陈正谟:《日本铁蹄下之东北农民》,南京:中山文化教育馆 1938 年版。

7. 《伪满真相》,武汉:国民政府军事委员会政治部 1938 年编印。

8. 赵新言:《倭寇对东北的新闻侵略》,重庆:东北问题研究社 1940 年版。

9. 谢廷秀编:《满洲国学生日本留学十周年史》,长春:伪满洲国大使馆内学生会中央事务所 1942 年版。

10. 姜念东等编:《伪满洲国史》,长春:吉林人民出版社 1980 年版。

11. 谢学诗:《历史的毒瘤:伪满政权兴亡》,桂林:广西师范大学出版社 1993 年版。

12. 解学诗:《伪满洲国史新编》,北京:人民出版社 2008 年版。

13. 王庆祥:《伪帝宫内幕》,长春:吉林文史出版社 1986 年版。

14. 王希亮:《日本对中国东北的政治统治(1931—1945)》,哈尔滨:黑龙江人民出版社 1991 年版。

15. 车霁虹:《伪满基层政权研究》,哈尔滨:黑龙江人民出版社 2000 年版。

16. 日本广播协会"昭和记录"采访组编,天津编译中心译:《皇帝的密约》,北京:中国文史出版社 1989 年版。

17. 刘信君、霍燎原主编:《中国东北史》第 6 卷,长春:吉林文史出版社 2006 年版。

18. 吉林省公安厅公安史研究室、东北沦陷十四年史吉林编写组编译:《满洲国警察史》上卷,1990 年印。

19. 陈本善主编:《日本侵略中国东北史》,长春:吉林大学出版社 1989 年版。

20. 孙邦主编:《经济掠夺》,长春:吉林人民出版社 1993 年版。

21. 孙邦主编:《伪满军事》,长春:吉林人民出版社 1993 年版。

22. 孙邦主编:《伪满覆亡》,长春:吉林人民出版社 1993 年版。

23. 孙邦等编:《伪满社会》,长春:吉林人民出版社 1993 年版。

24. 陈捷先:《宣统事典》,北京:紫禁城出版社 2010 年版。

25. 吉林省档案馆:《溥仪宫廷活动录(1931—1945)》,北京:档案出版社 1988 年版。

26. 王鸿宾:《东北教育通史》,沈阳:辽宁教育出版社 1992 年版。

27. 曾宗孟:《东北沦陷纪实·九一八周年痛史》上,北京:九一八学社 1932 年版。

28. 齐红深:《日本侵华教育史》,北京:人民教育出版社 2002 年版。

29. 齐红深、徐冶中编著:《中国教育督导纲鉴》,沈阳:辽宁大学出版社 1989 年版。

30. 齐红深:《日本对华教育侵略》,北京:昆仑出版社 2005 年版。

31. 杨增文等:《日本近现代佛教史》,杭州:浙江人民出版社 1996 年版。

32. 曲铁华、梁清:《日本侵华教育全史》,北京:人民教育出版社 2005 年版。

33. 王魁喜:《近代东北人民革命斗争史》,长春:吉林人民出版社 1984 年版。

34. 张绥:《东正教和东正教在中国》,上海:学林出版社 1986 年版。

35. 许华应主编:《世界三大宗教文化博览——佛教文化》,长春:长春出版社 1992 年版。

36. 顾裕禄：《中国天主教的过去和现在》，上海：上海社会科学出版社1989年版。

37. 顾卫民：《中国与罗马教廷关系史略》，北京：东方出版社2000年版。

38. 李兴耕：《风雨浮萍——俄国侨民在中国（1917—1945）》，北京：中央编译出版社1997年版。

39. 王晓峰：《伪满时期日本对东北的宗教侵略研究》，北京：社会科学文献出版社2015年版。

40. 印光任、张汝霖著，赵春晨校点：《澳门纪略》，广州：广东高等教育出版社1998年版。

41. 王魁喜：《近代东北人民革命斗争史》，长春：吉林人民出版社1984年版。

42. 刘春英、吴佩军、冯雅编著：《伪满洲国文艺大事记》下，哈尔滨：北方文艺出版社2017年版。

43. 黑龙江日报社新闻志编辑室编著：《东北新闻史》，哈尔滨：黑龙江人民出版社2001年版。

44. 张福山等：《哈尔滨革命旧地史话》，哈尔滨：黑龙江人民出版社2001年版。

45. 王承礼主编：《中国东北沦陷十四年史纲要》，北京：中国大百科全书出版社1991年版。

46. 戈公振：《中国报学史》，上海：生活·读书·新知三联书店1956年版。

47. 胡昶、古泉：《满映——国策电影面面观》，北京：中华书局1990年版。

48. 孙继武、郑敏主编：《日本向中国东北移民的调查与研究》，长春：吉林文史出版社2002年版。

49. 东北沦陷十四年史总编室、日本殖民地文化研究会编：《伪满洲国的真相——中日学者共同研究》，北京：社会科学文献出版社2010年版。

50. 苏崇民：《满铁史》，北京：中华书局1990年版。

51. 霍燎原、潘启贵主编：《日伪宪兵与警察》，哈尔滨：黑龙江人民出版社

1996 年版。

52. 王秉忠、孙继英主编:《东北沦陷十四年大事编年》,沈阳:辽宁人民出版社 1990 年版。

53. 吉林省政协文史资料委员会、吉林省档案馆编:《以史为鉴》,长春:吉林人民出版社 2000 年版。

54. 伪满皇宫博物院编:《伪满洲国旧影——纪念"九·一八"事变七十周年》,长春:吉林美术出版社 2001 年版。

55. 伪满皇宫博物院主编:《勿忘"九·一八"——日本侵略中国东北史实》,长春:吉林美术出版社 2006 年版。

56. 伪满皇宫博物院、吉林省方志馆编:《伪满洲国殖民统治机构图鉴》,长春:吉林人民出版社 2012 年版。

57. 伪满皇宫博物院、吉林省地方志编纂委员会编:《伪满洲国殖民统治机构图志》,长春:吉林人民出版社 2010 年版。

58. 赵继敏、张立宪主编:《图像档案解密伪满皇宫》,长春:吉林文史出版社 2012 年版。

59. 中国国民党中央党史委员会主编:《近百年来的中日关系图录》,北京:近代中国出版社 1985 年版。

60. 李文达主编:《人龙人》,北京:群众出版社 1988 年版。

61. 解力夫:《战争狂人东条英机》,北京:世界知识出版社 1985 年版。

62. 彭训厚、左立平、王立东、王玉玲编著:《第二次世界大战纪实图集》,北京:春风文艺出版社 1995 年版。

63. 郑震孙主编:《日本侵华图片史料集》,北京:新华出版社 1984 年版。

64. 方军等主编:《大连近百年风云图录》,沈阳:辽宁人民出版社 1999 年版。

65. 王晓华等编译:《日本侵华大写真》,汕头:汕头大学出版社 1997 年版。

66. 连浚:《东三省经济实况览要》,台北:传记文学出版社 1971 年版。

67. 滕利贵:《伪满经济统治》,长春:吉林教育出版社 1992 年版。

68. 中央档案馆等编:《东北经济掠夺》,北京:中华书局1991年版。

69. 孔经纬:《日俄战争至抗战胜利期间东北的工业问题》,沈阳:辽宁人民出版社1958年版。

70. 刘兆伟、许桂清主编:《伪满洲国教育史》,沈阳:辽宁大学出版社2003年版。

71. 王野平主编:《东北沦陷十四年教育史》,长春:吉林教育出版社1989年版。

72. 王艳华:《满映与东北沦陷时期的日本殖民电影研究——以导演和作品为中心》,长春:吉林大学出版社2010年版。

73. 周丽霞:《正义的审判》,长春:吉林出版集团有限责任公司2010年版。

74. 张承均主编:《伪满洲国史实图证》,北京:外文出版社2003年版。

75. 张志强编:《伪满洲国的“照片内参”》,济南:山东画报出版社2004年版。

76. 爱新觉罗·溥仪:《我的前半生》,北京:群众出版社1956年版。

77. 劳祖德整理:《郑孝胥日记》,北京:中华书局1993年版。

78. 张瑞麟口述,于霖湧等整理:《张瑞麟回忆录》,哈尔滨:黑龙江人民出版社1991年版。

79. 〔日〕玉井清五郎:《支那事变圣战写真史》,东京:东京忠勇社1938年版。

80. 〔日〕加藤丰隆:《满洲国警察小史》(全3册),东京:第一法规出版株式会社1976年版。

81. 〔日〕香取真策:《满洲市场株式会社二十年史》,东京:ゆまに书房1938年版。

82. 〔日〕满史会著,东北沦陷十四年史辽宁编写组译:《满洲开发四十年史》,沈阳:辽宁省内印书目1988年版。

83. 〔日〕伪满洲国史编纂刊行会编,东北沦陷十四年史吉林编写组译:《满洲国史(总论、分论)》,哈尔滨:黑龙江省社会科学院历史研究所1990

年版。

84. ［日］中浓教笃编:《战时下的佛教》,东京:国书刊行会 1977 年版。

85. ［日］满洲史研究会编:《日本帝国主义下的满洲》,东京:御茶水书房 1972 年版。

86. ［日］山口猛:《哀愁的满洲映画》,东京:三天书房 2000 年版。

87. 每日新闻社编:《日中之战历》,东京:国文社 1967 年版。

88. 日本太平洋战争研究会主编:《图说满洲帝国》,东京:河出书房新社 1996 年版。

89. ［美］法兰克·吉伯尼编著,尚蔚、史禾译:《战争:日本人记忆中的二战》,北京:中央编译出版社 2003 年版。

90. ［美］邢军著,赵晓阳译:《革命之火的洗礼:美国社会福音和中国基督教青年会(1919—1937)》,上海:上海古籍出版社 2006 年版。

91. ［英］琼斯著,胡继瑗译:《1931 年以后的中国东北》,北京:商务印书馆 1959 年版。

92. ［英］杜格尔德·克里斯蒂著,张士尊等译:《奉天三十年》,武汉:湖北人民出版社 2007 年版。

五、学位论文及期刊论文

1. 刘建华:《伪满协和会研究》,博士学位论文,吉林大学历史系,2010 年。

2. 李慧娟:《从总务厅看伪满洲国的傀儡性质》,硕士学位论文,吉林大学历史系,2004 年。

3. 秦爽:《伪满洲国殖民地工业体系形成研究》,硕士学位论文,辽宁大学历史系,2010 年。

4. 曹哲:《论东北沦陷时期日伪报业统制政策及其实质》,硕士学位论文,黑龙江社会科学院历史所,2008 年。

5. 南立丹:《伪满时期日本对东北的金融统制》,硕士学位论文,吉林大学历史系,2008 年。

6. 陈春萍:《伪满时期东北的社会教育》,硕士学位论文,吉林大学历史系,2008 年。

7. 文继斌:《伪满"治安肃正"研究》,硕士学位论文,哈尔滨师范大学历史系,2014 年。

8. 季泓旭:《浅议为满洲国的"国防力量"》,硕士学位论文,东北师范大学历史系,2015 年。

9. 陈雷:《日本对伪满和台湾殖民统制政策比较研究》,硕士学位论文,延边大学历史系,2015 年。

10. 陈闻雪:《伪满时期日本殖民者对中国东北的宗教侵略》,硕士学位论文,黑龙江大学历史系,2015 年。

11. 翁彪:《伪满时期日伪宪警的"思想对策"研究》,硕士学位论文,吉林大学历史系,2016 年。

12. 齐晓君:《关东军报道班对伪满新闻业的操控——从报刊呈现的角度考察》,吉林大学硕士学位论文,2016 年。

13. 李职纯:《伪满时期日本政府对东北地区的舆论控制研究》,硕士学位论文,西南大学历史系,2017 年。

14. 赵宁:《伪满时期公路交通管理研究》,硕士学位论文,辽宁大学历史系,2017 年。

15. 朱海花:《论伪满警察机构沿革与特点》,硕士学位论文,延边大学历史系,2018 年。

16. 胡小丽:《日本对伪满广播的统制性经营(1931—1945)》,硕士学位论文,吉林大学历史系,2019 年。

17. 陈秀武:《伪满建国思想与日本殖民地奴化构想》,《东北师大学报(哲学社会科学版)》,2010 年第 6 期。

18. 季秀石:《日本对我国东北经济侵略和掠夺政策的变迁及其实施》,《史林》,1986 年第 2 期。

19. 郎维成:《日本帝国主义炮制的傀儡政权满洲国及其覆灭》,《同济大学学报(人文社会科学版)》,1995 年第 11 期。

20. 高承龙、高乐才:《伪满洲国经济警察探论》,《求索》,2011 年第 5 期。

21. 张微:《伪满洲国官吏与日本的关系》,《社会科学战线》2010 年第 12 期。

22. 李慧娟:《从总务制到次长制—论伪满洲国政治体制的傀儡性》,《史学集刊》,2005 年第 4 期。

23. 付丽颖:《太平洋战争爆发后伪满的金融统制》,《外国问题研究》,2014 年第 2 期。

24. 孙汉杰等:《伪满兴业银行与日伪对东北的资金控制》,《外国问题研究》,2015 年第 2 期。

25. 赵继敏:《论伪满洲中央银行在东北金融业统制中的作用及其恶果》,《社会科学战线》,2005 年第 1 期。

26. 关心:《日伪经济统制与伪满洲中央银行的资金筹支》,《求索》,2016 年第 11 期。

27. 孙江:《救赎宗教的困境:伪满统治下的红卍字会》,《学术月刊》,2013 年第 8 期。

28. 徐炳三:《伪满体制下宗教团体的处境与应对:以基督新教为例》,《抗日战争研究》,2011 年第 2 期。

29. 吴佩军:《伪满殖民政权的东正教政策》,《外国问题研究》,2014 年第 3 期。

30. 车霁虹:《试论伪满政权的地方基层统治机构》,《齐齐哈尔大学学报(哲学社会科学版)》,1995 年第 5 期。

31. 魏晓文等:《伪满洲国殖民教育特点及历史反思》,《大连理工大学学报(社会科学版)》,2006 年第 4 期。

32. 齐克达:《伪满时期哈尔滨地区美术教育研究》,《艺术研究》,2016 年 4 期。

33. 程志燕:《伪满洲国的日语教育》,《外国问题研究》,2014 年第 1 期。

34. 赵晓红:《宗主国与殖民地医学教育的连动与差异:对伪满时期医学教育的考察》,《民国档案》,2012 年第 1 期。

35. 娜仁格日勒等:《伪满时期兴安南省蒙古族基础教育探析》,《内蒙古师范大学学报(教育科学版)》,2013 年第 9 期。

36. 孔凡岭:《伪满留日教育述论》,《抗日战争研究》,1997 年第 2 期。

37. 汪丞:《伪满洲国留日教育活动及特点》,《教育评论》,2013 年第 4 期。

38. 徐志民:《接受留学与日本"国益"——近代日本的中国留学生接受政策》,《江苏师范大学学报(哲学社会科学版)》,2016 年第 6 期。

39. 刘学利:《伪满洲国教科书的演进阶段》,《教育评论》,2016 年第 3 期。

40. 齐红深:《伪满洲国教科书的演变》,《教育史研究》,2009 年第 1 期。

41. 刘学利:《论伪满洲国教科书的殖民性特征》,《河北师范大学学报(教育科学版)》,2015 年第 5 期。

42. 王翠荣:《伪满洲国成立前日本对东北的新闻侵略及东北新闻界的抵制》,《民国档案》,2010 年第 3 期。

43. 蒋蕾等:《以法律之名制造的"新闻樊篱"——对伪满新闻统制的历史考察》,《社会科学战线》,2016 年第 6 期。

44. 何兰:《日本对伪满洲国新闻业的垄断》,《现代传播》,2005 年第 3 期。

45. 张贵:《东北沦陷 14 年日伪的新闻事业》,《新闻与传播研究》,1993 年第 1 期。

46. 齐辉:《伪满时期日本对东北的新闻监管与舆论控制——以伪满弘报处为中心讨论》,《东北亚研究》,2013 年第 1 期。

47. 哈艳秋:《伪满广播性质探析》,《北京广播学院学报》,1988 年第 4 期。

48. 哈艳秋:《伪满十四年广播历史概述》,《新闻与传播研究》,1989 年第 3 期。

49. 代珂:《伪满洲国的广播剧》,《外国问题研究》,2014 年第 3 期。

50. 王琨:《殖民地台湾与伪满洲国"放送剧"研究(1937—1945)》,《台湾研究集刊》,2015 年第 2 期。

附　录

附录一：伪满洲国经济重要法令、法规

法令法规名称	文号	公布、修正时间
满洲国经济建设纲要	敕令号外	1933 年 3 月 1 日公布
满洲中央银行法	教令第二十六号	1932 年 6 月 11 日公布，1942 年 10 月 26 日修改
满洲兴业银行法	敕令第一七二号	1936 年 12 月 3 日公布
满洲石油株式会社法	敕令第七号	1934 年 2 月 1 日公布
满洲炭矿株式会社法	教令第一二号	1934 年 2 月 27 日公布
满洲采金株式会社法	敕令第三八号	1934 年 5 月 3 日公布
满洲矿业开发株式会社法	敕令第九〇号	1935 年 1 月 8 日公布
株式会社奉天造兵所法	敕令第一一号	1935 年 7 月 6 日公布
满洲轻金属制造株式会社法	敕令第一六〇号	1936 年 11 月 2 日公布
满洲棉花株式会社法	敕令第二六号	1934 年 4 月 2 日公布
满洲林业株式会社法	敕令第六号	1936 年 2 月 20 日公布
满洲盐业株式会社法	敕令第五五号	1936 年 4 月 23 日公布
满洲计器株式会社法	敕令第一五六号	1936 年 4 月 23 日公布
满洲生命保险株式会社法	敕令第一五七号	1936 年 10 月 19 日公布

续表

法令法规名称	文号	公布、修正时间
满洲图书株式会社法	敕令第四一号	1936 年 4 月 28 日公布
日满经济建设连系要纲		1940 年 11 月 4 日公布
国家总动员法	敕令第一九号	1938 年 2 月 26 日公布
关于依国家总动员法之试验研究之件	敕令第一三二号	1938 年 6 月 16 日公布
职能登录令	敕令第二三一号	1939 年 9 月 23 日公布
矿工业技能者养成令	敕令第一一四号	1941 年 3 月 31 日公布
满洲合成燃料株式会社法	敕令第二一七号	1937 年 7 月 29 日公布
满洲鸭绿江水力发电株式会社法	敕令第二五〇号	1937 年 8 月 18 日公布
满洲重工业开发株式会社法	敕令第四六〇号	1937 年 12 月 20 日公布
满洲飞行机制造株式会社法	敕令第一三〇号	1938 年 6 月 16 日公布
满洲电气化学工业株式会社法	敕令第二四六号	1938 年 10 月 6 日公布
满洲自动车制造株式会社法	敕令第九六号	1939 年 5 月 5 日公布
吉林人造石油株式会社法	敕令第二二九号	1939 年 9 月 2 日公布
满洲火药工业株式会社法	敕令第三〇八号	1940 年 11 月 25 日公布
株式会社昭和制钢所法	敕令第一二一号	1939 年 5 月 25 日公布
满洲电业株式会社法	敕令第三二七号	1940 年 12 月 21 日公布
满洲土地开发株式会社法	敕令第八一号	1939 年 4 月 20 日公布
满洲农产会社法	敕令第一七四号	1941 年 7 月 14 日公布
株式会社满洲映画协会法	敕令第二四八号	1937 年 8 月 14 日公布
满洲房产株式会社法	敕令第九号	1938 年 2 月 10 日公布

续表

法令法规名称	文号	公布、修正时间
满洲投资证券株式会社法	敕令第一四七号	1941 年 5 月 10 日公布
满洲生活必需品株式会社法	敕令第三二七号	1939 年 12 月 26 日公布
日满商事株式会社法	敕令第三二六号	1939 年 12 月 26 日公布
满洲航空株式会社法	敕令第一七八号	1941 年 7 月 21 日公布
劳务与国会法	敕令第二五三号	1941 年 10 月 22 日公布
满洲土木建筑公会法	敕令第二二二号	1942 年 11 月 23 日公布
事业统制组合法	敕令第二二八号	1942 年 11 月 25 日公布
产业统制法	敕令第一九一号	1942 年 10 月 6 日公布
贸易统制法	敕令第四号	1937 年 12 月 9 日公布
土木业建筑业统制法	敕令第一二六号	1940 年 5 月 22 日公布
物价物资统制法	敕令第一六五号	1940 年 6 月 20 日公布
关于奢侈品等之制造加工贩卖限制之件	经济部令第五〇号	1940 年 9 月 26 日公布
屑及故纤维统制规则	经济部令第七七号	1941 年 12 月 13 日公布
关于骸炭之统制之件	经济部令第三八号	1941 年 7 月 3 日公布
电线类配给统制规则	经济部令第三号	1942 年 2 月 2 日公布
纸配给统制规则	经济部令第三〇号	1942 年 6 月 10 日公布
关于铜之使用及铜制品之贩卖限制之件	经济部令第一五号	1942 年 4 月 1 日公布
关于绢之制造及贩卖之限制之件	经济部令第八号	1943 年 3 月 9 日公布
医药品配给统制规则	民生部令第五三号	1941 年 9 月 12 日公布
关于豚毛类之统制配给之件	兴农部令	1941 年 4 月 11 日公布
关于烟草统制之件	兴农部令第二〇号	1942 年 4 月 6 日公布

法令法规名称	文号	公布、修正时间
关于线麻及麻加工品统制之件	兴农部令第四八号	1941 年 11 月 14 日公布
关于野干草及粟限制之件	兴农部令第五〇号	1941 年 11 月 20 日公布
关于木材统制之件	兴农部令第一三号	1942 年 3 月 10 日公布
依物价及物资统制法第十四条第一项之规定、委任兴农部大臣之权限之件	兴农部令第四一号	1941 年 9 月 25 日公布
关于烟草之批发业者之限制之件	兴农部令第一三号	1943 年 3 月 9 日公布
关于羊毛类及加工品之统制之件	兴农部令第一一号	1943 年 3 月 8 日公布
关于蒿工品统制之件	兴农部令第八号	1943 年 2 月 25 日公布
关于稻蒿之统制之件	兴农部令第九号	1943 年 2 月 25 日公布
关于野草绳之移动限制之件	兴农部令第一〇号	1943 年 2 月 25 日公布
关于食肉并肉加工品统制之件	兴农部令第三号	1943 年 1 月 16 日公布
关于柞蚕之统制之件	兴农部令第四八号	1942 年 12 月 9 日公布
关于果实统制之件	兴农部令第四九号	1942 年 12 月 12 日公布
关于在来种烟统制之件	兴农部令第四二号	1942 年 11 月 27 日公布
价格等临时措置法	敕令第一八一号	1941 年 7 月 28 日公布
特产物专管法	敕令第二三六号	1940 年 9 月 30 日公布
重要特产物检查法	敕令第二七三号	1937 年 9 月 17 日公布
关于重要特产物检查法施行期日之件	敕令第四五七号	1937 年 12 月 16 日公布
关于重要特产物检查法第二条检查标准之件	产业部令第三一号	1939 年 9 月 29 日公布

续表

法令法规名称	文号	公布、修正时间
关于重要特产物检查法第二条检查手续费之件	产业部令第三二号	1939 年 9 月 29 日公布
关于重要特产物检查法第一条第三项规定之检查机关指定之件	产业部令第四三号	1939 年 9 月 29 日公布
关于特殊豆饼定义制定之件中修正之件		1939 年 9 月 29 日公布
重要特产物检查规程	告示第九号	1939 年 10 月 1 日公布
重要特产物特例检查规程	告示第十号	1939 年 10 月 1 日公布
粮谷管理法	敕令第二三五号	1940 年 9 月 30 日公布
米谷管理法	敕令第二五三号	1938 年 11 月 7 日公布
钱铜类统制法	敕令第五五号	1938 年 4 月 1 日公布
棉花统制法	敕令第二九二号	1937 年 10 月 7 日公布
纤维制品统制法	敕令第一五七号	1941 年 6 月 23 日公布
麻纤维及麻制品管理法	敕令第三一五号	1940 年 12 月 6 日公布
毛皮革类统制法	敕令第三三九号	1938 年 12 月 26 日公布
临时资金统制法	敕令第二二九号	1938 年 9 月 16 日公布
关于经济平衡资金运用之件	敕令第一二五号	1942 年 5 月 5 日公布
劳动统制法	敕令第二五二号	1941 年 10 月 22 日公布
劳动者紧急就劳规则	民生部令第二号	1942 年 2 月 9 日公布
劳动者募集统制规则	民生部令第八八号、治安部令第四八号	1941 年 12 月 13 日公布
土木建筑劳动者保护规则	民生部令第三六号、治安部令第六二号	1940 年 11 月 25 日公布

续表

法令法规名称	文号	公布、修正时间
农产劳动工资临时措置规则	民生部令第二七号	1942 年 5 月 15 日公布
工资统制规则	民生部令第一九号	1942 年 4 月 1 日公布
关于学校毕业者之使用限制之件	敕令第三四〇号	1938 年 12 月 26 日公布
技能者雇人限制级移动防止法	敕令第一四五号	1942 年 6 月 29 日公布
为通帐票制配给取缔规则	院令第二六号、民生部令第三二号、兴农部令第二七号、经济部令第二〇号	1943 年公布
物品贩卖业统制法	敕令第一六四号	1943 年 5 月 24 日公布
矿业统制法	敕令第一九八号	1943 年公布
金属回收法	敕令第二一九号	1943 年公布
关于农地利用促进之件	敕令第一六三号	1943 年公布
劳动所得税法	敕令第四四〇号	1937 年 12 月 6 日公布，1938 年 12 月 23 日修正
劳动所得税法施行规则	经济部令第九二号	1937 年 12 月 28 日公布，1938 年 12 月 23 日修正
事业所得税法	敕令第三七三号	1940 年 12 月 28 日公布，1941 年 12 月 27 日修正
资本所得税法	敕令第二六八号	1941 年 11 月 1 日公布
资本所得税法施行规则	经济部令第六六号	1941 年 11 月 1 日公布
法人所得税法	敕令第二六七号	1941 年 11 月 1 日公布
法人所得税法施行规则	经济部令第六七号	1941 年 11 月 1 日公布
家屋税法	敕令第四四二号	1937 年 12 月 6 日公布，1938 年 8 月 4 日、1938 年 12 月 23 日、1940 年 12 月 28 日修正

法令法规名称	文号	公布、修正时间
家屋税法施行规则	经济部令第九四号	1937 年 12 月 28 日公布，1938 年 12 月 23 日修正
关于家屋税临时措置之件	敕令第二〇九号	1941 年 8 月 25 日公布
关于家屋税施行地域指定之件	经济部令第三四号	1938 年 8 月 4 日公布
地税法	敕令第六三号	1936 年 5 月 15 日公布，1937 年 12 月 1 日修正
关于地税之赋课及征收机关之件	财政部令第一〇号	1936 年 5 月 16 日公布，1937 年 4 月 26 日修正
开拓用地地税等措置法	敕令第三一一号	1940 年 12 月 2 日公布
开拓用地地税等措置法施行规则	院令第五四号、经济部令第六五号	1940 年 12 月 2 日公布
出产粮食税法	敕令第九四号	1933 年 11 月 30 日公布，1934 年 12 月 20 日、1935 年 6 月 29 日、1936 年 12 月 26 日、1937 年 8 月 2 日、1941 年 11 月 1 日修正
出产粮食税法施行规则	财政部令第三三号	1933 年 11 月 30 日公布，1935 年 11 月 6 日、1940 年 12 月 28 日修正
关于对铁路输送粮食之出产粮食税课税取缔之件	财政部令第三五号	1933 年 12 月 16 日公布
关于由船舶输出外国粮食之出产粮食税课税取缔之件	财政部令第九号	1934 年 4 月 10 日公布
矿业税法	敕令第八六号	1935 年 8 月 1 日公布，1936 年 4 月 2 日、1936 年 11 月 26 日、1937 年 8 月 2 日、1937 年 8 月 12 日、1937 年 12 月 28 日修正

法令法规名称	文号	公布、修正时间
矿业税法施行规则	经济部令第九七号	1937 年 12 月 28 日公布
禁烟特税法	敕令第一九九号	1936 年 12 月 26 日公布，1937 年 8 月 2 日、1938 年 3 月 24 日修正
禁烟特税法施行规则	财政部令第五四号	1936 年 12 月 26 日公布，1937 年 2 月 22 日、1938 年 3 月 22 日修正
通行税法	敕令第二二八号	1941 年 9 月 8 日公布
通行税法施行规则	经济部令第五九号	1941 年 9 月 29 日公布
酒税法	敕令第七一号	1935 年 7 月 29 日公布，1936 年 10 月 3 日、1937 年 8 月 2 日、1937 年 12 月 13 日、1939 年 3 月 25 日、1940 年 12 月 28 日、1941 年 8 月 30 日修正
酒税法施行规则	财政部令第三八号	1935 年 7 月 29 日公布，1936 年 10 月 3 日、1937 年 8 月 2 日、1937 年 12 月 28 日、1939 年 3 月 25 日、1940 年 12 月 28 日、1941 年 8 月 30 日修正
家酿自用酒税法	敕令第七二号	1935 年 7 月 29 日公布，1937 年 8 月 2 日修正
家酿自用酒税法施行规则	财政部令第三九号	1935 年 7 月 29 日公布
卷烟税法	敕令第六号	1939 年 1 月 26 日公布，1939 年 12 月 28 日、1941 年 8 月 25 日修正
卷烟税法施行规则	经济部令第一号	1939 年 1 月 26 日公布，1939 年 12 月 28 日、1940 年 12 月 28 日修正

续表

法令法规名称	文号	公布、修正时间
烟税法	敕令第一〇八号	1936 年 7 月 1 日公布,1937 年 8 月 2 日、1941 年 8 月 30 日修正
烟税法施行规则	财政部令第二五号	1936 年 7 月 1 日公布,1937 年 8 月 2 日、1941 年 8 月 30 日修正
棉纱水泥统税法	敕令第一五七号	1935 年 12 月 26 日公布,1936 年 11 月 19 日、1937 年 8 月 2 日、1938 年 12 月 28 日、1939 年 12 月 7 日修正
棉纱水泥统税法施行规则	财政部令第六一号	1935 年 12 月 27 日公布,1936 年 11 月 19 日、1937 年 8 月 2 日、1939 年 12 月 7 日修正
内国消费税对于输入货物之件	敕令第一五六号	1934 年 11 月 14 日公布,1936 年 7 月 1 日、1936 年 11 月 19 日、1939 年 1 月 26 日、1939 年 12 月 7 日、1941 年 8 月 30 日修正
油脂税法	敕令第二六九号	1941 年 11 月 1 日公布
油脂税法施行规则	经济部令第六八号	1941 年 11 月 1 日公布
特别卖钱税法	敕令第二〇三号	1941 年 8 月 25 日公布
特别卖钱税法施行规则	经济部令第五五号	1941 年 8 月 30 日公布
取引税法	敕令第四九四号	1937 年 12 月 28 日公布
取引税法施行规则	经济部令第四九四号	1937 年 12 月 28 日公布
印花税法	敕令第一七一号	1936 年 12 月 3 日公布,1937 年 3 月 11 日、1937 年 8 月 2 日、1937 年 9 月 10 日、1937 年 11 月 30 日、1940 年 3 月 23 日、1940 年 4 月 26 日、1940 年 6 月 20 日修正

法令法规名称	文号	公布、修正时间
税印盖用规则	财政部令第四五号	1936 年 12 月 3 日公布
契税法	敕令第六四号	1936 年 5 月 15 日公布，1937 年 8 月 2 日、1937 年 12 月 1 日修正
关于契税之赋课及征收机关之件	财政部令第一一号	1936 年 5 月 16 日公布，1937 年 4 月 30 日修正
契税法施行规则	经济部令第六四号	1937 年 12 月 1 日公布
不动产登录税法	敕令第三三一号	1937 年 11 月 25 日公布
不动产登录税法施行规则	经济部令第五一号	1937 年 12 月 1 日公布
关于附担保社债之总额分数回发行者之抵押权取得之登录税或登记税之件	敕令第二五四号	1938 年 8 月 25 日公布
关于作为同一债权之担保所设定标的物种类不同之抵押权取得之登录税或登记税之件	敕令第二五五号	1938 年 8 月 25 日公布
不动产登记税法	敕令第三八〇号	1937 年 12 月 1 日公布
船舶登录税法	敕令第三八一号	1937 年 12 月 1 日公布
关于伴随施行船舶积量测度法之船舶登录税之件	敕令第二九〇号	1940 年 11 月 1 日公布
船舶法	敕令第二五六号	1937 年 11 月 29 日公布
船舶法施行规则	交通部令第六二号	1937 年 11 月 30 日公布
船舶积量测度法	敕令第一五〇号	1940 年 6 月 6 日公布
工场财团登录税法	敕令第五七号	1938 年 4 月 8 日公布
矿业财团登录税法	敕令第二一一号	1938 年 8 月 25 日公布
矿业登录税法	敕令第八八号	1935 年 8 月 1 日公布，1936 年 4 月 2 日修正

法令法规名称	文号	公布、修正时间
矿业登录令	敕令第八七号	1935 年 8 月 1 日公布
特许登录税法	敕令第三九号	1936 年 4 月 9 日公布
意匠登录税法	敕令第四四号	1936 年 4 月 9 日公布
意匠法	敕令第四〇号	1936 年 4 月 9 日公布
商业登录税法	敕令第一五三号	1935 年 12 月 21 日公布，1937 年 11 月 30 日修正
关于附加税之赋课征收之件	敕令第二〇三号	1936 年 12 月 26 日公布
关于附加捐之赋课征收之件	敕令第四九六号	1937 年 12 月 28 日公布，1939 年 11 月 23 日、1940 年 12 月 28 日、1941 年 8 月 25 日修正
关于国税分与地方之件	敕令第三八四号	1940 年 12 月 28 日公布，1941 年 8 月 25 日修正
国税征收法	敕令第七三号	1936 年 5 月 28 日公布，1937 年 8 月 2 日修正、1938 年 4 月 14 日追加
满日国税征收事务共助法	敕令第五九号	1938 年 4 月 14 日公布
满日国税征收事务共助法施行规则	经济部令第二三号	1938 年 5 月 17 日公布
关于使用收入印纸缴纳岁入金之件	敕令第七九号	1933 年 9 月 27 日公布，1936 年 10 月 3 日、1937 年 4 月 15 日、1937 年 12 月 1 日修正
省地方费法	敕令第三〇六号	1939 年 12 月 7 日公布
关于黑河省地方费之件	敕令第三九九号	1937 年 12 月 1 日公布，1939 年 12 月 28 日修正
省地方费税法	敕令第四九一号	1937 年 12 月 28 日公布
省地方费税法施行规则	院令第三五号	1937 年 12 月 28 日公布

续表

法令法规名称	文号	公布、修正时间
地方税法	敕令第一〇五号	1935 年 8 月 24 日公布，1936 年 6 月 8 日、1936 年 12 月 26 日、1937 年 8 月 12 日、1937 年 12 月 28 日、1938 年 12 月 23 日、1939 年 11 月 23 日、1940 年 12 月修正
地方税法施行规则	民政部令第一一号	1935 年 8 月 24 日公布
地方税法第一条第二项指定之件	民政部令第一二号	1935 年 8 月 24 日公布，1936 年 6 月 25 日、1938 年 1 月 20 日、1939 年 12 月 28 日修正
砂糖税法	敕令第三八一号	1940 年 12 月 28 日公布
砂糖税法施行规则	经济部令第七九号	1940 年 12 月 28 日公布

资料来源：满洲产业调查会编：《满洲国政指导综览》，吉林省图书馆伪满洲国史料编委会编：《伪满洲国史料》二，北京：全国图书馆文献缩微复制中心 2002 年版；满洲特产中央会重要特产物检查所编：《重要特产物检查关系法规》，伪经济部编：《满洲帝国现行内国税关系法令》，吉林省图书馆伪满洲国史料编委会编：《伪满洲国史料》十六，北京：全国图书馆文献缩微复制中心 2002 年版。

附录二：伪满洲国政治、军事重要法令、法规

法令法规名称	文号	公布、修正时间
防卫法	敕令第一一七六号	1938 年 3 月 10 日公布
满洲国军人誓文	敕令第二九五号	1933 年 12 月 21 日公布
时局诏书	敕令第一〇四三号	1937 年 9 月 18 日公布
军队内务令	敕令号外	1943 年 10 月 17 日公布
满洲国军兵器整备大纲		1933 年公布
满洲国陆军指导要纲		1935 年 12 月 27 日公布
国家总动员法	敕令第一一六七号	1938 年 2 月 26 日公布

续表

法令法规名称	文号	公布、修正时间
暂行保甲法	敕令第二九六号	1933 年 12 月 22 日公布
暂行保甲法实施法		1934 年 1 月 17 日公布
暂行保甲法施行规则	民政部令第一号	1934 年 1 月 17 日公布
关于实行保甲法须知	民政部令第九五号	1934 年 2 月 3 日公布
枪炮取缔法	敕令第六六九号	1936 年 6 月 12 日公布
民枪调查办法		
民枪收买办法		
治安维持法	敕令第二二九三号	1941 年 12 月 27 日公布
国兵法		1940 年公布
满洲国基本国策大纲		1942 年公布
中国方面武装团体配备及指导要纲		1943 年 1 月 30 日公布
日满议定书		1932 年 9 月 15 日公布
日满军事守势协定		
关于满洲国国防之件		1933 年 4 月 7 日公布
县制	敕令第四〇八号	1937 年 12 月 1 日公布
街制	敕令第四一二号	1937 年 12 月 1 日公布
村制	敕令第四一五号	1937 年 12 月 1 日公布
街制、村制施行规则	院令第三〇号	1937 年 12 月 21 日公布，1938 年 12 月 28 日修正
新京特别市制	敕令第二七九号	1937 年 9 月 30 日公布
修正市制	敕令第四〇三号	1937 年 12 月 1 日公布
关于建设集团部落之件		1934 年
鸦片法		
鸦片断禁方策要纲		1937 年 10 月 12 日公布

　　资料来源:李茂杰主编:《伪满洲国史料丛刊·伪满洲国政府公报汇编》,北京:线装书局出版社 2009 年版;[日]滿洲國軍刊行委員會編:《滿洲國軍》,東京:蘭星會,1970 年。

附录三:伪满洲国教育重要法令、法规

法令法规名称	文号	公布、修正时间
国务院各部官制	教令第六号	1932 年 3 月 9 日公布,其后屡次修正
各学校课程令用四书孝经讲授之件	院令第二号	1932 年 4 月 1 日公布
关于发布之重要教育命令,改废法规、编纂教科书等之件	民政部训令	1932 年 5 月 2 日公布
关于废止三民主义党义及其他与新国家精神相反之教科书之件	民政部训令第一二三号	1932 年 6 月 25 日公布
文教部分科规程教员讲习所官制	教令第二十八号	1932 年 7 月公布,1933 年 4 月 26 日修正
教员讲习所规程	部令第二号	1933 年 4 月 26 日公布,1935 年 12 月修正
制定重要教育法规及重要教育设施均须事先呈部核夺之件	文教部训令第四十八号	1933 年 5 月 29 日公布
私立学校暂行规程	部令第三号	1933 年月 17 日公布
童子团团则	文教部指令第一九〇号	1933 年 11 月 15 日公布
学校学年学期休业暂行规程	文教部令第五号	1933 年 12 月 8 日公布
师范教育令	敕令第十九号	1934 年 8 月 17 日公布
高等师范学校官制	敕令第一〇〇号	1934 年 8 月 20 日公布
高等师范学校规程	文教部第二号	1934 年 8 月 30 日公布,1935 年 12 月修正
暂行省区立学校学费规则	文教部令第二号	1935 年 4 月 19 日公布
县、市立中等学校教职员检定办法	文教部训令第一〇三号	1935 年 10 月 3 日公布

法令法规名称	文号	公布、修正时间
文教部直辖学校长及教员讲习所职务规程	文教部令第五号	1935 年 10 月 21 日公布
私塾规程准则	文教部训令第一一四号	1935 年 11 月 16 日公布
小学校教科规程	文教部训令第一二七号	1935 年 12 月 13 日公布
高等农业学校规程	文教部令第六号	1935 年 12 月 18 日公布
学生身体检查要项	文教部训令第二十一号	1936 年 4 月 10 日公布
文教部统计事务规程	文教部训令第二十八号	1936 年 4 月 23 日公布
关于建国精神普及彻底之件	文教部训令第五十六号	1936 年 7 月 13 日公布
关于民众教育馆设施大纲之件	文教部训令第七十三号	1936 年 9 月 12 日公布
关于留学生之件	敕令第一四三号	1936 年 9 月 17 日公布
校医职务规程	文教部令第四号	1936 年 12 月 18 日公布
视学官及特别市视学学事视察规程	文教部训令第一〇四号	1936 年 12 月 26 日公布
留日学生须知	文教部十三号民政部训令民文二十五号大使馆第一号	1937 年 2 月 4 日公布,1938 年 3 月修正
师范学校毕业生暂行服务规程准则	文教部训令第十九号	1937 年 2 月 20 日公布
关于在学校教育上彻底普及日本语之件	文教部令第二十六号	1937 年 3 月 10 日公布
学事通则	敕令第六十八号	1937 年 5 月 2 日公布,1940 年 9 月修正

法令法规名称	文号	公布、修正时间
国民学校令	敕令第六十九号	1937 年 5 月 2 日公布,1939 年 6 月修正
关于国民学舍及国民义塾之件	敕令第七十号	1937 年 5 月 2 日公布,1939 年 6 月修正
国民优级学校令	敕令第七十号	1937 年 5 月 2 日公布,1939 年 6 月修正
国民高等学校令	敕令第七十二号	1937 年 5 月 2 日公布,1939 年 6 月修正
女子国民高等学校令	敕令第七十三号	1937 年 5 月 2 日公布,1939 年、1940 年、1942 年修正
大学令	敕令第七十四号	1937 年 5 月 2 日公布,1939 年、1940 年、1942 年修正
师道教育令	敕令第七十五号	1937 年月 2 日公布,1939 年、1940 年、1941 年、1942 年修正
职业教育令	敕令第七十六号	1937 年 5 月 2 日公布,1939 年 6 月修正
私立学校令	敕令第七十七号	1937 年 5 月 2 日公布
关于特别教育设施之件	敕令第七十八号	1937 年 5 月 2 日公布
留学生规程	民生部令第十二号	1937 年 9 月 30 日公布
省及特别市视学委员会规程准则	民生部训令第四十五号	1937 年 10 月 9 日公布
国民学校规程	民生部令第十三号	1937 年 10 月 10 日公布,1938 年、1939 年、1940 年、1941 年、1942 年修正
国民高等学校规程	民生部令第十六号	1937 年 10 月 10 日公布,1939 年 6 月修正
国民学舍及国民义塾规程	民生部令第十四号	1937 年 10 月 10 日公布,1938 年、1939 年、1940 年、1941 年、1942 年修正

续表

法令法规名称	文号	公布、修正时间
女子国民高等学校规程	民生部令第十七号	1937 年 10 月 10 日公布，1938 年、1939 年、1940 年、1941 年、1942 年修正
师道学校规程	民生部令第十八号	1937 年 10 月 10 日公布，1938 年、1939 年、1940 年、1941 年、1942 年修正
职业学校规程	民生部令第十九号	1937 年 10 月 10 日公布，1938 年、1939 年、1940 年、1941 年、1942 年修正
私立学校规程	民生部令第二十号	1937 年 10 月 10 日公布
特别教育设施规程	民生部令第二十一号	1937 年 10 月 10 日公布，1938 年、1941 年修正
学校毕业程度学力检定规程	民生部令第二十二号	1937 年 10 月 10 日公布，1938 年 4 月修正
关于国民高等学校及女子国民高等学校国语教授之件	民生部令第二十四号	1937 年 10 月 10 日公布
关于初等教育国民科教授之件	民生部令第二十六号	1937 年 10 月 10 日公布
关于初等教育教师之件	民生部令第二十八号	1937 年 10 月 10 日公布，1938 年、1939 年、1941 年修正
关于中等教育教师之件	民生部令第二十九号	1937 年 10 月 10 日公布，1939 年、1941 年修正
关于新学制实施之件	民生部训第四十六号	1937 年 10 月 10 日公布
关于学制移行要纲之件	民生部令第六十九号	1937 年 11 月 8 日公布
学校组合法	敕令第三百六十四号	1937 年 12 月 1 日公布，1939 年 6 月修正

法令法规名称	文号	公布、修正时间
学校组合法施行规程	民生部令第三十二号	1937 年 12 月 1 日公布
公私立大学规程	民生部令第四十一号	1937 年 12 月 28 日公布，1938 年、1941 年修正
关于普通学校、公学校及书堂依新学制改编之件	民生部令第七十八号	1938 年 1 月 10 日公布
关于朝鲜人学生多数在学之国民学校及国民优级学校之学科目并其每周教授总时数及教科书之件	民生部令第六号	1938 年 1 月 19 日公布
学校体育教授要目	民生部训令第十号	1938 年 1 月 21 日公布
临时农业教师养成所规程	民生部令第十五号	1938 年 1 月 27 日公布
临时商业教师养成所规程	民生部令第十六号	1938 年 1 月 27 日公布
关于实验初等学校之件	民生部训令第七十二号	1938 年 2 月 17 日公布
关于现职教师者教师检定之件	民生部令第三十一号	1938 年 2 月 19 日公布
关于初等教首教师检定学力试验之件	民生部令第三十六号	1938 年 3 月 11 日公布
满洲工矿技术员养成所规程	民生部令第三十八号	1938 年 3 月 15 日公布
中央师道训练所官制	敕令第三十六号	1938 年 3 月 17 日公布
地方师道训练所官制	敕令第三十七号	1938 年 3 月 17 日公布
学校毕业程度学力检定施行规则	民生部训令第七十四号	1938 年 4 月 11 日公布

法令法规名称	文号	公布、修正时间
中央师道训练所训练要领	民生部训令第七十六号	1938 年 4 月 12 日公布
关于地方师道训练所开设要纲之件	民生部令第七十七号	1938 年 4 月 13 日公布
留学生预备校规程	民生部令第七十号	1938 年 6 月 20 日公布，1941 年 11 月修正
王爷庙兴安学院规程	民生部令第七十二号	1938 年 6 月 25 日公布，1941 年修正
留学生认可考试委员会规程	民生部令第七十八号	1938 年 7 月 12 日公布
矿业专修生给费规程	产业部令第四十号	1938 年 9 月 12 日公布，1939 年、1941 年修正
工业实习所规程	民生部令第九十一号	1938 年 9 月 14 日公布，1941 年修正
关于民众讲习所规程实施之件	民生部训令第一、三、五号	1938 年 9 月 14 日公布
关于学籍簿之件	民生部训令第一六〇号	1938 年 10 月 6 日公布
民生部直辖学校教育设施学生所生学费支给规程	民生部训令第一七九号	1938 年 12 月 3 日公布
新京法政大学规程	民生部令第九十九号	1938 年 12 月 30 日公布，1939 年、1940 年、1941 年修正
公立私立学校认定规程	民生部令第一〇六号	1938 年 12 月 20 日公布
私立医科大学指定规则	民生部令第十六号	1939 年 4 月 15 日公布

法令法规名称	文号	公布、修正时间
临时初等教育教师养成所规程	民生部令第二十八号	1939 年 7 月 1 日公布,1939 年 12 月,1941 年 2 月修正
国立大学哈尔滨学院规程	民生部第三十一号	1939 年 7 月 5 日公布,1941 年修正
关于在满留学生须知制定之件	民生部训令第八十三号	1939 年 8 月 31 日公布
关于学校体育指导方针之件	民生部训令第九十四号	1939 年 9 月 21 日公布
关于视学委员会学校视察规程准则之件	民生部令第一百一十五号	1939 年 12 月 19 日公布
国立医科大学规程	民生部令第六十七号	1939 年 12 月 28 日公布,1941 年修正
关于各国立医科大学学部之件	民生部令第六十八号	1939 年 12 月 28 日公布,1940 年 4 月修正
关于初等学校费国库负担之件	民生部训令第五号	1940 年 1 月 10 日公布
关于师道学校体系改正之件	民生部训令第六号	1940 年 1 月 10 日公布
师道学校进学志望者学支支给规程	民生部令第十四号	1940 年 5 月 7 日公布
师道高等学校等毕业者服务规程	民生部令第十七号	1940 年 5 月 14 日公布
建国大学学则	院令第二十号	1940 年 5 月 10 日公布
大同学院训育规程	政府公报	1940 年 5 月 14 日公布
国立农业大学规程	民生部令第十八号	1940 年 5 月 23 日公布,次年修正

续表

法令法规名称	文号	公布、修正时间
关于各国立农业大学所置学科之件	民生部令第十九号	1940 年 5 月 23 日公布，1941 年修正
开拓医学院规程	民生部令第二十一号	1940 年 7 月 6 日公布
关于大学（含开拓医学院）及师道高等学校学生成绩评定之件	民生部训令第一百十八号	1940 年 8 月 13 日公布
关于各国立工业大学所置学科之件	民生部令第二十六号	1940 年 9 月 25 日公布
国立工业大学规程	民生部令第二十七号	1940 年 9 月 25 日公布，1940 年 8 月修正
中央师道训练所规程	民生部令第三十二号	1940 年 11 月 4 日公布，1941 年修正
关于教科用图书配给事务改善之件	民生部训令第八十四号	1940 年公布
关于公私立图书馆规程	民生部令第十九号	1941 年 5 月 5 日公布
新京医科大学附设药剂师养成所规程	民生部令第二十九号	1941 年 5 月 8 日公布，同年 9 月修正
关于留华学生处理之件	民生部训令第一百三十七号	1941 年 7 月 9 日公布
关于学校式日之件	民生部令第七十一号	1941 年 11 月 10 日公布
关于日本人学生多数在学学校之式日之件	民生部令第七十二号	1941 年 11 月 10 日公布
民生部教官留学规程	民生部令第十六号	1942 年 3 月 4 日公布
师道大学规程	民生部令第二十三号	1942 年 4 月 27 日公布

法令法规名称	文号	公布、修正时间
学生勤劳奉公令	敕令第二百七十七号	1942 年 12 月 23 日公布
师道教育刷新要纲	敕令第二百七十七号	1943 年 2 月公布
战时学生体育训练纲要	敕令第二百七十七号	1943 年 3 月 31 日公布
关于国民高等学校建国精神要目之件	敕令第二百七十七号	1943 年 6 月公布
大学战时体制确立要纲	敕令第二百七十七号	1944 年 4 月 17 日公布
社会教育基本大纲	敕令第二百七十七号	1944 年 6 月 9 日公布
学生集体疏散纲要	敕令第二百七十七号	1944 年 7 月公布
国立大学修业年限临时缩短之件	敕令第二百七十七号	1944 年 8 月 7 日公布
大学决战体制	敕令第二百七十七号	1944 年 8 月公布
关于国民高等学校建国精神教授要目制定之件	敕令第二百七十七号	1944 年 10 月 3 日公布
战时教育令	敕令第二百七十七号	1945 年 5 月公布

资料来源:伪国务院文教部编纂:《满洲国文教年鉴》,吉林省图书馆伪满洲国史料编委会编:《伪满洲国史料》十六、十七,北京:全国图书馆文献缩微复制中心 2002 年版。

附录四:伪满洲国新闻出版及电影重要法令、法规

法令法规名称	文号	公布、修正时间
出版法	教令第一〇三号	1932 年 10 月 24 日公布,1934 年 3 月、1940 年 12 月修正
株式会社满洲映画协会法	敕令第二四八号	1937 年 8 月 14 日公布,1938 年 7 月、1940 年 11 月修正
映画法	敕令第一九〇号	1937 年 10 月 7 日公布,1940 年 12 月修正
映画法施行令	院令第二三号	1937 年 10 月 7 日公布
满洲国通信社法	敕令第一九七号	1941 年 8 月 25 日
新闻社法	敕令第一九八号	1941 年 8 月 25 日
记者法	敕令第一九九号	1941 年 8 月 25 日
记者考试令	院令第三九号	1941 年 10 月 27 日
记者登录簿登录规则	院令第三三号	1941 年 9 月 9 日
记者证书发给规则	院令第四〇号	1941 年 11 月 13 日
关于记者资格认定之件	院令第四一号	1941 年 11 月 13 日
关于记者惩戒手续之件	院令第四四号	1941 年 11 月 28 日
关于外国人记者之件	敕令第二〇〇号	1941 年 8 月 25 日
外国人记者登录簿登录规则	院令第三四号	1941 年 9 月 9 日
关于外国通信社或新闻社之支社及记者之件	敕令第二〇一号	1941 年 8 月 25 日
外国通信社记者登录簿及外国新闻社记者登录簿登录规则	院令第三五号	1941 年 9 月 9 日
电气通信法	敕令第一五四号	1936 年 10 月 8 日

　　资料来源:满洲新闻协会编:《满洲国弘报关系法规集》,吉林省图书馆伪满洲国史料编委会编:《伪满洲国史料》十六,北京:全国图书馆文献缩微复制中心 2002 年版。

附录五：1936年伪满洲国专门电影院状况

经营人	所在地	影院名称	系统	装置
日本人经营 （46座）	大连	中央映画馆	松竹	同
		日活馆	日本、外国	同
		映乐馆	新兴、外国	同
		宝馆	新兴	同
		帝国馆	大都	同
		常盘馆	松竹、外国	同
		朝日馆	新兴	同
		第二松竹馆	新兴	同
	营口	营口座	松竹、新兴	不定
	大石桥	大石桥公会堂	松竹、新兴	不定
	长春	新京电影院	日本、外国	同
		长春座	松竹	同
		帝都电影院	新兴、外国	同
		丰乐剧场	日本、外国	有声
	奉天	奉天馆	新兴、外国	同
		平安座	松竹、外国	同
		新富馆	日本、外国	同
		演艺馆	不定	无声
		奉天剧场	日活	同
		南座	日本	同
	抚顺	抚顺公会堂	松竹	有声
		乐天馆	日活	有声
		大众馆	新兴	同
	本溪湖	本溪湖公会堂	不定	无声
	开原	开原公会堂	不定	有声

经营人	所在地	影院名称	系统	装置
日本人经营 （46座）	辽阳	辽阳座	松竹、新兴	不定
	鞍山	演艺馆	松竹、新兴	有声
		安乐馆	日活	同
	齐齐哈尔	齐齐哈尔会馆	松竹	同
		共乐馆	日活、新兴	同
	洮南	洮南剧场	新兴	无声
	北安镇	第二共乐馆	新兴	同
	哈尔滨	哈尔滨座	日活	有声
		平安座	松竹	同
		中央剧场	新兴	同
	安东	安东剧场	松竹、新兴	同
		南地座	日活	同
		中央电影院	外国	同
	旅顺	旅顺映乐馆	日活、松竹	同
		昭和馆	大都、新兴	有声
	锦州	锦州剧场	松竹、新兴	无声
	牡丹江	牡丹江剧场	日活、新兴	同
	海拉尔	电影会馆	新兴	同
		共乐馆	日活	同
	图们	图们剧场	日活、新兴	同
	承德	承德剧场	不定	同
中国人经营 （16座）	长春	龙春电影院		有声
		新京电影院		无声
	奉天	沈阳电影院		同
		中央电影院		同
		东安电影院		同

经营人	所在地	影院名称	系统	装置
中国人经营 （16座）	营口	光明影院		同
	吉林	吉林俱乐部		同
		吉林青年会		同
	齐齐哈尔	世界电影院		同
	哈尔滨	平安电影院		同
		东北电影院		无声
		大同电影院		同
	安东	东平电影院		有声
		东明电影院		同
	大连	世界大剧院		有声
	敦化	敦化青年会		无声
外国人经营 （14座）	哈尔滨	马迭尔影院	俄国	有声
		敖连特影院	俄国	有声
		巴拉斯影院	俄国	有声
		基干特影院	俄国	有声
		伯斯米亚影院	俄国	有声
		卡亚影院	俄国	有声
		明星电影院	俄国	有声
		美洲电影院	美国	有声
		キセとタル	日本	有声
		亚洲电影院	日本	无声
	安东	新光电影院	日本	有声
	开原	兴隆茶园	日本	无声
	长春	新京电影院	日本	无声
	大连	北京大戏院	中国	有声

资料来源：［日］木村武盛：《满洲年鉴》，大连："满洲"日日新闻社1936年版，第561—562页；［日］木村武盛：《满洲年鉴》，大连："满洲"日日新闻社1937年版，第420—421页。

附录六："满映"设立后伪满洲国主要影院状况

经营人	所在地	影院名称	具体地址	经理或责任人
日本人经营（58座）	大连	日活馆	大连市磐城街	中野长助
		中央馆	西广场	南政子
		常盘座	连锁街	小泉友男
		太阳馆	西广场	守勇男
		帝国馆	信浓街	小笠原雷音
		宝馆	岩代町	平田贞助
		松竹馆	沙河口	深贝稻吉
		朝日馆	沙河口	守勇男
	奉天	新富座	奉天市青叶街	滨口嘉太
		平安座	平安通	佐伯长太郎
		南座	青叶街	千田由行
		奉天馆	春日街	和田秀雄
		演艺馆	住吉街	桂诗朗
		奉天剧场	十间房	水口隆司
	长春	帝都影院	新发路	代田斡三
		长春座	吉野街	汤浅长四郎
		新京影院	祝街	岸本朝次郎
		银座影院	吉野街	渡边久子
		朝日座	朝日通	岸本朝次郎
		丰乐剧场	丰乐路	岸本朝次郎
	哈尔滨	哈尔滨会馆	哈尔滨市水道街	大河原厚司
		平安座	斜纹街	佐伯长太郎
		敖连特剧场	中国九道街	アュロツト
		亚细亚剧场	哈尔滨市义州街	ツユーゥルナント
		马迭尔剧场	中央大街	筒井守政
		大胜剧场	外国四道街	

经营人	所在地	影院名称	具体地址	经理或责任人
日本人经营（58座）	鞍山	中央剧场	鞍山北二条街	池尻半太郎
		演艺馆	北一条街	西野治三郎
	抚顺	丰乐馆	抚顺北一条	七田丰二
		蜂谷慰安社	东七条	蜂谷乔美
	安东	安东剧场	安东四番通	伴和宪
		南地座	三番通	花房千秋
		中央影院	大和桥	金命叶
	吉林	聚乐馆	吉林市内	森本留三
		公会堂	吉林市内	松原兴行部
	四平街	四平街剧场	四平街北五条	池田耕
		公会堂	四平街北五条	松原实业部
	公主岭	公会堂	公主岭楠街	松原靖治
	牡丹江	牡丹江剧场	牡丹江新市街	须藤朝一
	延吉	新富剧场	延吉市内	古川新作
	海拉尔	海拉尔馆	海拉尔东三道街	关井荣太郎
		前进影院	东头道街	
	齐齐哈尔	齐齐哈尔会馆	齐齐哈尔治安街	佐伯长太郎
		共乐馆	永安大街	间岛守政
	锦县	锦州剧场	锦县大马路	蛎濑半次
		锦座	银座通	冈村武
	龙井	龙井剧场	龙井	金中山
	山海关	山海关剧场	山海关	出中加七郎
	旅顺	映画馆	旅顺乃木街	山田奎次
	图们	图们剧场	图们春风街	武智贤
		国际剧场	图们春风街	久保久磨
	佳木斯	佳木斯剧场	佳木斯新市街	栋近明

经营人	所在地	影院名称	具体地址	经理或责任人
日本人经营（58座）	承德	承德剧场	承德	金谷情人
	本溪湖	公会堂	本溪湖石山街	後藤森三郎
		公会堂	本溪湖石山街	加藤辰藏
	营口	公会堂	营口	讼冈兴业部
	通化	通化馆	通化	城川范三
	敦化	日满会馆	敦化凯旋通	西泽兴业部
中国人经营（68座）	长春	国泰电影院	新京东五马路 35 号	朱安东
		光明电影院	新京永春路	赵得荣
		大安电影院	新京永春路	李庆震
		新京电影院	新京日本桥通 80 号	张凤翔
		平安电影院	新京东三马路 20 号	张国光
	哈尔滨	大光明电影院	哈尔滨道里中国九道街	廖家青
		巴拉斯电影院	哈尔滨道里中国七道街	高鸿章
		国泰电影院	道外十六道街 60 号	赵兰亭
		慈光电影院	哈尔滨道外北六道街	赵兰亭
		平安电影院	许公路正阳街	吴子厚
		东北电影院	道外升平二道街	刘光甫
		亚洲电影院	道外北六道街	郭径三
		大同电影院	道外正阳十二道街	朱福堂
	奉天	光陆电影院	奉天城内中街	李永贵
		天光电影院	大西关大街	沈仲三
		亚洲电影院	小西关电车路	文焕堂
		云阁电影院	北市场二六纬路	李云阁
		明星电影院	第一商场内	杨进之
		东安电影院	南市场	李相三
		国民电影院	工业区国民市场	桂芳春

经营人	所在地	影院名称	具体地址	经理或责任人
中国人经营（68 座）	齐齐哈尔	永安电影院	齐齐哈尔永安大街	黄凤庭
		大陆电影院	沈家胡同	王圣寰
		金城电影院	朝阳街	张相臣
	吉林	吉林俱乐部电影院	吉林粮米行新安胡同	陈保罗
		秋星电影院	二道街 14 号	刘焕秋
	大连	新世界电影院	大连西岗子日新街	王树权
		宏济电影院	奥町 60 号	李香阁
	牡丹江	东安电影院	牡丹江邮政街	朱子儒
		新安电影院	市政路	吴治新
	佳木斯	平安电影院	佳木斯通江街	吴纯一
		春明电影院	德祥街	郝永昌
	营口	平安电影院	营口三江会馆街	杨望之
	白城子	博尔多电影院	白城子富兴巷	蒙子祥
	洮南	洮南电影院	洮南七间房	张仲三
	磐石	磐石电影院	磐石城内	松本チル
	通化	通化馆电影院	通化西关街	城川范三
	敦化	日满会馆电影院	敦化小东门外	西泽新藏
	安东	东平电影院	安东新安街	王贡臣
	锦州	锦州电影院	锦州大马路	于觐杨
	嫩江	兴嫩电影院	嫩江东大街	崔有臣
	克山	国富电影院	克山市街	
	拜泉	平安电影院	拜泉济民街	郑宝珠
	黑河	明星电影院	黑河小兴隆街	孙子芳
	阿城	大成电影院	阿城三道街	薛永贵
	鞍山	大世界电影院	鞍山道西市场	丁克玉

续表

经营人	所在地	影院名称	具体地址	经理或责任人
中国人经营（68座）	海拉尔	兴安舞台电影院	海拉尔西大街	张子云
	呼兰	呼兰电影院	呼兰平康里	汪鑫堂
	富锦	升平座电影院	富锦升平街	桂宫琦
	勃利	东亚电影院	勃利中正街	史春亭
	本溪湖	湖山电影院	本溪湖后山湖春里	姜占一
	山海关	山海关剧场	山海关南门外	出中加七郎
	绥化	绥化剧场	绥化南三道街	后藤正雄
	海伦	春光电影院	海伦东市场	
	蛟河	日满电影院	蛟河新市街	
	克东	满洲电影院	克东市街	周传业
	扎兰屯	民安电影院	扎兰屯市街	李午桥
	山城镇	协和电影院	山城镇	
	宁安	协和电影院	宁安兴隆街	
	一面坡	天光电影院	一面坡俱乐部街	
	双城	双城电影院	双城迎春街	
	铁岭	银洲电影院	铁岭	刘恩溥
	望奎	望奎电影院	望奎县城	李昌德
	绥化	巡回放映班	绥化城内戏园胡同	后藤正雄
	奉天	巡回放映班	奉天驻在员事务所内	松尾新治
		巡回放映班	奉天驻在员事务所内	冈本显三
	克山	平安电影院	克山县内	
	阜新	公会堂电影院	阜新城内	魏欣夫
	延吉	延新电影院	延吉	

资料来源：《满映社报》，第 8—10 号，转引自胡昶、古泉：《满映——国策电影面面观》，北京：中华书局 1990 年版，第 64—70 页。

索　引